21世纪高等继续教育精品教材·经济管理类通用系列

证券投资学

（第三版）

主编 黄本笑

中国人民大学出版社
·北京·

21世纪高等继续教育精品教材

编审委员会

总　序

21世纪，科学技术发展日新月异，发明创造层出不穷，知识更新日趋频繁，全民学习、终身学习已经成为适应经济与社会发展的基本途径。近年来，我国高等教育取得了跨越式的发展，毛入学率由1998年的8%迅速增长到2008年的23.3%，已经进入到大众化的发展阶段，这其中高等继续教育发挥了重要的作用。同时，高等继续教育作为“传统学校教育向终身教育发展的一种新型教育制度”，对实现“形成全民学习、终身学习的学习型社会”、“构建终身教育体系”的宏伟目标，发挥着其他教育形式不可替代的作用。

目前，我国高等继续教育的发展规模已占全国高等教育的一半左右，随着我国产业结构的调整、传统产业部门的改造以及新兴产业部门的建立，各种岗位上数以千万计的劳动者，需要通过边工作边学习来调整自己的知识结构、提高自己的知识水平，以适应现代经济与社会发展的要求。可见，我国高等继续教育的发展，既肩负着重大的历史使命又面临着难得的发展机遇。

我国的高等继续教育要抓住机遇发展，完成自己的历史使命，从根本上说就是要全面提高教育教学质量，这涉及多方面的工作，但抓好教材建设是提高教学质量的基础和中心环节。众所周知，高等继续教育的培养对象主要是已经走上各种生产或工作岗位的从业人员，这就决定了高等继续教育的目标是培养能适应新世纪社会发展要求的动手能力强、具有创新能力的应用型人才。因此，高等继续教育教材的编写“要本着学用结合的原则，重视从业人员的知识更新，提高广大从业人员的思想文化素质和职业技能”，体现出高等继续教育的针对性、实用性和职业性特色。

为适应我国高等继续教育发展的新形势、培养应用型人才、满足广大学员的学习需要，中国人民大学出版社邀请了国内知名专家学者对我国高等继续教育的教学改革与教材建设进行专题研讨，成立了教材编审委员会，联合中国人民大学、中国政法大学、东北财经大学、武汉大学、山西财经大学、东北师范大学、华中科技大学、黑龙江大学等30多所高校，共同编撰了“21世纪高等继续教育精品教材”，计划在两三年内陆续推出百种高等继续教育精品系列教材。教材编审委员会对该系列教材的作者进行了严格的遴选，编写教材的专家、教授都有着丰富的继续教育教学经验和较高的专业学术水平。教材的编写严格依据教育部颁布的“全国成人高等教育公共课和经济学、法学、工学主要课程的教学基本要求”；教材内容的选择克服了追求“大而全”的现象，做到了少而精、有针对性，突出了能力的训练和培养；教材体例的安排突出了学习使用的弹性和灵活性，体现“以学为主”的教育理念；教材充分利用现代化的教育手段，形成文字教材和多媒体教材相结合的立体化教材，加强了教师对学生学习过程的指导和帮助，形象生动、灵活方便，易于保存，可反复学习，更能适应学员在职、业余自学，或配合教师讲授时使用，会起到很好的教学效果。

这套“21世纪高等继续教育精品教材”在策划、编写和出版过程中，得到教育部高教司、中国成人教育协会、北京高校成人高教研究会的大力支持和帮助，谨表深切谢意。

我们相信，随着我国高等继续教育的发展和教学改革的不断深入，特别是随着教育部“高等学校教学质量和教学改革工程”的实施，这套高等继续教育精品教材必将为促进我国高校教学质量的提高做出贡献。

杨干忠

第三版前言

证券市场是经济发展的晴雨表。通过对证券市场的观察与分析，经济发展态势可见一斑。近几年来，证券市场急剧震荡，是由美国次贷危机引起的全球金融风暴以及此后爆发的欧债危机所致，表明世界经济发展进入了一个困难时期。中国的证券市场从20世纪90年代初成立，到现在已经走过了20多年。虽然发展过程曲折，但市场融资规模持续扩大，理财观念和方式正在发生转变，证券市场功能日趋完善，从中体现出中国经济在稳步增长。

证券投资学是一个不断发展的学科，具有很强的开放性，它是随着证券市场的不断发展而完善的。我们从现实经济的发展出发，力图将证券投资学的成熟理论与方法展现给学生。由于编写篇幅的限制，第一版未能将行为金融学的发展和对中国证券市场的最新研究充分地表达出来。在第二版中，我们力图完善这些方面，集成证券投资学的完整理论体系和知识结构。第三版的主要框架仍然保持不变，以证券投资的收益与风险、投资组合的选择、证券定价理论和证券市场理论等为理论核心，以证券投资工具、证券投资市场、证券投资分析以及维护投资运作的证券监管制度为主要内容，并紧跟时代步伐，适应电子商务与网上交易的发展，增加了新的内容——网上证券交易系统，同时在内容的详略上也根据读者提出的意见做了较大幅度的修改。

本教材的特点主要体现在以下几个方面：

1. 前沿性：本书反映了新兴的以马柯维茨、夏普为代表的现代投资理论，特别是着重阐述了行为金融学理论在证券投资方面的影响和革命性变化；展现了证券投资的特征和规律，同时描绘证券市场最新的发展趋势和科学研究的前沿，力图向学生表明证券投资学是一个不断发展的学科，其知识的更新速度在加快；证券市场的电子交易和操作系统，能够使读者更好地了解证券市场的网络交易前沿。

2. 实用性：用大量的图表和实际工作者在证券投资学中的经验和教训让学生了解证券市场的实际运作过程和方式，用富有趣味的案例让学生将理论与实践相结合，熟练地掌握证券投资学的基本技能，突破了传统教材只注重理论与知识介绍的固化模式。

3. 针对性：针对成人高等教育的特点，对第二版的各章节内容均做了篇幅不等的修改和删减，同时又不影响证券投资知识的完整性。

全书共十章，分为三大部分。第一章至第四章主要介绍证券市场的基本知识，着重阐述证券投资市场（包括发行市场和交易市场）的形成和发展、结构和功能、发行和效率，使学生能对证券市场的基本框架有一个全面的了解；第五章至第八章主要从技术层面上探讨证券投资诀窍，一方面对证券价格的形成及其影响因素进行了分析和研究，另一方面对证券的基础分析和技术分析以及证券市场的电子交易和操作系统的应用进行了介绍。第九章至第十章阐述证券投资理论以及行为金融学对证券市场一些异象的解释。

本教材的写作大纲由黄本笑、陈红波提出，胡昌生对写作大纲提出了宝贵意见。黄本笑、贾晶、魏敏撰写第一章、第二章，张晓维、李鄂、孙宁华、于乐撰写第三章、第七章、第九章，张婷、刘信信、孙宁华、于乐撰写第四章、第八章，刘朝晖、于乐撰写第五章、第六章，黄健、邓艳君、于乐撰写第十章。黄本笑审阅全书并做了修改。

感谢中国人民大学出版社为我们提供了一个学习交流的机会，在编写、修订的过程中，我们的知识也获得了长进。同时要感谢众多为我们教材编写、修订工作提供参考资料及文献的作者们。借再版之际，我们对一直关心、支持本书的读者表示衷心感谢！

限于编写人员的知识水平和教学经验，本书的缺点和疏漏之处在所难免，希望使用本书的读者继续向编写人员提出意见。作者联系邮箱：huangbenxiao@126. com。

黄本笑

2012 年 8 月 22 日于武昌珞珈山

目录

第一章 导 论

本章要点

1. 证券投资学的研究对象和基本内容
2. 证券投资的概念、分类和基本步骤
3. 金融市场的基本概念及分类

第一节 证券投资学的研究对象和基本内容

一、证券投资学的研究对象

证券投资学是一门涉及政治经济学、货币银行学、财政学、会计学、数量经济学等众多的学科门类，具有很强的综合性的学科。证券投资学的研究对象是证券投资活动及其规律。具体来说，就是证券的发行、交易、分析、选择、组织管理和证券市场的运行规律等。证券投资学的研究目的是为投资者提供具体而科学的方法和基本技巧，并从以前的投资经验中总结出具有规律性的投资原理和原则，帮助投资者减少风险，促进证券交易活动的开展。

二、证券投资学的基本内容

证券投资学是研究证券投资运行及其规律和对经济的影响的经济学科，其基本内容主要包括：

（1）证券投资的基本知识和基本理论，包括：证券投资的概念和原理、资产组合理论、有效市场理论、资本资产定价模型和套利定价理论。

（2）证券投资的主体分析，这些主体包括：非金融机构的公司、投资银行、保险公司和社会保障机构等非银行金融机构，财政部、中央银行和政策性银行等官方机构，以及居民个人等。

（3）证券投资的客体研究，客体研究包括：股票、债券、投资基金和金融衍生工具的特点和定价研究。

（4）证券投资市场机制介绍，包括：证券投资市场的分类、证券中介机构的构成、证券交易程序和证券投资方式。

（5）证券投资的分析和管理，这些分析和管理包括：证券投资的收益与风险分析，基本分析和技术分析，证券投资的策略与方法，投资者对证券投资环境和技术的分析及据此实施的管理，政府对证券投资政策和法规的管理，以及各方对证券投资风险的管理。

（6）国际证券投资研究，这些研究包括：国际证券市场的概况，中国证券市场的国际化，国际证券投资的方式和方略，以及国际证券投资风险的防范。

第二节　证券投资的概念、分类和基本步骤

一、证券投资的概念、特点及分类

（一）证券投资的概念

证券投资是指自然人、法人及其他社会团体通过有价证券的购买和持有来获取收益的投资行为。随着证券投资的发展，它已成为现代社会中的重要投资方式，在拓宽投资渠道、优化资源配置、促进经济发展等方面发挥了重要作用。

（二）证券投资的特点

证券投资与投资领域的其他投资方式相比较有自身的特点，表现在以下方面：

1. 投资主体的广泛性

无论是股票还是债券，它的投资额下限都很低，投资者只要手中有少量现金就可以购买证券进行投资活动。所以证券投资主体遍及社会各行各业和各个经济发展阶段，而且各种经济主体，如政府、主管部门乃至包括金融机构在内的各行各业等，也更能直接吸纳闲散的社会资金，扩大企业的投资规模。特别是发行股票以直接融资方式筹资，比从银行取得贷款的间接融资方式具有更多的优越性。因此，无论从投资主体还是筹资主体来看，证券投资比起直接投资和银行贷款间接筹资更具广泛性。

2. 投资信息的公开性

股票、债券作为投资工具运作时，除一般应向社会公开发行，并以法律形式规定了发

行者内部状况的公开制度外，还要求在其发行和流通期间，必须把对证券的价格产生重大影响的信息以及内部财务状况、经营成果的变动资料及时在指定报刊上公开披露，其内容不得有虚假、含糊或遗漏。证券交易所除监督上市公司按规定公开信息外，还应制作即时行情、各种行情报表并公开发布，为投资者提供决策依据，以保护投资者利益。

3. 市场调节的自发性

证券投资以资本市场为其投资的运作场所，它与商品经济条件下的其他市场一样，是建立在自愿互利、平等交换的基础上的，调节运行的机制主要是市场供求关系。证券市场有别于一般商品市场的是这种虚拟的资本商品有其自身独立的运动形态，它的量可以脱离社会再生产过程而变化，其投资的全部活动都集中在流通领域，在同一过程中让渡证券自身的使用价值并实现投资收益。因此，证券市场的价格涨落也集中地反映在社会资金的供求量以及它们之间的数量比例关系上。证券的市场价格时涨时跌、变幻莫测，致使证券投资带有比一般商品市场更强的自发性和盲目性。

4. 投资回报的风险性

投资于证券，特别是股票，既有获利的机会，也存在着风险的陷阱，机会大，风险也大，在证券市场上买卖股票是一种高风险投资行为。其风险的表现形式主要是获得预期收益的不确定性与投资者的愿望相反而蚀本。这些投资风险是由虚拟资本的本质所决定的。同时，投资于股票希望获取的收益是预期的，不是现实的，既有可能成为现实，也有可能成为泡影。

（三）证券投资的分类

证券投资按不同的标准可以有不同的分类。

（1）按投资时间划分，证券投资可分为短期投资和长期投资。短期投资是指期限在1年以内的证券投资；长期投资是指期限在1年以上的证券投资。

（2）按投资方式划分，证券投资可分为直接投资和间接投资。直接投资是指投资者到证券市场上购买股票、债券等有价证券；间接投资是指投资者购买投资基金，而投资基金又是通过证券交易来获利的。

（3）按收入性质划分，证券投资可分为固定收入投资和不定收入投资。由于证券种类繁多，其投资性质、期限各有不同，收入高低和支付方式也各不相同。固定收入投资是指某种证券的投资收益是预先约定的，并在整个证券投资期限内保持不变；不定收入投资是指证券的投资收入不事先约定，收入也不固定。

二、证券投资、投机与赌博三者区别

（一）证券投机的概念

投机有广义和狭义两种定义。从广义的定义来看，投机与投资并无多大差别。任何投资都是为了赚取利润，使其资本增值，投机也是如此，从这个意义上来说，投机即投资。西方普遍认为，一项良好的投资即是一次成功的投机。一般认为，投资是稳健的投机，投机是冒险的投资。从狭义的定义来看，投机一般是指甘冒遭受经济损失的风险，进行商品、证券等交易活动，利用其市场价格波动赚取利润的行为。本节讨论证券投机所使用的是投机的狭义定义。那么证券投机就是在证券市场上，投资者甘冒风险而期望从价格波动中赚取利润的证券交易行为。

（二）证券投资与投机的区别

从投机的狭义定义来看，证券投机与证券投资也是有联系的，二者的交易对象都是有价证券，都是投入货币以谋取盈利，同时承担损失的风险。二者还可以相互转化。但用某些标准来衡量，二者的区别也是明显的，表现在以下几方面：

1. 交易动机不同

投资者进行证券投资，旨在取得证券的利息和股息收入，而投机者则以获取价差收入为目的。由于动机不同，在证券持有时间上也有差别。投资者一般长期持有证券，而投机者则经常出入证券市场，捕捉有利时机，低价买进，高价卖出，交易频繁，故其证券持有时间一般都比较短。投资者通常以长线投资为主，投机者则以短线操作为主。

2. 投资对象不同

投资者一般比较稳健，其投资对象多为风险较小、收益相对较高、价格比较稳定或稳中有升的证券，如国债、信用级别较高的公司债券、优先股及优良股、成长股等普通股。投机者大多敢于冒险，其投资对象多为价格波动幅度大、风险较大的证券。价格波动幅度越大，价差越大，风险利润越高，对投机者越有吸引力。不过投机的根本目的还在于赚取高额利润，他们以遭受经济损失为代价去冒险是有条件的，绝不是盲目的，其所选择的投资对象都是有投资价值的证券，对那些没有投资价值的证券，如濒临破产又无回天之力的企业的证券，投机者是不会去冒险的。

3. 风险承受能力不同

投资者首先关心的是本金的安全，希望在保本的前提下能得到一笔数目比较稳定的收入，当然在可能的条件下也希望本金有所增长。投机者则不大考虑本金的安全，一心只想通过冒险立即获得一笔收入。

4. 运作方法不同

投资者经常对各种证券进行周密的分析和评估，十分注意证券价值的变化，并以其作为选购或换购证券的依据。投机者则不大注意证券本身的分析，而密切注意市场的变化，以证券价格变化趋势作为决策的依据。

（三）证券投机的方式及作用

1. 证券投机的合法方式

（1）炒买炒卖。炒买炒卖就是不断地买进卖出证券以获取价差收入。炒买炒卖作为一

种投机方式，与一般的低价买进、高价卖出是不同的，它是利用人为的办法将证券价格抬高或降低，从中赚取投机利润。炒作时总有一定的题材，炒完以后则再换题材，翻来覆去地轮番炒。炒买炒卖的关键在于看准题材、抓住时机，否则将难以达到目的。

(2) 买空卖空。买空卖空是两种投机交易方式的合称。所谓买空是指投机交易的买方并未真正买进证券，而是买了一笔空账，待价格变动时再将买进账户的证券售出，以赚取差价。卖空与买空相反，是指投机交易的卖方并无证券可卖，卖出的也是一笔空账，待价格变动后再将卖出账户的证券补进，以赚取价差。通过买空卖空赚取差价只是投机者的一种期望，这种期望能否实现，要看投机者的判断是否准确，如果判断与市场走势一致，即可获利，若判断失误则要亏损。买空卖空一个显著的特点是没有证券实物交投，一般只是结算差价。买空卖空一般利用信用交易、期货交易和回转交易等交易方式进行。

(3) 套利交易。套利交易是投机者利用不同市场或不同时间的证券价格差异，从中赚取利润的一种投机交易方式，可分异地套利和调期套利两种。异地套利是利用不同证券市场价格差异进行牟利的一种交易方式。其前提条件是同一种证券在不同市场上市场价格不同。其作法是在低价市场买进后，立即在高价市场卖出，或者在高价市场卖出后，立即在低价市场补进，以赚取两个市场之间的差价。调期套利是利用期货交易套利的方法，即将已到期的证券由一个交割期调至下一个交割期交割。这种调期交易多为股票交易。由于期货交易成交后在约定的时间必须办理交割，当股票价格看涨时，对已到交割期的股票，交易者即通知经纪人将其卖出，然后再按同等数量买进，待下一交割期再行交割，以赚取价差。

2. 证券投机的作用

在证券交易中投机是必要的，因为它有一定的积极作用，体现在以下几个方面：

(1) 有利于增强证券的流动性。证券市场流动性正常的标志是证券能随时转化为货币，货币能随时转化为证券，而不论其数量多少、品种如何、到期时间的长短，都能迅速进行转换。如果没有投机者经常出入市场，买进卖出，这种转换就会遇到困难，证券也难以流通。

(2) 有利于市场的正常运行。投资者一般长期持有证券，不轻易出售，在这种情况下，证券市场可能出现有行无市的局面，或者有人卖而无人买，或有人买而无人卖，市场交易将会中断。投机者的目的不是长期持有证券，而是低价买进，高价卖出，赚取利润，只要有利可图，即可随时买进卖出，这样就可以满足不同类型的买方或卖方的要求，从而使市场保持正常运转。

(3) 为证券保值创造条件。由于证券价格经常波动，有些投资者既想持有证券又要避免因价格下跌证券价值下降带来损失，需要利用各种手段进行保值，投机者正好成为保值者的对手。保值者要转移价格风险，投机者却乐于承担风险，从而使保值成为可能。

(4) 有助于平衡证券价格。通过投机者的贱买贵卖活动，可能相对缩小市场供求差距。当市场价格大幅下跌时，投机者可以大量买进，市场价格大幅上涨时，又可大量卖出，从而可以平抑价格。还可以通过不同市场、不同品种、不同时间的套利活动，促使各级市场、各种品种、不同时间的证券价格趋于平衡。

(5) 有助于证券的发行。对于有些知名度不高的公司发行的证券，一般人不敢购买，投机者却敢冒风险，为其证券开辟市场。

投机虽然有一定的积极作用，但投机必须适当，过度投机将会使市场走向反面，给市场带来破坏作用。

（四）证券投资与赌博的区别

有学者曾经评述过中国股市“赌场论”，中国的投机市场是“赌场”吗？在分析这个命题前，首先需要阐明的是投资是建立在价值基础之上的投资，那些价值已经接近于零的权证投资或者严重偏离价值的投资不在此范围内。也就是说，赌博赌的是运气，原则上是一个概率问题，就拿“赌大小”来说，输赢各占49%，剩余的就是2%的“唯骰”。投资行为表面上和赌博概率只差1%，似乎和赌博差不多，但实际上两者却有本质区别：

（1）例如证券投资，在投资者购买或抛出前可以去上市公司调研、参考财务报表或者技术图形等，好的企业自然有好的盈利，这样来选择交易方向。而在赌博中，押“大”之前去哪里寻找参考指标呢？

（2）投资证券如果方向出现了背离，只要企业的基本面没有发生坏的变化，投资者输的只是时间，所投入的资金不会像押“大小”一样迅速变为0。

（3）赌博中由于有“唯骰”的存在，赢的概率只有49%左右，而投资交易中即使从最短时间内讲也有50%，从交易次数来讲赢的概率也会大于赌博。

（4）投资证券后投资者可以利用时间创造新的价值，就算投资失误，仍然可以做到最终盈利，而赌博却需要聚精会神，占用创造财富的时间，在交易成本上远高于证券投资。

（5）证券投资是一场马拉松比赛，投资者可以长时间享受上市公司向前发展带来的巨大投资回报。而从长时期分析赌博参与者注定血本无归，因为赌博不具备持久性。

综上所述：

（1）赌博仅是个游戏，玩玩可以，大赌则是不计后果的盲目投资行为，注定要以失败告终。

（2）投资不是赌博，表面有相似成分，实则有天壤之别，证券市场“赌场化”的言论缺乏严密的逻辑理论基础，只能是危言耸听，不攻自破。

（3）需要注意的是，当价格严重偏离价值的投资，如价外权证的博弈比较符合赌博的特征，其最终归零的结果不可避免。

三、证券投资的基本步骤

证券投资一般包括以下几个基本的步骤：

（一）收集资料

投资者应尽可能多地收集有关证券市场的各种资料。对证券投资者有用的资料主要包括以下几个方面：

（1）证券发行公司的各种资料，如公司的招股说明书、上市公告书、中期报告、年度报告等财务资料，以及与公司有关的各种重大事件的公告和消息等；

（2）证券行情变化情况；

（3）国民经济的发展状况，如国民生产总值增长率、通货膨胀率、利率水平等；

(4) 政府的经济政策、金融政策、产业政策、外贸政策等；

(5) 政局和社会的稳定状况；

(6) 国际经贸动态，这对有进出口贸易和产品受国际市场影响的企业尤为重要。

(二) 研究分析

投资者把从各个渠道得来的资料进行比较分析、研究，了解各类证券的特点，了解证券交易所和证券经营机构的状况，了解证券发行者与投资者的心态，预测证券行市的变动趋势，从而为投资决策提供依据。

(三) 作出决策

证券投资主要是为了获取收益，对于投资者来说，当然是收益越高越好。然而，收益高的证券，其风险往往也大。因此，投资者必须在风险和收益之间进行平衡。投资者必须在各种有价证券之间进行选择，以便对投资于哪种或哪几种证券，以及怎样分配投资资金作出决策。

(四) 购买证券

购买证券是证券投资的实质阶段。如果不购买证券，不把投资决策付诸实施，一切只是纸上谈兵。投资者一般都是通过证券经营机构来买卖证券。

(五) 证券管理

买进证券并不意味着证券投资的结束，完整的证券投资过程还包括证券资产的管理。投资者买进证券后，应随时根据证券市场的变化情况，对自己所购买的证券进行分析和检验，判明购买这些证券是否合适、是否明智。如果投资效果达到了预期目标，说明此项投资是成功的，否则就是不成功的。投资者应根据证券行情、上市公司经营状况和国民经济形势等情况适时进行证券调整，使整个证券投资过程趋于完善。

第三节　金融市场及其分类

一、金融市场

金融市场是资金供求双方运用金融工具进行各种金融交易活动的场所，是所有资金的需求和供给的市场。金融市场的原动力为信用，并以信用工具为交易对象，如果没有信用存在，各种资金的融通就无法进行。银行与其他金融机构以信用的授、受为主要业务，使资金的供求得到适当的调节。金融市场由资金供求双方、信用工具和信用中介这三个基本要素构成，系供求双方借助种种中介机构进行交易的一种公开市场。其交易条件完全取决于供求双方的自由竞争。

在金融市场上，金融交易的对象、方式、条件、期限是多种多样的，从不同的角度来观察，金融市场可以有不同的分类。

(1) 按金融市场的交易期限可分为货币市场和资本市场。

（2）按金融市场的交易程序可分为证券发行市场和证券交易市场。证券发行市场，亦称一级市场或初级市场，是指新证券发行的场所；证券交易市场，亦称二级市场或次级市场，是指已经发行的证券进行转让、买卖和流通的市场。

（3）按金融交易的交割期限可分为现货市场和期货市场。现货市场也称现金现货市场，是证券交易双方成交后，立即办理交割手续的交易方式；期货市场，是证券交易双方成交后，按契约规定的价格、数量，在远期进行交割的方式。

（4）按金融交易标的物的性质可分为：外汇市场、黄金市场、保险市场和各种有价证券市场。外汇市场是指所有进行外汇交易的场所；黄金市场作为黄金买卖的场所，是各国金融市场体系的重要组成部分；保险市场是进行各种保险和再保险业务的交易市场。

金融市场按其他不同的标准分又可以作多种分类，如按场所可分为有形市场和无形市场；按交易活动范围可分为国内金融市场和国际金融市场。

二、货币市场

货币市场是经营一年以内短期资金借贷的市场，又称为短期资金市场。货币市场主要由商业银行、票据承兑公司、贴现公司、证券交易商、证券经纪商组成。市场交易的信用工具主要有商业票据、国库券、银行承兑汇票和可转让的定期存单等短期证券。货币市场按照使用的信用工具和借贷形式的不同，可分为银行短期信贷市场、短期证券市场和贴现市场。

（一）银行短期信贷市场

银行短期信贷市场大多是向工商业提供一年以内的短期信贷，解决临时性的短期流动资金的需求。银行短期信贷市场资金的拆放期限最短为日拆，最长不超过一年，大都为一周、一个月、三个月或六个月。贷款无须担保，但十分注意企业的资信状况。贷款利率以伦敦同业拆放利率为基础，比国库券利率略高。

（二）短期证券市场

短期证券市场是指经营一年以内的短期证券交易的市场。这些短期证券包括国库券、可转让银行定期存单、银行承兑汇票和商业承兑汇票等。这些短期信用工具一般流动性大、安全性好，只有符合金融当局有关金融法令才能上市。

（1）国库券是各国财政部发行的短期债券。各国政府通常采取发行国库券方式筹集短期资金，解决季节性财政需要。由于国库券是国家担保，其信用程度较高、流动性强，因而成为最重要的短期信用工具。国库券是一种不载明利息的债券，按票面金额以折扣方式发行，在市场以投票方式进行竞争性交易，到期按票面金额偿还。国库券有三月期与六月期，以三月期为多，到期日多为 91 天和 182 天。

（2）可转让银行定期存单是指在商业银行按一定期限和一定利率取得一定收益的存款单据。它的特点是面额大、可转让，未到期清偿的存款单可在次级市场上出售，兼有活期与定期存款的优点。可转让银行定期存单是美国商业银行 1961 年首先发行的，面额一般在 10 万美元至 1 000 万美元之间，大多数为 100 万美元。可转让银行定期存单到期向银行提取本息，利息与银行同业拆放利率大致相等。可转让银行定期存单期限为一个月到一

年，最长可达五年。对银行来说，发行可转让银行定期存单相当于取得一笔定期存款，就可以把这些资金用于中长期放款；对于存款人来说，既可以获得较高的固定利息收入，在需要资金时也可随时在次级市场出售。因而可转让银行定期存单受到一些大公司的欢迎，是货币市场上的一个重要信用工具。

（3）银行承兑汇票和商业承兑汇票。承兑是指在汇票到期前，付款人在票据上签署并写明承兑字样及日期，承认票据到期日见票付款。银行承兑汇票是指在交易中，银行应购货人请求，同意在销货人签发的汇票上签章办理承兑手续，承认到期付款的一种汇票。商业承兑汇票是在交易中由售货人签发，要求购货人在一定时期内支付一定款项给持票人或收款人的一种汇票。银行承兑汇票由银行承兑，商业承兑汇票由商号或个人承兑。因此，银行承兑汇票的信用高于商业承兑汇票。票面金额不限，期限一般为四至六个月，采用按票面金额贴现的方式进行。汇票承兑后，可以“背书”转让，持票人在汇票到期日持票向付款人提示后收款。

（三）贴现市场

贴现是指把未到期的期票等向贴现银行换取现金，贴现公司和银行按照贴现利率，扣取从贴现日至到期日的利息，然后按票面余额将现金付给持票人。贴现市场就是通过贴现方式，向短期资金市场融通资金。票据贴现可以使资本从票据债权形式转化为现金形式，扩大了信用，加速了资本周转。贴现交易的主要信用票据有政府国库券、短期债券、银行承兑汇票和商业承兑汇票。经营贴现交易的主要是贴现公司和从事贴现业务的银行。贴现公司或从事贴现业务的银行可以把票据向中央银行再贴现，中央银行运用再贴现利率的高低来调节控制市场资金。贴现市场的参加者比较广泛，有商业银行、贴现银行、中央银行和工商企业。贴现率是商业银行的主要贷款利率之一，它一般低于信用放款利率。

三、资本市场

资本市场是提供长期性质资本的市场，也称中长期资金市场，主要职能是为政府和企业筹集所需要的中长期资金。资本市场经营业务的主要方式是银行中长期贷款和证券交易。资金的主要供给者是保险公司、私人养老金等基金，银行、信托投资公司和外国投资者。资金需求者主要是大公司、房地产商、政府和个人消费信贷需求。

（一）银行中长期贷款

银行中长期贷款主要用于外国企业固定资产的更新、扩建或新建。经营存放款业务的主要是国际性大银行。贷款方式有双边贷款和多边贷款（即银团贷款）。贷款利率较伦敦同业拆放利率高。

（二）证券市场

证券市场是经营有价证券的发行和买卖的市场。它是经营政府公债、公司公债和股票的场所，是资本市场的一个重要组成部分，是政府、企业通过发行各种债券和股票，筹集长期资金的重要场所。

政府债券是政府为筹集预算资金而发行的一种债券，是资本市场的长期信用工具之一。政府债券又可分为可转让债券和不可转让债券。可转让债券是指持票人可随时在市场上进行买卖的债券，但这种债券不到期不能兑回本金。不可转让债券是指持票人不能在市场上转售的债券，债票记名，不能转让；持票人持票两个月后，即可按规定的价值要求政府还本。持票人持至期满时，可按面值收回本金并取得利息。

股票是股份公司发给股东的一种凭证，证明股东入股份数。股票实质上是一种所有权证书。股票持有人可以凭此向股份公司领取股息，能参与分红，普通股的股息根据盈利情况而定。股票作为一种权利义务证券，必须严格按照法律规定的格式和内容签发。如不符合规定要求，缺少必要条件，不发生票据效力。因此，股票必须按照本国公司法规定的格式和内容制成，并向主管机关登记，经审查、批准后才能发行。

公司企业除发行股票外，还通过发行公司债券向社会筹集资本，这是公司用信用形式筹集追加资本而发行的一种有价证券，承诺在一定期内还本付息。债券持有人同公司之间只存在普通的债权债务关系，可取得规定的利息，到期收回本金，无权参与公司的经营管理。同股票一样，债券也是一种法律要式证券，其内容必须符合本国公司法规定。

本章小结

证券投资学是一门具有很强综合性的应用学科。虽然证券投资与证券投机的交易对象均是有价证券，但二者也有着明显的区别。金融市场是资金供求双方运用各种证券投资工具进行交易活动的场所，一般分为货币市场和资本市场。

思考题

1. 证券投资与证券投机的关系是什么？
2. 简述证券投资的基本步骤。
3. 试述金融市场的分类及特点。

第二章

证券投资工具

本章要点

1. 债券、股票、投资基金等证券投资工具的性质、特点及分类
2. 股份有限公司的概念及设立与管理
3. 金融衍生工具的产生、类型与功能

第一节 证券概述

一、证券的定义、分类及产生

（一）证券的定义

证券是各种财产所有权或债券凭证的统称，是用来证明证券持有人有权取得相应权益的凭证。证券包括几层基本的意义：第一，证券只是证明文件而非具有使用价值的实物；第二，证券往往以设定某种权利为目的，例如所有权、转让权等；第三，证券的证明作用具有法律效力。

（二）证券的分类

按照不同的标准，可以对证券进行不同的分类。按其性质的不同，可以将证券分为证

据证券、凭证证券以及有价证券。

1. 证据证券

证据证券只是单纯地证明事实的文件，主要有信用证、证据（书面证明）等。

2. 凭证证券

凭证证券是指认定持证人是某种私权的合法权利者，证明持证人所履行的义务有效的文件。如存款单、借据、收据及定期存款存折等就属于这一类。凭证证券实际上是无价证券，其特点是，虽然凭证证券也是代表所有权的凭证，但不能让渡，不能真正独立地作为所有权证书来行使权力。例如，存款单就是民法中的消费寄存凭证，属单纯的凭证证券，因为它既没有可转让性，也没有完全代替存款合同的功能。

3. 有价证券

有价证券主要是指对某种有价物具有一定权利的证明书或凭证。有价证券通常被分为三类：（1）货币证券，如银行券、票据、支票等。（2）商品证券，如货运单、提单、栈单等。（3）资本证券，包括股票、公司证券等，其本身没有价值，因为它不是劳动产品，但由于它能给持有者带来一定的收益，所以它又有价格，可以在证券市场上自由买卖。

（三）证券的产生

证券首先是一种信用凭证或金融工具，它是商品经济和信用经济发展的产物。例如，债券就是一种信用凭证，无论是企业债券、金融债券，还是政府债券，都是经济主体为筹措资金而向投资者出具的承诺到期还本付息的债权债务凭证。再如股票，它是股份有限公司发行的，用以证明股东身份和权益，并据以获得股息的凭证。从筹资的角度看，股份制是一种特殊的信用形式，即通过信用将分散的资金集中起来有效地使用。没有信用的发展，就难有大规模的集资，也就不会有股票的发行和交易，股份制就难以确定。基金证券是同时具有股票和债券某些特征的证券。除此之外，还有作为货币证券的商业票据。在商品经济和生产社会化发展的过程中，企业为了追求利润最大化，必然要加速资本流通，缩短周转周期，尽量节约资本的使用，为此便产生了商业信用和作为商业信用手段的商业票据，如汇票、支票及本票等。这些商业票据不仅仅是一种信用工具，而且还可以在一定范围内周转流通，发挥流通手段和支付手段等货币职能。

二、有价证券的分类

有价证券是具有一定票面金额（也有无金额的资本证券，如无金额股票），代表资本所有权或债权，并能为其所有者带来收益的书面凭证。它不是真实资本，而是一种虚拟资本。

有价证券按照不同的标准，可以进行不同的分类。

（一）按发行主体分类

按发行主体的不同，可分为政府证券、政府机构证券和公司（企业）证券。

1. 政府证券

也称政府债券，是指政府为筹措财政资金或建设资金，凭借其信用，采用信用形式，按照一定的程序向投资者出具的一种债权债务凭证。政府债券又分为中央政府债券（即国家债券）和地方政府债券（目前在我国，地方政府还不允许发行债券）。

2. 政府机构证券

是由经批准的政府机构发行的证券，我国目前不允许政府机构发行。

3. 公司（企业）证券

是公司（企业）为筹措资金而发行的有价证券，公司（企业）证券包括的范围比较广泛，主要有股票、公司（企业）债券及商业票据等。此外，在公司（企业）证券中，通常将银行及非银行金融机构发行的证券称为金融证券，其中金融债券尤为常见。

（二）按所体现的内容分类

按所体现的内容不同，有价证券可分为货币证券、资本证券和商品证券。

1. 货币证券

指可以用来代替货币使用的有价证券，是商业信用工具。货币证券在范围和功能上与商业票据基本相同，即货币证券主要包括期票、汇票、支票和本票等，其功能则是主要用于单位之间的商品交易、劳务报酬的支付以及债权债务的清算等经济往来。现在各银行发行的信用卡，其实质也是一种货币证券。

2. 资本证券

资本证券是有价证券的主要形式，它是指把资本投入企业或把资本贷给企业或国家的一种证明。资本证券主要包括股权证券和债权证券。股权证券具体表现为股票，有时也包括认股权证；债权证券则表现为各种债务。狭义的有价证券通常仅指资本证券。

3. 商品证券

商品证券是证明持有人拥有商品所有权或使用权的凭证，取得这种证券就等于取得这种商品的所有权，持有人对这种证券所代表的商品的所有权受法律保护。属于商品证券的有提货单、运货单、仓库栈单等。

（三）按上市与否分类

根据上市与否，有价证券可分为上市证券和非上市证券。

划分为上市证券和非上市证券的有价证券是有其特定对象的，这种划分一般只适用于股票和债券。上市证券，又称挂牌证券，指经证券主管机关批准，并向证券交易所注册登记，获得资格在交易所内进行公开买卖的有价证券；非上市证券也称非挂牌证券、场外证券，它是指未在证券交易所登记挂牌，由公司自行发行或推销的股票或债券。非上市证券不能在证券交易所内交易，但可以在交易所以外的场外交易市场进行交易，有的也可以在取得优惠权的交易所内进行交易。

第二节 债 券

一、债券的性质与特征

（一）债券的性质

债券是债务人依照法律手续发行，承诺按约定的利率和日期支付利息，并在特定日期偿还本金的书面债务凭证。债券的发行人是债务人，投资于债券的人是债权人。

债券不同于一般的借贷凭证，它将借贷关系证券化了。一般的借贷证书是由双方当事人自行协商签订的合约，是发行人对某个特定的法人或个人所负的债务，是非标准化的。债券则是发行人对全体应募者所负的标准化证券，具有公开性、社会性和规范性的特点，一般可以上市流通转让。

（二）债券的特征

债券具有一般有价证券共有的特征，即期限性、流动性、风险性和收益性，但它又有其独特之处。

1. 期限性

债券从发行日到偿还日这段时间称为债券的期限。债券期限的变化范围很大，短的有几个月，长的可达几十年。

2. 流动性

债券可以在较大范围内流通，可以随时变现。债券流动性的强弱受所在国证券市场的发达程度、债券发行人的资信度、债券的期限和利息支付方式等因素的影响。债券的流动性满足了投资者变现的需求。

3. 风险性

投资债券一般来说要面临市场风险、利率风险、通货膨胀风险、信用风险等。

债券是固定收入证券，利率在发行时已确定，所以当市场利率变动时，债券的价格就会朝相反的方向变动。利率风险对偿还期限不同的债券影响不同。一般而言，长期债券较大，短期债券较小。通胀风险几乎危及所有证券，利率固定的债券更是首当其冲。通胀持续的时间越长，对长期债券的持有者越不利。信用风险是指债券发行人到期不能还本付息的风险，其大小程度受债券发行人的经营能力、规模大小及事业稳定性等因素影响。一般

来说，中央政府债券的信用风险最小，其次为地方政府，再次是大的金融机构和全国性、国际性大公司，中小企业的信用风险通常较大。

尽管债券的投资者会面临上述风险，但与其他投资工具特别是与股票相比，债券又具有较大的安全性。这是因为：首先，债券的收入固定；其次，债券的发行有一定的法定审批程序，发行人的资金和财务状况都比较好；最后，发行人一般都采取了一些措施来保证债务的偿还，以吸引投资者。

4. 收益性

与风险相匹配，债券的收益一般比股票低，比居民储蓄、企业存款等投资方式高。债券的收益不完全等同于其票面利率，它还存在以下两种可能的收益：一是贴现债券发行时的贴息的再投资收益；二是债券买卖价收益，如果投资者在市场上以较低的价格买进，再以较高的价格卖出，则投资者获得的收益将大于票面利率。

二、债券的分类

债券可有以下几种分类方式：

（一）按发行主体分类

债券可分为政府债券、金融债券和公司债券。

1. 政府债券

又可区分为中央政府债券、地方政府债券和政府保证债券。政府债券是中央政府和地方政府发行公债时发给债券购买人的一种格式化的债权债务凭证。

2. 金融债券

金融债券是银行或其他金融机构发行的债券。发行金融债券的金融机构实力雄厚、信用度较高，而且利率一般要高于政府债券。发行金融债券的目的是筹集长期资金，金融债券的期限一般为 1～5 年。

3. 公司债券

公司债券也称企业债券，是企业为筹措资金而发行的一种长期债券。债券持有人同企业之间只存在普通的债权债务关系，可按期取得事先规定利息和到期收回本金，但无权参与企业的经营管理。公司债券的信誉低于政府债券和金融债券，风险较大，因而利率一般也较高。

（二）按偿还期限分类

债券可分为短期债券、中期债券和长期债券。

各国对短、中、长期债券年限的划分不完全相同，一般的划分标准是：期限在 1 年以下的为短期债券；期限在 1 年以上、10 年以下的为中期债券；期限在 10 年以上的为长期债券。

（三）按发行方式分类

债券可分为公募债券和私募债券。

1. 公募债券

公募债券是公开向社会投资者发行的债券。发行者应具有较高的社会信誉，符合主管部门规定的条件，经申报批准后须委托证券经营机构向不特定的投资者推销。除政府机构外，发行公募债券的企业，必须遵守信息公开制度，如实向投资者提供各种财务报表和其他重要资料，以防止欺诈行为发生，保护投资者的利益。

2. 私募债券

私募债券是由发行主体向有特定关系的投资者直接出售的债券。因投资者大多与发行者关系密切，了解发行者资信，且发行额较小，故不必事先提供企业的财务资料，也不必向主管部门申报批准，发行手续较简单，但不能公开上市交易，利率一般较公募债券要高。

（四）按利息支付方式分类

债券可分为附息债券和贴现债券。

1. 附息债券

附息债券是指债券券面上附有各期息票的债券。息票上标明利息额、支付利息的期限和债券号码等内容。息票一般以 6 个月为一期，到期时从债券上剪下息票，并凭此领取本期的利息。息票还可以流通、转让。

2. 贴现债券

贴现债券也叫贴水债券，其券面上不附息票，发行时按规定的折扣率，以低于票面金额的价格发行，到期时仍按面额偿还本金，面额与发行价格的差额即为债券的利息。也就是说，贴现债券在发行时即已预付了利息。

（五）按有无抵押担保分类

债券可分为信用债券和担保债券。

1. 信用债券

信用债券也称无担保债券，指仅凭债券发行者的信用而发行的，没有抵押品作担保的债券。政府债券和金融债券就是属于这类债券。此外，一些信誉良好的公司也可发行信用债券，但必须签订信托契约，以保障投资者的利益。

2. 担保债券

担保债券指以财产作为担保而发行的债券，主要有以下三种：

（1）抵押债券。指以土地、房屋、机器、设备等实物资产作为抵押担保品而发行的债券。当筹资者不能履行还本付息义务时，债券持有者（一般由其受托人代表）有权变卖抵押品来偿付债券本息。抵押公司债券，是现代公司债券中比例最大、最重要的一种。

（2）质押债券。指以公司拥有的其他债券或股票等有价证券作为担保品所履行的公司债券。发行这种债券的公司必须将作为担保品的有价证券交给信托机构（即受托人），当筹资者到期不能偿债时，即由受托人处理质押的证券并代为偿债。

（3）保证债券。指由第三者担保偿还本息的债券。担保人可以是政府、银行、母公司等。这种债券可以提高筹资者的信誉，扩大债券销路，还可以减轻筹资者的利息负担。

（六）按利率规定的情况分类

债券可分为固定利率债券和浮动利率债券。

1. 固定利率债券

固定利率债券的利率在发行时就已确定，不因金融市场的利率变化而变动，因此能保证投资者在偿还期限内获得固定的利息。

2. 浮动利率债券

浮动利率债券是指利率随金融市场利率变化而变动的证券。这种债券是在市场利率波动幅度大、预测利率变动趋势困难的情况下，为适应投资者避免或减小利率变动的风险，实现保值的需要而产生的。债券利率一般半年调整一次，利息大多数也每半年支付一次。

（七）按发行的区域分类

债券可分为国内债券和国际债券。

1. 国内债券

是本国公司、金融机构、中央政府及地方政府等，以本国货币为单位在国内金融市场上发行的债券。

2. 国际债券

是债券发行者（某国的政府、金融机构、工商企业和国际组织机构等）在国外金融市场发行的以某种货币为面值的债券。其特点是举债人属于一个国家，债券发行在另一个国家，债券不以举债人所在国的货币为面值。国际债券又可分为外国债券和欧洲债券两种。

外国债券是借款人在外国资本市场发行的，以该国货币为面值的债券。外国筹资者在美国发行的美元债券称为扬基债券；在日本发行的日元债券称为武士债券。外国债券市场主要有美国、日本、瑞士和德国等国家。

欧洲债券又称境外债券，其特点是举债人属于一个国家，债券发行在另一个国家，债券面值货币又属于第三个国家。欧洲债券是国际金融市场的重要筹资工具，其发行除须经举债人所在国政府批准外，不受发行市场所在国及债券面值货币国有关法令的约束。

债券的种类非常多，除上述分类外，还可以按债券票面是否记名分为记名债券和不记名债券；按是否参加分红分为参加公司债券和非参加公司债券；按是否上市交易分为上市债券和非上市债券；按债券发行时间先后分为新发债券和既发债券等。

三、政府债券

政府债券是指政府为筹措财政资金，凭其信誉按照一定程序向投资者出具的承诺在一定时间支付利息和到期偿还本金的一种格式化的债务凭证。

（一）政府债券的特点

1. 自愿性

国家在举借国债的过程中，是以法人身份出现的，投资者的购买行为完全是出于自愿，国家不凭借权力强制其购买。

2. 安全性

由于国债是由中央政府发行的，中央政府是一国权力的象征，它以该国完全的征税能力作保证，因此具有最高的信用地位，风险也最小，当然利率也较一般债券要小。

3. 流动性

由于国债具有最高的信用地位，对投资者的吸引力很强，又容易变现。一般来说，国债市场，尤其是短期国债市场的流动性要高于其他同样期限的金融市场。

4. 免税待遇

大多数国家都规定，购买政府债券的投资者与购买其他有价证券的投资者相比，可以享受优惠的税收待遇，甚至免税。

5. 收益稳定

政府债券由于利息率固定、偿还期限固定，所以市场价格相对平稳，收益也就较稳定。

（二）政府债券的功能

1. 平衡和调节政府财政收支，弥补政府财政赤字

如发行国库券，主要是为调节国库短期收支差额，弥补财政收入不足；发行财政债券则是为了平衡中长期的政府财政收支，弥补财政赤字。一般来说，解决政府财政赤字问题还有其他方法，比如增加税收和向中央银行透支等，但增税的种类和金额如果过大，则会影响生产者的生产积极性，而采用向中央银行透支的方法则往往要增发货币，进而引发通货膨胀，且世界各国目前均已禁止央行向各国政府透支，也禁止央行向政府透支。相对来说，发行政府债券的方法则可有效地避免上述方法所造成的负面影响，同时起到上述方法

所能起到的积极作用。

2. 筹集国家急需的基本建设和重点建设资金

如国家建设债券、重点建设债券、国家投资公司债券等，均是为了筹集诸如国家的能源、交通、原材料以及其他重点建设项目的资金。

3. 对国民经济进行宏观调控

在市场经济条件下，国家债券是中央银行进行公开市场操作，以调节市场利率和货币供应量，从而有效地进行国民经济发展的宏观调控的重要工具。中央银行买入国债，等于向市场上投放了货币，使市场上的货币供应量增加，银根放松，市场利率下调，使资金使用成本降低，刺激投资与消费的增加，从而促使国民经济的增长速度加快；反之，中央银行卖出国债，等于从市场上回笼了货币，使市场上的货币供应量减少，银根紧缩，市场利率上调，使资金使用成本上升，抑制投资与消费需求的增长，从而制约国民经济的过快增长。公开市场操作是国家通过市场手段进行国民经济宏观调控的重要手段。与行政手段相比，它更能适应市场经济的要求，对经济的干预比较灵活，影响比较广泛，可以减少行政手段干预经济发展的负面影响；与财政手段相比，它能根据市场的发展状况，灵活地进行不同方向和不同力度的调控，从而有效地保证国民经济持续、快速、健康发展。

四、金融债券

广义地说，由金融机构发行的债券即为金融债券。金融债券多为中长期债券，是金融机构利用自身较好的资信筹集更多的中、长期资金的手段，一般要经特别的法律许可，由特别的金融机构发行。发行金融债券的银行或财务公司对金融债券持有人作出债务承诺，在一定期间还本付息。

（一）金融债券发行的特点

（1）金融债券表示的是银行等金融机构与有金融债券的个人持有者之间的债权债务关系。

（2）金融债券一般不记名、不挂失，可以抵押和转让。

（3）我国金融债券的发行对象主要为个人，利息收入免征个人所得税和个人收入调节税。

（4）金融债券的利息不计复利，不能提前支取，延期兑付也不计逾期利息。

（5）在我国发行金融债券筹集的资金专款专用，作为对企事业单位的特种贷款，主要用于解决部分企业流动资金的不足和国家计划内的、经济效益好的项目建成后所急需的流动资金。

（二）我国金融债券的种类

我国金融债券主要包括政策性金融债券和特种金融债券两种。

1. 政策性金融债券

政策性金融债券是指我国政策性银行为筹集信贷资金，经国务院、中国人民银行批准，采用市场化发行或计划派购的方式，向中资商业银行、商业保险公司、城市商业银行、农村信用社等金融机构发行的金融债券。

政策性金融债券为无纸化登录债券，由中央国债登记结算有限责任公司负责托管登记，各承销商和认购人均在中央国债登记结算有限责任公司开设托管账户，中央国债登记结算有限责任公司接受政策性银行的委托办理还本付息业务。

政策性金融债券可在银行间市场上流通，进行现券买卖和抵押回购操作，已成为各金融机构的重要投资工具，同时成为中国人民银行执行货币政策、进行公开市场业务的操作工具。

2. 特种金融债券

特种金融债券是指经中国人民银行批准，由部分金融机构发行的，所筹集的资金专门用于偿还不规范证券回购债券的有价证券。

发行特种金融债券是清理不规范回购债券的需要。国债回购业务开展后，少数金融机构和交易所在实际运行中违反中国人民银行、财政部、中国证券监督管理委员会的有关规定，买空卖空国债，利率过高，期限过长，资金用途也不合理，扰乱了货币市场秩序，使大量已经到期的国债回购合同不能按期履约还款，出现了严重的资金拖欠。对此，国务院在国发［1996］20号文中规定："对于将回购资金用于长期投资，短期内无法收回，还债确有困难的金融机构，经中国人民银行批准，可适当发行一定数量的金融债券，用于偿还债务。"特种金融债券只能面向机构发行。目前采用的是记账式发行方式。

五、公司债券

公司债券是股份制公司或企业发行的有价证券，是公司为筹措长期资金而发行的一种债务，承诺在未来的特定日期偿还本金并按照事先规定的利率支付利息。在西方国家，公司债券即企业债券。在我国，各种所有制的企业发行的债券均称为企业债券。

对于一个企业来说，可能会因为种种原因而需要筹措资金，包括筹建新项目、一般业务发展，购并其他企业或弥补亏损。当企业的自有资本金不能完全满足企业的资金需求时，就需要向外部筹资。企业向外部筹资主要有三个途径：一是发行股票。从企业的角度看，发行股票对企业的要求最高，发行成本也较高，对二级市场也有一定的要求。二是向金融机构等借款，获取的资金期限一般较短，资金的使用要受到债权人的干预，有时还有一定的附加条件。三是采用发行债券的方式，成本较低，对市场要求也低，同时筹集的资金期限长、数量大，资金使用自由，弥补了股票和借款方式筹资的不足，因此是许多公司偏好的一种筹资方式。

（一）公司债券的特征

公司债券除了具有债券的一般性质外，与其他债券相比还具有以下特征：

1. 风险性较大

公司债券的还款来源是公司的经营利润，如果公司经营不善，就会使投资者面临利息甚至本金损失的风险。因此在发行公司债券时，对发行公司要进行严格的信用审查或进行财产抵押，以保障投资者的利益。

2. 收益率较高

投资于公司债券要承担较高的风险，其收益率也较高。公司债券的持有人只是公司的债权人，不是股东，因此无权参与公司的经营管理。但是公司债券持有人比股东有优先的收益分配权，并且在公司破产清理资产时，有比股东优先收回本金的权利。对于部分公司债券来说，发行者与持有者之间可以相互给予一定的选择权。如在可转换债券中，发行者给予持有人将债券兑换成本公司股票的选择权；在可提前赎回的公司债券中持有者给予发行者在到期日前提前偿还本金的选择权。当然，获取该种选择权的当事人必须向对方支付一定的费用。

(二) 公司债券的种类

公司债券的种类很多，除按一般债券的分类法进行分类以外，按其本身的特点还可分为以下几种：

1. 抵押债券

抵押债券是发行公司以其财产作抵押担保发行的债券。如果到期公司无力清偿债券本息，持券人有权要求处理担保的财产。按抵押品的不同，债券又可分为以动产作抵押的质押公司债券和以不动产作抵押的抵押公司债券。抵押公司债券又有定额抵押公司债和不定额抵押公司债的区别。定额抵押债券又分为一次抵押公司债券和顺次抵押公司债券两种。一次抵押公司债券是指一种不动产只作一次抵押担保所发行的债券。顺次担保公司债券是指同一不动产按照先后顺序进行多次抵押担保发行的债券。有些不动产的价值较大，发行一次债券只用其价值的一部分作担保，从而使得同一不动产可以进行多次抵押，其抵押权则按先后次序顺位排列，即第一次抵押发行的债券称为第一抵押公司债券，以后依次为第二抵押公司债券、第三抵押公司债券等。顺次抵押公司债券抵押品的留置权也按债券发行的先后顺序排列，在处理抵押品清偿债务时，首先满足第一抵押公司债券的债权要求，其本息清偿后的剩余部分，再满足第二抵押公司债券的债权要求，以此类推。

2. 信用债券

信用债券是一种无担保的公司债券，完全凭发行公司的信用发行。只有信用好、经营有方的大公司所发行的信用债券才有销路。一旦公司无力清偿债务，这种债券的持有人只能以公司一般债权人的身份提出起诉，要求在公司清理时予以补偿。其补偿顺序也只能排在有担保的债权人之后。为保障债权人的利益，发行时往往要订立信托协议，协议对发行公司要规定许多限制条件，如公司债务不得随意增加、发行公司的财产不能随意处理等。信托协议所规定的各种条款，由签订协议的信托机构即受托人负责监督实施。

3. 偿债基金债券

偿债基金债券是一种以建立偿债基金为前提条件所发行的债券。所谓偿债基金是专门为清偿债务所设立的基金，用于清偿部分或全部债务。基金按信托契约规定，从公司利润、红利或销售收入中提取。提取基金一般有两种办法：一种是按债券总额的一定比例提取，金额固定；另一种按公司利润、红利或销售收入的百分比计算提取，比例固定，一年一次。无论哪种办法，都要连续提取，直到还清债券本息。偿债基金由受托人监督执行。所提款交受托人保管，以备还本付息。

4. 转换债券

转换债券是一种有权按一定的条件转换成发行公司股票的债券。发行转换债券必须事先在发行协议的条款中载明，规定债券持有人在一定时期后可按规定条件将债券兑换成股票，其股票一般为普通股票。这种债券在转换前为公司债券，其持有人为公司债权人，转换后原债权人转为公司股东。表明公司债务已经清偿，并增加相应的股份资本。所以转换债券是一种潜在的股票，具有债券和股票的双重性质，其价格也与股票价格有连带关系，随股票变化而波动。转换债券虽然可以转换股票，但是否转换则由债权人决定，如果转换有利就转换成股票，否则持有债券到期而不转换为股票。

5. 附新股认购权债券

附新股认购权债券是一种以认购发债公司新发行股票为附加条件的债券。这种债券的持有人有权按一定条件认购新发行的股票，这种权利称为认股特权。认股条件在发行债券时确定，包括认购时间、认购比率和认购价等内容。新股认购权的行使只能在规定的时间内公司发行股票时进行；认股比率是指一定数量债券认购股票的数量，如1 000元债券可以认购100股股票等；认购价格一般都比较优惠，通常都是以低于市场价格的特定价格发行。附新股认购权债券有可分离型与不可分离型两种类型。可分离型债券是将认股权与债券分开，其认股权通过认股证的形式固定下来，与债券同时发行，凭认股权证认购股票。债券持有人可以持有认股权证，待公司发行股票时认购股票，也可将股权证在市场转让，获取转让收益。其债券则只能按一般市场价格转让，与股票价格无关。不可分离型债券的认购权与债券是一个整体，与债券连带发行，凭债券认购股票。转让债券时，认股权也同时转让，债券的价格随公司股票价格的波动而变化。不过如果股票价格跌落，低到特定认购价格以下，债券的附加价值也荡然无存，认股权就毫无意义，认股权证将变成分文不值的废纸。

第三节　股　票

一、股票的含义和特征

（一）股票的含义

股票是股份公司为筹集资金，发给股东以证明其投资入股的证书和股东索取股息红

利、行使其他权利的凭证，同时它也是股东拥有企业资产所有权的书面说明。

作为交易对象和抵押品，股票已成为金融市场上主要的、长期的信用工具，但实质上，股票只是代表股份资本所有权的证书，它本身并没有任何价值，不是真实的资本，而是一种独立于实际资本之外的虚拟资本。

（二）股票的特征

股票在发行与流通中，具有如下特征：

1. 收益性

投资者购买股票的主要目的就是要获取收益。根据股份有限公司的章程，股票的持有者有权从公司领取股息和分享公司的经营红利。当然，股票的盈利大小取决于股份有限公司的经营状况和盈利水平。同时，由于股票还可以在二级市场上进行流通交易，股票持有人可以凭借自己的预期和选择，获取在二级市场上买卖股票的差价。

2. 风险性

股票是一种高风险的投资工具，这是由股本清偿性上的附属性和报酬上的剩余性所决定的。由于股份有限公司在市场竞争中会有周期性变化，其经营状况也会有好有坏，再加上股票本身具有的市场价值会受股票交易市场行情的影响，因此，股票收益就具有较大的风险性。股份有限公司盈利越多，股票持有人可以获取的股息和红利就越多；反之，股票持有者就要少分盈利或无利可分，相应地，股票的市场价格也会下跌，股票持有者会因股票贬值而蒙受损失。如果公司破产，则股票持有者连本金都保不住。

3. 非返还性

股票的非返还性表现为，股票一经认购，持有人不能以任何理由要求退还股本，只能通过证券市场将股票转让和出售。正是由于这种非返还性，使股东与股份有限公司之间保持一种比较稳定的经济关系，如果退还股金，会导致公司资本的不稳定，不利于社会经济的发展。

4. 参与性

股份有限公司实际上是投资者通过股权投资的形式所拥有的资产。作为公司的所有者，股票的持有者有权参与公司的经营决策，有权决定公司日常管理机构——董事会的人选，从而实现股份有限公司的盈利最大化，实现股东应享有的经济利益。不过，股东参与经营决策的权利取决于其投资份额的大小，即持有股票份额的多少。

5. 流通性

股票具有很高的流动性。在股票交易市场上，股票可以作为买卖对象或抵押品随时转让。股票转让意味着转让者将其出资金额以股价的形式收回，而将股票所代表的股东身份及各种权益让渡给了受让者。流通是股票的一个基本特征。股票的流通性是商品交易的特殊形式，持有股票类似持有货币，随时可以在股票市场兑现。股票的流通性促进了社会资金的有效利用和资金的合理配置。

6. 价格的波动性

股票在交易市场上作为交易对象，同其他商品一样，也有自己的市场行情和市场价格。股票价格的高低不仅与公司的经营状况和盈利水平密切相关，而且与股票收益和市场利率的对比关系紧密相连。此外，股票价格还会受到国内经济、政治、社会以及投资者心理等诸多因素的影响。从这点上看，股票价格的变动又与一般商品的市场价格变动不尽相同，大起大落是它的基本特征。

二、股票的种类

(一) 股票的基本类型

(1) 按股票所代表的股东享有权利和承担风险的大小不同来划分，股票可分为普通股股票和特别股股票。其中，特别股股票包括优先股股票、后配股股票、保证股股票、换价股股票、表决权股股票、无表决权股股票和否决权股股票等种类。

(2) 按股票有无票面金额划分，股票可分为有面值的股票和无面值的股票。

(3) 按股票记名与否划分，股票可分记名股票和不记名股票。

(4) 根据股份有限公司的业绩好坏，股票可分为绩优股股票和垃圾股股票。

(5) 按发行地及交易币种的不同，我国股票市场将股票划分为A股、B股、H股和N股。

另外，公司在向股东发放红利时，还可以采取股票配送的方式，从而形成红利股票。

(二) 普通股股票

普通股股票是指每一股份对公司财产都拥有平等权益，即对股东享有的平等权利不加以特别限制，并能随股份有限公司利润的大小而分取相应股息的股票。普通股股票代表对有限责任公司净资产的所有权，它给予股东对公司产生的所有利润的要求权和红利。

1. 普通股股票的特点

(1) 普通股股票是发行量最大因而最重要的股票种类。设立股份有限公司时最初发行的股票一般都是普通股股票。

(2) 普通股股票是股份有限公司发行的标准股票，其有效期是与股份有限公司相同的，即其有效期与股份有限公司的存续期间相一致。

(3) 普通股股票的收益波动性大。普通股股票的股息随着股份有限公司盈利的变动而变动，持有此类股票的股东有权获取股息，但是这种股息收益在股票发行之时是不确定的，而是要根据股份有限公司的经营状况和盈利多少来确定。

2. 普通股股东享有的权利

持有普通股股票的股东，在股份有限公司中处于平等的法律地位，都毫无例外地享有以下股东权利：

(1) 股份有限公司经营管理和决策的参与权。普通股股东可以参与公司的股东大会，行使表决权和选举权。如果普通股股东认为公司的账目不清，有权查阅公司的有关账册，如果发现董事违法失职或违反公司章程，损害公司利益，则有权诉诸法院。

(2) 公司盈余和剩余资产分配权。这一权利是普通股股东经济利益的直接体现。普通股股东在经董事会决议之后，有权要求从公司经营的净利润中分取股息和红利，并且在股份有限公司解散清算时，有权要求分配公司的净利润，所以普通股股东能否分到股息和红利及分取多少，决定于公司净利润的多少。即使是股份有限公司的净利润也不是全部分给普通股股东，一般要保留一部分盈余用于增加公司资本的投入量，或者维持未来股息分配的稳定。

(3) 优先认股权。这是指股份有限公司增加公司资本而决定增加发行新的普通股股票时，现有的普通股股东有权优先认购，以便保持其在股份有限公司中股份权益比例。股份有限公司增发新的普通股股票可以有两种方式：一是有偿增发。在这种情况下，股东可以股票面额或低于股票面额的价格优先认购新发的普通股股票。二是无偿增发。在这种情况下，股东可优先无偿得到增发的普通股股票。无论何种方式，股份有限公司都是按普通股东现在持有的公司总股份中的比例分配优先认购的股票份额。

(三) 优先股股票

优先股股票是相对普通股股票而言的，是指在公司分派股利和公司解散、改组、破产清理时分派财产两个方面比普通股股票有优先权的股票。在公司分配盈利时，与持有普通股股票的股东相比，拥有优先股股票的股东分配在先，而且享受固定数额的股息，即优先股的股息率都是固定的；在公司解散分配剩余财产时，优先股在普通股之前分配。优先股股票没有投票权，不能参与公司的经营管理。但在涉及优先股的优先权利保障时，优先股也拥有表决权。

优先股按其优惠条件可以分为以下几类：

1. 累积优先股和非累积优先股

累积优先股是指公司对因经营管理不佳或财务困难时不能按期支付而积欠的股息实行累积支付的优先股票。如在公司不景气时，由于亏损或利润很少不足以支付固定股息，或当年还能支付，或只能支付一部分，待以后年度利润容许的情况下一起支付。对于非累积优先股，虽然对于公司当年所获得的利润有优先于普通股获得分派股息的权利，但如果该年公司所获得的盈利不足以按规定的股利分配时，非累积优先股的股东不能要求公司在以后年度中予以补发。

2. 参与优先股与非参与优先股

参与优先股是一种有权参与普通股票红利分配的优先股票。这种优先股在按规定比率获得固定股息后，还有权与普通股票一起共同分享本期的剩余盈利。剩余盈利是在当年税后利润总额中，普通股分得与优先股等额股息后的剩余部分。除了既定股息外，不再参与利润分配的优先股，称为“非参与优先股”。一般来讲，参与优先股较非参与优先股对投资者更为有利。

3. 可回购优先股与不可回购优先股

回购优先股又称偿还股。一般优先股是不能退还本金的，这种优先股在发行时就规定，公司将来不再需用此项资金时，可以在适当时期按规定的条件将其收回注销。在回购时，其回购价格一般略高于股票面额，以补偿股东因股票被回收而可能造成的损失。这种优先股票大多是公司为临时筹集资金以不利条件发行的，后来为了防止资本过大，或避免损害普通股的权益，当公司经营顺利时，就用利润偿还本金，将股票收回。

回购优先股类似债券，但它不同于公司债券，公司债不论公司是否盈利，必须按期还本付息，回购优先股只有在公司有利润时才能分红和购回注销。

4. 可转换优先股与不可转换优先股

可转换优先股是指允许优先股持有人在特定条件下把优先股转换成为一定数量的普通股，否则就是不可转换优先股。优先股转换为普通股的时机，一般都是在普通股股息高于优先股股息的时期。转换办法有两种：一是按时价转换；二是按规定价格转换。按时价转换就是普通股的市场价格除以转换优先股的市场价格。由于这种优先股能转换为普通股，其市场价格也会随普通股的市场价格而涨落。

三、股票的功能

股票的主要功能和作用有如下几个方面：

（一）股票是股份有限公司筹措长期资金的主要工具

在现代社会大生产的过程中，发行股票可以迅速筹集社会资金，形成巨额资本以创办规模较大、周期较长的企业或进行有价值的投资项目建设。另外，由于股票发行后，股东不得要求退股，同时可以在适当的条件下进行配股以继续在市场上筹集资金，所以公司可以拥有长期稳定的资金进行生产经营活动，这对一个企业的生存与发展来说，是最为重要的因素之一。

（二）发行股票对完善企业的经营管理有巨大作用

从法律地位上讲，作为股票持有者的股东是公司财产的最终所有者，企业的生产经营状况是与股东的切身利益紧密相关的，所以股东们关心企业的生产经营管理状况是理所当然的。董事会是公司的法人代表，经理是公司的经营管理者，股东有权过问并参与企业的经营管理。如果经营管理不善，损害了股东们的利益，他们有权提出改善经营管理的建议并且有权通过董事会或股东大会对不称职的人员进行处罚和解聘。股东的上述权利，在相当程度上成为了公司完善生产经营管理的动力。

（三）股票是优化社会资源配置的有效工具

尽管作为股票持有者的股东没有向公司要求退股的权利，但他们有在证券市场出售其所持有的股票的权利。一般来讲，公司经营好、盈利多、股息高，其股票对投资者吸引力就大；反之，股票就缺乏吸引力。股市投资者总是将资金投向优质股票证券发行市场与流

通市场以及股份公司与投资者行为的相关性，使得社会资金通过证券市场流向生产经营状况较好、有发展前途和对投资者的投资回报较高的企业，从而使得社会资源得到较为合理和较为优化的配置。

（四）股票是股份公司与投资者共同分担风险的有限形式

作为股票持有者的股东，不仅可以从证券投资中获取收益，还要承担一定的风险。股东是公司的资产所有者，所以要关心企业的生产经营情况，承担企业的经营风险，同时还要承担诸如利率风险、购买力风险、政策性风险等系统风险与非系统性风险。这种股份公司与股东共担风险的特点具有分散风险的优势，从而使企业的生产经营条件和运作机制更为良好和合理，企业的凝聚力大为增强。

四、股票与债券的比较

（一）股票与债券的区别

1. 权利和义务的关系不同

股票是表示股东权利义务的方式，虽然股东到期可获得股息和红利，但绝不限于此种权利，股份是一种产权关系的特殊体现。债券在法律上是一种债权债务关系，由于债券具有还本付息的特点，故是一种金钱之债。

2. 主体不同

股份的主体是股东，作为公司成员，股东与公司并非处于对立关系，股东的权利义务根据公司法和公司章程确定。债券的主体是债权人和债务人，两者关系属民法债权中的债权债务关系。

3. 分配方式不同

公司股份的股东在通常情况下无权要求公司还本，其盈余分派亦不固定，而是随公司经营状况而有变化，只有当公司解散时，在公司清偿全部债务后公司股东才能从公司剩余财产中获得分派。债务的债券持有人在债务期限届满时，有权请求公司还本付息，且债务利息具有固定性。

（二）股票与债券的联系

（1）股票与债券都是通过有价证券的方式加以表现。有价证券的流通性在股票和债券上都有明显的表现。

（2）股票和债券都是公司的融资方式。通过筹集股份和债券，都可以形成公司可控制的资本数额。

（3）债券在特定条件下可转换为股票。

（4）某些特别股股票同时具有债券和股票的双重性质。

五、我国目前的股权结构

（一）国家股

国家股是指以国有资产向股份有限公司投资形成的股权。国家股一般是指国家投资或经过国有资产管理部门确认的国有资产折成的股份。国家股的股权所有者是国家，由国有资产管理机构或其授权单位、主管部门行使国有资产的所有权职能。国家股股权，也包括国有企业向股份有限公司形式转换时，现有国有资产折成的国有股份。

我国国有股的构成，从资金来源看，主要包括三部分：（1）国有企业由国家计划投资所形成的固定资产、国拨流动资产和各种专用拨款；（2）各级政府的财政部门、经济主管部门对企业的投资所形成的股份；（3）原有行政性公司的资金所形成的企业固定资产。

关于国有股的形式，在由国家控制的企业中，国家股应该是普通股，从而有利于国家控制和管理该企业；在不需要国家控制的中小企业，国家股应该是优先股或参加优先股，从而有利于国家收益权的强化和直接经营管理权的弱化。也有一些国家的国有股在国有企业中发挥着重要的控股作用，如法国的国有企业全部实行股份制的管理和经营方式。

（二）法人股

法人股是指企业法人以其依法可支配的资产向股份公司投资形成的股权，或者具有法人资格的事业单位或社会团体以国家允许用于经营的资产向股份公司投资所形成的股权。

法人股是法人相互持股所形成的一种所有制关系，法人相互持股则是法人经营自身财产的一种投资方式。法人股股票应记载法人名称，不得以代表人姓名记名。法人不得将其所有的公有股份、认股权证和优先认股权转让给本法人单位的职工。

法人股主要有两种形式：（1）企业法人股，是指具有法人资格的企业把其所拥有的法人财产投资于股份公司所形成的股份。企业法人股所体现的是企业法人与其他法人之间的财产关系，因为它是企业以法人身份认购其他公司法人的股票所拥有的股权。有些国家的公司法严格禁止企业法人持有自身的股权。（2）非企业法人股，是指具有法人资格的事业单位或社会团体以国家允许用于经营的财产投资于股份公司所形成的股票。

（三）公众股

公众股是指社会个人或股份公司内部职工以个人财产投入公司形成的股份。它有两种基本形式，即社会公众股和公司职工股。

（1）社会公众股是指公司公开向社会募集发行的股票。向社会所发行的部分不少于公司拟发行的股本总额的25%。这类股票是市场最活跃和股票，它发行完毕一上市，就成为投资者可选择的投资品种。

（2）公司职工股是指股份公司的职工认购的本公司的股份。公司职工认购的股份数额不得超过向社会公众发行的股份总额的10%。一般来讲，公司职工股上市的时间要晚于社会公众股。

（四）外资股

外资股是指外国和我国的香港、澳门、台湾地区的投资者向我国股份公司投资所形成的股份，它分为境内上市外资股和境外上市外资股两种形式。

1. 境内上市外资股

境内上市外资股是指经过批准由外国和我国香港、澳门、台湾地区投资者向我国股份公司投资所形成的股权。境内外资股称为B种股票，正式名称是人民币特种股票。它以人民币标明面值，但以外币认证和购买。2001年2月以前，B股市场只向境外及中国的港澳台地区投资者开放。2001年2月以后对中国境内居民开放B股市场，持有外汇的普通中国公民从此也可以参与B股交易，但目前向境内开放仅限于居民个人而已，暂未对境内法人开放。国家股、法人股、社会公众股三种股票形式又合称为A种股票，是由代表国有资产的部门或者机构、企业法人、事业单位和社会团体以及公民个人以人民币购买的，因此又称为人民币普通股票。境内上市外资股在境内进行交易买卖。上海证券交易所的B股以美元认购，深圳证券交易所的B股以港币认购。

2. 境外上市外资股

目前我国境外上市外资股有两种：（1）H股。它是境内公司发行的以人民币标明面值，供境外投资者用外币认购，在香港联合交易所上市的股票。（2）N股。它是以人民币标明面值，供境外投资者用外币认购，获纽约证券交易所批准上市的股票。目前几乎所有的外国公司（即非美国公司，但不包括加拿大公司）都采用存托凭证形式而非普通股的方式进入美国市场。存托凭证是一种以证书形式发行的可转让证券，通常代表一家外国公司的已发行股票。

第四节　证券投资基金

一、证券投资基金的含义与特点

（一）证券投资基金的含义

证券投资基金是一种利益共享、风险共担的集合证券方式，即将众多不确定的投资者的资金汇集起来，交由专业的投资机构将其投资于各种金融资产，如股票、债券、外汇、期货、期权等，所得的收益按出资比例由投资者分享的一种投资工具。投资机构本身只作为资产管理者获得一定比例的佣金。

（二）证券投资基金的特点

1. 组合投资，分散风险

投资学上有一句谚语："不要把鸡蛋放在同一个篮子里。"如果投资者把所有资金都投资于一家公司的股票，一旦这家公司破产，投资者便可能尽失其所有。而证券投资基金通过汇集众多中小投资者的小额资金，形成雄厚的资金实力，可以同时把投资者的资金分散投资于各种股票，使某些股票跌价造成的损失可以用其他股票涨价的盈利来弥补，分散了投资风险。

2. 由专家运作、管理并专门投资于证券市场

我国《证券投资基金管理暂行办法》规定，证券投资基金投资于股票、债券的比例不得低于该基金资产总值的80%。基金资产由专业的基金管理公司负责管理。基金管理公司配备了大量的投资专家，他们不仅掌握了广博的投资分析和投资组合理论知识，而且在投资领域也积累了相当丰富的经验。

3. 投资小、费用低

在我国，每份基金单位面值为1元。证券投资基金最低投资额一般较低（我国现在封闭式基金最低可买100份基金单位或1手，开放式基金最低投资金额一般为1 000元），投资者可以根据自己的财力，多买或少买基金单位，从而解决了中小投资者“钱不多、入市难”的问题，而且基金的费用通常较低。

4. 流动性强

基金的买卖程序非常简便。对开放式基金而言，投资者既可以向基金管理公司直接购买或赎回基金，也可以通过证券公司、银行等代理销售机构购买或赎回，或委托投资顾问机构代为买入。国外的基金大多是开放式基金，每天都会进行公开报价，投资者可随时据以购买或赎回。我国封闭式基金都在证券交易所上市交易，买卖程序与股票相似。

5. 经营稳定，收益可观

一般而言，投资基金采取组合投资等策略，因此其风险低于股票，同时其报酬一般高于债券，也高于同期银行存款利息。

二、证券投资基金的分类

证券投资基金的品种繁多，从不同的角度可以进行不同的分类。

（一）按组织形态划分

证券投资基金按组织形态可分为契约型基金和公司型基金。

1. 契约型基金

契约型基金是一种信托型投资基金，它是基于一定的信托契约而组织起来的代理投资行为，一般由投资者（委托人、受益人）、基金管理公司（受托人）、基金保管机构（资产保管人）三方通过订立信托投资契约而建立起来，其结构通常包括三方当事人：

（1）委托人。委托人是投资基金的受益凭证持有人，既是投资者，又是受益人。他们以购买受益凭证的方式加入投资基金。作为契约当事人，受益人有权参与投资收益分配，

对所筹资金进行具体的投资运用。委托人就是基金管理公司。

（2）受托人。受托人是基金管理公司，负责对基金所筹资金进行具体的投资运用，并和保管人签订基金托管协议。

（3）基金资产托管人。托管人一般由信托公司或银行担任，负责保管信托财产。基金管理公司发起建立投资基金后，将所筹资金交给托管人保管，为的是以示公正，取信于投资者。受托人将处理有关证券和现金的日常业务交给托管人之后，可以集中精力从事投资营运。托管人则根据基金托管协议规定，具体办理现金的管理及相关的代理业务，包括会计核算。

2. 公司型基金

公司型基金是具有共同投资目标的投资者依据《公司法》成立以盈利为目的的股份有限公司进行的投资基金。基金的持有人既是基金的投资者又是公司的股东，依照公司章程的规定，享有股东所应有的权利，即决议权、利益分配权请求权、剩余财产分配权等，同时履行其义务。

（二）按能否赎回划分

证券投资基金按能否赎回可分为封闭式基金和开放式基金。

1. 封闭式基金

封闭式基金发行的基金单位是固定不变的，投资者购买基金单位后，不能要求基金公司购回基金单位，而只能在公开市场上按基金资产净值将其持有的基金单位进行溢价或折价转让，从而收回投资。

2. 开放式基金

开放式基金发行的是可以赎回的基金单位或信托受益证券，投资者可以根据市场状况和投资者自身的投资需求，以基金的单位资产净值作为交易基准，通过申购或赎回，扩大或减少其持有比例。由于开放式基金发行的基金单位总额不固定，所以这种基金类型又被称为追加型投资基金。

（三）按投资目标划分

证券投资基金按投资目标的不同可分成长型基金、收入型基金和平衡型基金。

1. 成长型基金

成长型基金追求资本长期增值并注意为投资者争取一定的收益。因此其投资对象主要是市场中有较大升值潜力的小公司股票，有的也投资于一些新兴的但目前经营还比较困难的行业股票。这些基金的策略是尽量充分运用其资金，当行情较好时，甚至借入资金进行投资。这类基金敢于冒风险，为了扩大投资额，经常将投资者应得股息也重新投入市场，其股息分配只占投资收益的一小部分。

2. 收入型基金

收入型基金的投资策略是强调投资组合多元化以分散风险，其投资决策也比较稳健，经常持有较高比例的现金资产。为了满足投资者对收益的要求，收入型基金一般都坚持按时派股息。

3. 平衡型基金

平衡型基金是既追求长期资本增值，又追求当期收入的基金，这类基金主要投资于债券、优先股和部分普通股，这些有价证券在投资组合中有比较稳定的组合比例，一般是把资产总额的25%～50%用于优先股和债券，其余的用于普通股投资。其风险和收益状况介于成长型基金和收入型基金之间。

（四）按投资对象划分

证券投资基金按投资对象可分为股票基金、债券基金和货币市场基金。

1. 股票基金

股票基金是指投资于股票的基金。这是当代各国采用最广泛的一种基金形式。股票基金大部分投在普通股股票上，其投资目标在于追求资本利得和长期资本增殖。投在普通股股票上的基金叫普通股股票基金，投在优先股股票上的基金叫优先股股票基金。普通股股票基金按照投资分散化程度又可分为一般普通股股票基金和专门普通股股票基金。一般普通股股票基金分散投资于种类普通股股票，在普通股股票基金中占多数。专门普通股股票基金是指把资金投资于某个部门、行业、地区的一批普通股股票上的基金。股票基金在基金市场中占据最重要的地位，是资本市场最主要的基金类型。

2. 债券基金

债券基金是指投资于债券的基金。其规模仅次于股票基金。这种基金是为基金管理公司稳健型的投资者而设计的。它的投资风险是比较低的，因为不论是政府发行的债券，还是公司发行的债券，不仅要按照规定付息，而且最终还要归还本金。但是风险低的投资工具的回报率往往也是低的，所以债券基金的回报率一般来说比股票基金低。

3. 货币市场基金

货币市场基金主要是指货币市场上那些具有较高流动性的有价证券，如国库券、大额可转让定期存单、商业票据、承兑汇票、银行同业拆借以及回购协议等。投资者的收益主要体现在投资对象所拥有的利息上。货币基金的买卖一般没有首次购买手续费，交易成本低，基金规模较大，可进行大规模批发交易，基金一般没有期限，可以无限期延续下去。

（五）按资金来源渠道和运用渠道划分

按资金来源渠道和运用渠道的不同，证券投资基金可分为国内基金、国际基金、离岸基金和海外基金。

1. 国内基金

国内基金是指基金资金来源于本国并投资于国内金融市场的投资基金。一般而言，国内基金在一国基金市场上应占主导地位。

2. 国际基金

国际基金是指基金资金来源于国内但投资于境外金融市场的投资基金。由于各国经济和金融市场发展的不平衡性，所以在不同国家会有不同的投资回报，通过国际基金的跨国投资，可以为本国资本带来更多的投资机会以及在更大范围内分散投资风险，但国际基金的投资成本和费用一般较高。

3. 离岸基金

离岸基金是指基金资本从国外筹集并投资于国外金融市场的基金。离岸基金的特点是两头在外，离岸基金的资产注册登记不在母国，为了吸引全球投资者的资金，离岸基金一般都在素有“避税天堂”之称的地方注册，如开曼群岛等，因为这些国家和地区对个人投资的资本利得、利息和股息收入都不收税。

4. 海外基金

海外基金是指基金的发行对象为境外投资者，而投资方向是国内的有价证券组合。一些国家为积极吸引外汇资金，在国外纷纷建立基金，吸引外国投资者间接投资于国内的各种金融工具。海外基金已成为发展中国家利用外资的一种较为理想的形式，一些资本市场没有对外开放或实行严格外汇管制的国家可以利用海外基金来吸引外资。

(六) 其他类型基金

1. 指数基金

指数基金是指按照某种指数构成的标准，购买该指数包含的证券市场中的全部或者一部分证券的基金，其目的在于达到与该指数同样的收益水平。

2. 雨伞基金

雨伞基金是指在一个母基金之下再设立若干个子基金，各子基金独立进行投资决策。雨伞基金的主要特点在于在基金内部可以为投资者提供多种投资选择。由于市场处于不断的变化之中，投资者的需求也在不断变化，如果投资者在不同的基金之间进行重新选择，就需要支付很多销售费用。雨伞基金的投资者可以随时根据自己的需求转换基金类型，而不需要支付转换费，能够在低成本的情况下为投资者提供较大的选择余地。

3. 基金中的基金

基金中的基金是指以其他证券投资基金为投资对象的基金，其投资组合由各种各样的基金组成。基金投资者的投资是两个层次的专家经营和两个层次的风险分散，但相应地也在两个层次上对基金投资者收取管理费用和销售费用，投资者的投资成本也较高。

4. 对冲基金

对冲基金起源于20世纪50年代初的美国，其操作的宗旨在于利用期货、期权等金融衍生产品以及对相关联的不同股票进行实买空卖、风险对冲的操作技巧，在一定程度上可规避化解证券投资风险。

三、投资基金的运作结构及运作

关于投资基金的运作结构，公司型基金由投资公司、管理公司、保管公司和承销公司四者组成；契约型基金由委托人、受托人和收益人三方组成。尽管两种形式的基金运作结构各不相同，但它们的运作过程都包括以下几个主要环节：

（一）公布基金章程

设立一种基金，必须依据当地有关法律规定，向投资者公布基金章程。

投资基金章程是基金公司的根本性文件，其内容与公开说明书大致一样，是推销基金证券的工具，也是保护投资者权益的依据。具体内容包括：（1）基金的基本情况。说明基金的名称、注册地址、基金的类别、金额、发行方式；基金的基本性质、组织结构、基金经理人、委托人、托管人等关系人的详细材料。（2）投资目标。说明该基金是谋求最高的资本增值，还是固定的收入，或是两者兼顾。（3）基金认购的最低份额。（4）投资组合策略及资产分配。（5）投资原则及投资限制。（6）基金认购手续。（7）基金派息政策。（8）基金收费。（9）税务责任。（10）基金证券的转让方法。

（二）基金的认购和买回

投资者通过购买基金单位进行基金投资，其方式是认购基金证券（基金股份和收益凭证）。

投资者若要退出对基金的投资，可将所持的基金证券卖给基金经理公司或转让给其他投资者。开放型基金的投资者可将基金证券卖给基金经埋公司，而封闭型基金的投资者必须通过证券交易所转让其基金证券。

（三）基金的收益分配

投资基金的收益主要来源于基金资产投资的收益。以证券投资信托基金为例，其收益包括以下四个方面：一是利息收入；二是股息收入；三是资本收入，即买卖证券的差价收入，也称资本利得；四是基金资本增值。前三种收益往往是在每年固定支付日支付，最后一种收益则是在转让卖出基金证券时方可实现。

对基金投资收益的分配，不同的国家或不同的基金有着不同的法律规定和分配方式。如美国有关法律规定，基金必须把获利的至少95%分配给投资者。很多基金都把利润全部分配给投资者。在分配方式上，货币市场基金的收入全部是利息，通常每月分配一次；债券基金则每月或每季分配一次；其他购买股票的基金通常每年分配一次。投资者可以领取基金投资的收益，也可以把部分收益或全部收益进行再投资，即把应分配的收益按基金单

位净资产值折换成相应的基金证券。

（四）收费制度

基金的各种投资收益为投资者所有。基金投资属于代理投资行为，基金经营机构的利润主要来自各种收费。通常基金应付的费用包括以下几个方面：

1. 销售费用

指支付基金宣传、成本及支付经纪人佣金的费用。它又可分为两种：认购费，是购买基金时所缴的手续费；买回费，即退出基金时应支付的手续费。一般除了小部分基金不收费外，大部分基金都是收认购费的。各国的收费标准差异较大，认购费高者达净资产总额的3%，买回费高者达1%，低的仅0.2%。

2. 经理费

即经理公司为管理、操作基金而收取的费用。经理费比率的大小与基金规模有关，基金规模越大，比率越低。

3. 保管费

即保管机构为保管、处分基金资产而收取的费用。在我国台湾地区，每年的费用标准一般为资产净值的0.2%，计提方式是逐日累计，按月支付。

4. 操作费用

包括交易手续费、登记费、会计师费用，召开年会费用、年报及公开说明书印刷费等。这些费用作为基金的营运成本，其占平均净资产值的比率一般要在公开说明书中的财务报表上事先确定。

5. 转移基金手续费

有些基金公司提供数种基金供投资者选择，而投资者被许可转移投资于不同的基金，但需要支付转移手续费。转移手续费一般比认购费低。

（五）基金净资产价值的计算

基金净资产值是衡量一个基金经营好坏的主要指标，也是基金单位买卖价格的计算依据。根据规定，基金经理公司在每一个营业日都要计算并公布基金净资产值。

基金净资产值就是每单位基金的净资产价值，即基金的净资产总值除以基金发行的单位数。基金的净资产总值等于基金的总资产减去总负债。基金的总资产值即基金投资资产组合的所有现金、股票、债券及其他资产的实际价值的总和。其计算方法是：上市证券以计算日当天证券交易所收盘价为准，未上市证券以其面值加上自认购日至计算日已产生的投资收益。而基金的总负债为包括经理费、保管费在内的一切费用开支。

基金的净资产值是基金单位的内在价值。因此，基金单位价格与其净资产值两者是同向变动的。尤其是开放型基金，基金单位的认购或购回的价格就是直接以净资产值计算。

但封闭型基金是在证券交易所上市，其价格除了受净资产影响外，还要受市场供求、政治、经济等因素的影响，两者经常会出现偏差，甚至是反向变动。

四、投资基金与股票、债券的比较

证券投资基金是一种金融工具，发行的受益凭证可称为基金证券，它和股票、债券一样可以成为证券市场或金融市场的买卖对象，都是金融市场上的金融商品，但它与股票、债券又有区别，其主要区别在于：

（一）反映的关系不同

股票反映的是产权关系，债券反映的是债权债务关系，而投资基金反映的是信托关系。

（二）在操作上投向不同

股票、债券筹集的资金主要投向实业，是一种直接投资工具，而投资基金主要投向有价证券，是一种间接投资工具。

（三）风险收益状况不同

股票的收益是不确定的，其收益取决于发行公司的经营效益，投资股票有较大的风险。债券的收益一般是事先确定的，其投资风险小。投资基金主要投资于有价证券，而且这种投资可以灵活多样，从而使其收益有可能高于债券，风险有可能小于股票。

第五节　金融衍生工具

一、金融衍生工具的概念及产生

金融衍生工具是基于或衍生于金融基础产品（如货币、汇率、利率、股票指数等），以杠杆性的信用交易为特征的新型的金融工具。它既指一类特定的交易方式，也指这种交易方式形成的一系列合约。与其他金融工具不同的是，衍生工具自身并不具有价值，其价格是从可以运用衍生工具进行买卖的货币、汇率、证券等的价值衍生出来的。

金融衍生工具是20世纪70年代开始的金融创新的产物。具体来说，金融衍生工具的出现具备了以下三个条件：第一，金融管制的实施和强化，金融机构间竞争加剧，迫使银行等机构创造出更新的金融工具，以挣脱金融管制的束缚，拓宽机构业务发展。第二，20世纪70—80年代的国际金融市场动荡不安，固定汇率制度瓦解，利率波动频繁，石油危机冲击着各国经济，各种风险因素加大，客观上产生了对新的避险保值工具需要。第三，现代科学技术的发展，尤其是通讯技术、电子计算机技术和信息处理的发展，为新的金融衍生工具的出现提供了必要的确物质保证。

二、金融衍生工具的主要类型

（一）远期合约

远期合约是远期交易的法律协议，是根据买卖双方的特殊需求由买卖双方自行签订的合约。

交易双方在合约中规定在未来某一确定时间以约定价格购买或出售一定数量的某种资产。中远期利率协议是近年来发展最快的品种，常见的还有远期外汇交易等。

（二）期货合约

期货合约是由交易所设计，经国家监管机构审批上市的标准化的合约。是买卖双方分别向对方承诺在合约规定的未来某时间按约定价格买进或卖出一定数量的某种资产的书面协议。期货合约与远期合约尽管存在许多相似之处，但两者之间也存在着重大的区别：第一，期货合约是由交易所制定发行的，是一种集中在交易所内通过公开喊价方式进行交易的场内产品，而远期合约则是通过双方谈判后自行签订的广泛存在于交易双方之间的场外交易产品；第二，前者是标准化合同，对于交易资产的规格、交易单位、交割时间等均有明确的标准，一经确定便不得擅自变更，而后者的条款则由交易双方自行商定；第三，前者结算有一套独特的结算制度，由结算公司集中结算，从而使绝大部分期货在到期前平仓，不再进行实物交割，而远期合约绝大部分在到期时要在对手之间进行交割结算。实际上，期货合约可以看作远期合约的标准化，它在交易方式上对远期合约进行了一次革命。期货合约根据基础资产的不同，可分为商品期货和金融期货，而后者又包括利率期货、外汇期货和股价指数期货。

（三）互换

互换，通常又称作掉期，是交易双方依据预先约定的规则，在未来的一段时期内，互相交换一系列现金流量（本金、利息、价差等）的交易。互换交易双方通过签订互换协议体现双方的权利，约束双方的义务。根据基础产品的不同，互换可以分为利率互换、货币互换、股票互换和商品互换。

（四）期权合约

期权一词，又译作选择权。它是一种权利合约，给予其持有者在约定的时间内，或在此时间之前的任何交易时刻，按约定价格买进或卖出一定数量某种资产的权利。任何一份期权合约都有购买方和出售方，必须指出的是，期权合约中买卖双方权利义务并不平等。期权的购买者在付给出售者一笔期权费，即以该价格购入期权以后，就获得了买入或卖出合约基础资产的权利，但他到期时并没有必须履行该权利的义务，若市场变化对他有利，他可以放弃而不行使该权利，而期权的出售者则只有义务而无自由选择的权利，这与远期、期货的买卖双方到期时都必须履约是完全不同的，期权的买卖有权利而无义务（只是交纳期权费），卖方则只有义务而无权利。

三、金融衍生工具的功能

（一）转移价格风险

通过传统金融产品与金融衍生品的组合，或者若干金融衍生品的组合，利用衍生工具的多头或空头，投资者在一个市场上的损失可以由另一个市场的收益来弥补，其实质是将汇率、利率、股价等的变化锁定在较小范围内，即使出现意外发生风险，其损失也将大为减少，这样就可以达到转移风险、实现避险目的。

（二）发现价格

金融衍生品市场集中了各方面的参加者，带来了成千上万种关于衍生品基础资产的供求信息和市场预期，通过交易所类似拍卖方式的公开竞价，形成了市场均衡价格。这种状况接近完全竞争市场，也能够在相当程度上反映出金融商品价格走势的预期，金融衍生品的价格形成有利于提高信息的透明度，为市场各方了解汇率、利率、股价等趋势提供了重要的分析信息。金融衍生品市场与基础市场的高度相关性，提高了整个市场的效率。

（三）提高资产管理质量

就投资者来讲，为了提高资产管理的质量，降低风险，提高收益，就必须进行资产组合管理。衍生工具的出现，为投资者提供了更多的选择机会和对象。同时，工商企业也可利用衍生工具达到优化资产组合的目的。例如，通过利率互换业务，就会使企业降低贷款成本，以实现资产组合最优化。

（四）提高资信度

在衍生市场的交易中，交易对方的资信状况是交易成败的关键之一。资信评级为AA级或A级的公司很难找到愿意与它们交易的机构。但是，并非只有少数大公司才可进入衍生工具市场，因为该市场提供了制造复合资信的机制，即由母公司对子公司的一切借款予以担保，再经过评估机构的参与，子公司的资信级别会得到提高。此外，还有许多中小公司通过与大公司的互换等交易，无形中提高了自己的信誉等级。

（五）可使收入存量和流量发生转换

收入存量是指人们拥有财富的数量，而收入流量是指财富给人们带来的定期的收入或支出。收入的存量和流量给人们带来的效用是不同的。一般来讲，中年人对额外的收入流量的需要程度很低，而老年人则对收入存量需要不高。从存量和流量的关系看，虽然有了存量才有流量，但两者可以分离。黄金储蓄只有存量而无流量。英国的永久性公债仅有流量而无存量，因而永远不还本付息，当然，如果将其在二级市场抛售，则流量可重新转为存量。

能够提供流量和存量之间转换的衍生金融工具是除息债券，它的基础资产是长期国债。除息债券将本金索取权一分为二，投资者既可保留利息索取权，又可出售本金索取权，这对老年人来讲是一个很好的投资选择。

本章小结

证券投资工具主要是债券、股票、投资基金、金融衍生工具。债券是一种固定收入证券，承诺按约定的利率和日期支付利息，并在特定日期偿还本金的书面债务凭证。股票是股份公司为筹集资金，发给股东以证明其投资入股的证书和股东索取股息红利、行使其他权利的凭证。金融衍生工具作为重要的金融创新的产物，主要有远期合约、期货合约、互换、期权合约，不仅作为规避风险的工具，也成为投机者谋取暴利的手段。投资基金是一种集专家理财、组合投资和风险分散等优点于一身的集合投资方式。

思考题

1. 简述债券、股票、投资基金的性质与特点。
2. 债券可以分为哪几类？
3. 金融衍生工具的功能有哪些？

第三章

证券市场概述

本章要点

1. 证券市场的基本概念
2. 证券市场的结构与分类
3. 证券市场的发行和投资主体
4. 国际证券市场的发展历程
5. 我国证券市场的发展现状

第一节　证券市场的基本概念

一、证券市场的定义与特征

(一) 证券市场的定义

证券市场是股票、债券、投资基金等各类有价证券发行和流通场所的总称。证券市场是金融市场的重要组成部分。

证券市场通过证券信用的方式融通资金，通过证券的买卖活动引导资金流动，有效合理地配置了社会资源，对整个经济的运行具有重要影响。在现代发达的市场经济中，证券市场是完整的市场体系的重要组成部分。

（二）证券市场的特征①

一般来说，证券市场是长期金融市场的一种，亦称为资本市场，其与借贷市场都是进行资金供求间的交易的，但两者之间也有明显的区别：

1. 交易性质不同

借贷市场上的资金供求交易，只是借与贷的关系；证券市场上的交易是买与卖的关系。

2. 资金供求双方联系形式不同

在借贷市场上，投资者和筹资者是通过银行间接联系的，为间接融资，银行吸收投资者的存款将资金集中起来，投资的风险一般是由银行承担的；证券市场上投资者通过购买证券对筹资者投资，形成的是一种直接的金融关系，投资风险由投资者自己承担。

3. 收益来源不同

借贷市场上的资金供给者的收益来自利息；而证券市场上投资者的收益不仅来自股息或利息，还可以从证券价格波动中得到差价收益。

4. 交易双方关系的确定性不同

在借贷市场上，借款合同一经签订，债权人与债务人固定不变。在证券市场上，由于证券的可转让性，投资人可以出售债券或股票而脱离债权人或出资人的地位，而另一些人则可成为新的投资人，成为债权或股权的拥有者，但原有的债权债务关系或出资关系并未因此而消失。

二、证券市场的功能与作用

（一）证券市场的功能

证券市场是市场经济中一个相对独立的、高级的市场组织形态，具有其他市场所不具备的功能。正是基于这些功能，证券市场才得以生存和发展。证券市场的功能主要表现在：

1. 筹集资金

在经济运行过程中，必然会出现资金盈余者，同时也会出现资金短缺者。通常情况下，人们手中的闲置资金大多以存款或储蓄的方式存入银行以获取利息收入，银行再以贷款的形式将集中起来的资金贷给企业或其他经济主体。银行的间接融资方式与证券市场的直接融资有以下的区别：首先，银行的资产必须保持相当的流动性，以应付储户兑现的要求，因而银行的贷款以短期为主，主要满足客户对流动资金的需要。企业在证券市场上发

① 在一定意义上，证券市场可以认为是价值的直接交换市场、财产权利的直接交换市场、风险的直接交换市场。

行证券的融资期限可长可短，例如股票是一种无期限的证券。因而直接融资既能满足企业对短期资金的需要，也能满足企业对长期资金的需要。其次，银行融资的规模受制于其吸收存款的数量，而企业发行证券向社会筹集资金的规模可高达数亿元甚至更多。再次，银行的融资活动中债权债务关系是固定不变的，而证券的流通性使得证券市场上的债权债务关系具有转让性。最后，银行作为中介机构是借款企业经营风险的直接承担者，储户不直接承担企业的经营的风险，因此储蓄的收益相应较低。证券的持有者直接承担了企业的经营风险，证券投资的风险高，投资收益也高。因此，证券市场以证券形式为资金需求者与资金供给者融通资金提供了一种良好的机制和场所，是一种直接、灵活、有效的融资渠道。

2. 分配风险

随着社会化大生产的发展，投资规模呈现不断扩大的趋势，项目所需的资金越来越多，同时技术进步速度加快，产品更新换代周期越来越短，致使投资的风险日益加剧。通过证券市场为投资项目筹集资金，在股权或债权分散的同时，投资风险也由众多的投资者分摊承担，每个投资者只分担有限的风险，从而使得一些风险较高的新兴产业和高科技项目获得必要的资金，对经济的发展起到了促进作用。

3. 合理配置资源

在证券市场上，证券价格的高低是由该证券所能提供的预期报酬率的高低来决定的。价格机制的作用能引导资金的流通而实现资源的合理配置。那些经济效益好、能为投资者提供丰厚收益率的证券，自然受投资者的青睐。社会资金向其倾斜，推动其价格上升。这些证券的发行公司就能以优惠的条件、较低的财务成本，在证券市场上筹集资金，获得进一步发展所需的资金。反之，经营不善的企业，自然不受投资者的欢迎，在筹集资金时就会发生困难，甚至还有被其他企业兼并的可能。通过上市公司对资金需求的自由竞争，证券市场发挥了资金流动的导向作用。在价值规律的作用下，资金向收益率高的方向流动，提高了资金的利用效率。

4. 资本定价

证券是资本的存在形式，证券的价格实际上是证券所代表的资本的价格。

证券交易价格，是在证券市场上通过证券需求者和证券供给者的竞争所反映的证券供求状况所最终确定的。证券市场中证券商的买卖活动不仅由其本身沟通买卖双方的成交，而且通过证券商的互相联系构成一个紧密相连的活动网，使整个证券市场不但成交迅速，而且价格统一，使资金需求者所需要的资金与资金供给者所提供的资金迅速找到出路。而且，各种影响证券价格的因素，如证券收益率、市场利率、供求关系等，都可以在这一高效市场中迅速得到体现，反映在证券价格中。因此，证券市场的运行易于获得证券的均衡价格，这比场外个别的交易公平得多。

5. 信息传递

信息是市场经济发展的生命线。进入证券市场的投资者来自四面八方、各行各业，各

种有关政治、经济和社会的信息都在证券市场上迅速扩散传播。这些信息高度灵敏地影响着证券价格，影响着证券市场动态。反过来，人们也根据证券市场的波动对政治、经济和社会动态进行预测和分析。正因为如此，人们把证券市场看作经济的“晴雨表”。

6. 监督和评价

证券市场的价格，在很大的程度上是对上市公司生产经营状况、盈利能力、资本实力、未来发展前景的客观真实的反映。一家公司证券价格的上涨往往表明投资者看好该公司的经营前景和市场竞争力；反之，如果证券价格下跌，则表明投资者对该公司的信任度减弱，认为公司的经营效益和市场竞争力会下降。所以，证券市场价格变化在客观反映企业实际经营状况、未来发展前景和市场竞争力变化的同时，还可以给企业以强大的外部压力，从而有效地促进企业不断改善经营管理、提高经济效益、增强市场竞争力和树立良好的社会形象。

（二）证券市场的作用

1. 证券市场的积极作用

（1）为筹措长期资金提供重要渠道。在现代市场经济条件下，企业的生产规模日益扩大，生产的技术性和自动化程度不断提高。社会再生产特别是扩大再生产的顺利进行，离不开巨额的长期资金供给。作为生产主体的企业，企业外部融资主要有两条渠道：一是向银行借款；二是在证券市场上发行证券。如前所述，银行贷款具有很多的局限性，证券市场筹集资金、引导资金流动和资本转化的功能，使短期内迅速筹集巨额资金成为可能，为现代市场经济条件下企业的生产和扩大创造了条件，促进了社会经济的不断发展。

（2）有利于提高企业的经营管理水平，促进企业的发展。企业的股票或债券是否有吸引力，主要取决于证券的增值水平，而证券的增值是与公司的经营状况直接相关的。因此，企业要提高证券增值率，使证券具有吸在引力，就必须改善公司的经营管理机制，提高公司经营管理的科学性和有效性，提高企业的经济效益。否则，经营不善，公司盈利减少，股票或债券就会因增值率下降而失去吸引力。可以说，证券市场的发展对我国企业向现代企业制度转变、企业经济机制转变起到了重要作用。

（3）调节社会资金的流向，促进社会资金分配的合理化。市场对经济结构的调节作用，是通过商品价格的变化来实现的。证券市场资本定价和资源配置的功能，可以使社会资金流入那些符合经济发展需要的、经济效益高的产业部门；反之，那些生产经营不适应市场需求的企业，要么不具备发行证券的条件，要么证券发行不顺利，难以通过发行证券筹集资金。此外，政府在证券市场上发行债券，由于风险小、收益稳定，所以能对投资者产生较大的吸引力，产生大量购买的结果，也会使社会资金的流向趋于合理。证券市场的这种自发调节作用，可以减少社会资金的盲目使用，使有限的资源得到合理配置。

（4）有利于减少投资风险，创造相对稳定的投资环境。基于证券市场信息传递的功能，社会公众可以从中为证券投资搜集各类信息，及时作出正确的决策，减少投资风险，保证投资收益。同时，由于证券经纪人和专业投资者的出现，使得证券市场上投资决策的准确度大大提高，提高了有效投资的概率。证券市场上众多的各类股票、债券等有价证券，为广大投资者提供了选择余地，并使投资组合等分散风险的投资技术得以应用，大大减少了投资风险。

（5）灵敏地反映经济发展动向，为进行经济分析和宏观调控提供依据。证券市场的动向不仅反映着证券发行与交易活动本身的具体状况和趋势，而且全面反映着经济运行的态势。① 这就为企业、投资人确定筹资或投资策略，特别是为政府分析经济形势、对国民经济运行实施宏观调控，提供了重要的依据。在国外，经济分析家们判断经济形势的总体优劣时，往往把证券市场作为主要观察对象，以证券价格指数作为重要指标。

（6）证券市场是中央银行实施公开市场操作进行宏观调控的重要机制和手段，从而对国民经济持续、稳定、健康的发展具有重要意义。

从宏观经济角度看，证券市场具有资金“蓄水池”的作用和功能，这种“蓄水池”是可调的，而不是自发的。各国中央银行正是通过证券市场的这种“蓄水池”的功能来进行其对货币流通量的宏观调节，以实现货币政策目标。

当社会投资规模过大、经济过热、货币供给量大大超过市场宏观需要的货币量时，中央银行可以通过在证券市场上卖出政府债券，回笼货币、紧缩投资、平衡市场货币流通量、稳定币值；当经济衰退、投资不足、市场流通因货币供给不足而呈现出萎缩状态时，中央银行则可以通过在证券市场上买进政府债券，增加货币投放、扩大投资、刺激经济增长。

2. 证券市场的消极作用

任何事物都具有两面性，证券市场也不例外。证券市场的消极作用集中表现在证券市场本身所固有的高投机性和高风险性上。

证券市场由于普遍采用信用手段，资金的杠杆作用十分明显，这使得证券市场的投机性特别高，其风险性也远远超过了一般商品市场。而且，证券市场的运行极易受到政治、军事、经济等因素的影响，在投机力量的推动下，常引起证券行市猛涨暴跌。当证券市场涨跌失控时，就会引起大众心理恐慌，将积累的风险迅速向外扩散，从而引发危机，进而导致经济的波动乃至倒退。

因此，在发挥证券市场积极作用，为社会主义市场经济服务的同时，应加强证券市场的监管，以抑制其消极影响。

第二节　证券市场的结构与分类

一、证券市场的结构

（一）纵向结构关系

按证券进入市场的顺序结构关系划分，证券市场的构成可分为一级市场和二级市场。

① 在通常的理解中，人们常说“股市是经济的晴雨表”，这是对证券市场灵敏地反映经济发展动向功能的肯定。

1. 一级市场

一级市场又称证券发行市场或初级市场，它是发行者以筹集资金为目的，按照法律规定的发行程序，向投资者出售新证券所形成的市场。在发行过程中，证券发行市场作为一个抽象的市场是无形的，其发行活动并不局限于一个固定的场所。

2. 二级市场

二级市场又称证券交易市场、证券流通市场或次级市场，它是已发行的证券通过买卖交易实现流通转让的场所。在这一市场上，资金拥有者可随时购进证券，充分利用其所拥有的货币资金，实现投资获利的目的，也使证券的持有者可随时出售所持有的证券，以获得所需资金，因此它是促进证券流通、保证资本流动性的重要场所。

（二）横向结构关系

这是按有价证券的品种而形成的结构关系。按这种结构关系划分，证券市场的构成主要有股票市场、债券市场、基金市场等。

1. 股票市场

股票市场是股票发行和买卖交易的场所。股票市场交易的对象是股票，股票的市场价格除了与股份公司的经营状况和盈利水平有关外，还受到其他诸如政治、经济、社会甚至心理预期等多方面因素的综合影响，因此股票价格经常处于波动之中。

2. 债券市场

债券市场是债券发行和买卖交易的场所。债券是债权凭证，债券持有者与债券发行人之间是债权债务关系。债券市场交易的对象是债券。债券因有固定的票面利率和到期期限，其市场价格相对股票价格而言比较稳定。

3. 基金市场

基金市场是基金发行和流通的市场。封闭式基金的流通采取在证券交易所上市的方法，在二级市场上进行竞价交易。开放式基金是通过投资者向基金管理公司不断申购和赎回方式实现流通的。

二、证券市场的分类

（1）证券市场按职能可分为证券发行市场和证券流通市场。

（2）证券市场按交易对象可分为股票市场、债券市场和基金市场。

（3）证券市场按交易场所可分为交易所市场、店头市场、第三市场、第四市场等。

交易所市场是在证券交易所进行证券交易。交易所市场必须根据国家有关证券的法律规定，有组织地、规范地进行交易。

店头市场、第三市场和第四市场是证券场外市场的三种主要类型。

店头市场又称柜台交易市场，它是证券投资者在证券公司开办的证券交易柜台上进行证券交易的场所。①

第三市场是指不是某一证券交易所会员的证券商在证券交易所之外的场所从事已在证券交易所挂牌上市的证券交易而形成的证券场外市场。第三市场的出现与证券交易所固定佣金制度紧密相关，其出现的基本目的是节省佣金、降低交易成本。

第四市场又被称为机构交易网，是证券交易双方绕开证券经纪人，彼此之间利用电子计算机网络进行大宗股票交易的场外交易市场。在第四市场进行交易的双方多为机构投资者，交易量大，交易成本低，成交价格灵活且不公开，有利于机构投资者保持交易的秘密性。

第三节　证券市场的参与者

一、证券发行主体

证券发行主体是指为筹集资金而发行证券的企业、政府及其公共机构、银行及其他非银行金融机构。证券发行主体是资金的需求者和证券的供给者。

（一）政府

政府包括中央政府和地方政府，通常中央政府为弥补财政赤字或筹措国民经济建设所需资金，在证券发行市场发行国债；地方政府为当地公共事业的建设发行地方政府债券。在现代经济社会，政府发行证券已经成为财政收入的一个稳定来源。

（二）金融机构

金融机构包括银行和非银行金融机构。前者主要有商业银行和政策性银行；后者包括证券公司、保险公司、信托投资公司等。金融机构作为证券发行者：一是以发行金融债券的形式筹集资金，增加负债，扩大资产业务；二是以本身作为股份公司，发行股票募集资金，开展经营活动。

（三）企业

这里的企业是指除金融机构以外的企业。企业是证券发行市场的主要发行者。企业可以通过在证券市场发行股票和债券来筹集资金，满足经营活动对资金的需求。按照《中华人民共和国公司法》的规定，国有独资企业和两个以上的国有企业，或其他两个以上的国有投资主体投资设立的有限责任公司，可以发行公司债券募集资金；股份有限公司可以发行股票，股票可以流通，股东所持有的股份可以自由转让。同时，股份有限公司也可以发行公司债券筹集资金。

二、证券投资主体

证券投资主体是指以获得收益或分散风险为目的而进入证券市场进行证券买卖的个人

---

① 始建于1971年的纳斯达克市场是全球发展历史最长、规模最大、功能最完善的柜台交易市场（OTC），其交易量仅次于纽约证券交易所，造就了微软、苹果、英特尔等一大批世界知名的高科技企业。

和机构。证券投资主体是证券发行市场的资金供给者，也是证券的购买者，它一般包括个人投资者和机构投资者。

（一）个人投资者

1. 个人投资者的资金来源

个人投资者以个人的名义，将自己的合法财产投资于证券。其投资资金的主要来源是储蓄和融资借入的资金，储蓄是当年收入减去为维持生活所必需的消费以及其他必要的费用（如纳税）后的剩余部分。储蓄通常是个人投资者的主要资金来源。个人投资者融资借入的资金一般有三个方面的来源：一是用交纳保证金的方式由证券经纪商提供抵押贷款；二是由商业银行贷款；三是由人寿保险公司贷款。但是，在这种融资便利的掩盖下，埋伏着助长投机猖獗的隐患，甚至造成一些人“破产”。

2. 个人投资者的投资目的

从一般意义上讲，个人投资者的投资目的同样是在风险相同的条件下，追求收益最大化，或在收益既定的条件下，寻找最低风险的投资。个人投资者在财产状况、收入状况、年龄、纳税负担、个人爱好、教育程度、风险偏好、关于投资的知识和技巧的熟练程度等方面均有所差别，因此每个人进行投资的具体目的也是各不相同的。

（1）获取相当稳定的投资收益。

稳定的当前收入比不确定的未来收入对投资者更有吸引力，尤其对一些低收入的投资者来说，他们需要用投资收入来补充其他收入来源的不足，因而更关心当前（每期）收入的可靠性和稳定性。在这种情况下，他们通常购买高品质债券、公用事业股票，或行业前景好、稳定性高的公司股票。

（2）资金增值。

资金增值可以说是所有投资者的共同目标，可通过两种途径达到目的：一是将投资所得的股息、利息再投资，日积月累，使资本增加。这种办法适合于收入较高的投资者，他不需要靠经常投资收入来维持家庭开支。二是投资于增长型股票，通过股息和股价的不断增长而增加资本价值。但这种股票价格波动大，有可能获得资本增值的好处，也有可能遭受股价下跌的损失。这种方法适合在财力上和心理上都有承受风险能力的投资者。对于这两种方法，不同的投资者有不同的选择。一般来说，资本增值的目的在短期内不易达到，投资者需要作长期打算。

（3）保持个人资产的流动性。

每个投资者在管理自己的资产的时候，都要考虑应付不时之需，因此在作投资决策时要考虑满足流动性需要，保持一部分流动性强的资产。流动性与证券期限成正比，与收益成反比，因此投资短期债券的流动性强，但收益相对较低。

理性的投资者可以为自己设计一种合理的证券期限结构，将不同期限和收益率的证券进行组合，来保持流动性和收益性的平衡。

（4）实现投资多样化。

投资组合的分散化原理告诉我们，在投资活动中，将资金适时地按不同比例投资于若干种风险不同的证券，建立多样化的、合理的资产组合，可以降低风险，增加投资者的效用。

（5）参与决策管理

少数资本实力雄厚的大投资者会通过大量购买某公司股票来达到控制、操纵这家公司的目的，或是达到参加股东大会、参与决策管理的目的。对大多数中小投资者来说，这种观念是非常淡薄的，股票往往只被人们当做金融商品而不是所有权。

3. 个人投资者的投资特点

（1）个人投资者的投资活动不创造新的金融资产和金融工具。他们既不发行也不提供新的证券，是证券的净需求者。他们在流通市场上的交易活动并不增加证券的总量。

（2）个人投资者的投资活动具有较大的盲目性。由于个人投资者力量分散，资金数量有限，无法将资金分散投资于更多的证券品种来分散风险，而且个人投资者获取和处理投资信息的精力和能力有限，因而其投资活动的盲目性大。

（3）个人投资者的投资活动都是借助于证券中介机构进行，他们相互之间很少或不允许进行直接交易。

（二）机构投资者

1. 机构投资者的特征

机构投资者主要包括政府机构、金融机构、企业等。机构投资者的资金来源、投资方向、投资目的、投资策略虽然有很大差异，但它们之间也有一些共同的特征存在，主要表现在以下几个方面：

（1）投资的资金量大。机构投资者从社会吸收闲散资金，能够聚集起庞大的资金力量。

（2）专业化的投资管理。一般机构投资者都设有专门机构、部门负责收集、分析信息，并拥有一批证券投资分析的专家和管理人员，在投资决策、专业判断和把握时机等方面具有个人投资者难以比较的优势。

（3）可进行有效的资产组合，分散投资风险。机构投资者可利用其信息和分析预测条件，将庞大的资金分散投资到众多的证券种类上，建立合理的资产组合，从而最大限度地降低风险。

（4）其投资活动对市场影响较大。机构投资者财力雄厚，且又注重于从事大宗交易，因此其交易动向对股市的走势有重大影响。

因此，在当代成熟的证券市场上，机构投资者一般占有主导地位，它们持有的证券占证券总额的大半部分，在市场中的地位也越来越重要。

2. 机构投资者的类型

（1）政府机构。

作为政府机构，其参与证券投资的目的主要有以下几个方面：

1）为了调剂资金余缺。在每一会计年度内，政府通常会出现税收的低谷与支出的高

峰，可能陷入严重的财政赤字中，这时政府可以通过发行债券来筹措资金；相反，如果在税收高峰时，支出不多，又会出现资金剩余，往往通过特定渠道将资金投入证券市场。另外，政府在调整产业结构、加强重点建设时，往往需要通过证券市场筹措资金。

2）公开市场业务操作。中央银行作为政府的银行，承担着宏观调控的任务，其调控手段之一就是实行公开市场业务操作，即通过在证券市场上买卖有价证券来调节市场货币供应量。当市场货币供应量过多时，它就向证券市场抛售有价证券；反之，则买进有价证券，增加货币供给。①

（2）企业。

企业可以将自己闲置的资金用于证券投资，也可以通过股票投资实现参股、控股的目的。公司投资有两个主要特点：第一，长期投资比较稳定。一般一个公司购入另一家公司的股票或长期债券，不会在短期内转手出售，而是长期持有，以便享受优厚的股东或主要债权人的权益。第二，短期投资交易量大。与个人相比，公司的经济实力雄厚，临时闲置资金规模较大，是短期投资工具交易中的主要资金来源，对市场影响较大。

（3）金融机构。

1）证券经营机构。证券公司、证券经纪公司、信托投资公司等证券经营机构是证券市场上实力雄厚的机构投资者，它们以自有资本和营运资金建立规模庞大且分散良好的资产组合，由专家进行管理。证券经营机构进行证券投资既注重资金安全性，又注重盈利性和流动性，投资对象较分散，股票、政府债券、公司债券都是投资目标。它们既有可能长期持有证券，又有可能抓住机会短线操作，成为投机者。由于它们资金实力雄厚、信息灵通、操作方便、交易金额巨大，所以其投资活动对证券市场的影响较大。

2）商业银行。商业银行是以经营企业存款为主要业务，以盈利为主要经营目的的信用机构。商业银行作为一个存贷机构，保障储户资金安全是其首要职责，因此它的盈利性资产必须具备高度的安全性和流动性，而把投资收入放在次要地位考虑。一般来说，证券投资的盈利往往高于贷款的收益，但证券投资的风险往往较大。而证券作为一种金融资产，比较主动灵活，流动性强，满足银行资金流动性和风险分散性需要，所以证券投资是商业银行资金运用的又一途径。相比较而言，商业银行的投资活动受其自身业务活动和政府法令的制约，投资政策比较保守而较少冒险，即较多地注意安全性而较少地考虑投资收入。商业银行一般将政府短期债券、地方政府短期债券和企业债券作为其投资对象。

3）保险公司。保险公司进行证券投资的资金来源在于保险费收取与保险赔款支出之间的时间差异。受其自身业务性质和政府有关法规的限制，保险公司证券投资活动通常是出于对本金的安全性、收入的稳定性以及较高的盈利性的综合考虑，对流动性的要求并不是很高，可以进行中长期的证券投资活动。

4）投资基金。投资基金是一种集合投资方式，它通过发行投资基金股份或受益凭证的方式将零散的资金汇集起来，然后将资金交给投资专家组成的基金管理公司进行投资管理，并按出资比例享受投资收益。投资基金的投资目标、投资工具、投资策略根据不同性质的投资基金而各有差异。

---

① 政府在二级市场上的交易行为没有营利性的考虑，这是它与其他投资主体的投资行为的区别。

三、证券中介机构

（一）投资银行

1. 投资银行的定义

投资银行起源于欧洲，于19世纪传入美国，并在欧洲与美国分别得到发展，如今美国是现代投资银行业最为发达的国家。[①] 由于各国实践的差异和投资银行业务的日新月异，目前，理论界对投资银行还没有一致的定义。美国著名的金融投资专家罗伯特·库恩提出了4种投资银行定义，包括了从大范围金融服务的广义投资银行定义到传统的狭义投资银行定义。

（1）最广义的定义：即任何经营华尔街金融业务的机构，都可以称为投资银行。它不仅包括从事证券业务的金融机构，甚至还包括保险公司和不动产经营公司；业务包括从国际银团承销到分支零售营销，再到其他金融服务，例如房地产和保险的所有内容。

（2）较广义的定义：即经营一部分或全部资本市场业务的金融机构。它的业务包括证券承销和公司理财、收购兼并，还包括基金管理和风险资本管理，但不包括向客户零售证券、消费者房地产经纪业务、抵押银行业务、保险产品及类似的业务。

（3）较狭义的定义：即经营某些资本市场业务的金融机构。证券承销和收购兼并是其业务重点，不包括基金管理、风险资本管理、商品和风险管理等。

（4）最狭义的定义：也就是最传统的投资银行定义，即在一级市场上承销证券筹集资本和在二级市场上交易证券的金融机构。

罗伯特·库恩认为上述第二种定义最符合美国投资银行的现实状况，因而是投资银行的最佳定义。同时，他根据“以为公司服务为准”的原则指出，那些业务范围仅限于帮助客户在二级市场上出售或买进证券的金融机构不能称作投资银行，而只能叫做“证券经纪公司”。

2. 投资银行的功能

无论在发达的市场经济国家，还是在一些处于经济转轨期的国家，投资银行已经成为资本市场的核心，投资银行在金融市场中占有不可替代的重要地位，其对国民经济和区域经济增长发挥重要作用。

（1）提供金融中介服务。投资银行作为资本市场的重要中介者，它运用丰富的专业知识和经验帮助投资者投资于某种产业或某个企业，以保证资金的安全与增值；同时利用自身的信誉与品牌协助筹资者筹措大量的资金。投资银行作为投资者与筹资者之间的中介桥梁，利用自身的信用、信息和专业知识，可以迅速将投资者的闲散资金转移到筹资者手中，从而降低交易成本，实现资金资源的优化配置。

（2）投资银行在中长期资本运营中扮演着重要角色。投资银行企业发行股票和中长期

---

① 投资银行主要是美国的称呼，英国、澳大利亚及原先的英联邦国家称之为商人银行，日本称之为证券公司。虽然称呼不同，但从性质上来说是相同的，都可以将其称为现代投资银行。

债券，并充当财务顾问，为企业的购并活动和中长期发展战略的制定提供各种中介服务。

(3) 促进产业竞争和集中。投资银行的购并业务在促进产业集中过程中发挥了重要作用。购并是一项技术性很强的工作，选择合适的对象、时间、价格以及合理的财务安排等都需要投资银行提供专业知识和服务。尤其是第二次世界大战以来，大量的购并活动是通过二级市场进行的，手续更加繁琐，要求更加严格，操作更加困难，如果没有投资银行作为顾问和代理人，企业购并几乎不可能进行。

(4) 投资银行的业务开展有力地促进了各种金融工具的创新。随着投资银行业务的拓展和不断深入，必然会产生对不同种类、期限的金融工具的需求，因为市场上金融工具偏少、期限偏短会造成资源配置的非均衡和产业结构的不合理，会阻碍市场的优胜劣汰机制。而以中长期融资为主要经营业务的投资银行，必然会创造种类丰富、期限更长的各种金融工具，如中长期债券、股票、可转换债券、互换交易等，对资本市场和一国经济的繁荣起到举足轻重的作用。

(5) 推动证券市场发展。投资银行不仅仅是一个证券中介组织，而且还是一个重要的信息机构，通过收集资料、调查研究、提供咨询、介入交易，极好地促进了各有关信息在证券市场中传播，并通过参与证券发行、交易和开展金融创新，保障证券市场得以在信息充分和公开的条件下运行，并使市场价格的形成更具客观性。

3. 投资银行的业务范围

(1) 证券发行。证券发行是投资银行最重要也是最主要的业务。证券发行业务主要包括三方面内容：一是提供信息和咨询。二是公开销售。公开销售证券的方式一般可分为代销、余额包销和全额包销三种。三是私募发行。

(2) 证券交易。投资银行在二级市场的证券交易业务主要充当证券经纪商和自营商角色。

(3) 基金与资产管理。投资银行的基金与资产管理业务是一项十分重要的业务，它为中、小投资者的证券投资提供了便利有效的途径。投资者通过购买投资银行所管理的基金，可以获得基金投资的规模效应，实现投资品种的多元化，从而达到分散投资风险的效果，也能够获得基金管理公司的专业化管理，避免个人投资的盲目性。

(4) 企业购并。企业购并正日益成为投资银行的核心业务。投资银行介入企业购并活动的主要途径有五种：一是帮助企业设计购并方案；二是设计反购并和防卫措施；三是确定合理的价格；四是安排融资；五是风险套利。

(5) 咨询业务。投资银行的咨询业务主要是帮助客户提供投资咨询建议，咨询业务内容随着客户对象的不同而变化。国外较成熟的咨询业务范围大致分为三个层次：第一层次是个人或机构的投资顾问，咨询的主要内容是为客户提供所需要的投资理财分析建议；第二层次是企业的咨询顾问，主要围绕企业的发展战略、资本经营策略进行诊断，提出咨询建议；第三层次是各级政府的咨询顾问，主要是围绕该地区甚至整个国家宏观经济、产业发展、社会制度环境、区域经济发展等方面进行深层次研究，提供咨询建议。

(6) 创业投资。创业投资是指为建立专门从事某种新思想或新技术的小型公司而投资的一定份额的股权资本。投资银行通过创业投资活动，不仅向新企业注入启动资金，而且提供建立新企业、制定企业经营战略和组织管理所需的顾问方案和各种技能。创业投资的具体形式是建立专门投资于高新技术行业和新型行业的创业投资基金。

（7）项目融资。现在的项目融资有多种形式，如产品支付、融资租赁、BOT 融资、项目债券融资等。在项目融资过程中，投资银行充当财务顾问角色，为各方当事人提供各种中介顾问服务。项目融资本来是商业银行的业务领域，随着资本市场的发展，投资银行在这项业务中的作用变得越来越重要。

（8）金融工程业务。金融工程业务的范围包括三个方面：一是新型金融工具设计与开发，如互换、期权、票据发行便利、远期利率协议、指数期货备兑权证、证券存托凭证、零息债券、可转换债券、合成股票等；二是为降低交易成本的新型金融手段的开发，包括金融机构内部运作机制优化，金融市场套利机会发掘和利用，以及交易系统创新等；三是创造性地为解决某些金融问题提供系统完备的解决方法，包括各类风险管理技术开发与应用、现金管理策略创新、公司融资结构创造、企业收购兼并方案设计以及实施资产证券化等。

（二）证券公司

1. 证券公司的含义及职能

证券公司是指由证券主管机构批准设立的在证券市场上经营与有价证券发行、流通相关的业务的企业法人，是证券市场的重要组成部分。一般来说，证券公司经营的主要业务是承销业务、经纪业务和自营业务。

在证券投资活动中，证券公司主要的职能体现在中介和投资两个方面。能够进入场内交易的证券交易所会员是很有限的，一般投资者作为非会员，都是委托证券公司在交易所场内代理其买卖证券。另外，证券发行时，大多数证券发行者也借助于证券公司的销售渠道、专业人员委托其代为销售。在这两种情况下，证券公司充当证券买者与卖者的中介人，发挥其中介职能。证券公司在证券市场购入证券时，就是在进行证券投资，发挥其投资职能。证券公司作为投资者，一方面可以活跃证券市场，促进证券市场交易的流动性、连续性；另一方面，由于其资金集中、信息灵通等相对优势，可能操纵市场，致使投机过度。因此，各国对证券自营商都严加管理。

2. 证券经纪

证券经纪是指证券公司不动用自有资金，而是接受客户委托、代客买卖证券并以此收取佣金的业务。证券经纪业务又被为证券委托业务。从事证券经纪业务的证券公司又被称为证券经纪商。

证券经纪的最大特点在于：第一，证券经纪商是证券投资者的代理人，只是为证券投资者即委托人买进或者卖出证券，而不是为自己买卖证券。证券公司办理经纪业务，不得接受客户的全权委托而决定证券买卖、选择证券种类、决定买卖数量或者买卖价格。第二，中介性。证券经纪商的中介性体现在两个方面：首先是买方和卖方的中介，帮助他们成交；其次是买卖双方与交易所的中介，由于交易所不允许非会员单位进入，只允许会员单位即券商进入，因此证券经纪商可以以会员单位的身份帮助投资者进行交易。第三，客户指令的权威性。经纪业务只能进行授权委托，客户的代理要求很清楚，限价、限量、限市，客户向证券经纪商发出有效的、权威性的委托指令，证券经纪商必须不折不扣地执行。

证券经纪商的服务，沟通了买卖双方的信息，克服了证券交易双方人数众多、互不了解、难以在短时间内完成交易的矛盾，扩大交易范围，形成公平交易价格，起到促进交易的作用；同时，证券经纪商的出现，还有利于证券市场的组织和管理，对市场的活跃和顺利发展有重要意义。

证券交易所中大部分会员都是证券经纪商，众多投资者的投资行为是通过他们来完成的。证券经纪商一般有以下几种：

（1）佣金经纪商。即接受客户委托，在交易所中代替客户买卖证券并收取一定佣金的证券经纪商。他们是场内交易的主要成员，这些经纪商大多是以证券公司的名义在证券交易所取得席位，大证券公司可取得多个席位，办理委托业务。其主要业务是通过电话、电传等通讯手段，与其代表的公司取得联系，并按指令在场内进行交易活动。在执行买卖证券过程中，佣金经纪商根据委托交易金额的多少收取一定比例的佣金，作为自己的收入。因此，在整个证券市场中，佣金经纪商最活跃，人数最多，交易量也最大。

（2）交易所经纪商。当交易所中一般经纪商业务繁忙，对较多的、不同类别、不同委托条件的买卖指令无法完成时，便产生出交易所经纪商。其主要业务是，在交易所中接受一般证券经纪商之间撮合证券买卖，从其交易成交金额中收取一定比例的佣金。按规定交易所经纪商只能接受证券经纪商的委托，而自己不能单独接受交易所之外一般客户的买卖委托。因过去纽约证券交易所规定这些经纪商代客户每买卖 100 股，收取佣金 2 美元，故又有“两美元经纪商”之称。

（3）专业经纪商。又称特种经纪商，是纽约证券交易所内特殊的证券经纪商。他们一般在固定的柜组旁专门从事某一行业的某几种股票交易。由于他们对固定交易的股票的历史背景、市场表现有专门的研究，掌握着交易价格和数量变化的重要信息，对股票交易有专业的知识和经验，又有一定的资金实力，所以被称为专业经纪商。

3. 证券自营

证券自营业务是指证券公司以自己拥有的资金自行买卖证券以获取利润的证券业务。从事证券自营业务的证券公司又被称为证券自营商。

证券自营业务最主要的特点就在于，证券自营商要依靠自己拥有的资金完成证券交易并承担交易过程中出现的交易风险。因此，证券自营商主要是根据自己对证券交易市场的行情判断买进或者卖出证券，而不与交易大厅以外的其他证券投资者发生直接联系。为了减少证券交易风险，证券自营商很少参与长期看涨或者看跌的证券信用交易，而只做短期交易或现货交易来赚取证券交易的差额利润。

证券自营商通常都负有配合证券主管部门和证券交易所维持证券交易市场正常运行的义务。他们不得在未经证券交易所同意的情况下，在交易市场联手进行自营买卖、操纵市场，不得为了操纵市场而高价收购或低价抛售证券，也不得以自营买卖的名义代他人在交易市场买卖证券。证券自营商可以分为以下几种类型：

（1）交易所自营商。就是一般意义的自营商，即为谋取自身利润而用自己的资金买卖证券并自担风险的自营商。他们一般不与普通的投资者接触，只在交易大厅中自行买卖，通过低价买进高价卖出赚取利润，因此，他们需要在频繁的价格变动中捕捉有利时机，通常在极短时间内完成证券的买卖，有较强的投机性。但他们的行为在客观上也起到了缩小价差、促进交易和维持市场连续性的作用。

（2）零售自营商。即专门处理不足一个成交单位的股票交易的自营商。因为证券交易一般按规定的成交单位进行。例如，规定每100股为一个成交单位，不足100股的称为零数股票，不能在交易所内零散买卖。零售自营商就是专门从事不足一个成交单位证券买卖的自营商。证券自营商在零股买进卖出时要承担整数分散尚未卖出或未凑足整数单位以前股价涨跌的风险。零股交易的出现为资金薄弱的小额投资者参加证券交易提供了方便，同时，也促使小额投资者购买企业股份，使其股权分散化，避免股权过分集中在大户手中。因此，零股交易对证券市场价格的稳定起到了重要的作用。

（3）非会员自营商。即指没有取得证券交易所会员资格，不能进入交易所，只能在场外交易市场进行自营交易的证券自营商。他们在场外的柜台市场上直接与投资者进行交易，从中赚取差价，交易对象主要是债券和非上市股票。

（三）其他中介机构

1. 会计师事务所

在证券市场中，会计师事务所是站在社会公正立场上，本着“独立、客观、公正”的原则，对有关公司的资本状况、财务状况、资产状况、盈利状况等进行验资审计，为社会公众提交“真实、合法、有效”的报告。其报告的质量对投资者树立信心和进行投资决策大有帮助，进而对整个证券市场的健康有序发展具有十分重要的影响。

会计师事务所和资产评估事务所在接受客户委托进行验资、资产评估、财务审计、财务资信评价等工作之中出具的相关报告书具有法律效力；若有关报告有虚假，则出具报告书的机构应当承担法律责任。①

2. 律师事务所

证券市场之中的大量业务活动都涉及法律事务。律师事务所依据有关的法律法规，站在公正的立场对有关契约文件、公司发行证券的有关文件是否完整和合法、公司行为是否合法、证券公司的行为是否合法等提供法律服务。由此，律师事务所的工作直接关系到投资者、公司和社会公众的利益，是资本市场的重要参与者。

3. 投资顾问咨询公司

投资顾问咨询公司是为市场投资者提供咨询服务、接受投资委托、代理投资者管理资产的中介机构，是证券投资的职业性指导者。投资顾问咨询公司根据客户的要求，把咨询分析建立在科学的基础分析和现代的技术分析基础之上，通过对大量的信息资料进行加工处理，向投资者提供分析报告和投资建议，帮助客户建立有效的投资决策。

4. 证券评级机构

证券评级机构是专门对有价证券进行投资研究、统计咨询和信用等级评价的机构。它

① 但是，会计师事务所在从事财务顾问、财务咨询等职能时向客户提供的意见不具有法律效力，只作为参考。

在证券筹资者的要求下，对其发行证券的信用状况进行评估，并通过明确其信用等级、投资风险的大小等，向投资者提供所需要的信息。

证券评级机构一般为独立的、非官方的机构，大多是私人企业，通常必须对自己的信誉负责，如果评出的证券级别不准确、不公正，不能为广大投资者所接受，那么评级机构的声誉将受到致命的打击，不仅无法取得盈利，甚至无法继续生存。但是，证券评级机构对其评定的结果只负有道义上的责任，不负有法律上的责任。证券评级机构只评价证券的发行质量、筹资者的资信、投资者承担的风险以帮助投资者在比较分析的基础上做出投资决策，而不具有向投资者推荐这些债券的含义，最终投资选择仍然由投资者自己决定。

四、证券市场的监管者

我国证券市场的监管者主要有中国证券监督管理委员会、中国证券业协会、证券交易所等。前两个在第四章第三节第二部分有详细介绍，第三个在第四章第二节第二部分有详细介绍，这里不再赘述。

第四节　证券市场的产生与发展

一、证券市场的产生

证券市场形成于自有资本主义时期。其产生的基础有：

（1）社会化大生产和商品经济的发展，客观上需要新的筹集资金手段。随着商品经济的发展和社会化大生产的需要，公司单单靠自身积累或银行借款已经不能满足巨额资金需求。

（2）股份制的发展。股份公司的建立、公司股票和债券的发行，为证券市场产生和发展提供了现实基础和客观要求。企业组织结构的变化，出现了通过发行股票和债券筹集资金的市场。

（3）信用制度的发展。信用制度的发展，使证券市场的产生成为必然。信用工具一般有流通变现的要求，要求有流通市场。

二、证券市场的发展

证券投资随着证券的出现而产生，据有关学者研究，早在12世纪末，威尼斯共和国就发行过债券。[①] 而证券市场的出现相对较晚。1609年，阿姆斯特丹证交所成立，成为世界上第一个证券交易所。自此，证券市场的发展经历了五个阶段。

（一）萌芽阶段

1609年，世界上第一个证券交易所在荷兰的阿姆斯特丹成立，以金融股票交易为主，因此阿姆斯特丹证交所也是世界上第一个股票交易所。

---

① 王建喜：《证券投资学》，3页，西安，西安交通大学出版社，2007。

1698年，柴思胡同的乔纳森咖啡馆因众多经纪人在此交易而闻名，即现在伦敦证券交易所的前身。

1773年，英国第一家证券交易所乔纳森咖啡馆成立，1802年该所获英国政府正式批准。

1790年，美国第一个证券交易所在费城成立。

1792年5月17日，当时24个证券经纪人在纽约华尔街68号外签订《梧桐树协议》，成为纽约证交所的起源。1817年3月8日前述组织起草了一项章程，并把名字更改为“纽约证券交易委员会”。1863年改为现名，即纽约证券交易所。

（二）初步发展阶段

1911—1930年是证券市场的初步发展阶段，期间股份公司数量大增，前十年（即1911—1920年）英国股份公司数量高达86 000家。当时，90%的资本处于股份公司的控制之下。1921—1930年全世界共发行有价证券6 000亿法郎。

（三）停滞阶段

1929—1933年经济大危机，证券市场的发展停滞。

（四）恢复阶段

第二次世界大战以后至20世纪60年代，随着世界经济的复苏，证券市场逐渐恢复。

（五）加速发展阶段

该阶段始于20世纪70年代，其重要标志是反映证券市场容量的重要指标——证券化率（证券市值/GDP）的提高。

三、中国证券市场的发展

随着上海证券交易所和深圳证券交易所相继成立，我国证券市场正式形成。我国证券市场历经二十多年，取得了巨大发展。首先，股票市场的规模迅速扩大。截至2010年底，两个交易所上市公司的总数已达2 063家，境内上市公司股票的总市值已达265 422.59亿元人民币，约占2010年GDP的66.69%，证券化率大大提高。其次，投资者数量逐步扩大，以基金为代表的机构投资者迅速成长。截至2010年底，投资者在深沪两市开户数已达19 778.69万户。[①] 再次，深沪证券交易所的交易和结算网络覆盖了全国各地。证券市场交易技术手段处于世界先进水平，股票、基金、债券全部采用无纸化发行和交易。最后，全国统一的证券监管体制已经确立，证券市场法规体系逐步完善。

本章小结

证券市场是股票、债券、投资基金等各类有价证券发行和流通场所的总称。证券市场

① 中国证券监督管理委员会：《中国证券期货统计年鉴（2011）》，上海，学林出版社，2011。

是金融市场的重要组成部分。作为直接融资的场所，证券市场在筹集资金、分散风险、合理配置资源、资本定价、信息传递和监督与评价方面对国民经济的发展起到了重要作用。

证券市场分横向和纵向结构两种；按职能可分为证券发行市场和证券交易市场；按交易场所可分为交易所市场、店头市场、第三市场、第四市场等。

作为资金的需求者和证券的供给者，企业、政府和金融机构等证券发行主体在证券一级市场上发行证券筹集资金。个人投资者和机构投资者根据各自的资金来源和投资目的选择相应的投资策略。投资银行、证券公司、会计师事务所、律师事务所、投资顾问咨询公司和证券评级机构等证券中介机构对整个证券市场的健康有序发展具有十分重要的影响。同时，为了实现证券市场高效、平稳、有序运行，减少证券市场失灵等负面效应，需要政府监管机构和自律性监管机构按照公平、公开和公正原则，对证券市场实行必要的监督和控制。

证券市场形成于自由资本主义时期。世界上第一个股票交易所于1609年在阿姆斯特丹成立，此后的四百多年间，国际证券市场经历了萌芽、初步发展、停滞、恢复和加速发展五个阶段。我国证券市场正式形成始于上海证券交易所和深圳证券交易的相继成立，二十多年间得到了长足的发展，在经济改革和发展中发挥了巨大的作用。但是，我国的证券市场还是一个新兴的市场，不可避免地存在一些缺陷和有待改进之处，需要在发展中进一步完善提高。

思考题

1. 什么是证券市场？证券市场的结构与分类有哪些？
2. 简述证券市场对国民经济和社会生活的积极作用和消极作用。
3. 证券市场的参与主体有哪些？其各自的职能和作用是什么？

第四章

证券市场运行

本章要点

1. 增资发行、溢价发行、面值发行、折价发行等基本概念
2. 股票的发行条件和发行方式
3. 债券的发行条件、发行目的和信用评级以及投资基金的设立条件
4. 股票发行的程序
5. 证券交易市场的功能、特点和类型
6. 创业板市场的特点及作用
7. 证券的交易程序及方式
8. 我国证券市场的法规体系构成
9. 我国证券市场的监管机构

第一节　证券发行市场

一、证券发行市场概述

(一) 证券发行市场的概念

证券发行市场是新证券首次向社会发行的市场，即进行证券募集以筹集资金的市场，

又称一级市场或初级市场。证券的发行是将社会众多的零星资金汇集起来，使之成为一整笔资金，然后通过企业的经营活动再投入生产的各个部门。这一过程的结果是，使闲置的零星资金变成促进整个社会经济发展的“催化剂”，使整个社会经济得到发展。

证券的发行按照不同的分类标准，可以有多种分类。例如，按照证券发行对象的范围，可以将证券发行分为公募和私募；按照证券发行标的的形式，可以将证券发行分为有纸化发行和无纸化发行；按照发行股份和存量股份的关系，可以将股权证券发行分为新券发行、配售与供售等。证券发行最基本的分类是按照证券种类进行的，主要包括股票发行、债券发行和基金证券发行。因此，证券发行市场包括股票发行市场、债券发行市场和基金证券发行市场。

（二）证券发行市场的结构

证券发行市场主要由发行人、投资者、中介商、证券业协会和证券监管机构组成。

1．发行人

证券发行人是指为筹集资金而发行股票和企业债券的公司，或发行政府债券的政府组织、金融机构等，是构成证券发行市场的首要因素。

2．投资者

在证券发行市场上，发行人是资金的需求者，投资者则是资金的供给者。投资者根据发行人的招募要约认购证券，是证券发行市场的另一要素。

3．中介商

证券中介商是专门委托代理发行人承销各类证券商品的金融机构，又称投资中介人、证券承销商，它是证券发行市场中又一个必不可缺的要素。在国际证券市场上，其被称为投资银行，不同于传统的从事存货业务的商业银行。在我国则主要由各证券投资公司担任此职。证券中介商作为经营证券的中介机构，以金融技术作为手段实现企业依靠自身无法完成的筹集使用资金和保值增值的目的，在证券市场中起着沟通买卖、连接供求的桥梁作用。其主要业务有：证券承销业务、证券交易业务、风险投资业务、基金管理业务、兼并收购业务。

4．证券业协会

证券业协会是指证券业的自律性组织，是由证券公司作为会员构成的社会团体法人。它是政府与证券公司之间的桥梁和纽带，其职能就是协助证券监督机构教育、组织会员执行证券法律和法规，依法维护会员和客户的合法权益。

5．证券监管机构

在证券发行市场中，证券监管机构运用法律的、经济的和必要的行政手段，对证券的发行进行审核、监督和管理。

（三）证券发行市场的作用

（1）创造投资工具。

（2）筹资。

（3）优化资源配置。

（4）规范和分散风险。

（5）为政府实施宏观调控政策提供依据。

二、股票发行的市场

（一）股票发行的目的

股票发行是符合发行条件的股份有限公司以筹集资金为直接目的，依照法律规定的程序向社会投资人出售或分配自己股份的行为。发行股票的目的有以下几个：

1. 筹集资本，组建公司

股份公司成立时，需要筹集资金，通常以发行股票来实现并开展经营活动。股东资本不同于银行贷款和发行债券，它作为公司的自有资本长期使用而不必偿还。而且，股本作为公司的资本基础，实际上成为公司实力的主要指标，对公司的业务和声誉有着重大影响。各国公司法对股份公司的设立都规定了最低自有资本额。成立股份公司通常有发起设立和募集设立两种。所谓发起设立是指由发起人发起成立公司，并认购全部股份。募集设立是指通过招募股份成立公司，发起人只需认购全部股票发行的一部分，其余部分通过招募由其他人认购。向社会公众募集设立股份公司，可以募集大量的社会闲散资金，使公司达到预定的资本规模。

2. 增资发行，扩大经营

现有股份公司为了扩大生产经营规模或筹措周转资金，需要再次发行股票从而获得资金。通常，人们称此类发行为增资发行。如果拟发行的股票在核定资本额度内，需经董事会批准。如果超过核定资本额度，则需召开股东大会重新核定资本额，在新核定的资本额内增资发行。董事会通过以后，还要呈报国家有关管理机关，经批准后方能实施。

股份公司增资发行股票主要出于如下目的：（1）增加设备投资从而扩大生产规模，这是最主要的目的。（2）偿还银行贷款以保证公司适当的资本与负债比例。（3）满足证券交易所上市基准。证券交易所对公司股票上市规定了各种标准，要求发行公司必须拥有一定规模的自有资本额。股份公司为了使本公司股票上市符合上市标准，唯一的办法便是增资发行新股。（4）公司需要资金，当银行拒绝贷款而发行债券受规定限制时，只能通过发行新股以满足资金需求。

3. 实现证券的转化

由于某些原因，公司发行的债券和优先股对投资者缺乏足够的吸引力，而且公司预期普通股的前景比较乐观时，公司通常发行可转换证券和购股权证来提高债券和优先股的吸

引力。也就是说，可转换公司债券或可转换优先股持有人，在某一范围内可根据需要将债券或优先股转换为普通股。对股份公司而言，这意味着变相发行了新的普通股，公司不仅无须支出资本就收回了债券，可以减少利息或股息成本，而且有利于投资者在不同类证券之间作出选择，提高了公司证券的吸引力。

4. 提高自有资本比率，改善资本结构

自有资本比率的高低是衡量或表明一个公司经营安全程度的重要标志。在经济发展低速时期，公司经营利润下降，利息负担加重，如果自有资本比率较低，就会削弱企业的竞争力，从而降低公司抗御经济危机和经营危机的能力，丧失财务上的弹性。为稳定企业的经营安全、提高经济效益，增发股票、提高自有资本比率是一个行之有效的办法。

5. 转换企业经营机制

所谓“转换企业经营机制”，就是要使企业从传统计划经济体制下的经营方式转轨到市场经济体制下的经营方式，使企业从政企不分转向政企分开，真正成为自主经营、自负盈亏、自我约束与自我成长的商品生产者与经营者。企业通过发行股票完成股份制改造，实现企业投资主体的多元化，建立了股东大会、董事会、监事会的公司组织机构体系，公司直接置于市场的竞争和监督之中，企业的经营能力能够迅速反映出来，经营者的业绩也直接由市场加以评价。因此，股票发行建立了很好的企业竞争机制、激励机制和治理结构，促进了企业转换经营机制。

此外，股份公司进行无偿配股、股票派息、分割股份、合并股份、公司购并等，也是股份公司发行股票的主要原因。

（二）股票发行的条件

发行股票有利也有弊，但其的确是一种有效的筹集长期资金的方式，股票投资也是投资者所追逐的投资方式。但是，绝不是谁想发行股票就能发行股票，想发行多少就发行多少，也不是什么股票都能卖得出去。不同种股票收益率不同，承担的风险也不同。如果对股票发行条件核准越严格、股票的质量越高、投资者承担的风险越低，股票市场就越有可能稳定发展。此外，股票发行涉及股权所有、发行后转让、分配税后利润及剩余资产清偿等多种关系，所以各国对股票发行条件的规定也较为具体、严格。

1. 股票发行的一般条件

股份公司不论采取何种发行方式，在股票发行前都必须向证券主管机关和有关银行或金融机构呈交申请文件，内容包括：

（1）股份公司章程。

主要内容有公司名称、地址、法定代表人、资本总额、单位股金额、业务经营范围、股权结构、公司经济效益、收益分配及其他需要说明的问题等。

（2）发行股票申请书。

除股份公司章程的基本内容以外，还应包括拟发行股票的名称、数量、种类、单位股金额、总额，发行对象及范围，工商注册登记情况，发行股票的目的及其所筹资的用途，经济效益，分配方式及预计分配比例，上级主管部门和有关金融机构的初审意见等。

（3）发行股票说明书。

具体说明公司名称、地址、法定代表人、经营范围和资本构成，现有公司近三年来经营和负债情况，发行股票的目的、用途及经济效益预测，公司的发展前景，发行股票的种类、面额、数量及价格，公司的董事会构成及成员情况，大股东（拥有10%以上的股份）的基本情况，股东的权利和义务，股东发售的起止日期，其他需要说明的问题等。

（4）股票承销合同。

公开向社会发行股票需要公司与承销证券业务的金融机构签订承销合同，其内容应包括股票承销。

2. 初次发行的条件

所谓初次发行，即设立发行，是指设立股份有限公司时的发行。根据我国《证券法》、《公司法》等法律、行政法规、部门规章的规定，申请初次发行需要符合以下条件：

（1）股票发行人必须是具有股票发行资格的股份有限公司，包括已经成立的股份有限公司和经批准拟成立的股份有限公司。

（2）其生产符合国家产业政策。

（3）发行的普通股限于一种，同次发行的股票每股的发行条件和发行价格相同，同股同权。

（4）发起人认购的股本数额不少于公司拟发行的股本总额的35%。

（5）公司拟发行的股本总额中，发行人认购的部分不少于人民币3 000万元，但是国家另有规定的除外；本次发行后，公司的股本总额不少于人民币5 000万元。

（6）向社会公众发行的部分不少于公司拟发行的股本总额的25%，其中公司职工认购的股本数额不超过拟向社会公众发行的股本总额的10%；公司拟发行的股本总额超过人民币4亿元，证监会按照规定可以酌情降低向社会公众发行的部分的比例，但是最低不低于公司拟发行的股本总额的10%。

（7）发行人在最近3年没有重大违法行为，财务报表无虚假记载。

（8）证券委规定的其他条件。

原有国有企业改组设立股份有限公司申请公开发行股票，除应当符合上述条件以外，还应当符合下列条件：发行前一年年末，净资产在总资产中所占比例不低于30%，无形资产在净资产中所占比例不高于20%，但是证券委另有规定的除外；近年连续盈利。

3. 增资发行的条件

在我国，股份公司成立后，为了增加资产而再次发行股票，称为增资发行。股份有限公司增资申请发行股票，除应当符合上述条件以外，还应当符合下列条件：

（1）前一次公众发行的股票所得资金的使用与其招股说明书所述的用途相符，并且资金使用效益良好。

（2）距前一次公众发行股票的时间不少于12个月。

（3）从前一次公众发行股票到本次申请期间没有严重违法行为。

（4）证券委规定的其他文件。

对于1994年《公司法》正式实施以前已经根据《股份有限公司规范意见》成立的定向募集股份有限公司，申请公开发行股票，除了应当符合上述要求外，还应当符合下列条件：

（1）定向募集所得资金的使用与其招股说明书所述的用途相符，并且资金使用效果良好。

（2）距最近一次定向募集股份的时间不少于12个月。

（3）从最近一次定向募集到本次公开发行期间没有重大违法行为。

（4）内部职工股权证按照规定范围发放，并且已交国家指定的证券机构集中托管。

（5）证券委规定的其他文件。

4. 配股条件

配股是指上市公司在获得有关部门的批准后，向其现有股东提出配股建议，使现有股东可按其所持股份的比例认购配售股份的行为。它是上市公司发行新股的一种方式。配股集资具有实施时间短、操作简单、成本较低等优点。同时，配股也是上市公司改善财务结构的一种手段。

（1）配股募集资金的用途必须符合国家产业政策的规定。

（2）前一次发行的股份已经募足，且间隔时间在1年以上。其中“前一次发行”包括配股等发行方式；“间隔时间”是指从公司前一次募足股份后的工商注册登记日或变更登记日至本次配股说明书的公布日，其间隔不少于12个月。

（3）公司在最近3年内连续盈利；公司净资产的利润率3年平均在10％以上；属于能源、原材料、基础设施类的公司可以略低于10％。

（4）公司在最近3年内财务会计文件无虚假记载或重大遗漏。

（5）公司预期利润率达到同期存款利率水平，即本次配股募集资金后，公司预测的净资产税后利润率应达到同期银行个人定期存款利率。

（6）配售的股票限于普通股，配售的对象为根据股东大会决议规定的日期在册的本公司全体普通股股东。

（7）公司一次配股发行股份总数，不得超过该公司前一次发行并募足股份后其普通股股份总数的30％。

上市公司凡有下列情况的，地方政府或中央企业主管部门及中国证监会对其配股的申请将不批准：

（1）不按照有关法律、法规的规定履行信息披露义务的。

（2）近3年有重大违法行为，特别是有以违反国家现行规定的方式和范围发行或者变相发行股票的行为，有证券欺诈等行为的。

（3）前一次发行股票所募集的资金用途与当时该公司的招股说明书、配股说明书或股东大会有关决议不相符的。

（4）有关本次配股的股东大会的召集、召开方式和表决方式不符合《公司法》及有关规定的。

（5）其申报材料存在虚假陈述的。

（6）公司所确定的配股价格低于该公司配股前每股净资产的。

上述第（2）、（3）、（5）项如在有关主管部门的审查中未能通过，公司1年内不得再次提出配股申请。到境外募集股份并上市的股份有限公司同时在国内发行股份并上市的，其配股亦应符合上述条件，同时还应该遵守《到境外上市公司章程必备条款》的有关规定。

（三）股票的发行方式和销售

1. 股票的发行方式

股票发行方式是指股票经销出售给投资者的方式。由于股票发行方式对上市公司能否有效地筹集到足够的资金具有举足轻重的作用，所以，在不同的政治、经济及社会条件下，各国各个公司股票发行方式存在较大的差异，但一般来说有如下几类：

（1）公募发行和私募发行。

1）公募发行。

公募发行亦称股票的公开发行，是指股份公司按照证券法、公司法等相关法规的有关规定，办理相关发行核准程序，获得批准后，通过中介机构公开向社会各类投资者发行股票。公募发行以广大公众为发行对象，能够扩大资金的筹集量，增强股票的流动性，而且能使股份分散，避免了股权被少数人控制。但是，公募发行程序繁琐，登记核准时间长，发行费用高。在公募发行中，发行公司的股东和职工都可以认购，但是为了保障广大投资者的利益，各国法律对认购比例有严格的限制。一般来说，大股东的认购额不超过发行总额的20%，职工的认购总额不超过30%。我国有关法规规定，公司职工认购额不得超过10%。公募发行可以采用公募直接发行和公募间接发行两种方式。

公募直接发行是指发行公司自己承担发行责任和售卖业务，中介机构不参与，只做协助工作。这种方式可以减少手续费支出、降低发行成本，但认购申请额一旦低于发行总额，发行就会失败。因此，在我国一般不常见。在美国，这种方式通常用来发行中下级别或具有投机性的股票。而在英国，发行最确定可靠的股票较多使用这种办法。

公募间接发行是指发行公司委托中介机构售卖股票并承担发行风险。这种方式发行费用较高，但中介机构联系广，从而提高了认购效率，减少了发行风险。在西方证券市场发达的国家较为流行，美国90%以上的新股发行都是采用这种方法。在我国，上市公司股票的发行绝大多数也是采取公募间接发行。

2）私募发行。

私募发行亦称股票的非公开发行，是指股份公司不办理公开发行的审核程序，不公开对外售卖股票，只向公司内部或者特定的发行对象出售股票。由于有确定的发行对象，因此私募发行程序简单，较大地缩短了发行时间，节约了费用，但是由于投资数量有限导致了股票的流动性不高。在西方发达证券市场中，随着养老基金和保险公司等机构投资者的迅速增长，私募发行方式近年来出现了增长的趋势。私募发行可以分为股东配股和第三者配股两种形式。

股东配股是指发行公司向老股东按照一定比率分配该公司的新股认购权，老股东可以优先认购新股。这种方式在西方国家较为流行，其目的在于保证老股东可以按比例地保持公司的控制权，不会引起股权结构发生变动。此外，新股一般按低于市场价格发行，股东

认购股票就可以获得价差收益，这样既增加了股东权益又利于新股发行。但是这种方式降低了公司的社会性，在股票市场尚未充分发达时期，这是主要的发行方式。

第三者配股亦称私人配售，是指发行公司将发行的新股分配给公司股东以外的公司职员或者公司有关系的客户、银行等特定人员以及与公司有关的其他认购者。采用这种方式既可以加强公司职工的责任感，协调往来客户关系，又可以免除向证券管理机构办理登记手续，缩短发行时间，节约发行费用，从而大大降低了发行成本。

（2）直接发行与间接发行。

这种分类是按照有无中介机构参与发行过程来划分的。直接发行是指发行公司自己办理公司股票的发行业务，自身承担股票发行的一切事务和风险，而股票发行的代理人或中介机构只做协助工作，收取手续费，并不承担股票发行的责任和风险。因此，直接发行也称自营发行。采取股票直接发行方式，发行公司可以直接控制股票发行过程，也可以降低发行费用，但由于发行准备工作时间较长，发行公司对股票市场信息掌握不充分，加上推销能力受到限制，所以一般股票发行时间较长。间接发行是指股份公司委托证券发行中介机构出售股票的方式，发行公司不过问股票发行过程，只是支付一定的手续费，发行责任和风险由中介机构承担。一般来说，这些中介机构有投资银行、证券公司、信托投资公司等。

（3）股票的具体定价发行方式。

1）储蓄存单发行方式。是指通过发行储蓄存单抽签决定认股者的发行方式，其具体做法如下：a. 承销机构在招募期内通过指定的银行，在规定的期限内，无限量地向社会公众投资人发售定期存单，由社会投资人认购，存单期限为 3～6 个月。b. 认购股票的投资人必须先认购专项存单，即在指定的银行存入存单商载明的存单金额。承销机构根据存单的发售量，批准发行股票数量和每张中签存单可以认购股份数量的多少确定中签率。c. 通过公开摇号的抽签方式确定中签者，中签者凭中签的存单办理缴款手续。储蓄存单发行方式可以避免认购证抽签发行带来的额外费用，降低投资人的投资风险，但是由于没有采用信用认购的方法而采用实际缴存的方式，实际上伴随着巨大的资金流动和巨额存贷资金的负担，发行效果并不理想。

2）上网定价发行方式。是指采取定额认股和抽签认股的原则，利用证券交易所的交易系统，投资者在指定的时间，按现行委托买入的方式进行股票的申购。其具体做法如下：a. 发行人和承销商向所有在证券交易所开设了股东账户的投资人发出招股要约，该要约规定了发行股票的价格并限定了投资人的认股限额。b. 拥有股东账户的投资人在规定的发行期间，通过证券交易所的交易系统申购，并在资金账户中存入认购规定数额股票所需的资金，该资金在认购期内不可支取。c. 认购期满后，承销机构依据“公开、公平、公正”原则，按照规定承销对所有认股人的认股序号进行抽签，以确定有效的认股人。d. 主承销机构通过证券交易所或者信息披露媒体公告抽签结果和中签号码。e. 成交中签认股人的认购，并将股份划入认股人的股东账户。

采用上网定价发行方式具有成本低、发行速度快、安全性高的特点，近年来已经成为我国企业公开发行股票的主要方式。

3）上网竞价发行方式。这是一种非定价方式，其股票价格是在竞价后确定的。其具体做法如下：a. 承销机构在招募中通过证券交易所的交易系统向社会公众投资人发出竞价邀请。b. 在规定的发行期间，新股在附底价的情况下，由投资人竞价购买。交易系统主机根据投资人的申请价格，按照价格优先、时间优先的原则，从高价位到低价位排序。当认购数量恰好等于发行数量时的价格即是发行价格，凡高于或者等于该价格的申报都是有效申报，可以按照发行价格认购，由交易系统主机自动成交。c. 承销机构将股票的发行价格和竞价发行结果按照规定的程序进行公告。

采用上网竞价发行方式具有成本低、发行时间短的优点，但是在发行过程中无法禁止投资人以非信用方式故意进行高价竞买，造成股价人为抬高，使发行价格与市场实际情况不相符合。

2. 新股的出售方式

股票发行在最后一个环节就是如何把股票销售出去。发行公司出售新发行的股票有两种方式：一种是自销；另一种是委托他人代为销售，即承销。

（1）自销。

自销是指股票发行人不经过任何承销中介机构，自己直接将股票出售给投资者。这种方式一般适合发行风险较小、手续简单的小额股票，也适用于具有雄厚实力的公司向股东分派股票。

（2）承销。

承销是将股票销售业务委托给专门的股票承销机构代理。一般来说，股票发行以承销方式较多。股票的承销机构是专门从事股票买卖尤其是新发行股票买卖的金融中介机构。由于发行风险的承担、所筹资金的划拨以及手续费的高低等因素的不同，股票的承销方式主要有包销和代销两种。

1）包销是股票发行中最重要的一种，它使发行人的股票得以顺利地以承销协议确定的水平出售，并很快形成买卖交易的市场。承销商从包销价与市场出售价的差价中获得收益。以包销方式承销股票，须在承销协议规定的承销期结束后，按发行价认购未出售的股票。包销有两种形式：a. 全额包销。指由承销商首先全额承担发行人本次发行的股票，然后再向投资人发售。b. 余额包销。亦称助销，指承销商先向投资人发售股票，仅在投资人实际认购总额低于预定发行总额的情况下，才承购全部未销出的剩余股票。

2）代销是指发行人委托承销商代理发行其股票的承销方式。在代销情况下，在承销协议规定的承销期结束后，如果投资人实际认购总额低于发行人的预定发行总额时，承销商应该将未出售的股票全部退还给发行人或者包销商。采用代销方式，承销商只是发行人的代理机构，承销商的义务是尽可能地推销股票，不承担股票发行的风险和责任。

承销方式不同，委托人和承销人之间的风险、权利和义务就不同，发行人可以根据自身条件及市场环境作出选择。股票发行者在选择承销方式时，一般主要考虑以下因素：a. 发行人在证券市场上的知名度和信誉状况。如果发行人确信自己的股票可以在证券市场上短期内全部顺利地销售出去，应选择代销；反之，就应该选择包销。b. 发行人使用资金的时间性。如果发行人急需筹集资金投入运营，就应该选择包销方式；反之，则可按用资计划的急缓程度和用资期限的长短选择代销。c. 成本信息因素。包销人有义务无条件地向发行人提供有关发行决策的技术性咨询，而代销人无此义务。如果发行人有能力自己决策，就可以选择代销。d. 中介机构的技术能力和资金能力也是决定发行人采取何种承销

方式的依据。

(四) 股票发行的程序

由于股票发行方式不同，发行程序也不同，依照《证券法》的规定，大体分为以下步骤：

1. 发行前的准备工作

股份公司在发行股票之前，必须对所发行股票的目标、时机、条件、种类、价格、市场状况等方面进行咨询、研究和分析，制订初步发行方案，准备有关资料。具体而言，包括以下几个方面：制定资金使用计划、拟订新股发行计划、董事会通过发行决议、制作相关的文件资料。

2. 发行人提出申请

公开发行股票必须依照《公司法》规定的条件，报经国务院证券监督管理机构核准。发行人必须向国务院证券监督管理机构提交《公司法》规定的申请文件和国务院证券监督管理机构规定的文件，所有的文件必须真实、准确、完整。为股票发行出具有关文件的专业机构和人员，必须严格履行职责，以保证其所出具文件的真实性、准确性和完整性。

3. 中国证监会受理申请文件并进行初审

中国证监会收到申请文件后在 5 个工作日内作出是否受理的决定，并对受理的申请文件的合规性进行初审，在 30 日内将初审意见告知发行人及其主承销商。

4. 发行审核委员会审核

国务院证券监督管理机构设发行审核委员会，依法审核股票发行申请。国务院证券监督管理机构依照法定的条件负责核准股票发行申请。审查工作的内容包括：审查应提交的各项文件资料如公司的财务报告、承销协议书、招股说明书等是否齐全。国务院证券监督管理机构自从受理股票发行申请文件之日起 3 个月作出决定；不予核准的应当作出说明。

5. 公开信息

股票发行申请经核准后，发行人应当依照法律、行政法规的规定在股票公开发行之前，公告公开发行募集的文件并将文件置于指定的地方供社会公众查阅。

6. 核准决定的撤销

国务院证券监督管理机构对已作出的核准股票发行的决定，发现不符合有关法律法规规定的，应当给予撤销。

7. 签订股票承销协议

公开发行股票由发行人依法自主选择证券公司承销。证券公司承销股票，应与发行人签订代销或者包销的协议，载明当事人名称、住所及法定代表人的姓名，承销方式，承销股票的种类、金额、数量以及发行价格，承销的期限及起止日期，承销的付款方式和日期，承销的费用和结算办法，违约责任等事项，并应当对股票发行募集文件的真实性、准确性、完整性进行核查。

8. 备案

证券公司包销股票的，在包销期满后的 15 日内，将包销情况报国务院证券监督管理机构备案。证券公司代销股票的，在代销期满后的 15 日内，与发行人共同将证券代销情况报国务院证券监督管理机构备案。

(五) 股票发行价格

股票的价值表现形式有许多种，票面面额和发行价格是其中最主要的形式。票面面额是指印刷在股票票面上的金额，代表了单位股份所表示的资本额。股票的发行价格是指股份有限公司在募集公司资本或增资发行时，将股票公开发售给特定或非特定的投资者所采用的价格，通常由发行人依据股市行情和其他有关因素与承销机构协商而决定。股票的种类不同，其发行价格也不一样。根据我国《公司法》的有关规定，股票不得以低于股票票面金额的价格发行。股票发行价格的形式、高低和确定方法对于股票的顺利发行和发行成本有着重要的影响。

1. 发行价格的形式

(1) 面值发行。

面值发行亦称等额发行，是指发行人以票面金额作为股票的发行价格。面值发行不受市场行情的左右，不能针对市场中股票价格波动水平及时调整适宜的股票发行价格，缺乏市场性和灵活性。此外，由于股票上市后的交易价格通常高于票面金额，投资者可以得到额外收益，所以广大投资者都乐于认购，这对于一些经营业绩好、信誉高、前景佳的公司获得融资收益是不利的，而且还可能加剧此类股票的供不应求，不利于股票发行工作的顺利进行。在证券市场不发达的国家，面值发行是确保资金筹措的有效方法。但在发达的证券市场中，这种方式已经很少采用了。我国最初发行股票时曾采用面值发行。

(2) 溢价发行。

溢价发行是指发行人以高于票面金额的价格发行股票。这种方式可以使公司用较少的股份筹集到较多的资本，而且还能降低筹资成本。溢价发行有时价发行和中间价发行两种方式。时价发行亦称市价发行，是指股份有限公司发行新股时，以已发行的股票的流通价格为基准来确定股票的发行价格。发行公司采用时价发行方式，可以用较少的发行股数筹集到与采用面额发行等额的资金，而且还可以降低股票发行成本。中间价发行是指以介于面额和市价之间的价格作为股票的发行价格。经营业绩较好、股价看涨的公司通常采用溢价发行。这种发行方式通常在以股东分配形式发行股票时采用。采用中间价发行不会改变原有股东的股权结构，也不需要支付承销手续费。《证券法》规定，股票发行采用溢价发行的，其发行价格由发行人与承销商的证券公司协商确定，报国务院证券监督管理机构核准。

(3) 折价发行。

折价发行是依据发行公司与承销商之间的协议，将股票按票面额打折扣后发行，其折

扣大小取决于发行公司的业绩和承销商的销售能力。在采用包销方式销售股票的情况下，这种方式常常被采用。一般国家的公司法明文规定股票不得低于票面额发行，美国的很多州都规定其是非法的。我国《公司法》规定：股票发行价格可以按票面金额，也可以超过票面金额，但不得低于票面金额。

2. 影响发行价格的因素

(1) 公司的盈利水平。

股份有限公司的税后利润水平反映了该公司的经营能力和上市时的市值，税后利润的多少直接影响了股票的发行价格。在总股本和市盈率一定的情况下，税后利润越高，发行价格也越高。

(2) 行业前景。

发行公司所处行业的发展前景也影响着公众对该公司发展前景的预期。而且，剔除不可比因素以后，同行业已经上市的公司的股票价格水平能够客观地判断该公司与其他公司的优劣程度。如果该公司的各方面条件都优于已经上市的同行业公司，则其发行价格就可以定高一些，反之则应该定低一些。此外，不同的行业有不同的特点，这也是影响股票发行价格的因素。如高科技产品、新产品的开发行业风险大，但具有较强的盈利能力，其发行价格就应当慎重考虑；公用事业具有垄断性，市场稳定，风险小，可以根据公司的经营状况确定股票的发行价格；工业股投资周期长、产品周期短、产品转换难度大，发行价格应当低一些；商业股资金周转快、项目开发风险小、建设周期短，其发行价格就可以高一些。

(3) 公司潜力。

公司经营的增长率和盈利预测是衡量公司发展潜力的重要指标，关系着股票发行价格。在总股本和税后利润量确定的情况下，公司的发展潜力越大，未来盈利的趋势就越确定，市场能够接受的发行市盈率也越高，该公司股票的发行价格就越高。

(4) 股市供求关系。

不考虑资金的需求量，单从股市的供求关系上考虑，即考虑股票的发行数量。如果本次发行的数量较大，而认购股份的比较少，供大于求，为了保证在销售期内股票能够顺利售出，取得预期的资本，该股票的发行价格应当定低一些；反之，如果发行量小，出现了供不应求时，该股票的价格就可以定高一些。

(5) 股市状态。

股市的状态也是影响股票发行价格的重要因素。如果发行股票时，股市处于“牛市”，价格太低会使发行公司受损，股票发行出现了投机现象，这时就可以将发行价格定高一些；若发行股票时，股市处于“熊市”，价格太高则投资者不认购，使股票销售不出去，这时就应当定低一些，以保证股票的顺利发行、销售。

3. 确定发行价格的方法

(1) 市盈率法。

市盈率法亦称固定价格方式，是指在发行前由发行人和主承销商根据市盈率来确定新股发行价，公式如下：

新股发行价＝每股收益×市盈率

每股收益是衡量公司业绩和股票投资价值的重要指标。其计算公式如下：

$$每股收益=\frac{发行当年预期的税后利润}{加权平均股本数}$$

$$=\frac{发行当年预期的税后利润}{发行前股本总数+本次发行的股本数\times\frac{12-发行月份}{12}}$$

市盈率是股票市价与每股税后利润的比率。发行公司在确定市盈率的时候，应该考虑所在行业的发展前景、同行业在股市中的表现和二级市场供求关系及总体走势等因素，以利于一、二级市场的平衡发展和衔接。随着我国股票发行市场化改革的发展，市盈率将更大程度上由市场来确定。

（2）竞价法。

竞价法是指投资人在规定的时间内，通过证券交易所的交易系统以不低于发行底价①的价格，并按照限购数量进行认购，申请期满后，由交易系统自动将认购价格从高到低地排序，并累计有效地认购数量，累计价格恰好达到或超过本次发行数量的价格就是本次股票的发行价格。这种方法是 20 世纪 40 年代初期在美国盛行起来的。由于在此种方法下机构大户易于操纵发行价格，因此竞价法经试验后即停止使用了。

（3）净资产倍率法。

净资产倍率法亦称资产现值法，是通过资产评估和相关会计手段来确定发行人募股资产的净现值和每股净资产值，再根据市场情况将每股净资产值乘以一定倍率或折扣，从而确定发行价格。这种方法常用于资产现值有重要商业利益的公司或房地产公司的股票发行。

（六）我国股票发行的上报和审批

1. 股票发行的上报

股份有限公司（包括经批准拟设立的股份有限公司）申请公开发行股票，需要向中央企业主管部门或省级人民政府上报有关材料，经批准后向中国证监会报送。其上报的材料有：A 股发行的申请报告；发起人会议或股东大会同意公开发行股票的决议；批准设立股份有限公司的文件；工商行政管理部门颁发的营业执照或筹建登记证明；公司章程或公司章程草案；招股说明书；资金运用的可行性报告，需要国家提供资金或其他条件的固定资产投资项目的，还要提供国家有关部门同意固定资产投资立项的批准文件；经会计师事务所审计的公司成立以来或近 3 年的财务报告和由两名以上注册会计师及其所在事务所签字盖章的审计报告；经两名以上律师及其所在事务所就有关事项签字盖章的法律意见书；经两名以上专业评估人员及其所在机构签字盖章的资产评估报告；经两名以上注册会计师及其所在事务所签字盖章的验资报告；涉及国有资产的，还要提供国有资产管理部门出具的确认文件；国有资产管理部门关于股份有限公司国有股权管理方案的批准文件；省级以上土地管理部门对于土地评估结果的确认文件及股份有限公司占用范围内的国有土地使用权

① 发行底价由发行公司和承销商根据发行公司的经营业绩、盈利预测、项目投资的规模、市盈率、发行市场与股票交易市场上同类股票的价格及影响发行价格其他因素共同研究协商确定。

处置方案的批准文件；股票发行承销方案和承销协议；地方政府或中央企业主管部门要求上报的其他文件。

2. 股票发行的审批程序

我国的股票发行的审批程序分为初审和复审两步。

（1）初审机关是中央企业主管部门或省级地方人民政府。中央企业主管部门或省级地方人民政府应当自申请之日起30个工作日内作出批准或不批准的决定，并要求申请人将发行申请文件报送中国证监会复审。

（2）复审机关是中国证监会。初审得到批准后，申请应当按照法定程序上报中国证监会。中国证监会自收到复审申请之日起20个工作日内，应该作出决定。同意申请人公开发行股票的，应当发出复审批准文件。

3. 股票的发行审批条件

初审机关和复审机关根据我国的法律、行政法规和有关规定审查发行申请人的申请，其审批条件即是股票的发行条件，申请人必须符合法律规定的条件方可得到批准。

三、债券发行市场

（一）债券的发行目的

债券发行是证券发行的重要形式之一，是指发行人以借贷资金为目的，依照法律规定的程序向投资人要约发行代表一定债权和兑付条件的债券。债券的发行者有政府、企业和金融系统。发行主体不同，债券的发行目的也各不相同。

1. 国债的发行目的

（1）弥补财政收支赤字。

在平衡财政预算时，随时可能发生财政的收入和支出不平衡。财政收入大于支出，就形成财政盈余；支出大于收入，就出现了财政赤字。通过发行债券，可以弥补财政赤字，平衡财政收支。

（2）扩大政府的公共投资。

出于宏观经济调控方面的考虑，政府会大规模地增加公共投资，而政府财政收入又有限，为了确保政策的实施，就需要发行国债。

（3）解决临时性资金需求。

由于季节性或其他原因，政府会在某几个月内出现收不抵支，而在其他时间内收入大于支出。为了调剂财政收支短暂的不平衡，解决临时性资金需求，政府就大量发行国债。这种债券期限很短，一般为3个月、6个月或者9个月。

2. 金融债券的发行目的

（1）获得长期资金来源。

金融债券的期限一般都是一年以上，因此金融机构发行债券可以获得长期的资金来源。

（2）提供负债的稳定性。

金融债券和存款不同。存款无论长期还是短期，客户要求取款时，金融机构必须无条件或有条件地支付；而金融债券的债权人无权要求债务人在到期日之前偿还债务，除非债务人要求提前偿付。由此可见，金融债券比存款引起的负债稳定。因此，金融机构可以通过发行金融债券提高负债的稳定性。

（3）扩大资产业务。

由于金融债券是一种主动负债，因此金融机构可以根据自己开展资产业务的需要，灵活地发行金融债券进行融资，改变以前的那种以负债结构和规模来确定资产结构和规模的传统业务特征。

3. 企业（公司）债券的发行目的

（1）扩大资金来源。

公司筹集资金，既可以向银行借款，也可以向社会发行股票。但是，这两种筹资方式都有一定的限制，前者受到银行贷款能力和意愿的限制，后者受到股票发行条件的限制。企业（公司）发行债券则不受这些因素的限制，因此，企业（公司）发行债券可以获得长期债务资金，扩大了资金来源。

（2）降低筹资成本，灵活运用资金。

债券市价波动幅度小，收益比股票稳定，到期可以收回本息，因此投资债券的风险小。债券发行时，其利息一般低于股息，从而大大降低了筹资成本。而且，企业可根据市场发展动态、灵活地确定债券期限的长短，充分、灵活地利用筹集的资金。

（3）维持对企业的控制权。

债券和股票不同，股票持有人对公司拥有投资决策权，而债券持有人只与公司存在债权债务关系，无权参与公司决策。因此，发行公司债券可以有效地维持股东对公司的控制权。

（二）债券的发行条件和程序

1. 债券的发行条件

根据我国《公司法》的规定，国有独资公司、有限责任公司和股份有限公司发行公司债券，必须符合以下条件：股份有限公司的净资产额不低于人民币 3 000 万元，有限责任公司的不低于 6 000 万元；累计债券总额不超过公司净资产额的 40%；最近三年平均可分配利润足以支付公司债券一年的利息；资金投向符合国家产业政策；债券的利率不得超过国务院限定的利率水平；国务院规定的其他条件。此外，发行债券筹集的资金必须用于审批机关批准的用途，不得用于弥补亏损和非生产性支出。

债券发行条件还有债券发行人在以债券形式筹集资金时所考虑到的因素，大致上包括发行金额、发行价格、票面利率、期限、偿还方式、付息方式、收益率、发行费用、税收效应和有无担保。发行人必须提前考虑这些因素，否则会降低发行收入，增大发行成本与筹资成本。

（1）发行金额。

债券发行金额的确定受到发行人所需资金数量、资金市场的供求情况、发行人的偿债能力、信用和知名度、债券种类及该种债券对市场的吸引力等的影响。如果发行额定高了，会影响发行条件，造成销售困难，还会不利于该种债券以后进入流通市场。通常发行额的多少主要由承销商提供建议确定的。

（2）发行价格。

债券的发行价格是债券投资人认购新发行的债券时实际支付的价格。在面值一定时，调整债券的发行价格能够使投资人得到的投资收益率接近市场收益率。

（3）票面利率。

票面利率是指发债人每年向投资人支付的利息占票面金额的比率，其高低直接影响着筹资成本。债券发行人在确定票面利率时，一般考虑债券期限的长短、市场利率水平、债券的信用等级、利息支付方式及证券管理当局对票面利率的管理和指导。一般来说，债券期限长，利率就高；债券信用等级高，利率就低。

（4）期限。

债券的期限是指从发行日起到偿清本息止的时间，它的确定通常要考虑发行人的资金需求性质、发行人对未来市场利率水平的预期、交易市场的发达程度等因素。同时，物价变化情况、债券市场上其他债券的期限构成、投资者心态、储蓄倾向也是债券发行人在确定债券期限时常常考虑的因素。

（5）偿还方式。

债券的偿还方式会直接影响到债券收益的高低、风险的大小。在偿还方式中，通常要规定偿还金额、偿还形式和偿还日期。

（6）付息方式。

发行人选择付息方式时，应当将降低筹资成本和增加债券对投资人的吸引力两个因素结合起来综合考虑。常用的付息方式有一次性付息和分期付息。

（7）收益率。

收益率是投资人在购买债券时考虑的首要因素，确定债券收益率主要考虑利率、期限和购买价格三个方面。

（8）发行费用。

债券发行人支付给有关债券发行中介机构、服务机关的各种费用就是发行费用，包括承销机构的手续费、支付机构的手续费、登记费、印刷费、审计评级费、担保费、广告费、律师费、上市费、利息支付费、本金偿还支付费等。

（9）税收效应。

债券的税收效应是指对债券的收益是否征税，它直接影响着债券的收益率。

（10）有无担保。

有信用等级高的第三者担保或用发行者的财产作抵押担保，有利于增加债券的安全性，减少投资风险。

2. 债券的发行程序

债券的发行必须按照国家的有关法律和法规进行。这里主要介绍公司债券的发行程序，主要有以下步骤：

（1）制定发行文件。

发行文件包括企业的名称、住所、经营范围、法定代表人，企业近三年的生产经营状况和有关业务发展基本情况，财务报告，公司现有资金，筹集资金的用途，发行对象、方式，收益分配状况，债券的种类、期限、利率和还本付息方式等。制定发行文件是发行的首要环节，是债券发行实施阶段的基础。

（2）董事会决议。

公司债券的发行须经公司董事会通过决议，并且由2/3以上董事出席、超过半数的出席董事通过才有效。董事会的决议必须在公司债券发行前形成，其决议内容包括：公司债券的发行总额、券面金额、发行价格、利率、发行日期、偿还方式和日期等。

（3）评定信用等级。

债券的信用评级是指证券评级机构对债券发行人的基本经营状况进行分析评级，如对获利能力、资产价值、收入的安全性和稳定性以及公司的管理水平和公司前景等所作的统计分析，对债券还本付息的安全性适当地分类并用相应的符号代表其等级。

（4）呈报政府主管部门审批。

企业编制好债券发行文件后，提交审批机关申请发行企业债券，报送文件包括发行企业债券的申请书、公司营业执照、公司章程和发行章程、经会计师事务所审计的企业近三年的财务报告以及审批机关要求提供的其他资料。

（5）签订委托代理协议、信托合同。

公开间接发行债券时，发行公司需要与承销机构就承销问题谈判，达成协议，最终通过签订协议确定下来。在发行抵押公司债券时，发行公司必须与受托公司签订信托合同。

（6）备置募书并发出募集公告。

公司发行债券经核准后，应制作认购申请书，载明认购者住所、签名、盖章和认购金额等事项。投资人逐项填写后，认购申请方才成立。同时，公司以公告形式发布发行内容，向社会发出募集公告。

（7）认购人应募交割。

认购人须在规定地时间内缴纳债券价款，发行人向认购人交割债券，完成交割手续。

（8）呈报发行情况。

债券募集完成后，董事会应在15日内向主管部门呈报发行情况。

（三）债券的发行方式

债券的发行是把债券从发行者手里转移到投资人手里的过程。一般来说，其发行有公募发行和私募发行，这是根据发行对象的范围划分的。

1. 公募发行

公募发行是指向不特定的众多投资者公开发行债券。由于债券的发行者不局限于股份有限公司，发行对象也不局限于公司股东和少数特定的第三者，而且公募发行筹集的资金量大，债权分散，发行后上市交易方便，流动性强，所以债券发行通常采用公募发行，目前，世界各国一般都采用这种方式。但是公募发行须具备的条件较高，为了防止发行人虚

报情况、采用欺诈手段，很多国家明文规定在公募发行时，必须向主管机关提交注册申请书，公开公司的内部财务状况并接受证券评级机构的资信评定，有的还要求提供担保，或要求发行者的某些财务指标必须达到规定的标准。

2. 私募发行

私募发行是指以特定的少数投资者为募集对象发行债券。这些少数投资者通常是与证券发行者有某种关系的人，如公司股东或职工、与发行人有业务往来的金融机构或公司。私募发行可以节约时间和费用，可以使财务条件差、不具备公募发行资格的发行人也能利用债券筹资。在私募发行中，投资人数量有限，投资人可以根据特殊需求设定金额和期限。但是，私募发行不利于提高发行人的社会信用度和知名度，必须向投资人提供高于公募发行债券的收益率，而且流动性差，其经营也受少数投资人的干扰。

(四) 债券的发行价格

债券的价格按照债券市场划分，可以分为发行价格和流通价格。债券的发行价格是发行市场的债券价格，即债券投资人认购新发行债券时实际支付的价格。债券的发行价格直接关系到发行成本和投资收益。

1. 债券发行价格的形式

(1) 平价发行。

平价发行亦称面额发行或等额发行，是指以票面金额作为债券的发行价格。由于债券的发行必须按照法定程序办理，从决定发行到实际发行需要一个过程，债券的偿还期限和息票利率都是在申请时决定的，而市场利率是在实际发行时确定的，在申报的过程中市场利率发生了变化，因此在市场经济条件下，平价发行并不多见。只有在金融物价稳定、市场利率平稳、利率预期变化不大时，才采用平价发行。在我国，由于利率相对稳定，而且我国债券市场处于发育阶段，还没有实行市场化发行，所以我国债券多采用平价发行。

(2) 溢价发行。

溢价发行是指以高于票面金额的价格发行债券。一般来说，在下列情况下，多采用溢价发行的方式：1) 市场利率和通货膨胀率即将下降或预期呈下降的趋势；2) 债券的息票利率高于发行时的市场利率。息票利率在市场利率和通货膨胀率下降或呈下降趋势的情况下，就显得偏高。息票利率偏高有利于债券的发行但是增加了发行成本，对筹资者来说是不利的。息票利率确定以后是固定不变的，因此发行人只有通过调整发行价格来调节债券的收益率。溢价发行可以降低发行成本，减少因息票利率过高而造成的筹集者的损失。

(3) 折价发行。

折价发行是指以低于票面金额的价格发行债券。在息票利率低于发行时的市场利率，或市场利率和通货膨胀开始上升或预期上升的情况下，通常采用折价发行。此外，发行者信誉不好或其债券信用等级较低时，一般也采用折价发行，以提高投资者收益，增强债券的吸引力。折价发行的目的在于提高债券的收益率，以弥补息票利率偏低或债券风险给投资人带来的损失。另外，贴现发行也属于折价发行。这种债券在发行时，已经预付了全部利息，以后不再付息，因此其折价幅度比一般折价发行的债券要大，而且其发行价格与息票利率无关，完全取决于市场利率。

2. 影响债券发行价格的因素

一般来说，债券发行价格的确定受债券的息票利率、偿还期限和发行时市场利率等因素的影响。

（1）利率。

利率是影响债券发行价格的重要因素之一，这里的利率包括息票利率和市场利率。由于息票利率决定了债券持有时间的收益，所以它正方向影响着债券发行价格，息票利率越高，债券的发行价格越高；反之，发行价格越低。市场利率则反方向影响债券的发行价格，市场利率越高，债券的发行价格越低；市场利率下降，债券价格就会上升。因为市场利率决定着即期的投资收益。

（2）偿还期限。

偿还期限对债券发行价格的影响，与市场利率和息票利率的高低密切相关。在息票利率低于市场利率的情况下，偿还期限反方向影响债券的发行价格，偿还期限越长，债券的发行价格越低；在息票利率高于市场利率的情况下，偿还期限正方向影响债券的发行价格，偿还期限越长，债券的发行价格越高。在息票利率和偿还期限一定的情况下，债券的发行价格由发行时的市场利率决定。

3. 债券发行价格的确定

发行债券通常是先决定利率和年限，然后根据当时的市场利率水平进行调整，从而确定债券实际的发行价格。发行债券需要经历一个过程，不可能在一天之内完成，债券的票面利率一经确定，在到期之日以前就不能变更，而市场利率是不断发生变化的。为了保护投资者的利益和债券的顺利发行，就必须通过调整债券的发行价格来变动实际的收益水平。由于债券的发行方式有平价发行、溢价发行和折价发行三种不同的方式，因此调整发行价格的计算方法也不一样。

（1）平价发行。

其计算公式如下：

$$发行价格=\frac{票面金额+票面年利息\times 待偿期限}{1+市场年收益率\times 待偿期限}$$

［例4—1］ 某公司拟发行五年期债券，票面面额为100元，票面利率为10%，当时的市场年收益率也为10%，按照上述公式计算可得，其发行价格为100元。

（2）溢价发行。

其计算公式为：

$$溢价发行价格=\frac{票面额+利息}{1+市场利率\times 年限}$$

［例4—2］ 某公司发行一债券，面值1 000元，票面利率5%，期限3年。出售债券时，市场利率下调，均以4%的年利率发行。代入公式计算，该公司调整的发行价格为1 026.79元。

（3）折价发行。

其发行公式与溢价发行的公式相同。

［**例 4—3**］某公司发行一债券，面值 1 000 元，票面利率 4%，期限 5 年。发行债券时，市场利率上升到 5%，套用公式则调整后的发行价格为 960 元。

（五）债券的信用评级

1. 信用评级的基本概念

债券的信用评级是由专门的证券评级机构对拟发行的债券资金使用的合理性和按期偿还债券本息的能力及风险程度所做的综合评价。信用评级机构根据发行者提供的全部资料数据或从其他途径获得第一手资料，并通过调查、预测等手段，运用科学的分析方法，作出客观公正的评价，它不对投资者承担任何法律责任。债券的信用评级活动是债券发行中必不可少的过程。

信用评级制度最初出现在美国人约翰·穆迪写于 1909 年的书中。穆迪使用简单的 A、B、C 符号，将企业所发行的债券分成若干信用等级，供投资者参考。1923 年美国的标准普尔公司也采用相类似的方法进行证券信用评级。自此以后，在债券发行中，信用评级业务就成为必不可少的环节。为了保证证券信用评级的客观性、公正性，信用评级机构必须独立于发行者、应募者和中介机构，或者说，应处于一种较超脱的境地，不受任何大财团公司的操纵控制。由于政府通常也是债券的发行人，所以评级机构还必须独立于政府。现在，许多国家也都设立了专门的评级机构，如英国的艾克斯特尔公司、日本的公司债研究所、日本投资者服务公司等。这些机构配有丰富经验的专业人才，掌握了大量的历史资料，按照科学的方法对公开发行的债券进行评级，并将结果予以公布，供投资者参考。许多国家的证券法并没有明文规定发行者必须取得债券评级才能发行，但是由于没有经过评级的债券在市场上常常不被社会公众投资者接受，很难顺利销售，所以除了信誉很高的国家政府债券以外，在市场上公开发行债券的其他发行人都自愿申请评级。

2. 信用级别的内容

债券信用评级的基本形式是人们专门设计的信用评级符号，其表达符号是将英文符号 A、B、C 有规律地排列，每个符号都有独特的意义。证券市场参与者只需看到这些专用符号就知道其真实含义，而无须另加复杂的解释和说明。美国穆迪投资评级公司和标准普尔公司是目前国际最著名、最具有权威性的信用评级机构，其评出的信用等级历来被认为是权威、公正、客观的。对公司所发行债券的等级评定一般采用两种形式：一是公司直接告知评级机构想要得到的级别，由评级机构对债券的发行量、期限等提出意见和建议，告诉该公司采取资产重组、购并、不良资产剥离等措施，把优良资产和部门单列出来，以保证达到所需的级别；二是评级公司按照正常的程序，通过对发债公司的基本情况、产业结构、财务状况和偿债能力各方面的了解和分析，并实地调查分析结果，实事求是地告知该公司所达到的等级。债券信用级别与发行价格直接相关，级别越高，利率越低。盈利意识重于风险意识的人们一般会投资报酬较高而风险大的低级别债券。

我国债券评级标准是参照国际惯例作法和我国评级实际情况，主要侧重于债券到期还本付息能力和投资者购买债券的投资风险程度而制定的，其级别及表达符号的含义如表 4—1 所示。

表 4—1　　债券级别划分及含义

级别划分	级别次序	级别含义
一等	AAA	极高的还本付息能力，投资者无风险
	AA	很高的还本付息能力，投资者基本无风险
	A	有一定的还本付息能力，采取措施后可能还本付息，投资者风险较低
二等	BBB	还本付息资金来源不足，发债企业对经济形势变化的应变能力差，可能延期付息，有一定的投资风险
	BB	还本付息能力较低，投资风险较大
	B	还本付息能力低，投资风险大
三等	CCC	还本付息能力很低，投资风险极大
	CC	还本付息能力极低，投资风险最大
	C	公司濒临破产，到期没有还本付息的能力，绝对有投资风险

3. 信用评级的指标

要评价一个公司所发行债券的级别，就必须对发行公司的债券条款、资信程度、经营和财务状况以及发行公司所承担的融资风险进行综合评估。一般来说，信用评级的指标体系包括以下四个方面：

（1）产业分析指标。

产业分析指标包括两个方面：一是判断公司的发展前景，其所属行业是朝阳产业还是夕阳产业，是对经济变化敏感的产业还是稳定的产业；二是评价公司在同行业中的竞争能力，分析公司生产经营各个方面，如生产设备利用率、技术开发力、劳动生产率等，在同行业中所处的地位及今后的发展趋势。

（2）财务分析指标。

对公司财务状况的分析，是证券评级机构进行信用评级的最重要的环节，包括以下方面：

1）收益性指标。反映公司收益性的指标有销售利润率、投资盈利率和利息支付能力。

a. 销售利润率。该指标是表示支付使用资本的费用（如折旧费、利息）和缴纳所得税前的收益率，也是一个表现销售价格和生产费用函数的指标。它反映了收益随销售数量的变化而发生的变动情况，其计算公式为：

销售利润率＝销售利润÷销售收入×100％

b. 投资盈利率。它反映了公司资本的运用效率和公司的经营效率，其计算公式为：

投资盈利率＝(净收益＋长期借款利息费用)÷(长期负债＋股东权益)

c. 利息支付能力。它直接反映公司以经营收益来偿付借款利息的能力，其计算公式为：

利息支付能力＝(净收益＋利息费用＋所得税)÷利息费用

2）负债比率。反映公司负债的比率有长期负债比率和负债比率。

a. 长期负债比率。它反映了债权人所提供的长期资本占除去短期负债的全部资本的比率。该比率越高，收益越低，就会造成支付利息的困难。其计算公式为：

长期负债比率＝长期负债÷(长期负债＋股东权益)

b. 负债比率。它反映了债权人投入的资本受到股东权益保障的程度。该比率越高，

资金紧缺时期公司在财务上越缺乏弹性。其计算公式为：

负债比率＝负债总额÷(资产总额－无形资产)

3）财务弹性指标。反映公司偿还债务能力具有的弹性。公司用营业所得的资金偿还债务、解决资金需求的能力越大，公司的财务弹性就越大。其包括资金流动比率、流动比率、速动比率、运营资金比率、应收账款周转率、存货周转率。

a. 资金流动比率。其倒数反映了利用营业所得资金偿还长期债务需要的年数。其计算公式为：

资金流动比率＝(净收益＋固定资产折旧费＋应缴税金)÷长期负债

b. 流动比率。反映公司用短期资产来偿还短期债务的能力。其计算公式为：

流动比率＝流动资产÷流动负债

c. 速动比率。反映公司利用迅速变现的资产来偿还短期债务的能力。其计算公式为：

速动比率＝(流动资产－存货)÷流动负债

d. 运营资金比率。反映资产的流动性及其分布状况。该比率越高，公司偿还长期债务的可能性越大。其计算公式为：

运营资金比率＝运营资金÷长期负债

e应收账款周转率。反映应收账款在一年中转为现金的平均次数。其计算公式为：

应收账款周转率＝销售额÷应收账款余额

f. 存货周转率。反映存货一年的周转次数。其计算公式为：

存货周转率＝销售成本÷存货

4）清算价值。反映当企业处于清算全部资产的局面时，偿付完应付款项和流动负债后，公司还能剩下多少资产偿付其他长期负债。其计算公式为：

清算价值＝净资产－长期负债余额

(3）信托证书分析。

信托证书是指规定债券发行人和债权人权利和义务的文件，其分析包括财务限制条款和债券的优先顺序。

1）财务限制条款。财务限制条款是防止公司财务状况出现恶化的限制条款，如对债务方面的限制、对公司分红的限制、对营运资金的限制、对投资的限制、对提供抵押品的限制、对子公司财务优惠措施的限制、公司主要经营单位处理资产的限制、子公司处理股票及债务的限制。

2）债券的优先顺序。该顺序是指当债务人不履行偿还义务时，法律规定的对债权人清偿权利的优先顺序，有抵押的债券、有金融机构做担保的债券、设有减债基金的债券和劣势地位的债券。

(4）国际风险的分析。

一个国家偿还债务的能力和愿望是由其政治和经济结构状况决定的。政治风险的分析内容包括政治制度、社会情况和国家关系。经济风险的分析内容有分析债务国的外债情况、国际收支状况、汇率制度、经济结构与经济增长以及总的经济实力。

4. 信用评级的程序

(1）债券发行人向证券评级机构提出评级申请，并根据评级机构的要求提供详细的材料。

（2）评级机构组织分析小组，分析人员根据内部所掌握的历史资料进行初审。

（3）评级机构在初审的基础上，提出应进一步了解的问题，并要求发行人提供相关资料，或直接与发行人面谈，然后得出结论，由评级机构的评级委员会讨论并投票决定发行人的信用级别，再通知发行者。

（4）发行人对评级结果无异议的，即将结果公布于众，若有异议，需要提出补充资料，进行重审，然后公布。

5. 信用评级的意义

（1）信用评级的积极作用。

债券的评级结果对债券的发行起着决定性的影响。对于发行人来说，可以借助信用评级指标，向投资者提供自己的资信情况，以吸引更多的投资者，这时就可以按计划筹集所需的资金。对于投资者来说，债券的评级结果可以保护投资者的利益。投资者依据证券评级机构提供的债券信用评级，然后比较各种证券的信用级别及变化情况，根据自己的意愿来选择投资对象。值得注意的是，债券信用评级并不是向债券市场的投资者推荐购买、销售或持有某一种债券，也不是对债券发行的一般评价，而是对发行者的某一特定债券所做的评价。具体而言，债券信用评级的积极作用表现如下：

1）降低筹资成本。信用评级能为发债人提供有关筹资所需要的必要和可靠的信息，帮助其确定恰当的筹资决策。发债人的筹资成本与其资信状况密切相关。一般来说，资信等级越高，说明债券的风险程度越低，发行成本就越低；反之，则发行成本越高。信用级别的评定有助于消除投资者对发债人资信状况不确定性的顾虑，帮助发债人以尽可能方便的方式和尽可能低的成本完成其债券的发行。在一个规范的证券市场，有关法律中规定了发行债券必须经过信用评级，这不但可以提高发行债券的效率，降低成本，而且可以拓宽筹资渠道，稳定融资来源，抑制过度投机，防范和化解投资风险。

2）降低投资风险。信用是市场经济发展的必然产物，其出现必然伴随着风险，因为信用行为的任何一方违背信用责任和义务，就会导致信用关系的瓦解，进而动摇整个市场经济的根基。所以，维持和发展良好的信用关系是保护市场经济规范、有序的重要前提。债券的信用评级就是对发债人的信用行为进行分析和评价，进而提供借贷行为风险程度的信息，以保证借贷行为的可靠性和安全性。由于证券市场上的证券品种繁多，公开的信息专业性强，一般的社会投资者往往无暇仔细查阅，也缺乏专业知识去分析研究，所以特别需要专门机构做出的信用评级结果。此外，银行也需要对企业的贷款偿还能力和信誉程度做出评价，了解其违约的概率。信用机构对债券的评级结果可以使投资者对某一固定收益的投资对象与其他溢价评级的债券相比较，从而排除对某个级别以下的债券投资的考虑，进而降低投资风险。

3）有利于规范交易和管理。信用评级制度的实施提高了证券市场交易的透明度，加快了审核进度，具有可操作性。一个权威、独立的评级制度可以起到把关、过虑、调节和标签的作用，而且能够澄清各种谣传和猜测，给市场带来自律和规范。当然，对于我国这样一个发展不成熟的证券市场，信用评级制度能够真正取得上述效果，仍然需要一个漫长的过程。

（2）信用评级的局限。

由于信用评级的判断未必完全准确，所以其本身具有局限性，具体表现如下：

1）信用评级的自身风险。我国的信用评级工作时间短，评级机构经验及权威性不足，这些都会给投资者带来一定的投资风险：一是信用评级体系缺乏权威性。我国目前已经拥有很多家评级机构，但是还没有享有权威性的评级机构。我国大多数金融机构和上市公司信用级别缺乏权威性，增加了我国投资者面对的风险。二是评级机构缺乏独立性。我国的信用评级机构大都出自金融机构，或者由金融机构转变而成，其人员、资金、管理等方面与原部门有各种各样的关系，这些关系都不可避免地影响着信用评级机构的独立性、公正性、权威性和科学性，从而使证券评级有高估的倾向。三是信用评级功能尚未充分发挥。债券发行的信用评级往往和利率密切相关，不同的利率水平是债券盈利和风险的指标。但是，在我国债券的发行都是统一的利率水平，哪一档年限的债券对应哪一档利率，其信用级别的作用基本无法体现。信用级别不直接影响发行价格和发行成本，信用级别高和信用级别低的企业只要获得批准，就可以同一利率募集资金。这种发债模式模糊了人们的投资风险意识，增加了投资者的投资风险。

2）信用评级资料的局限性。由于信用评级机构分析评级所依据的主要是公司前五年或者前十年的经济资料，包括公司财务报表、经营效益情况等，这些历年的资料数据只能反映公司过去的经营业绩，尽管这对判断公司今后发债趋势大有裨益。但是这种裨益随着市场行业竞争的加剧、国家宏观政策调控力度的加大而减弱。因此，信用评级的科学性和预见性存在着局限性。目前，我国的信用评级所依据的资料是以前的，是静止不变的，而信用评级本身是动态变化的，这样就决定了信用评级的滞后性。投资者应该在实践中随时补充新资料，不断修正，才能得出较为客观、科学的结论，避免信用评级局限性的影响，从而起到防范和化解风险的作用。

四、证券投资基金的发行市场

证券投资基金是一种利益共享、风险共担的集合证券方式。通过发行基金证券，将投资人的资金集中起来交给专家管理，以资产的保值增值为目的，从事股票、债券等金融工具的投资，投资者按照投资比例分担风险、分享收益。

（一）证券投资基金的设立条件

1. 投资基金发起人的条件

基金发起人是设立基金的主要当事人，在基金设立阶段决定了基金未来的许多事项。在基金申请设立前，其要对基金进行可行性研究；在申请设立阶段，其须制定关系到基金未来运作的公司章程和信托契约、托管协议、管理协议等文件，并要选择基金管理人和托管人。同时，基金发起人是最主要的基金持有人和受益人，是其他分散基金持有人的利益代理人，在募集资金时一般须认购一定的基金份额且不低于一定的比例。此外，基金发起人的资产规模、代理能力、研究水平等关系着基金募集工作和基金未来的运作，影响着基金投资者的利益。为了保护广大投资者的利益，政府对基金发起人的条件做了严格的规定，必须符合以下条件：

（1）主要发起人为按照国家规定设立的证券公司、信托公司、基金管理公司；

（2）主要发起人有3年以上从事证券投资的经验和连续盈利的记录，每个发起人的实收资本不少于3亿元人民币；

（3）有健全的组织机构、管理制度，财务状况良好；

（4）基金管理人、基金托管人有符合要求的营业场所、安全防范设施和与业务有关的其他措施；

（5）主管机关规定的其他条件。

2. 投资基金托管人的条件

投资基金托管人一般由兼营信托业务的金融机构来担任。根据《中华人民共和国证券投资基金法》（以下简称《证券投资基金法》），基金托管人由依法设立并取得基金托管资格的商业银行担任。基金托管人的工作主要是监督基金管理人，因此他必须独立于基金管理人机构。此外，基金托管人必须具备妥善保管信托资产，按照指示分配、处分基金资产，监督基金管理人的投资行为等方面的能力。依据该法第二十六条，申请取得基金托管资格的，应当具备下列条件，并经国务院证券监督管理机构和国务院银行业监督管理机构核准：

（1）净资产和资本充足率符合有关规定；

（2）设有专门的基金托管部门；

（3）取得基金从业资格的专职人员达到法定人数；

（4）有安全保管基金财产的条件；

（5）有安全高效的清算、交割系统；

（6）有符合要求的营业场所、安全防范设施和与基金托管业务有关的其他设施；

（7）有完善的内部稽核监控制度和风险控制制度；

（8）法律、行政法规规定的和经国务院批准的国务院证券监督管理机构、国务院银行业监督管理机构规定的其他条件。

3. 投资基金管理人的条件

基金管理人是基金的代理投资者，对投资者所投入的资金负有经营、管理的职责，而且必须按照合同或契约的要求确定资金投向，实现基金资产的保值增值，保证投资者的资金安全和收益最大化，因此，其必须具备专门的业务知识和丰富的投资经验。由于证券投资基金是一种投资制度，它从广大的投资者那里聚集巨额资金，交给专家（基金管理人）管理和经营。所以在这种制度下，资金的运作受到多重监督，即基金管理人必须接受基金投资者对基金资产情况的监督。基金管理人应当确立科学的资产净值评估标准，设置齐全的财务报表和会计账目，能及时、充分、准确地向基金投资者进行信息披露，从而方便基金投资者对基金的市场价值作出准确的判断，保障投资者权益。此外，基金管理人与基金公司或基金托管人之间必须确立明确的信托关系，在行政上和财务上相互独立，形成相互关系、相互制约的机制，这样才可以保障基金投资者的权益。未经批准，任何自然人和法人不得从事基金的管理业务和行使基金管理人职能，只有满足条件的基金管理人才能接受基金委托，从事基金管理业务。

根据《证券投资基金法》第十二条，基金管理人由依法设立的基金管理公司担任。担任基金管理人，应当经国务院证券监督管理机构核准。根据该法第十三条，设立基金管理公司，应当具备下列条件，并经国务院证券监督管理机构批准：

（1）有符合本法和《公司法》规定的章程；

（2）注册资本不低于1亿元人民币，且必须为实缴货币资本；

（3）主要股东具有从事证券经营、证券投资咨询、信托资产管理或者其他金融资产管理的较好的经营业绩和良好的社会信誉，最近三年没有违法记录，注册资本不低于3亿元人民币；

（4）取得基金从业资格的人员达到法定人数；

（5）有符合要求的营业场所、安全防范设施和与基金管理业务有关的其他设施；

（6）有完善的内部稽核监控制度和风险控制制度；

（7）法律、行政法规规定的和经国务院批准的国务院证券监督管理机构规定的其他条件。

符合上述条件的基金管理公司的发起人在申请设立基金管理公司时必须提交以下文件：申请报告、发起人名单及资格证明文件、管理公司章程、主要负责人和业务主管的信息资料以及其他要求提供的文件。

（二）证券投资基金的设立程序

中国证监会是证券投资基金的主管机关，负责审批工作。为了保障投资者利益，政府对基金发起人的资格进行了严格的规定。投资基金的设立程序有以下几个环节：

1. 申请前的准备工作

基金发起人在设立投资基金之前，应当组织专门的调查研究，弄清将要设立的基金是否符合国家的产业政策、基金运营是否可行等基本问题。在此调查研究的基础上，基金发起人就可以开始着手设计基金的总体方案。拟订基金总体方案后请有关方面的专家学者进行论证，广泛征求他们的意见，再根据各方面的意见对该总体方案进行适当的补充和修改。最后，基金发起人根据总体方案起草各种基金设立文件。

2. 设立基金主要文件的提交

证券基金有契约型和公司型两种基本类型。契约型投资基金也称信托型投资基金，是基金发起人通过订立信托契约形式发起基金；公司型投资基金是基金发起人通过组建基金公司的形式发起基金。我国只允许设立契约型投资基金。根据《证券投资基金法》第三十六条，基金管理人依照本法发售基金份额、募集基金，应当向国务院证券监督管理机构提交下列文件，并经国务院证券监督管理机构核准：申请报告；基金合同草案；基金托管协议草案；招募说明书草案；基金管理人和基金托管人的资格证明文件；经会计师事务所审计的基金管理人和基金托管人最近三年或者成立以来的财务会计报告；律师事务所出具的法律意见书；国务院证券监督管理机构规定提交的其他文件。

3. 申请的审核与批准

基金申请人将准备好的申请文件提交中国证监会，中国证监会对收到的资料进行登记，审核材料是否齐备，并决定是否受理；受理后，由审核人员根据《证券投资基金法》及其他有关规定对材料进行预审，形成预审意见，反馈给申请人；在申请人提交修改后的申请材料之后，对材料进行复审，形成审核意见。符合条件要求的，中国证监会批准其设立。

基金发起人的设立申请获得批准后，就开始募集工作。封闭式基金的募集期限为自该基金批准之日起六个月。募集没有结束，基金管理人不得动用已经募集的资金进行投资。基金募集期限届满，封闭式基金募集的资金超过其核准规模的80%时，开放式基金的超过核准的最低募集份额总额，并且基金份额持有人人数符合国务院证券监督管理机构规定的，基金管理人应当自募集期限届满之日起十日内聘请法定验资机构验资，自收到验资报告之日起十日内，向国务院证券监督管理机构提交验资报告，办理基金备案手续，并予以公告；否则，基金不能成立。不能成立的基金的募集费用由基金发起人承担，所募集的资金加计银行活期存款利息在30天内退还基金认购人。

（三）证券投资基金的发行方式和价格

1. 发行方式

按照发行涉及人数的多寡分为公募发行和私募发行；按照在基金发行人与基金投资人之间有无中间人分为自行发行和代理发行。

（1）公募发行和私募发行。

所谓公募发行是指发行人通过承销集团和销售集团将基金受益凭证分散地卖给非特定的投资者。私募发行是指发行人直接把所发行的基金受益凭证卖给特定的投资者。公募发行的发行面较广，购买者比较普遍，受益凭证容易为投资者了解、熟悉，再次发行时也容易被投资者接受；但是其手续烦琐、时间长、费用高。私募发行的买方大多数是机构投资者，每年的买卖数额较大。采用私募发行无需经主管部门批准，节约时间，而且不用支付承购包销的费用；但是其发行面窄，受益凭证不得向公众出售，只能卖给少数大机构。

（2）自行发行和代理发行。

自行发行是指发行人将基金单位直接销售给投资者。所谓代理发行是指发行人通过承销结构将基金单位销售给社会投资者。

现行的基金发行中，主要有以下四种形式：

（1）直接销售方式。

直接销售方式是指发行人将基金单位直接面向投资者销售，是最简单的一种发行方式。在这种方式中，投资基金按照净资产价值出售，出价和报价相同，即所谓的不收费基金。

（2）包销方式。

包销方式是指投资基金的大部分股份通过经纪人包销然后销售给投资者。在这种方式中，经纪人按照净资产的价值购买投资基金，然后以公开销售价格卖给投资人，以赚取差价。

（3）集团销售方式。

集团销售方式是指部分包销人组成一个或数个销售集团，每个销售集团又由一定数量

的经纪人组成，各个经纪人分别代理包销人销售投资基金的一部分，包销人则支付给经纪人一定数额的销售费用。

（4）计划公司销售方式。

这种方式是集团销售方式的进一步深化，适合于将一定比例的基金采用分期付款的方式销售。在这种方式中，包销人和投资者之间多了另一个当事人，即计划公司。计划公司一方面与投资者订立延期付款销售合同，另一方面与包销人订立销售协议。计划公司实际充当着销售经理人或延期付款销售合同协调人的角色，一旦收到某投资者一定比率的款项，就会向包销人认购相当数量的投资基金，并向该投资者提供一笔贷款，存放于投资者在计划公司开立的账户上，以确保该投资者有能力按照合同购买其余的投资基金。

2. 发行价格

基金的发行价格是指基金发起人初次发行基金单位时所确定的价格。基金的发行价格是根据每基金单位净资产值及其变动来确定的，一般由基金面值和基金的发行费用两部分组成。

封闭式基金的发行价格有平价、溢价和折价三种。基金的平价发行是指基金按照面值加一定比例的手续费发行。溢价发行是指基金按照高于基金面额所代表的净资产值的价格发行，形成溢价收入。折价发行是指基金低于基金面额所代表的净资产值的价格发行。平价发行的手续费一般为2%～5%，不计入基金资产。溢价的全部或部分金额须转入基金公司的法定准备金，待以后基金管理公司经营良好时转入基金持有人的资本权益账户中。折价发行是一些基金管理人为了开拓新市场所常常采用的一种方式。在我国，封闭式基金的发行价格采用平价发行，不允许溢价和折价发行。

开放式基金的发行价格是由基金的净资产值确定的，通常是基金面额加一定比例的首次认购费，首次认购费一般为3%～7%。

第二节　证券交易市场

一、证券交易市场概述

证券交易市场又称证券流通市场，它是现有证券买卖的市场，主要由证券交易所和场外交易市场所组成。证券交易所是证券交易市场的核心，新发行的证券要进入证券交易所必须经过证券上市这一环节。要保证上市证券的质量，必须对上市证券的条件及程序做出严格的规定。场外交易市场则是在证券交易所外进行证券买卖的市场。

（一）证券交易市场的原则

根据《证券法》第三条至第六条，证券的发行、交易活动必须实行公开、公平、公正的原则。证券发行、交易活动的当事人具有平等的法律地位，应当遵守自愿、有偿、诚实信用的原则。证券的发行、交易活动必须遵守法律、行政法规；禁止欺诈、内幕交易和操纵证券市场的行为。

（二）证券交易市场的种类

证券交易市场规模庞大，类型复杂多样，根据不同的分类依据，可以把它分成不同的类别。

1. 按交易场所划分

从交易场所来划分，证券交易市场可分为场内交易市场和场外交易市场，或者称集中交易市场和分散交易市场。

集中交易市场即场内交易市场，有固定的交易场所，按规定的程序和制度进行报价、交易、交割结算的高度制度化的市场。证券交易所是最典型的集中交易市场。

分散交易市场即场外交易市场，是在证券交易所外进行证券买卖的市场，是一个分散的无形市场，没有固定、集中的交易场所，而是由许多各自独立的证券公司分别进行交易，最早又被称为"店头市场"或"柜台市场"。场外交易市场主要有三种：柜台交易市场（店头交易市场）、第三市场、第四市场。关于场外交易市场的内容，本节第三部分会有详细介绍，这里不再赘述。

2. 按交易对象种类划分

从交易对象种类划分，证券交易市场可分为股票交易市场和债券交易市场。在所有的证券交易市场中，股票交易市场最为活跃，但是它的波动比较剧烈和频繁，风险较大。相对而言，债券交易市场的波动较为平缓，风险较小。

（三）证券交易市场的特点

1. 证券交易市场参与者的广泛性

在二级市场上，作为参与者的投资者是不计其数的。其构成主要有：政府部门、商业银行、证券公司、信托公司、投资公司、财务公司和广大普通公民。要成为发行主体，必须经过资格审查，而投资者无须通过资格审查（法律限制的除外）就可参与交易市场活动，当然也有一个条件即应拥有达到交易市场的最低限额。发行者也可依法在交易市场上购回自己发行的证券，成为投资者的一部分。

2. 价格的不确定性

交易市场证券交易价格不像发行市场的证券发行价格是按事先确定的价格发行。交易市场证券交易价格不能确定的原因有两个：一是市场开盘价仅是一种参考，交易价格往往围绕它上下波动；二是卖出证券者一方或买进证券者一方的买卖意愿，是由多种因素决定的。多重因素的影响，使二级市场证券价格起伏频繁。

3. 交易的连续性

证券的流通性在证券交易市场得到充分的体现。这表现在以下两个方面：一是证券在流通市场的买卖或转让的交易，不一定必须是证券与钱款互相交换了持有者才算达成交

易，若要求做到这一点，那就是现货交易。但是，目前证券交易市场存在大量的证券期货交易和证券期权交易。二是证券交易在时间上的连续性。目前世界证券交易市场已形成一个24小时都可连续进行交易业务的市场。从国际日期变更线看，最早开市的是东京证券交易市场，接着是香港证券交易市场、新加坡证券交易市场，再接着是苏黎世证券交易市场、法兰克福证券交易市场、巴黎证券交易市场和伦敦证券交易市场，最后是美国证券交易市场。它们在时间上与地域上连成一条线，形成一市场的闭市连着另一市场的开市，使上一市场的开盘价、收盘价和其他交易行情成为下一市场交易的重要依据。

4. 交易的投机性

证券交易市场的交易之所以带有投机性，也是由证券价格引起的。证券交易市场的商品，同其他商品一样存在买卖价格的差额。因而证券交易市场只要有交易就有差价，有差价就会有投机产生，特别是交易的不即时交割，更给证券交易的投机创造条件。另外，对证券交易价格涨落的预期，也使证券交易的投机增加了可能。

在证券交易市场上进行投机的有两类人：一类是专门进行投机交易的人，靠买空卖空进行交易，获取成交价与交割时点的差价利润；另一类是主要进行投资交易的人，他们在进行投资的同时，受追求利润或其他心理动机的驱使而进行投机业务，保护自己的利益或使自己获得的利润更大一些。证券交易市场的投机是不可避免的，但不可放任自流，国家要依法进行管理，防止投机过分，冲击交易市场的正常交易。

（四）证券交易市场的功能

1. 流动性

二级市场的基本功能是为在一级市场上发行的证券提供流动性，使一级市场的功能得以维持。如果没有交易市场，证券就不能流通和转让，那它对投资者的吸引力就会降低，发行主体就难以募集到所需要的资金。

2. 资金期限转化

资本市场的特点是提供长期资金，在市场上发行证券以募集资金的发行者往往需要长期占用资金，而购买证券的人却不希望其资金被长期占用。二级市场使证券的变现成为可能，既满足了投资者资金不被长期占用的意愿，又降低了投资风险，从而促进了短期闲散资金转化为长期建设资金。

3. 维持证券的合理价格

证券交易市场为证券买卖双方提供各种服务，是交易双方在同一市场公开竞价，直到双方都得到满意的价格才成交，从而能够保证买卖双方的利益。正是由于二级市场为买卖双方的竞价提供了场所和条件，所以证券价格才得以合理实现。

4. 资金的导向

交易市场上证券的供求情况决定证券价格的变化，供大于求时，价格必然下跌，因此减少一级市场上的证券发行量；反之，供小于求时，价格上升，一级市场就会增加证券发行量。通过这种调节，使社会资金供求趋于平衡。同时，交易市场上公布的证券交易行情，使投资者能及时了解发行者的经营状况和获利能力，使他们做出合理的投资决策，使资金向最需要、使用效率最高的方向流动，提高投资资金的使用效率。

5. 反映宏观经济

交易市场上的价格指数是反映整个国家经济动态的“晴雨表”，某类或某种证券价格的变动同样反映行业或企业的变化情况。国家由此通过相应的措施，调控整个国家的宏观经济。

二、证券交易所

（一）证券交易所概述

证券交易所是依据国家有关法律，经政府证券主管部门批准设立的证券集中竞价交易的有形市场。证券交易所的产生与发展促进了证券交易公开、公平、公正进行。①

1. 证券交易所的特点与功能

（1）证券交易所的特点。

1）公平性。

在证券交易所中，买卖双方一般都不直接参与交易，主要是通过证券交易所的经纪人代理买卖。但证券交易所本身既不持有证券，也不参与证券买卖，更不能决定证券的价格。交易所中的证券买卖价格是由经纪人根据委托人限定的价格范围通过激烈竞争而形成的，交易所只为证券买卖双方成交创造条件，提供服务，并对双方进行监督。

2）公开性。

证券交易所是证券买卖完全公开的市场。为便于投资者作出投资选择和证券持有者对证券转移作出决定，以及参与买卖的交易者随时掌握行情，证券交易所要求所有申请上市的发行者必须定期真实公布其经营情况和财务状况，并符合上市标准，才允许在交易所内挂牌，进行公开买卖。同时，交易所定期公布各种证券的行情表和统计表，随时公布股票的有关指数，为投资者进行投资提供公开的信息，便利证券买卖和投资选择。

3）组织性。

证券交易所必须按照有关法令，经政府特许才能成立。它有严密的组织性，有专门的立法、规章制度及操作程序，并且对上市证券的标准及审批、进场交易的人员、成交单位、成交价格、成交后的结算都有严格的规定。

（2）证券交易所的功能。

1）提供连续的证券交易场所。

证券交易所将证券交易集中到固定的场所、固定的时间内进行，形成了一个连续交易

① 证券交易所的产生可上溯到17世纪，1611年人们在荷兰的阿姆斯特丹交易海外贸易公司的股票，成为股票交易所的雏形。

的市场。连续的交易市场不仅指交易时间的连续，而且指交易价格变动的连续。证券交易所的交易量大、执行迅速、交易频率相当高，因而买进与卖出之间的差价小，前后交易的价格变动幅度很小，也就是说，价格变动呈连续性。这种市场使得投资者能够立即买进或者抛售证券，而且成交的价格与现行的市场价格相差无几。换句话说，提供证券高度的流动性是证券交易所的最主要的功能。有了这样一个连续性的交易市场，就能解除投资者购买长期证券的顾虑。

2）形成证券的合理价格。

交易所内的证券交易价格是在充分竞争的条件下，由买卖双方公开竞价形成的，这一价格综合了市场上众多投资者对证券价值的评价，能充分反映供求关系，也能体现证券的真实投资价值，是市场产生的均衡价格。

3）集中社会资金参与投资。

随着交易所上市股票日趋增多，成交数量日益增大，可以将资金吸引到股票投资上来，为公司发展提供所需资金。

4）引导投资的合理流向。

交易所为资金的自由流动提供了方便，并通过每天公布的行情和上市公司的信息，反映证券发行公司的获利能力与发展情况。那些财务状况良好、发展潜力大的公司，在交易所市场上价格稳定、成交量大、受投资者欢迎，再次发行增筹资金也较为容易。交易所市场就是利用价格机制发挥资金流动指挥棒的作用，从而促使资金向高效率的方向流动。

5）反映国民经济运行状况。

证券价格的变动受企业的利润前景等多种因素的影响，而交易行情的好坏又从侧面反映了这些因素的变化。由于股价循环一般先于商业循环而发生，所以证券价格往往被视为经济周期变化的先兆，成为社会经济活动的“晴雨表”。通过证券价格的变动，可以在一定程度上反映企业或行业的经济动态以及整个国民经济的发展状况。

2. 证券交易所的组织形式

（1）公司制的证券交易所。

公司制的证券交易所是以股份有限公司形式成立的并以盈利为目的的法人团体。其股东可以是商业银行、证券公司、投资信托公司以及各类民营企业。

1）公司制证券交易所的特点。

a. 公司制证券交易所是以盈利为目的的公司法人，是独立的经济实体。交易所本身不参加证券交易，只是为证券商提供集中交易证券的场所、设施和服务，保证证券交易的顺利进行。

b. 只有经注册的证券商才能进入证券交易大厅直接参加证券买卖。证券商要与证券交易所签订合同，并交纳营业保证金。

c. 公司制证券交易所的最高权力机构是股东大会。股东大会的常设机构是董事会，董事会是交易所日常的最高决策机关，它由股东大会选举产生。董事会聘请总经理和副总经理负责交易所的日常管理。此外，还设立监事会，负责监督董事和经理。监事会也由股东大会选举产生。

d. 公司制证券交易所有权向证券发行公司收取证券上市费，并向证券商收取证券成交费等其他费用。

2）公司制证券交易所的优点。

a. 交易所的经营者自身不直接参与证券买卖，从而保证了证券交易的公平与公正。

b. 易于取得社会信任。按照有关规定，公司制证券交易所要对交易所内的证券交易负有担保责任。交易所对买卖证券双方，如有违约而使一方受损时，有负责赔偿损失的责任，而且交易所必须向中央银行或国库交存营业保证金，这两项规定使交易所容易获得社会公众的信任，从而促进证券交易所的发展。

c. 配合政府的经济政策、金融政策，便于国家宏观管理。

3）公司制证券交易所的缺点。

a. 交易所是营利性质的公司组织，为了赚取更多利润，可能会提高费用，从而增加证券交易成本，降低交易所对公众的吸引力，或扩大会员人数，可能助长过分的投机交易。

b. 交易所承担的风险较大。因为交易所要承担买卖双方违约而遭受损害的赔偿责任，一旦无法追回该款项时，公司将遭受损失。

c. 交易所担负的开支费用较大。除了一些营业开支外，它还要交营业保证金，并且要担负利息上的损失。因此，公司制的证券交易所可能会因经营管理不善而破产，这将给证券市场造成巨大冲击，从而危及整个经济市场。

（2）会员制的证券交易所。

会员制证券交易所是指由会员自愿组成的不以盈利为目的的社会法人团体，主要由证券公司、投资银行等组成。目前，世界上大多数国家的证券交易所均实行会员制，它已成为证券交易所的一种较为普遍的组织形式。我国的上海、深圳证券交易所均为会员制事业法人。

会员制证券交易所的最高权力机构是会员大会，决定交易所的基本经营方针。理事会为执行机构。理事会聘请经理人员负责日常事务。

会员制的证券交易所作为非营利性的事业法人，证券交易所不向证券交易各方收取佣金。为了维持证券交易所的日常营业，证券交易所只向会员收取会费。只有经营证券业务的中介机构，如证券公司、投资银行等证券商才有资格成为证券交易所的会员，因而在会员制的组织形式下，证券公司兼有证券商和交易所会员两种身份。

1）会员制证券交易所的优点。

a. 不以盈利为目的，收取的交易费用较低，有利于交易的活跃。

b. 会员制证券交易所强调自律性原则的管理方式。所谓“自律”，是指证券交易所通过自行确定规则的方式实现对证券交易所的管理，政府和立法机关多不加干预。在证券交易上所受的一切损失，均由买卖双方自行负责，因此会员对证券市场必须有高度责任感，要严格约束自己和相互约束，不许有违法或越轨行为。

c. 会员制证券交易所由会员组成，会员主要有经纪人会员、自营商会员和专业股票商会员组成。只有会员才能进入证券交易大厅直接参加证券交易活动。只限于本所会员入场交易，便于管理，防止经纪人居奇垄断、操纵把持。

2）会员制证券交易所的缺点。

买卖双方自负交易上的一切责任，没有任何的交易担保，因而投资者的利益得不到保障，风险较大。

（二）证券上市

证券上市是指证券发行人经批准后将其证券在交易所挂牌交易。某种有价证券一旦获准在交易所上市或挂牌买卖，就是上市证券或挂牌证券，该种有价证券的发行公司就是上市公司。

证券上市是连接证券发行市场和证券交易所的中间环节。在证券发行市场上，发行证券的种类多种多样；在证券交易市场上，证券既可在证券交易所流通，也可在店头市场等场外交易市场流通。证券上市就是确定哪些有价证券可以进入证券交易所并公开挂牌买卖，它把证券发行市场和证券交易所联系在一起。

1. 证券上市条件

证券上市条件也称证券上市标准，是指由证券交易所对申请上市公司所规定的条件和要求。某种证券在符合证券交易所规定的上市条件时，才能获准上市。在证券交易和证券交易所产生和发展的过程中，证券交易所在不同时期规定的证券上市条件不完全相同，但它们始终都是证券交易所在协调上市公司和证券投资者相互关系的过程中逐步发展起来的。从发展历史看，证券上市条件或标准在不断提高。

证券上市的条件一般包括以下内容：

（1）上市公司资本额的规定。

公司资本有注册资本、实缴资本、实有资本等多种含义。在证券上市条件中，公司资本一般是指公司的实有资本或有形净资本。各国证券法和证券交易所都规定公司资本额的最低数额，不足最低资本数额的公司将不被接受上市。

（2）上市公司的盈利能力。

盈利能力是指公司申请证券上市前若干年的公司税前利润。公司盈利能力的高低往往标志着公司证券上市后的交易活跃程度，也意味着证券投资者收益的高低。各国证券交易所一般都要求申请证券上市的公司需连续三年盈利。

（3）上市公司的资本结构。

资本结构主要指自有资本和借入资本的构成和比例。各国证券交易所一般会对资产规模和负债率作出规定。

（4）上市公司的偿债能力。

偿债能力是反映公司经济实力和发展前途的综合指标。偿债能力的高低直接关系到证券交易所的活跃程度及债权人、股东的利益。

（5）上市公司的股权分散状况。

股权分散状况为持有公司证券的人数和社会公众持有公司证券的总额。公司股权分散必须达到一定比例或数值，这对于保证证券特别是股票有足够的流动性，避免持有人直接影响或操纵股票交易价格，有着十分重要的作用。

（6）上市公司已开业时间。

开业时间是上市公司获准成立的时间。刚成立的公司往往将主要精力放到如何开展业务方面，其证券市值、盈利能力、偿债能力都无法充分表现出来。为了保证证券投资者的利益，促进公司健康发展，各国交易所都要求申请上市的公司必须有一定的经营时间。

根据我国《证券法》第五十条的规定，股份有限公司申请股票上市必须符合下列条件：股票经国务院证券监督管理机构核准已公开发行；公司股本总额不少于人民币三千万元；公开发行的股份达到公司股份总数的百分之二十五以上；公司股本总额超过人民币四亿元的，公开发行股份的比例为百分之十以上；公司最近三年无重大违法行为，财务会计报告无虚假记载。证券交易所可以规定高于前款规定的上市条件，并报国务院证券监督管理机构批准。

根据《证券法》第五十七条，公司申请公司债券上市交易，应当符合下列条件：公司债券的期限为一年以上；公司债券实际发行额不少于人民币五千万元；公司申请债券上市时仍符合法定的公司债券发行条件。

2. 证券上市程序

证券上市程序由各国证券法或者证券交易法作出基本规定，同时由各国证券交易所视具体情况加以补充规定。但是，证券交易所的补充规定不得与法律的强制规定相抵触。证券交易所应按照证券上市程序办理证券上市。

（1）证券上市申请的提出。

证券发行公司申请证券上市的应当以书面申请方式呈报证交所。呈报文件除书面申请外，还应同时提供法律规定的其他书面文件，作为证券上市申请书的附件。

（2）证券上市申请的审查。

证交所在接到证券发行公司的证券上市申请书及其附件后，应当依据证券上市审查准则的规定，确认文件的完整性及真实性，并在一定期限内作出是否准予上市的决定。

（3）证券上市合同的订立和核准。

在证券上市申请审查合格后，证交所应当与获准上市的证券发行公司订立证券上市合同。证券上市合同包括以下内容：1）证券发行公司将在规定时间内将经注册会计师签证的营业报告书、资产负债表和损益表等财务文件提供给证交所。2）证券发行公司应将公司分派股票红利、认股权分派以及其他影响股东权益的决定立即通知证交所。3）证券发行公司应当在因股息红利而停止办理过户的规定日期立即通知证交所。4）证券发行公司保证尽快或按时向证交所报告有关资本变化、业务变化、高级职员变换、财务往来等特殊情况、重大灾害和涉及诉讼的情况。5）证券发行公司主要持股人、董事、监事的持股及变化情况应及时报告证交所。

3. 证券上市的暂停和终止

（1）证券上市的暂停。

证券上市的暂停是指上市证券在遇到特殊情况下被暂时取消上市资格。证券的上市分为自动暂停上市和通知暂停上市两种。自动暂停上市通常只适用于上市公司增发证券或发放股息红利期间。通知暂停上市是由于上市证券出现某些原因而不宜继续上市时，由证交所提出或上市公司申请并经过证券主管机关批准后的上市资格的暂时取消。

我国《证券法》第五十五条规定，上市公司有下列情形之一的，由国务院证券管理部

门决定暂停其股票上市：1）公司股本总额、股权分布等变化不再具备上市条件；2）公司不按规定公开其财务状况，或者对财务会计报告作虚假记载，可能误导投资者；3）公司有重大违法行为；4）公司最近3年内连续亏损；5）证券交易所上市规则规定的其他情形。

（2）证券上市的终止。

证券上市的终止也称“停牌”，是指上市公司被取消上市资格。根据我国《证券法》第五十六条，上市公司有下列情形之一的，由证券交易所决定终止其股票上市交易：1）公司股本总额、股权分布等发生变化不再具备上市条件，在证券交易所规定的期限内仍不能达到上市条件；2）公司不按照规定公开其财务状况，或者对财务会计报告作虚假记载，且拒绝纠正；3）公司最近三年连续亏损，在其后一个年度内未能恢复盈利；4）公司解散或者被宣告破产；5）证券交易所上市规则规定的其他情形。

三、场外交易市场

（一）场外交易市场概述

1. 场外交易市场的概念

证券场外交易市场也称柜台交易市场或店头交易市场，是证券交易所以外的证券交易市场的总称。在场外交易市场，证券经纪人或证券商通过证券交易所，将未上市的证券或已上市的证券直接同顾客进行买卖。证券场外交易市场是一个分散的无形市场，没有固定的、集中的交易场所，而是由许多各自独立的证券公司分别进行交易，最早又被称为“店头市场”或“柜台市场”。

随着信息技术的发展，许多场外市场并不直接在证券公司柜台前进行，而是由客户与证券公司通过电话等通讯技术洽谈、交易。在原有的“柜台市场”的基础上，第三市场、第四市场等场外交易市场形式也不断出现、发展。

2. 场外交易市场的特点

（1）分散性。

场外交易是各种证券商的店头交易，而证券商又分散于全国许多地区或一个城市的许多不同地域，且场外交易市场又是在证券商之间进行的，所以它具有分散性。场外交易市场没有像证券交易所那样设立中央市场，但它实际上遍布于各地，通过电信、邮政系统等连接起来。

（2）无形性。

场外交易业务的大部分是通过证券商之间的电信联系进行的；通过营业厅的柜台直接与客户交易只是其中一小部分。所以，就整个交易市场而言，相对于证券交易所来说，场外交易是无形的。

（3）开放性。

与证券交易所只有会员才能进入场内交易不同，场外交易市场是任何投资者都能进入的开放式市场。投资者可委托中介机构进行买卖，也可以自己直接进行买卖。证券交易所交易的证券必须是经过批准登记的证券，交易所每年对这些证券进行评定，未批准上市的证券不得在证券交易所内交易。大部分柜台交易的证券是未在交易所登记上市的证券，少量上市的证券也在柜台交易进行买卖。在场外交易市场上交易的证券大大多于在交易所交易的证券。

（4）风险性。

尽管有些场外交易市场经营也很好、红利也丰厚，但尚未在交易所挂牌的股票很多是不被允许在交易所上市的质量较差的股票。这些股票的发行公司或太小，或经营不佳，或利润较低，总之信誉不如挂牌股票的发行公司好，所以经营这种股票可能会冒较大的风险。另外，由于场外交易的非集中竞价、信息阻塞等原因，造成场外交易的不公平，从而增加交易的风险。

（5）多样性。

场外交易市场对交易的证券没有严格的限制条件，在场外市场交易的证券既包括上市证券，也包括大量未上市证券。此外，场外交易市场的信息披露也不如证券交易所严格，一些不愿公开经营秘密的公司往往不申请在交易所交易，而是在场外交易市场上交易。因此，场外交易市场的品种繁多，为投资者提供了更多的投资机会。

3. 场外交易市场的功能

（1）为已发行的证券提供转让的场所。

作为证券交易市场的重要组成部分，证券场外市场也同样具有证券交易市场的这一基本功能。它为不能够或者一时不能够在证券交易所交易的证券提供了一个流通的场所，是证券市场的必要补充。

（2）新证券分销的主要场所。

证券场外市场可以是一个广泛的无形市场，其可以有众多的经营网点和灵活的营业时间，这为发行数量大的新证券的销售带来了便利。

（3）一个协商定价的市场。

证券场外市场是一个协议定价的市场，证券买卖采取一对一交易形式，不存在竞价机制。证券投资者可以与证券公司当面直接协商议价成交，交易手续简便，交易时间灵活，可以满足部分投资者的需要。

（4）预备市场或缓冲市场。

受企业规模和新兴产业经营前期业绩不佳的影响，相关企业无法在证券交易所上市交易，缺乏流通的证券其发行也会受到不利影响，从而影响这些企业相关证券的发行，而通过证券场外市场，就可以比较好地处理筹资难的问题，有利于新兴产业和中小型高新技术企业筹措资金。此外，对于那些将要终止上市的公司，证券场外市场为其提供了缓冲场所，以便其整顿、重组和清理。

（二）场外交易市场的类型

1. 店头市场

店头市场又称柜台市场，是指在证券公司开设的柜台上进行交易活动。店头交易市场

上交易的证券主要是已经公开发行但未在证券交易所上市的证券，一些政府债券、地方政府债券、市政债券和公司债券等也是店头市场交易的对象。

（1）店头市场存在及发展的原因。

证券交易所存在并迅速发展后，柜台交易市场之所以依然能够存在且进一步发展，其原因有以下几点：

1）证券交易所有限的交易容量和严格的上市条件，使许多证券不能进入证券交易所内买卖。但客观上，这些证券需要流动，需要有可以进行买卖的交易场所，这就要求柜台交易市场作为证券交易所的一种补充。

2）柜台交易市场的交易比较简便、灵活，既没有交易所那样繁琐的上市程序，也不需填写复杂的委托书，而且可以随时在众多的证券交易柜台网点进行证券买卖，这在很大程度上弥补了证券交易所市场的不足，满足了投资者的需要。

3）随着现代技术的发展，柜台交易市场的交易方式、交易设备、交易程序也在不断改进，其交易效率与证券交易所不相上下。

（2）店头市场的特点。

柜台交易与证券交易所相比，主要有以下特点：

1）交易对象不同。柜台交易市场主要交易对象是未上市的证券，而证券交易所则以挂牌上市的证券为交易对象。

2）交易分散性。柜台交易活动不是由一个或少数几个统一的机构来组织，而是由很多各自独立经营的公司分别进行的。因此，这些交易活动分散于各家证券公司，而无一集中交易的场所。

3）确定交易价格的方式不同。柜台市场采用协议价格成交，即参加交易双方的经纪人或自营商，或是客户与自营商之间直接讨价还价，先报价、后还价，协商定价。这与证券交易所采取的竞价拍卖方式不同。

2. 第三市场

第三市场是那些已经在证券交易所上市交易的证券却在证券交易所以外进行交易而形成的市场。① 它实际上是上市证券的场外交易市场，是场外交易市场的一部分。第三市场产生于20世纪60年代的美国，它主要是为适应大额投资者的需要而发展起来的，至今已形成一个比较完善、新型的证券买卖市场。

第三市场形成的原因主要有两个：一是场内市场通过证券商进行交易，使投资者和筹资者在证券交易中的选择机会和买卖行为受到限制，随行就市的要求得不到充分满足，因而要求有一种比场内市场更自由的市场存在，以满足其交易的需要。二是场内市场固定佣金制的规定使交易成本昂贵，一些投资者会自发地寻求第三市场这种交易费用更低廉地交易场所。

3. 第四市场

第四市场又称为机构交易网，是近年来在美国出现的场外交易形式。它是指买卖双方

① 我国在上海、深圳、北京和西安等地建立的产权交易中心可以看做第三市场的雏形。

不通过经纪人，而是通过电子计算机网络直接进行大宗证券交易的场外交易市场。那些渴望避免向经纪人付费的大机构往往会加入这种直接交易。

第四市场的吸引力在于：

1）交易成本低。这是因为买卖双方直接交易而不需要中间人。即使有时需要中间人安排，其佣金也比其他市场少得多。

2）可以保守秘密。由于第四市场是买卖双方通过电讯手段成交的，没有采取公开方式，所以不易暴露目标。

3）不冲击股票市场。由于第四市场所进行的一般都是大宗证券的买卖交易，如果在证券交易所市场公开进行，可能会给证券交易市场的价格造成较大的影响。

4）信息灵敏，成交迅速。第四市场充分利用了现代电子技术，可以广泛搜集和储存大量信息。通过电子计算机的自动报价系统，把分散的场外交易行情集中地反映出来，有利于客户的选择决策，一旦合意便可迅速成交。

四、创业板市场

创业板市场，又称为“二板市场”、“第二交易系统”、“高科技股票市场”、“自动报价系统（市场）”等，是指专门为成长中的、高科技的中小型企业的股票发行和上市提供服务和场所的专业股票市场。

（一）创业板市场的特点

1. 满足不同层次的投融资需求

创业板市场的设立主要是为了完善证券市场结构，满足不同层次、不同目的的投融资需求。主板市场只能满足经营业绩好、规模巨大、已经发展成熟的大型企业的融资需要，而对于广大的成长中的中小企业，尽管其中不乏优质、高成长性、潜力巨大、科技含量高的精品企业，但是由于其目前的经营规模、盈利总量尚不能满足门槛较高的主板市场的上市条件，无法在主板市场上市筹资。而且主板市场也无法满足那些为了追求高额投资收益、愿意冒较大风险的投资者的风险投资需要。

2. 创业板市场以高科技、成长性的中小公司为选择对象

主板市场以大中型企业和成熟企业为选择对象，而创业板市场则以高科技、高成长性的中小公司为选择对象。创业板市场主要向中小型企业特别是高科技企业开放，它不过分注重企业规模和既往业绩，而是强调企业有明确的发展主题和经营业绩、有可观的发展前景和成长空间、有周密的发展计划和实现步骤，这就为那些有较好的内在质地和较大的发展空间的中小型企业特别是高科技企业打通了通向资本市场的大门。创业板市场开设的目的，一是为中小企业提供一个适宜的、公平的融资环境；二是为风险投资提供一个退出通道；三是为中小型企业特别是高科技企业提供一个社会评价机制和选择机制，通过市场竞争和优胜劣汰的作用，使强者恒强、弱者变强。

3. 投资于创业股票的投资风险较大，但收益也较高

由于创业板市场的上市公司都是高科技、高成长性的中小企业，这些企业规模较小，抗风险能力较差，未来盈利的不确定性因素较多，再加上创业板市场交易规则规定创业企业股票全部流通，涨跌幅度比较大，创业企业股票总量比较少，容易被人为操纵，因此，投资于创业股票的投资风险相对于主板股票要大。但是，也是由于创业企业为高科技、高成长性的中小企业，这些企业规模虽小但成长性较好，企业很有可能在短期内迅速发展壮大，投资回报率也较高。所以说，与主板市场投资相比，创业板市场的投资具有风险高、收益大的特点。

4. 对创业板市场的监管较严

由于创业板市场上市规模较小，股票全流通、股票价格涨跌幅度比较大，因此，创业板市场投机性大，上市公司容易被人为操纵，所以各国证券监管部门对其监管都比较严格。在信息披露方面，除了要求定期公布年度报告、中期报告、季度报告外，还被要求公布许多临时性报告，在信息披露方面的要求也要比主板市场严格得多。

（二）创业板市场的功能

各国的创业板市场在实践中有两大类：一类是独立市场；另一类是附属市场。附属市场又分为两种模式：一种是平行模式，如香港创业板市场；另一种是递进模式，如伦敦市场（AIM)，它是一种全国性的小盘市场，在二板市场上市的企业符合主板市场条件时，需转到主板市场。不管其类型、模式有何不同，实质上都是为处于创业阶段的企业提供募集资金和上市交易的机会，为有风险投资意愿和能力者提供投资机会和退出平台。它的功能主要表现在以下几个方面：

1. 为科技资产的流动提供一个高效渠道

一个国家经济的发展越来越离不开科学的进步与创新。“创业板市场”的建立，不仅有助于丰富和分散科技经费来源，也为国家的科技资产流动提供了可能。我国由于传统科技投入指导思想与投资体制上的不足，造成了大量国家科技资产的集中和沉淀。据统计，目前我国科技成果转化率还不到20%。“激活”国家科技存量资产，无非是通过资产的流动来实现，主要也就是通过资本市场来解决。

2. 为科技企业、中小企业的发展提供直接融资机会

高新技术产业是国民经济持续稳定快速发展的一根支柱，而创业板市场是针对一切具有高成长潜力的中小企业、新兴企业，尤其是高科技企业上市的市场，创业板市场对经济结构的调整具有重要推动作用。由于高科技具有高投入、高收益、高风险的特点，高科技投资属高额投资和长期投资，对于高科技的发展来说，资本支持是第一位的。而企业上市融资是目前企业融资的重要渠道之一，因此上市融资是高科技企业得以持续发展的最佳选择。创业板的推出，正好适应了高科技企业的融资特点和发展需要。高科技企业在创业资本市场的支持下，将会促进科技和生产的结合，以及科技成果产业化，进而促进多种经济

成分企业的发展。

3. 促进证券市场的市场化、规范化发展

创业板市场率先实现上市公司股份的全部流通，股权结构相对合理。在实现完全的市场化购并问题上，创业板市场因其股权结构的相对合理性形成了对购并的吸引力，从而使市场化购并在证券市场得以全面展开；在培育真正市场化的机构投资者问题上，由于在成熟的资本市场，不论是公司、投资基金、保险机构、养老基金还是外国机构，其在二级市场均应以长期投资者的身份出现。总之，创业板的推出是证券市场市场化、规范化的标志。

4. 为管理者和科技人员的持股及股票期权兑换提供最佳场所

目前具有高成长性的创业企业多为那些资产膨胀迅速的高技术和服务性质的公司。由于公司发展的关键首先取决于人力资本，其次才是货币资本的投入，而人力资源投入量很难分清楚属于你的多少，属于我的多少，必须依赖于大家精诚合作。股票期权的引入使这些公司从一开始就有明确的产权界定和清楚的利益预期，因而成效显著。但实际上，如果董事会完全是内部人控制机制，再加上企业财务观念和财务制度上的问题，发展下去，问题往往越积越深。创业板市场将以机构投资者和战略投资者为主，同时又是“全流通”的市场，这就使上市公司董事会中外部董事和大股东占据了很重要的位置，有效解决了治理结构中的“内部人控制”及由此形成的有利于他们自己的制度和标准。另外，由于世界各地的二板市场的同期涨幅远远超过主板市场，所以为股票期权所有者创造了巨大财富，且股票收益在总收益中的比重越来越大。

5. 为有风险投资意愿和能力的投资者提供投资机会

新企业的未来的高度不确定性以及企业与外部投资者的信息不对称问题，导致了一些新企业不能得到足够的资金，而风险投资的作用就在于为这些私人拥有的创业企业提供股票融资渠道。在资本市场中，风险投资是一个与创新联系在一起的金融产品，是实现金融资本与产业资本在项目发展的种子期和成长期融合的一种商业行为，一旦进入成熟期，商业银行等社会资金大批进入，风险投资则逐渐退出，完成此轮循环，再开始新的投资循环。风险投资本身并不在于长期办企业。对于不确定问题，风险投资利用三大优势来处理：首先，风险投资基金往往有一个“大财主客户”，他能承受那些受管制的金融中介所不能承受的风险；其次，风险投资基金往往是某个行业的专家，有能力尽可能降低风险；最后，风险投资基金有许多在部门内分散投资的机会用以降低风险。

6. 为有风险投资意愿和能力的投资者提供退出渠道

由于风险投资往往投资于某个想法或其他一些很难加以测量的项目、风险投资基金面对着逆向选择和道德风险的难题。风险投资成功的秘诀在于严密的监控加上灵活的退出机制，即阶段性融资。后者在各种形式上的风险投资中都是很关键的，它为投资者提供了很多机会使之可以终止资金供给，从而可以减少风险，也给企业以比较强的约束。风险投资能够自由而灵活地退出风险投资领域，在很大程度上必须依赖证券市场。对于风险投资的

发展来说创业板市场的建立就是形成其自身造血机能。它既能充分利用现有设施和监管资源，有利于证券市场的集中统一监管，又能较快地拓宽和完善风险投资撤出渠道。创业板市场为风险投资提供退出渠道，也就是说，风险投资者不必与上市公司“同生死，共存亡”。创业板市场所挂牌的企业都是从事高风险、高收益业务的公司，如果让风险投资者陷入其中而不能自拔，那显然是不利于高新技术产业发展的。创业板市场让挂牌公司股票全流通，也为风险投资的退出提供了制度上的保障。

(三) 做市商制度

1. 做市商制度的概念

做市商（Market Maker）指的是一群交易商先垫入一笔资金建立某些证券的足够库存，然后挂出牌价，并在所报价位上接受公众交易者的买卖要求，直接充当交易的对手方。做市商以这种不断的买卖为证券提供流动性，创造市场，其自身则通过设置买卖报价的适当差额来补偿所提供服务的成本费用，并实现一定的利润。

做市商制度（Market Maker Rule）是指一批实力雄厚、信誉优良的股票经营法人，通过双向报价，接受投资者委托，承担某一只股票的买进和卖出，实现双向成交并从中以买卖差价获取利润，以维持市场的交易量和流动性的交易机制。

2. 做市商制度的交易形式

目前，做市商制度的交易形式主要有两种：一种是特许交易商制度；另一种是多元做市商制度。

(1) 特许交易商制度。

纽约证券交易所采用的就是特许交易商制度。交易所指定一个券商来负责某一只股票的交易，该券商被称为特许交易商。交易所有将近400个特许交易商，而一个特许交易商一般负责几只或几十只股票。

纽约交易所特许交易商制度有以下特点：第一，一只股票只能由一个特许交易商做市，可以被看做垄断做市商制。第二，客户订单可以不通过特许交易商而在代理商之间直接进行交易。特许交易商必须和代理商进行价格竞争，所以纽约交易所是做市商制和竞价制的混合。第三，特许交易商有责任保持市场公平有序。

(2) 多元做市商制度。

多元做市商制度的运行机理是，由一家或若干家证券商担任某一只股票的做市商，他们必须对这只股票进行双向报价，即由做市商作为价格形成的中介和核心。伦敦股票交易所和美国纳斯达克市场采用的就是典型的多元做市商制。做市商通常也是代理商，他可以为自己、自己的客户或其他代理商进行交易，做市商之间通过价格竞争吸引客户订单。

3. 做市商与其他相关概念的区别

(1) 做市商制度与专家经纪人制度的区别。

做市商制度与专家经纪人制度的区别主要表现在以下几个方面：做市商制度是报价驱动，而专家经纪人制度是委托驱动。报价驱动是双向报价，即在买卖的价位上分别提出意愿报价，并有义务按此报价接受投资者委托，实现双向成交；而委托驱动是单一报价，在有效报价范围内，买卖双方由经纪人或电脑自动撮合成交。

做市商制度是交易商驱动，而专家经纪人制度是客户驱动。客户驱动的市场性质是拍卖市场，而交易商驱动市场中，交易商对价格发现和决定起主导作用。

（2）做市商制度同庄家的区别。

做市商制度同我们所说的庄家有着本质的区别，因为做市商制度同竞价交易制度是两种不同的交易制度。下面以美国纳斯达克市场为例说明。

纳斯达克市场的做市商实际上是一种双向报价、承担连续交易义务的券商；每只股票一般有 8～10 家券商同时为其做市，竞争是公开的、交易是透明的。而庄家则是这样一些机构，它们靠操纵股价、低进高出、发布虚假消息误导中小投资者来获取暴利。纳斯达克市场的做市商制度监管非常规范。美国证券交易委员会和全美证券商协会都对做市商实施严格的监管。也就是说，纳斯达克的做市商是在严密的制度和监控下进行操作，在透明、竞争的环境下形成连续交易，维持做市股票的流动性。由于制度、法律以及技术手段非常完备和先进，做市商基本能做到不违法，也不会出现欺诈、误导和合谋坑蒙中小投资者的现象。而庄家行为则显然不具备这些条件，它们不仅暗箱操作，而且靠散布虚假消息、内幕交易和关联交易来操纵股价。

（四）纳斯达克市场

美国纳斯达克（NASDAQ）市场成立于 1971 年，是世界上最具有二板性质的市场，为那些不具备在证券交易所上市的中小型高科技企业的股票交易而建立的。经过 40 多年的发展，纳斯达克以其低成本的运作和良好的服务，成为全美也是全球最大、发展最快、最成功的证券市场。现在纳斯达克指数已同道琼斯指数一起被用来作为市场分析的基本数据。

1. 市场规则

纳斯达克市场根据股票市值的多寡、交易活跃程度及上市条件的严格程度分为两部分：全国市场体系（Nasdaq National Market）和小型资本市场（Nasdaq Small-Cap Market）体系。二者只以财务状况划分而无管理标准上的不同，当小公司成长到一定水平时，就可以升级到全美市场体系上市。

2. 市场监管

无论全国市场还是小型资本市场，纳斯达克对上市公司的监管一视同仁，实行统一的监管模式。监管的主要内容是：

（1）公司是否按要求披露年度、季度报告。

（2）是否至少设立了两名独立董事。

（3）是否设立了会计委员会，是否至少有一名成员同时兼任董事。

（4）能否每年至少召开一次股东大会。

（5）防止利益冲突。

（6）是否能够保证由股东决定公司的重要事件。

五、交易程序和方式

（一）证券交易程序

证券市场的良性运作，少不了证券交易活动。证券的正常流通，保证了证券发行市场的持续，而证券交易又不同于一般的商品交易，它需要有一整套的交易程序和方式，在严密的组织下实施。为了保证证券交易的公开、公平和公正，需要有完整的证券法规进行监管，整个证券交易活动都是有序地进行的。

近年来的世界经济，尤其是金融市场的发展速度引人注目。发展中国家的经济迅速崛起，出现了一批新兴的证券市场。金融衍生工具交易的火爆带动了一些国家的经济发展，但随之而来的金融风暴又带来了严重的灾难。如何使证券交易健康、有序地发展，成为当今世界各国普遍关心的问题。

从事证券交易，一般的程序要经过开户、委托、竞价与成交、清算与交割、过户等环节。

1. 开户

所谓开户，一是指开设证券交易专用账户，作为投资者买卖证券、实行清算交割的专户。从事股票交易者通常要在证券公司登记开设股票账户，目前我国证券交易已经完全实行无纸化，从交易至交割都由电脑完成，所有的手续都以电子划账方式进行，每个投资者必须要有一个账户，才能大大简化交易手续，提高交易效率。目前，投资者买卖上海证券交易所的证券可直接向中央登记公司或向当地证券登记公司开户，个人投资者可以开设A类账户，机构投资者则必须开设B类账户。深圳股的投资者一般可直接在证券经纪商处开户。证券账户的开设必须由本人持身份证到有关开户点，填写股东开户登记表，经证交所审核无误后发放股东账户卡，每一位投资者只能在一个证交所申领一个账户，重复申领者视为无效。

2. 委托

投资者开设账户后，即可进行证券交易。由于投资者无法直接进场交易，故其买卖证券的业务均要通过中间商——证券商来代理。投资者将证券交易的要求告知证券商，证券商受理后代为进场申报，参加竞价成交，这一指令传递过程即为委托。

（1）委托的方式。

在证券委托交易中，最核心的是证券价格。因此，按证券的委托价格，委托方式可分为现价委托、市价委托和限价委托。

1）现价委托。

证券交易价格（买价、卖价、成交价）随时在变化波动，投资者在委托买卖时，按当前的证券价格向证券商发出买入或卖出指令，这样的价格委托称为现价委托。现价委托的价格是确定的，能否成交则要视证券商将指令下达到交易所场内的买卖价格的变化情况。

2）市价委托。

投资者向证券商发出买卖某种证券的委托指令时，要求买卖价格按当时的交易所场内的买价或卖价买进或卖出。这种按发出指令时的市价买入或卖出的委托，称为市价委托。这种委托方式是最常见的委托方式，这里最关键的是时间，对价格没有限制，因此，证券商执行委托指令较容易，成交迅速。但是由于对价格无限制，也往往产生投资者与证券商之间的某种矛盾。

3）限价委托。

限价委托是指投资者要求经纪人在执行委托指令时必须按限定的价格或比限定价格更有利的价格买卖证券。限价委托方式的优点是，股票的买卖可以按照投资者希望的价格，甚至比预期价格更为有利的价格成交，有利于投资者实现预期投资计划，谋求最大收益。但是，采用限价委托时，由于限价与市价之间有一定的距离，必须等待市价与限价一致时才有可能成交。而此时如果有市价委托出现，市价委托又优先成交，因此限价委托成交速度慢，有时甚至无法成交。在证券价格波动剧烈时，限价委托可能会坐失良机，使投资者遭受损失。

（2）委托的内容。

1）日期、时间。填写委托单的年、月、日，当时填单的时点。

2）品种。即证券名称。证券名称是投资者委托买卖填写的第一要点。委托买卖证券名称有全称、简称和证券代码三种。

3）数量。即证券数量。在数量上特别要注意手数与绝对数量的混淆。

4）价格。填写买卖证券的价格。委托价格可分为市价委托与限价委托两种。

5）有效期。委托有效期一般可分为当日有效、约定日有效、撤销前有效、一次成交有效、立即成交有效等。当日有效指指令发出后直至当日收盘，其间成交均视为有效，国内证券商目前基本上采用当日有效方式；约定日有效是指在委托执行的期限内每天都有效；撤销前有效为证券经营机构接到撤销委托前的时间内有效；一次成交有效指投资者的委托在一次成交中若不足委托数量，则其余部分不再保留指令；立即成交有效指投资者的委托在申报进主机的瞬间如不立即成交，则委托自动失效。

3. 竞价与成交

证券交易的中心环节是竞价与成交，竞价与成交机制使证券市场成为公开、公正、公平和高效率的市场，所以要求证券市场的主体——证券交易所具有高度的组织化。

（1）竞价原则。

证券交易所实行证券交易的集中竞价成交，竞价原则是：价格优先、时间优先。

1）价格优先。

价格优先就是：买入申报时，买价高的申报优先于买价低的申报；卖出申报时，则卖价低的申报优先于卖价高的申报。

2）时间优先。

时间优先就是：同价位买卖申报时，依照申报的时间顺序进行排队，这里的关键是申报时间的先后确定，电脑申报竞价时按计算机主机接受的时间顺序排列；书面申报竞价时，按中介经纪人接到的书面凭证顺序排列；在无法区分时间的先后时，由中介经纪人组织抽签决定。后几种申报价格已很少采用。

（2）竞价方式。

证券交易所的竞价方式有两种，即集合竞价和连续竞价，这两种方式是在不同的交易

时段上采用的。集合竞价在交易日每天的开始前一段时间用于产生第一笔交易，第一笔交易的价格称为开盘价。产生开盘价后，则以后的正常交易就采用连续竞价方式进行。

1）集合竞价。

在每一个证券交易营业日正式开市前一段时间内，电脑撮合系统只存储而不撮合。在正式开市前某一时刻，电脑系统根据输入的所有买卖盘的价格、数量进行处理，以产生一个开市时的参考价，参考价的确定原则是：

a. 高于此价格的买入申报和低于此价格的卖出申报必须全部能成交；

b. 与参考价格相同的一方必须能全部成交；

c. 参考价格还必须使前两条能实现的成交量最大；

d. 如有两个价位满足上述 3 个条件，则取其中间价位作为参考价；

e. 如按上述原则不能产生参考价时，则用前一个交易日的最后一个成交价（前收盘价）作为参考价。

一般集合竞价的参考价就成为当天的开盘价，集合竞价就是产生当天开盘价的竞价处理过程。

2）连续竞价。

集合竞价结束后，正式开始当天的交易，即开始连续竞价，直到收市。连续竞价是买卖双方按价格优先、时间优先的竞价原则连续叫买叫卖的过程。如果买入申报价格高于叫卖价格时，即可按叫卖价格成交或部分成交；如果卖出申报价格低于叫买价格时，按叫买价格成交或部分成交。

（3）竞价结果。

证券交易竞价的结果有三种可能：全部成交、部分成交和不成交。

1）全部成交。

即委托买入或卖出的证券全部成交，这里的关键是买入或卖出的证券数量。委托全部成交后，对于经纪商来说，还须及时通知委托人，办理交割手续。

2）部分成交。

委托买入或卖出的证券未全部成交，而是成交了一部分。在委托有效期内，经纪商必须继续执行，直到有效期结束。当天的部分成交，经纪商也应该通知委托人，并办理部分已成交的交割手续。

3）不成交。

委托买入或卖出的证券没有成交，在有效期内可继续执行，直到有效期结束。不成交意味着委托人的委托不能执行，应通知委托人，并协商是否再重新委托。

4. 清算与交割

清算是指证券买卖双方在证券交易所进行的证券买卖以后，通过证券交易所将各证券商之间的证券买卖的数量和金额分别予以抵消，计算应收应付金额的一种程序。目前，证券交易基本上采用二级清算方式，即中央登记清算公司与各证券商实行一级清算，证券商再与投资者实行二级清算。

交割是指证券卖方将卖出证券交付买方，买方将买进证券交付给卖方的行为。我国目前的证券交易交割方式有两种，即 $T+1$ 交割与 $T+3$ 交割。$T+1$ 交割是指达成交易后，相应的资金交收与证券交割在成交日的下一个营业日（$T+1$）完成。这种交割方式目前适用于我国的A股、基金券和债券。而对B股（人民币特种股票）实行$T+3$交割方式。

5. 过户

过户是指买入股票的投资者到证券发行机构或指定的代理机构办理变更股东名簿记载的手续。股票是财产所有权的体现，股份公司的股东以登记在册的名簿为依据，进行股利分配即参与公司决策。投资者在买入股票时，必须办理相应的手续，以正其名，才算是真正意义上的股东。另外，在股票遗失的情况下，申请挂失并补发股票都是以登记名簿为准的。在证券市场中，投资者往往只想赚取短期价差收益，真正领取红利享受分配权利的不多，认为不办理过户无甚影响的为数不少，但慎重起见，还是办理过户手续为好。过户手续是股票交易的最后一个环节，办理结束后整个交易过程即告结束。证券交易流程见图4—1。

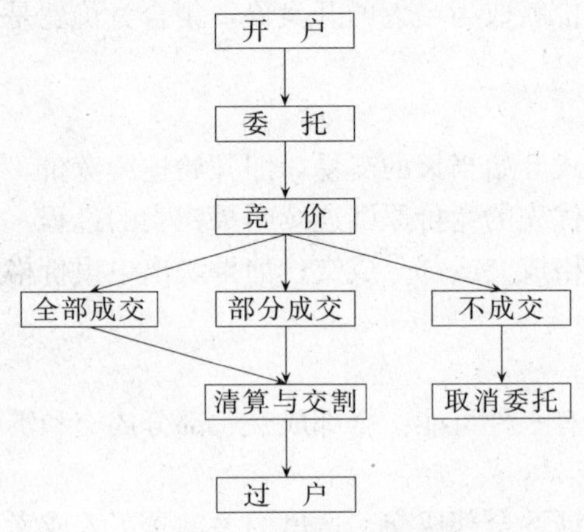

图4—1 证券交易流程图

（二）证券交易方式

随着经济的发展，证券市场的功能不断完善，交易方式也在不断地变化创新。目前，证券市场根据交易地点、合约内容、交易形式、交割方式、交割期限、交易目的、参与者身份等方面的区别，可大致分为现货交易、信用交易、期货交易、期权交易等种类。其中后两种交易方式都是从前两者派生出来的全新交易工具，被称为金融衍生工具。

1. 现货交易

现货交易是证券市场中最传统的一种方式。与商品交易一样，证券交易同样也是以一定的价款买卖某种商品——特殊的金融商品。按照传统的思路，交易都是一手交钱、一手交货，买卖双方议定价格后，同时进行实物交割与价款交割。

但是随着证券市场的飞速发展，实物交易最终变成象征性的。证券买卖双方都不一定对所交易的证券有实际需要，他们只是想拥有一种能带来收益的工具，对于证券本身，变成了一种单纯的象征符号，于是证券交易出现了无纸化倾向。

各证券商将广大投资者的手持证券集中起来，分别开立“证券专户”或签发“代保管

单”，然后将这些证券与证券商的自营库存证券一并寄存在登记结算公司的集中保管库和分布各地的代保管库内，有公司分别建立证券库存分户账，在办理交割时则通过有关库存账目的划转来完成。

集中代保管制度简化了证券流通的烦琐手续，提高了市场效率，却在发行市场和交易市场之间产生了很大的资源浪费，即在发行市场中，发行人尽力把证券分销给广大投资者，而在交易市场中，证券商又尽力把投资者手持证券收回集中代保管。为此促使人们意识到在证券发行时就将认购数量直接记载在投资人的证券账户上，不必发行实物券，在流通市场上交易后也就直接通过账面划转完成证券交割。这就是证券无纸化。

2. 信用交易

在常规的现货交易中，交易双方必须实际拥有证券或现金，交易才能成功，交易水平被严格限制在现有的资金与持券规模上，这使得部分投资者的入市欲望受到抑制，尤其对于投机者，这种抑制是难以忍受的。信用交易方式也就应运而生了。

所谓信用交易，又称保证金交易或垫头交易，是投资者通过交付一定的保证金从证券经纪人那里取得信用，借入资金或证券入市操作，并在规定时间里返还所借资金或证券并支付利息的一种交易方式。投资者只要支付一定的保证金，就可从证券经纪商那里借到几倍于保证金或自己并不曾购入过的证券。通过这种方式，投资者可以扩大其投资规模，同时还可进行原本不能进行的反向操作。保证金可从两个方向进行，即保证金买空交易和保证金卖空交易。

保证金买空是指投资者预计证券行情要上涨，故准备入市持仓，因资金不足而向证券经纪商交付一定比率的保证金而获得资金贷款，并委托经纪商代理买入某种证券，待行情上涨后再委托经纪商卖出证券，所得差价用以支付手续费和利息后即为投资收益。这种交易也有很大的风险，一旦行情判断有误，证券价格不涨反跌，当投资者的保证金无法维持最低比率且无力追补时，经纪商为保护本身利益会采取强行平仓措施，卖出投资者手中的证券。此时投资者所付的保证金在支付经纪商手续费和利息后可能血本无归。

保证金卖空是指投资者预计行情要下跌。但手中没有证券，则向经纪人交付一定比率的保证金而借入一定数量的证券委托其卖出，待行情下跌时再买回同种数量的相同证券归还给经纪商，同时从所赚差价中支付手续费和利息，剩余即为投资收益。同样，如果市场行情不迭反涨，则投资者只能从市场上高价买回所借种类和等量的证券以返还给经纪商。买回证券的差额即为亏损，如亏损部分使保证金无法维持最低比率，经纪商也会采取强行措施，除非投资者继续追加保证金。

可以发现，“多头”和“空头”虽然可以以小搏大，获取巨大的利益，但一旦失误，其损失将会非常之大，可以使投资者倾家荡产，是一把锋利无比的“双刃剑”。所以各国证券监督部门对信用交易控制极严。

3. 期货交易

期货是相对于现货而言的一种交易方式。交易双方约定在将来某个时候按成交时约定的条件进行交割。期货在成交时并没有发生真正的商品和价款转移，而是双方约定在未来某个时间履行协定，进行交割。期货交易达成的协议就是期货合约，而期货合约本身也可以在市场上交易。期货合约在商品品种、规格、质量、数量、交货地点、结算方式等方面都以标准化方式进行规范。由于期货交易的清算交割要在远期进行，因此交易双方都有可能在合约到期之前进行相反的操作，从而免除到期交割实物的可能。目前，期货交易有98%的合约都会在到期前进行反向操作，最终的结算只要按两次交易的差价进行即可，无须实物交收。期货交易实际上可使合约与交易商品进行分离，从而使合约作为交易对象单独进行。参与期货交易的买者并不需要合约规定的商品，而卖者也不需要真正拥有合约规定的商品，他们交易的目的只是获取交易的差价。若没有在合约到期进行逆向操作，则买卖双方必须承担合约规定的义务，买方到期必须按合约规定的价格与数量买入指定的商品。卖方则必须承担按协定价格与数量出售指定商品的义务，而不管市场发生什么变化，有利还是不利。现代期货已发展成了以期货合约交易为主的新的交易方式，应用更加广泛，金融期货尤其发展迅猛，在现代经济生活中发挥着重要作用。

4. 期权交易

期权合约是指期权的买方有权在约定的时间或时期内，按照约定的价格买进或卖出一定数量的相关资产，也可以根据需要放弃行使这一权利。为了取得这一权利，期货合约的买方必须向卖方支付一定数额的费用，即期权费。按照相关资产的不同，金融期权可以有外汇期权、利率期权、股票期权、股票价格指数期权等。

期权分看涨期权和看跌期权两个类型。看涨期权的买方有权在某一确定的时间以确定的价格购买相关资产；看跌期权的买方有权在某一确定的时间以确定的价格出售相关资产。

按照期权执行时间的不同，期权又分美式期权和欧式期权。按照美式期权，买方可以在期权的有效期内任何时间行使权利或者放弃权利；按照欧式期权，买方只可以在合约到期时行使权利。由于美式期权赋予期权买方更大的空间，所以被较多的交易所采用。

期权这种金融衍生工具的最大魅力在于可以使期权买方将风险锁定在一定范围内。因此，期权是一种有助于规避风险的理想工具。当然，它也是投机者理想的操作手段。对于看涨期权的买方来说，当市场价格高于执行价格加期权费时，他会行使买的权利；当市场价格低于执行价格加期权费时，他会放弃行使买的权利，所亏不过限于期权费。对于看跌期权的买方来说，当市场价格低于执行价格加期权费时，他会行使卖的权利；反之则放弃权利，所亏也仅限于期权费。因此，期权对于买方来说，可以实现有限的损失和无限的收益，对于期权的卖方则恰好相反，损失无限而收益有限。

第三节　证券市场的法规和监管体系

一、证券市场法规体系

证券市场涉及证券的发行、交易、结算等各环节，直接关系到各参与者的直接利益，影响到国家经济的发展秩序和社会安定，需要有相应的法规进行规范和管理。

由于历史原因，各国证券市场的法规体系不尽相同。一般认为有三类，如表4—2所示。

表 4—2　　国际上各类证券市场法规体系

证券市场法规体系	特点	属于该法规体系的国家
美国法规体系	对证券及其交易管理制度有专门法律，注重公开原则	美国、日本、加拿大、菲律宾等
英国法规体系	源于普通法，在立法中最主要特点就是没有专门的证券法规，而是由公司法中有关公开说明书的规定，有关证券商的等级、防止欺诈条例和有关资本发行的管理等法规组成	英联邦成员国
欧陆法规体系	国家对证券采取严格的实质性管理，并在公司法中规定有关新公司成立与证券交易等方面的条款	欧洲大陆的国家，拉丁美洲和亚洲的一些国家

资料来源：贺学会：《证券投资学》，318～319 页，大连，东北财经大学出版社，2009。

广义上，我国证券市场法规体系有四个层次构成，它们分别是由全国人民代表大会或全国人民代表大会常务委员会制定并颁布的法律；由国务院制定并颁布的行政法规；由证券监管部门和相关部门制定的部门规章及规范性文件；由证券交易所、中国证券业协会及中国证券登记结算有限公司制定的自律性规则。

（一）法律层面

1.《中华人民共和国证券法》（以下简称《证券法》）

《证券法》于 1998 年 12 月 29 日在第九届全国人民代表大会常务委员会第六次会议通过，根据 2004 年 8 月 28 日第十届全国人民代表大会常务委员会第十一次会议《关于修改〈中华人民共和国证券法〉的决定》修正，2005 年 10 月 27 日第十届全国人民代表大会常务委员会第十八次会议对原《证券法》进行修订。新的《证券法》自 2006 年 1 月 1 日起施行。

（1）调整范围。

《证券法》的调整范围涵盖了在我国境内进行的股票、公司债券和国务院依法认定的其他证券的发行和交易活动。此外，政府债券、证券投资基金份额的上市交易，也在本法的调整范围之列。

（2）主要内容。

《证券法》共十二章，分别为总则、证券发行、证券交易、上市公司的收购、证券交易所、证券公司、证券登记结算机构、证券服务机构、证券业协会、证券监督管理机构、法律责任、附则。其中，第三章证券交易分为一般规定、证券上市、持续信息公开、禁止的交易行为四节。

2.《中华人民共和国公司法》（以下简称《公司法》）

《公司法》于 1993 年 12 月 29 日在第八届全国人民代表大会常务委员会第五次会议通过，根据 1999 年 12 月 25 日第九届全国人民代表大会常务委员会第十三次会议《关于修改〈中华人民共和国公司法〉的决定》第一次修正，根据 2004 年 8 月 28 日第十届全国人民代表大会常务委员会第十一次会议《关于修改〈中华人民共和国公司法〉的决定》第二次修正，2005 年 10 月 27 日第十届全国人民代表大会常务委员会第十八次会议修订。修订后的《公司法》自 2006 年 1 月 1 日起施行。

（1）调整范围。

《公司法》中所指公司指依照本法在中国境内设立的有限责任公司和股份有限公司。

（2）主要内容。

《公司法》共十三章，分别为总则，有限责任公司的设立和组织机构，有限责任公司的股权转让，股份有限公司的设立和组织机构，股份有限公司的股份发行和转让，公司董事、监事、高级管理人员的资格和义务，公司债券，公司财务、会计，公司合并、分立、增资、减资，公司解散和清算，外国公司的分支机构，法律责任，附则。其中第二章有限责任公司的设立和组织机构分设立、组织机构、一人有限责任公司的特别规定、国有独资公司的特别规定四节；第四章股份有限公司的设立和组织机构分设立，股东大会，董事会、经理，监事会，上市公司组织机构的特别规定五节；第五章股份有限公司的股份发行和转让分股份发行、股份转让两节。

3.《中华人民共和国证券投资基金法》（以下简称《证券投资基金法》）

《证券投资基金法》由中华人民共和国第十届全国人民代表大会常务委员会第五次会议于 2003 年 10 月 28 日通过，自 2004 年 6 月 1 日起施行。

（1）调整范围。

《证券投资基金法》的适用范围涵盖了在我国境内通过公开发售基金份额募集证券投资基金（以下简称基金），由基金管理人管理、基金托管人托管，为基金份额持有人的利益，以资产组合方式进行的证券投资活动。

（2）主要内容。

《证券投资基金法》共十二章，分别为总则，基金管理人，基金托管人，基金的募集，基金份额的交易，基金份额的申购与赎回，基金的运作与信息披露，基金合同的变更、终止与基金财产清算，基金份额持有人权利及其行使，监督管理，法律责任，附则。

4.《中华人民共和国刑法》（以下简称《刑法》）中对公司犯罪、证券犯罪的规定

《刑法》自 1979 年 7 月 1 日第五届全国人民代表大会第二次会议通过，1997 年 3 月 14 日第八届全国人民代表大会第五次会议修订，1997 年 3 月 14 日中华人民共和国主席令第八十三号公布，1997 年 10 月 1 日起施行以来，历经 1999 年、2001 年（2 次）、2002 年、2005 年、2006 年、2009 年、2011 年多次修正，形成今天的《刑法修正案（八）》。

《刑法》有两编——总则和分则，其中总则有五章，分则有十章。

（1）有关公司犯罪的规定。

《刑法》（分则）第三章第三节妨害对公司、企业的管理秩序罪，从第一百五十八条至第一百六十九条，规定了对应的犯罪行为及处罚。

（2）有关证券犯罪的规定。

《刑法》（分则）第三章第三节以及第四节扰乱金融秩序罪、第五节金融诈骗罪对严重影响金融市场正常交易秩序的行为作了具体说明，与证券市场有关的主要有：

1）欺诈发行股票、债券罪（第一百六十条）。

2）提供虚假财务会计报告罪（第一百六十一条）。

3）擅自发行股票和公司、企业债券罪（第一百七十九条）。

4）泄露或者非法获取内幕信息罪（第一百八十条）。

5）编造并传播影响证券交易虚假信息罪及诱骗他人买卖证券罪（第一百八十一条）。

6）操纵证券交易价格罪（第一百八十二条）。

7）使用虚假国家证券诈骗罪（第一百九十七条）。

5.《中华人民共和国反洗钱法》（以下简称《反洗钱法》）

《反洗钱法》于2006年10月31日第十届全国人民代表大会常务委员会第二十四次会议通过，自2007年1月1日起施行。

《反洗钱法》所称反洗钱，指为了预防通过各种方式掩饰、隐瞒毒品犯罪、黑社会性质的组织犯罪、恐怖活动犯罪、走私犯罪、贪污贿赂犯罪、破坏金融管理秩序犯罪、金融诈骗犯罪等犯罪所得及其收益的来源和性质的洗钱活动。该法共七章，分别为总则、反洗钱监督管理、金融机构反洗钱义务、反洗钱调查、反洗钱国际合作、法律责任、附则。

6.《中华人民共和国会计法》（以下简称《会计法》）

《会计法》于1985年1月21日第六届全国人民代表大会常务委员会第九次会议通过，根据1993年12月29日第八届全国人民代表大会常务委员会第五次会议《关于修改〈中华人民共和国会计法〉的决定》修正，1999年10月31日第九届全国人民代表大会常务委员会第十二次会议修订，自2000年7月1日起施行。

《会计法》涵盖了国家机关、社会团体、公司、企业、事业单位和其他组织办理会计事务的各种活动。该法共七章，分别为总则，会计核算，公司、企业会计核算的特别规定，会计监督，会计机构和会计人员，法律责任，附则。

7.《中华人民共和国企业破产法》（以下简称《企业破产法》）

《企业破产法》由中华人民共和国第十届全国人民代表大会常务委员会第二十三次会议于2006年8月27日通过，自2007年6月1日起施行。该法立法目的主要是规范企业破产程序，公平清理债权债务，保护债权人和债务人的合法权益，共十二章一百三十六条。

8.《中华人民共和国信托法》（以下简称《信托法》）

《信托法》由中华人民共和国第九届全国人民代表大会常务委员会第二十一次会议于2001年4月28日通过，自2001年10月1日起施行。该法立法目的为调整信托关系，规范信托行为，保护信托当事人的合法权益。《信托法》共七章七十四条，七章分别为总则、信托的设立、信托财产、信托当事人、信托的变更与终止、公益信托、附则。

（二）行政法规层面

与证券市场相关的行政法规很多，主要有《国库券条例》、《股票发行与交易管理暂行条例》、《企业债券管理条例》、《国务院关于股份有限公司境外募集股份及上市的特别规定》、《国务院关于股份有限公司境内上市外资股的规定》、《证券、期货投资咨询管理暂行办法》、《证券交易所风险基金管理暂行办法》、《国有重点金融机构监事会暂行条例》、《外资金融机构管理条例》、《证券公司股票质押贷款管理办法》、《证券公司监督管理条例》、《证券公司风险处置条例》等。

1.《证券公司监督管理条例》

《证券公司监督管理条例》于2008年6月1日颁布施行，目的在于加强对证券公司的监督管理，规范证券公司的行为，防范证券公司的风险，保护客户的合法权益和社会公共利益，促进证券业健康发展。该条例共八章九十七条，八章内容分别为总则、设立与变更、组织机构、业务规则与风险控制、客户资产的保护、监督管理措施、法律责任、附则。其中第四章分为一般规定、证券经纪业务、证券自营业务、证券资产管理业务、融资融券业务五节。

2.《证券公司风险处置条例》

《证券公司风险处置条例》于2008年4月23日公布施行，主要为了控制和化解证券公司风险，保护投资者合法权益和社会公共利益，保障证券业健康发展。《证券公司风险处置条例》共七章，分别为总则，停业整顿、托管、接管、行政重组，撤销，破产清算和重整，监督协调，法律责任，附则。

（三）部门规章及规范性文件层面

关于证券市场的部门规章及规范性文件有很多，以下简单列举：

(1)《禁止证券欺诈行为暂行办法》(国务院证券委员会，1993年)。

(2)《股份有限公司境内上市外资股规定的实施细则》(国务院证券委员会，1996年)。

(3)《境内及境外证券经营机构从事外资股业务资格管理暂行办法》(中国证券监督管理委员会，本章下称“证监会”，1996年)。

(4)《证券经营机构股票承销业务管理办法》(国务院证券委员会，1996年)。

(5)《证券经营机构证券自营业务管理办法》(证监会，1996年)。

(6)《公开发行证券的公司信息披露编报规则》(证监会，2000年)。

(7)《证券交易所管理办法》(证监会，1997年、2001年修改)。

(8)《股票发行审核委员会暂行办法》(证监会，2003年)。

(9)《证券投资基金销售管理办法》(证监会，2004年)。

(10)《证券投资基金运作管理办法》(证监会，2004年)。

(11)《证券公司信息技术管理规范》(中国人民银行、证监会，2005年)。

(12)《证券期货业信息安全保障管理暂行办法》(证监会，2005年)。

(13)《证券投资者保护基金管理办法》(证监会、中国人民银行，2005年)。

(14)《上市公司证券发行管理办法》(证监会，2006年)。

(15)《首次公开发行股票并上市管理办法》(证监会，2006年)。

(16)《证券发行与承销管理办法》(证监会，2006年)。

(17)《证券市场禁入规定》(证监会，2006年)。

(18)《上市公司信息披露管理办法》(证监会，2007年)。

(19)《上市公司收购管理办法》(证监会，2008年)。

(20)《首次公开发行股票并在创业板上市管理暂行办法》(证监会，2009年)。

(21)《证券公司融资融券业务试点管理办法》(证监会，2006年、2011年修改。)

(四) 自律性规则层面

与证券市场运行有关的自律型规则有《上海证券交易所股票上市规则》、《上海证券交易所交易规则》、《深圳证券交易所股票上市规则》、《深圳证券交易所交易规则》、《证券业从业人员资格考试办法（试行）》、《证券业从业人员执业行为准则》、《基金经理注册登记规则》等。

二、证券市场监管体系

(一) 证券市场监管体制

根据政府监管机构和自律监管机构在整体市场中的作用和地位不同，证券市场管理体制主要有集中型管理体制与自律型管理体制两类，分别以美国和英国为代表。中间型管理体制侧重两种体制的结合，这里不再详述。

1. 集中型管理体制

集中型管理体制，即美国模式，是一种政府主导型监管，国家通过制定专门的证券市场法规，设立全国性的证券管理机构实现对全国证券市场的管理。采用该体制的国家还有日本、韩国、印度尼西亚、菲律宾、加拿大、以色列、巴基斯坦、尼日利亚、土耳其和埃及等。

(1) 集中型管理体制的优点：1) 具有超脱于证券市场参与者之外的统一管理机构，能较公平、公正、客观、有效、严格地发挥监督作用，并能起到协调全国证券市场的作用，防止出现群龙无首、过度竞争的混乱局面。2) 具有专门的证券法规，使证券行为有法可依，提高证券市场监管的权威性。3) 由于管理者的超脱地位，较注重保护投资者的利益。

(2) 集中型管理体制也有一些缺陷。证券市场的管理是一项艰巨而复杂的任务，涉及面广，单靠全国性的证券管理机构而没有证券交易所和证券商协会的配合很难完成，难以实现既有效管理又不过多行政干预的目标。正因为如此，实行集中型管理的国家也较注意发挥证券交易所和证券商协会自律管理的作用。

2. 自律型管理体制

自律型管理体制，即英国模式，在这一体制下，政府除了必要的国家立法外，较少干预证券市场，证券市场的监管以自律为主。该体制下，证券市场的监管主要由其自律机构如证券交易所、证券商协会等完成。采用该体制的国家主要是英联邦的成员国，其中以英国为代表。

(1) 自律型管理体制的优点表现在：1) 既可提供较充分的投资保护，又能充分发挥市场的创新和竞争意识，从而有利于市场的活跃；2) 允许证券商参与制定证券市场管理条例，鼓励其遵守这些条例，从而使市场管理更切实际；3) 由市场参与者制定和修改证券管理条例比由议会制定证券法具有更大的灵活性，效率更高；4) 自律组织能对现场发生的违法行为作出迅速而有效的反应。

（2）自律型管理体制有缺点表现在：1）自律型管理通常无法将重点放在市场的有效运转和保护证券交易所会员的利益上，对投资者提供的保障往往不充分；2）管理者的非超脱性难以保证管理的公正；3）由于没有立法作后盾，管理手段较软弱；4）由于没有专门的管理机构，难以协调全国证券市场的发展，容易造成混乱。

我国证券市场的监管以集中型管理体制为主，同时充分发挥证券业自律组织的作用，即证监会集中统一监管、证券交易所自律监管、证券业协会自律监管三者并存。

（二）我国证券市场监管机构

我国证券市场的监管机构主要由中国证券监督委员会、证券交易所、证券业协会等。证交所的内容在本章第二节已有详细介绍，这里不再赘述，以下仅就证监会和证券业协会做简单介绍。

1. 中国证券监督管理委员会

目前，中国证券监督管理委员会采取三级监管架构，证券监督管理委员会下设九个大区证券监管办公室，大区证券监管办公室下设特派员办事处。①

中国证券监督管理委员会主要职责是：（1）研究和拟订证券期货市场的方针政策、发展规划；起草证券期货市场的有关法律、法规；制定证券期货市场的有关规章。（2）统一管理证券期货市场，按规定对证券期货监督机构实行垂直领导。（3）监督股票、可转换债券、证券投资基金的发行、交易、托管和清算；批准企业债券的上市；监管上市国债和企业债券的交易活动。（4）监管境内期货合约上市、交易和清算；按规定监督境内机构从事境外期货业务。（5）监管上市公司及其有信息披露义务股东的证券市场行为。（6）管理证券期货交易所。按规定管理证券期货交易所的高级管理人员；归口管理证券业协会。（7）监管证券期货经营机构、证券投资基金管理公司、证券登记清算公司、期货清算机构、证券期货投资咨询机构；与中国人民银行共同审批基金托管机构的资格并监管其基金托管业务；制定上述机构高级管理人员任职资格的管理办法并组织实施；负责证券期货从业人员的资格管理。（8）监管境内企业直接或间接到境外发行股票、上市；监管境内机构到境外设立证券机构；监督境外机构到境内设立证券机构、从事证券业务。（9）监管证券期货信息传播活动，负责证券期货市场的统计与信息资源管理。（10）会同有关部门审批律师事务所、会计师事务所、资产评估机构及其成员从事证券期货中介业务的资格并监管其相关的业务活动。（11）依法对证券期货违法违规行为进行调查、处罚。（12）归口管理证券期货行业的对外交往和国际合作事务。

2. 中国证券业协会

中国证券业协会采取会员制的组织形式，凡依法设立并经特许可以从事证券业务经营和中介服务的专业证券公司、金融机构、证券交易所及类似机构，承认协会章程遵守协会

① 中国证券监督管理委员会下设的九个大区证券监管办公室分别设在天津、沈阳、上海、济南、武汉、成都、西安、广州和深圳。为确保证监会的监管不受地方政府的干预，其派出机构的设立打破了原有的行政区划。

的各项规则，均可申请加入协会，成为协会会员。

中国证券业协会的职能是：根据党和国家有关政策、规划，拟订自律性管理规则；统一会员的交易行为，维护市场秩序，斡旋、调解会员间的纠纷，接受主管部门的授权，仲裁会员与顾客间的争议；监督、审查会员的营业及财务状况，并对会员进行奖励和处罚；组织从业人员的各类培训，提高从业人员的业务技能和管理水平，并负责从业人员的奖励和处罚等。

本章小结

证券发行市场是一个无形市场，不存在具体的、固定的场所。从形式上说，证券发行市场是证券交易市场的基础，二者构成统一的证券市场整体，相辅相成、相互影响。从理论上说，证券发行人直接或通过中介人间接地向社会进行招募，而认购人购买其证券的交易行为就构成了证券的发行市场。股票发行市场、债券发行市场和投资基金发行市场是证券发行市场的三种常见的重要形式。

证券交易市场是现有证券买卖的市场，主要由证券交易所和场外交易市场构成，其中证券交易所是证券交易市场的核心。证券交易所是证券集中竞价交易的有形市场，场外交易市场则是分散的无形市场。场外交易市场分店头市场、第三市场、第四市场三类。创业板市场是专门为成长中的科技型中小企业提供上市服务和场所的专业股票市场。证券交易一般要经过开户、委托、竞价、成交、清算交割、过户等环节。证券交易的方式有现货交易、信用交易、期货交易与期权交易等四种。

证券市场的法规体系和监管体系是相辅相成、协调统一的。法规体系有美国法规体系、英国法规体系及欧陆法规体系之别，对应的监管体系也有集中型、自律型和中间型之分。我国证券市场的法规体系由法律、行政法规、部门规章及规范性文件、自律性规则四个层面构成；监管体系则是证监会集中统一监管、证券交易所自律监管、证券业协会自律监管三者并存。

思考题

1. 证券发行市场的作用是什么？
2. 简述股票的具体定价发行方式以及股票初次发行的条件。
3. 简述债券信用评级的作用及局限性。
4. 简述证券投资基金的设立条件。
5. 试述证券交易所和场外交易市场的特点与功能。
6. 创业板市场的特点和功能是什么？
7. 试述证券的交易程序及四种交易方式。

第五章

证券价格

本章要点

1. 债券收益率的计算方法以及不同收益率的意义
2. 债券的收益率曲线和利率期限结构理论
3. 债券价格的影响因素
4. 股票价格的模型
5. 股票价格指数
6. 投资基金净值与市价的计算方法

第一节　债券的价格

债券的价格等于债券未来收益的现值。债券价格分发行价格和交易价格。债券的发行价格是指债券发行时确定的价格。债券的发行价格可能不同于债券的票面金额，当债券的发行价格高于票面金额时，称为溢价发行；当债券的发行价格低于票面金额时，称为折价发行；当债券的发行价格等于票面金额时，称为平价发行。债券的发行价格通常取决于二级市场的交易价格以及市场的利率水平。债券离开发行市场进入流通市场进行交易时，便取得交易价格。债券的交易价格随市场利率和供求关系的变化而波动，同样可能偏离其票面价值。

一、债券价格

普通债券每半年支付一次固定金额的息票，并在债券到期时偿还本金。当未来息票支付次数为偶数时，债券的价格为：

$$P=\sum_{t=1}^{2T}\frac{C_t/2}{(1+i/2)^t}+\frac{B}{(1+i/2)^{2T}}$$
$$=\frac{C}{i}\left[1-\frac{1}{(1+i/2)^{2T}}\right]+\frac{B}{(1+i/2)^{2T}} \qquad (5—1—1)$$

其中，P 为债券价格；C 为息票支付金额；T 为债券期限年数；B 为债券面值；i 为市场折扣率。

当未来息票支付次数为奇数时，债券价格可以用以下公式计算：

$$P=\frac{C}{i}\left[1-\frac{1}{(1+i/2)^{2T+1}}\right]+\frac{B}{(1+i/2)^{2T+1}} \qquad (5—1—2)$$

当债券没有到期期限（即为永久性债券）时，其价格公式可以简化为：

$$P=\frac{C}{i} \qquad (5—1—3)$$

以上讨论的债券价格并没有包括应计利息收入，这种债券价格称为债券的公平价格。实际上，债券的总价格包含了债券的价格与净应计利息两部分。具体来说，当交易发生在本期息票支付日与非下期息票日（下期支付之前的四个工作日）之间时，债券买方有权获得下期息票收益。因此，债券总价格大于公平价格，应计利息为正值，它是对债券卖方放弃下期息票支付的补偿。当交易发生在下期息票日之后，但在下期利息支付日之前时，债券卖方则获得下期利息收益，债券总价格小于公平价格，应计利息为负值，作为对债券买方的补偿。当交易发生在息票支付日时，债券总价格等于其公平价格，应计利息为零。

二、债券收益率

（一）本期收益率

本期收益率是最简单的债券收益率，亦称为实际收益率。可以用公式表示为：

$$r_c=\frac{C}{P} \qquad (5—1—4)$$

其中，r_c 为本期收益率；C 为息票支付额；P 为债券市场价格。

本期收益率的基本缺陷是没有包含债券的资本增值（或资本损失）。除以息票收入为主要目的的投资者外，这一收益率并不为大多数投资者所采用。

（二）到期收益率

简单到期收益率考虑了债券的资本增值（损失）因素。它由本期收益率和资本增值两部分组成。可以用公式表示为：

$$r_s=\frac{C}{P}+\frac{100-P}{TP} \qquad (5—1—5)$$

其中，r_s 为本期收益率；T 为债券期限年数。

不过简单到期收益率没有包括复利计算因素，而到期收益率则克服了这一缺陷。到期收益率包含了对债券收益的复利计算、债券的到期期限以及债券的资本增值（资本损失）这三大主要决定性因素。到期收益率是债券的内在收益率。它可由以下的现值公式计算：

$$P=\frac{1}{(1+r_m/2)^{n/182.5}}\left[\sum_{t=0}^{S-1}\frac{C/2}{(1+r_m/2)^t}+\frac{B}{(1+r_m/2)^{S-1}}\right]$$

$$=\frac{1}{(1+r_m/2)^{n/182.5}}\left\{\frac{C}{r_m}\left[(1+\frac{r_m}{2})-\frac{1}{(1+r_m/2)^{S-1}}\right]+\frac{B}{(1+r_m/2)^{S-1}}\right\} \quad (5—1—6)$$

其中，P 为债券总价格或市场价格；r_m 为到期收益率；n 为债券交易日与下期息票支付日之间的天数；S 为债券到期前的息票支付次数，当其为偶数时，$S=2T$，当其为奇数时，$S=2T+1$。

若应计利息为零，当复利计算与息票支付均为每年两次时，到期收益率可根据以下现值公式计算：

$$P=\sum_{t=1}^{2T}\frac{C_t/2}{(1+r_m/2)^t}+\frac{B}{(1+r_m/2)^{2T}} \quad (5—1—7)$$

当息票支付为每年一次时，到期收益率则可用以下公式计算：

$$P=\sum_{t=1}^{T}\frac{C_t/2}{(1+r_m/2)^t}+\frac{B}{(1+r_m/2)^{T}} \quad (5—1—8)$$

以上公式所计算的收益率为总到期收益率。但是，息票收益需缴纳收入所得税。因此，若将扣除所得税后的息票收益 $C(1-t_I)$ 代替公式中的纳税前的收益，可以得到纳税的净到期收益率（t_I 为所得税率）。

（三）持有期收益率

债券持有期收益率是债券持有期间已实现的平均收益率，亦称为再投资收益率。它包括了债券展期利率，或息票收益再投资利率的变化。展期利率小于收益率的风险称为再投资风险（或替代风险）。为简便起见，我们假设债券在息票支付日购入（即应计利息为零），且息票支付次数为偶数。这样，持有期收益率可以用公式表示为：

$$r_h=2\left\{\left[\frac{\frac{C}{2}\left(1+\frac{r_1}{2}\right)^{2T-1}+\cdots+\frac{C}{2}+P_0}{P}\right]^{\frac{1}{2T}}-1\right\} \quad (5—1—9)$$

其中，r_h 为持有期收益率；r_1，r_2，…，r_n 为证券替代利率；P_0 为证券购入价格；P 为证券出售价格。

三、利率期限结构理论

债券的到期期限对利率有重要的影响。若某类债券具有相同的违约风险、相同的流动性与选择权以及相同的税收结构，但是它们的到期期限不同，这些债券的利率仍会存在较大的差异。例如，中央政府发行的国库券在风险结构上完全一致，其差别仅仅在于不同的到期期限，它们的利率随之而异。

（一）收益率曲线

收益率曲线是具有相同违约风险、相同流动性与税收结构及选择权，但到期期限不同

的债券的利率曲线。收益率曲线概括了某种特定债券利率的期限结构。收益率曲线有三种不同的形态：上升曲线、水平曲线与下降曲线（见图 5—1）。

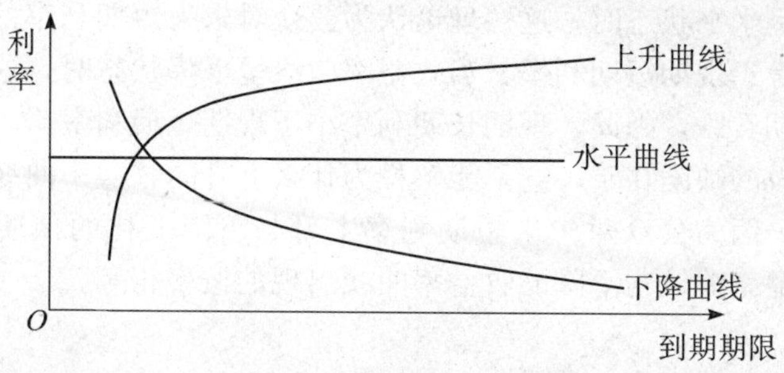

图 5—1 收益率曲线图

当债券利率随债券到期期限的增加而上升或短期利率低于长期利率时，收益率曲线为上升曲线。当债券利率不随债券到期期限变化，即短期利率与长期利率相等时，收益率曲线为水平曲线。当债券利率随债券到期期限的增加而下降或短期利率高于长期利率时，收益率曲线为下降曲线。一般说来，收益率曲线在多数情况下呈现为上升曲线，或者说上升的收益率曲线为常态的收益率曲线。不过，在经济过热导致通货膨胀率上升时，信贷需求增加会推动利率上涨，而短期利率的上升往往超过长期利率，从而产生了水平的收益率曲线。当高通货膨胀出现，政府当局采取紧缩的货币政策，短期利率的上升可能超过长期利率的上升，从而形成下降的收益率曲线。

收益率曲线所表现出的这些特点可以用利率期限结构理论加以解释。利率期限结构理论包括预期假设、市场分割假设和优先择居假设。

（二）预期假设

利率期限结构的预期假设最早由费雪提出，但主要是由希克斯和卢特发展起来的。这个理论认为，长期债券的利率等于公众在该债券到期期限之内，对各种不同阶段的短期债券利率预测的平均值。这一理论假设建立在长期债券互为完全替代物的基础上。换言之，投资者并不关心其购入金融资产的期限长短，他们仅仅关心债券的回报率。预期假设可以用公式表示：

$$i_{nt}=\frac{i_t+i_{t+1}^e+i_{t+2}^e+\cdots+i_{t+n-1}}{n} \qquad (5—1—10)$$

其中，i_{nt} 为第 t 期的长期债券的利率；i_t 为在第 t 期的短期债券的利率；i_{t+1}^e，i_{t+2}^e，…为在第 $t+1$，$t+2$，…期的短期债券的预期利率。

例如，若预测的第一年的短期利率值为 7.5%，第二年的短期利率值为 8%，第三年的短期利率值为 7%，则三年期限的长期利率可以根据公式计算如下：

$$i_{3t}=\frac{7.5\%+8\%+7\%}{3}=7.5\%$$

预期假设可以解释不同到期期限债券利率的同步波动。公众对未来短期利率的预期建立在当前的短期利率之上。若现期的短期利率上升，预期的短期利率随之上升；而当预期短期利率上升时，现期的长期利率亦会上升。反之，当现期的短期利率下降时，预期的短期利率随之下降，因而现期的长期利率亦会下降。这一理论还合理地解释了不同形态的收益率曲线。当收益率曲线呈上升趋势时，预期假设认为公众对未来短期利率看涨，因为现期的长期利率等于未来预期的短期利率的平均值，所以，现期的长期利率大于现期短期利率。当收益率曲线呈水平状态时，这一理论认为公众对未来短期利率的预期没有改变，因此，现期长期利率等于现期短期利率。当收益率曲线呈下降状态时，这一理论认为公众对未来短期利率的预期看跌，因此，现期长期利率小于现期短期利率。

但是，预期假设的缺陷在于，它不能解释为什么上升的收益率曲线是常态的收益率曲线。按照这一理论，因为公众对未来短期利率上升与下降变化的预期在概率学上是相等的，所以上升的收益率曲线与下降的收益率曲线出现的概率相等。

（三）市场分割假设

市场分割假设是由库博松·莫迪格里安尼提出的。他认为不同期限债券市场之间是互相分割的，即长期债券与短期债券之间不存在替代关系。因此，不同期限债券的利率水平由各分割市场的供给与需求独立地决定。在一般情况下，债券投资者都具有对特定到期期限债券的偏好，例如某些投资者喜爱长期债券，而另一部分投资者喜爱短期债券。不过，平均而论，投资者普遍倾向于购入期限较短、资本金回收较快的债券。因此，长期债券的需求相对小于短期债券的需求。在市场供求关系的作用下，作为对投资者持有长期债券的补偿，长期债券利率高于短期债券利率。但是，这一理论不能合理地解释长期债券利率与短期债券利率的同步波动，亦不能解释水平状态与下降趋势的收益率曲线。

（四）优先择居假设

预期假设与市场分割假设是相互对立的两种理论假设。优先择居假设则将以上的两种假设结合起来。它认为，长期债券与短期债券之间存在着替代关系，同时，投资者又对不同曲线的债券有一定的偏好或“优先择居”。因此，长期债券的利率等于公众对此债券到期期限内各不同阶段的短期利率的预测平均值，再加上反映不同期限债券供求关系的期限补贴。用公式表示如下：

$$i_{nt}=\frac{i_t+i^e_{t+1}+i^e_{t+2}+\cdots+i_{t+n-1}}{n}+d_{nt} \tag{5—1—11}$$

其中，d_{nt}为长期债券的期限补贴。

当投资者优先选择到期期限短的债券时，期限补贴便为正值，它反映了市场对长期债券持有者的补偿。这种现象反映了一般性的市场状态。

这一理论认为长期利率为预期短期利率的平均值，而预期短期利率则依赖于现期短期利率的变动；因此，它合理地解释了不同期限债券利率的同步波动。优先择居假设还可以说明急剧与缓慢上升的曲线。例如，当现期短期利率水平较低时，公众对未来短期利率的上升预期很高，再加上正值的期限补贴，现期长期利率便远大于现期短期利率，收益率曲线呈现急剧上升的状态。当现期短期利率水平较高时，公众对未来短期利率的上升预期放缓，因此现期长期利率便仅略高于现期短期利率，即收益率曲线呈现缓慢上升的状态。最后，优先择居假设还解释了水平和下降的收益率曲线。例如，当公众预期未来到期利率将缓慢下降时，在正值的期限补贴的抵消作用下，现期长期利率等于现期短期利率，收益率曲线呈水平状态。在特殊情况下，当公众预期未来到期利率将急剧下降时，正值的期限补

贴不能完全抵消未来预期短期利率的平均值的降低额，因此，现期长期利率低于现期短期利率，收益率曲线呈下降趋势。

四、债券定价的影响因素

（一）影响债券定价的内部因素

1. 期限

一般来说，债券的期限越长，其市场变动的可能性就越大，其价格的易变性也就越大。

2. 息票利率

债券的息票利率越低，债券价格的易变性也就越大。在市场利率增加的时候，息票利率较低的债券的价格下降最快，并且在市场利率很高的时候，其价格会下降到很低的水平。但是，当市场利率下降时，它们增值的潜力也最大。

3. 提前赎回规定

提前赎回条款是债券发行人所拥有的一项选择权，它允许债券发行人在债券发行一段时间后，按规定的赎回价格在债券到期前部分或全部偿还债务。这种规定在财务上对发行人是有利的，因为发行人可以发行较低利率的债券取代这些利率较高的被赎回的债券，从而减少融资成本。而对于投资者来说，他的再投资机会被提前，再投资利率也较低，这种风险是要补偿的。因此，具有较高提前赎回可能性的债券具有较高的息票利率，也应具有较高的到期收益率，其内在价值也就较低。

4. 税收待遇

一般来说，免税债券的到期收益率比类似的应纳税债券的到期收益率低。此外，税收还以其他方式影响着债券的价格和收益率。例如，任何一种按折扣方式出售的低利率附息债券提供的收益都有两种形式：息票利息和资本收益。在美国，这两种收入都被当做普通收入进行征税，但是对于后者的征税可以推迟到债券出售或到期时才进行。这种推迟就表明大额折价债券具有一定的税收利益。在其他条件相同的情况下，这种债券的税前收益率必然略低于高利附息债券，也就是说，低利附息债券比高利附息债券的内在价值要高。

5. 市场性

市场性是指债券可以迅速出售而不会发生实际价格损失的能力。如果某种债券按市价卖出很困难，持有者会因该债券的市场性差而受到损失，这种损失包括较高的交易成本以及资本损失，这种损失也必须在债券的定价中得到补偿。因此，市场性好的债券与市场性差的债券相比，具有较低的到期收益率和较高的内在价值。

6. 拖欠的可能性

拖欠的可能性又被称为违约风险，是指债券发行人不能按期履行合约规定的义务，无力支付利息和本金的潜在可能性。一般来说，除政府债券以外，一般债券都是存在违约风险的，只不过风险大小有所不同而已。拖欠可能性越大的债券，其到期收益率就越高，其债券的内在价值也就越低。

（二）影响债券定价的外部因素

1. 银行利率

银行利率是债券定价过程中必须考虑的一个重要因素，银行作为一种金融机构其信用度极高，这就使得银行存款的风险极低。因此，债券的收益率可参照银行存款利率来确定。一般来说，政府债券由于没有风险，收益率要低于银行利率，而一般公司债券的收益率要高于银行利率。

2. 市场利率

利率风险是各种债券都面临的风险。在市场总体利率水平上升时，债券的收益率水平也应上升，从而使债券的内在价值降低；反之，在市场总体利率水平下降时，债券的收益率水平也应下降，从而使债券的内在价值增加。并且，市场利率风险与债券的期限相关，债券的期限越长，其价格的利率敏感度也就越大。

3. 其他因素

通货膨胀可能会使投资者从债券投资中实现的收益不足以抵补由于通货膨胀而造成的购买力损失。当投资者投资于某种外币债券时，汇率的变化会使投资者的未来本币收入受到贬值损失。这些损失的可能性也都必须在债券的定价中得到体现，使其债券的到期收益率增加，债券的内在价值降低。

第二节　股票的价格

一、股票的理论价格

股票代表的是持有者的股东权，这种股东权的直接经济利益表现为股息、红利收入。而所谓的股票理论价格，就是为获得这种股息、红利收入的请求权而付出的代价（机会成本），是股息资本化的表现。

静态地看，股息收入与利息收入具有同样的意义，对于投资者来说，是把资金投资于股票还是存于银行，这首先取决于哪方的投资收益率高。按照等量资本获得等量收入的理论，如果股息利率高于利息率，人们对股票的需求就会增加，股票价格就会上涨，而股息率就会下降，一直到股息率与市场利息率大体一致为止。按照这种分析，即可以得出股票的理论价格公式为：

$$\text{股票理论价格}=\frac{\text{股息红利收益}}{\text{利息率}}$$

股票的理论价格不等于股票的市场价格（实际交易价格），甚至两者有相当大的差距。

但是，它对于预测股票市场价格的变动趋势提供了重要依据，同时也是股票市场价格形成的一个基础性因素。

二、股票的价值和价格

（一）股票的票面价值

指在股票票面上标明的金额。它的主要功用是确定每股股票在公司中所占的份额。有些公司发行股票时，不在票面上标明股票的票面价值，但在招股说明书上一定要注明票面价值是多少。

（二）股票的账面价值

这一指标大体反映每股普通股所代表的公司实际资产，又称“股票净值”。股票的账面价值可用下面公式计算：

$$V_a=\frac{T-P}{N_c} \qquad (5—2—1)$$

其中，V_a 为股票的账面价值；P 为优先股票的总面值；T 为公司资产的净值；N_c 为普通股票的总股数。

公司资产净值是指公司的资本额。其中，各种公积金和保留盈余尽管没有以股利形式分派出来，但所有权是属于股东的。因此，净资产也称为“股东权益”。对于经营状况好、财务健全的公司，股东所享有的权益大，其账面价值必然大于票面价值。因此，净值的高低可作为投资分析的参考依据之一。对于长期投资者，以净值作为依据是一种既安全又基础的做法，因为“净值”是公司长时间积累的成果。

（三）股票的清算价值

在公司撤销或解散时，资产经过清算后，每股所代表的实际价值。在理论上，清算价值等于清算时的账面价值，但实际情况是，由于公司的大多数资产只有低价才能售出，再扣除清算费用，清算价值往往小于账面价值。

（四）股票的市场价格

即股票在股票市场上买卖的价格。股票市场可分为发行市场与流通市场，因而，股票在市场上的价格也就有发行价格与流通价格的区分。股票的发行价格就是发行公司与证券承销商议定的价格。股票在流通市场上的价格才是完全意义上的股票的市场价格，一般称为股票市价或股票行市。对于投资者而言，股价表现为开市价、收市价、最高价和最低价等形式。其中收市价最重要，它是人们分析股市以及制作股市行情表时采用的基本数据。人们之所以分析股价，就在于股价的敏感善变使得人们的收益不稳定。但影响股价的因素很多而且很复杂，于是人们力图找出特定时期影响股价的主要因素，以把握股价的走势。

（五）股票的内在价值

股票的内在价值即理论价值，也即股票未来收益的现值，取决于股票收入和市场收益率。股票的内在价值决定股票的市场价格，但市场价格又不完全等于其内在价值。由供求关系产生并受多种因素影响的市场价格围绕着股票内在价值波动。

三、股票价格的基本模型

（一）贴现现金流模型

1. 基本模型

贴现现金流模型是运用收入的资本化定价方法来决定普通股票的内在价值的。按照收入的资本化定价方法，任何资产的内在价值是由拥有这种资产的投资者在未来时期中所接受的现金流决定的。由于现金流是未来时期的预期值，所以必须按照一定的贴现率返还成现值，也就是说，这种预期的现金流即在未来时期预期支付的股利，因此，贴现现金流模型的公式为：

$$V=\frac{D_1}{(1+k)^1}+\frac{D_2}{(1+k)^2}+\frac{D_3}{(1+k)^3}+\cdots+\frac{D_t}{(1+k)^t}$$

$$=\sum_{t=1}^{\infty}\frac{D_t}{(1+k)^t} \qquad (5—2—2)$$

其中，D_t 为在时间内与某一特定普通股相联系的预期的现金流，即在未来时期以现金形式表示的每股股票的股利；k 为在一定风险程度下现金流的合适的贴现率；V 为股票的内在价值。在公式（5—2—2）中，假定在所有时期内贴现率都是一样的。由该公式我们可以引出净现值这个概念。净现值等于内在价值与成本之差，即：

$$NPV=V-P=\sum_{t=1}^{\infty}\frac{D_t}{(1+k)^t}-P \qquad (5—2—3)$$

其中，P 为在 $t=0$ 时购买股票的成本。

如果 $NPV>0$，意味着所有预期的现金流入的净现值之和大于投资成本，即这种股票被低估价格，因此购买这种股票可行；如果 $NPV<0$，意味着所有预期的现金流入的净现值之和小于投资成本，即这种股票被高估价格，因此不可购买这种股票。

2. 内部收益率

在了解了净现值之后，我们便可以引出内部收益率这个概念。内部收益率就是使投资净现值等于零的贴现率。如果用 k^* 代表内部收益率，通过公式（5—2—3），可得：

$$NPV=V-P=\sum_{t=1}^{\infty}\frac{D_t}{(1+k^*)^t}-P=0$$

$$\therefore P=\sum_{t=1}^{\infty}\frac{D_t}{(1+k^*)^t} \qquad (5—2—4)$$

由公式（5—2—4）可以解出内部收益率 k^*。把 k^* 与具有同等风险水平的股票的必要收益率（用 k 表示）相比较：如果 $k^*>k$，则可以购买这种股票；如果 $k^*<k$，则不要购买这种股票。在运用公式（5—2—2）决定一股普通股票的内在价值时存在一个麻烦问题，即投资者必须预测未来时期支付的股利。由于普通股票没有一个固定的生命周期，所以建议使用无限时期的股利流，这就需要加上一些假定。这些假定始终围绕着股利增长

率，一般来说，每股股利被看做每股股利乘上股利增长率，其计算公式为：

$$D_t = D_{t-1}(1+g_t) \tag{5—2—5}$$

或

$$g_t = \frac{D_t - D_{t-1}}{D_{t-1}} \tag{5—2—6}$$

（二）零增长模型

1. 基本模型

零增长模型假定股利增长率等于零，即 $g=0$，也就是说未来的股利按一个固定数量支付。根据这个假定，我们用 D_0 来改换公式（5—2—2）中的 D_t，即：

$$V = \sum_{t=1}^{\infty} \frac{D_0}{(1+k)^t} = D_0 \sum_{t=1}^{\infty} \frac{1}{(1+k)^t} \tag{5—2—7}$$

因为 $k>0$，按照数学中无穷级数的性质，可知：

$$\sum_{t=1}^{\infty} \frac{D_0}{(1+k)^t} = \frac{1}{k}$$

代入公式（5—2—7）中，得出零增长模型公式：

$$V = \frac{D_0}{k} \tag{5—2—8}$$

其中，V 为股票的内在价值；D_0 为在未来无限时期支付的每股股利；k 为必要收益率。

2. 内部收益率

公式（5—2—8）也可以用于计算投资于零增长证券的内部收益率。首先，用证券的当今价格 P 代替 V，用 k^*（内部收益率）代表 k，代入式（5—2—4），其结果是：

$$V = \sum_{t=1}^{\infty} \frac{D_{0t}}{(1+k^*)^t} = \frac{D_0}{k^*} \tag{5—2—9a}$$

进行代换，可得：

$$k^* = \frac{D_0}{P} \tag{5—2—9b}$$

3. 应用

零增长模型的应用似乎受到相当的限制，毕竟假定对某一种股票永远支付固定的股利是不合理的。但在特定的情况下，在决定普通股票的价值时，这种模型也是相当有用的，尤其是在决定优先股的内在价值时。因为大多数优先股支付的股利不会因每股收益的变化而改变，而且由于优先股没有固定的生命期，预期支付显然是能永远进行下去的。

（三）不变增长模型（戈尔顿增长模型）

1. 基本模型

它是戈尔顿在研究了未分配盈余产生股利的情况后于 1962 年提出的。如果我们假设股利永远按不变的增长率增长，那么就会建立不变增长模型。公式为：

$$D=D_{t-1}(1+g)\ =D_0(1+g)^t \tag{5—2—10}$$

用 $D_t=D_0(1+g)^t$ 置换公式（5—2—2）中的分子，得出：

$$V=\sum_{t=1}^{\infty}\frac{D_0(1+g)^t}{(1+k)^t}=D_0\sum_{t=1}^{\infty}\frac{(1+g)^t}{(1+k)^t} \tag{5—2—11}$$

运用数学中无穷级数的性质，如果 $k>g$，可知：

$$\sum_{t=1}^{\infty}\frac{(1+g)^t}{(1+k)^t}=\frac{1+g}{k-g} \tag{5—2—12}$$

把公式（5—2—12）代入公式（5—2—11）中，得出不变增长模型的价值公式：

$$V=D_0\,\frac{1+g}{k+g} \tag{5—2—13}$$

又因为 $D_t=D_0(1+g)$，所以有时把公式（5—2—13）写成如下形式：

$$V=\frac{D_1}{k-g} \tag{5—2—14}$$

2. 内部收益率

公式（5—2—13）可用于解出不变增长证券的内部收益率。首先，用股票的当今价格 P 代替 V；其次，用 k^* 代替 k。其结果是：

$$P=D_0\,\frac{1+g}{k^*-g} \tag{5—2—15}$$

经过变换，可得：

$$k^*=\frac{D_0(1+g)}{P}+g=\frac{D_1}{g}+g \tag{5—2—16}$$

3. 与零增长模型的关系

零增长模型实际上是不变增长模型一个特例。当假定增长率为零，股利将永远按固定数量支付时，不变增长模型就是零增长模型。从这两种模型来看，虽然不变增长的假设比零增长的假设有较小的限制，但在许多情况下仍然被认为是不现实的。但是，不变增长模型是多元增长模型的基础，因此这种模型极为重要。

（四）多元增长模型

1. 基本模型

多元增长模型是被用来确定股票内在价值最普遍的贴现现金流模型。这一模型假设股利的变动在一段时间 T 内并没有特定的模式可以预测，在此段时间结束以后，股利按不变增长模型进行变动。因此，股利流可以分为两个部分：第一部分包括在股利无规则变化时期的所有预期股利的现值，用 $T-$ 表示这一部分的现值：

$$V_{T-}=\sum_{t=1}^{T}\frac{D_t}{(1+k)^t} \tag{5—2—17}$$

第二部分包括从时点 T 来看的股利不变增长率变动时期的所有预期股利的现值。因

此，这种股票在时间 T 的价值（V_T）可通过不变增长模型的公式（5—2—14）求出：

$$V_T = D_{T+1}\frac{1}{k-g} \tag{5—2—18}$$

但目前投资者是在 $t=0$ 时刻，而不是 $t=T$ 时刻，来决定股票现金流的现值。于是，在 T 时刻以后 $t=0$ 的所有股利的贴现值为：

$$V_{T+} = V_T\frac{1}{(1+k)^T} = \frac{D_{T+1}}{(k-g)(1-k)^T} \tag{5—2—19}$$

根据公式（5—2—17），我们可以得出直到时刻为止的所有股利的现值，根据公式（5—2—19），得出 T 时刻以后的所有股利的现值，于是这两部分现值的总和即这种股票的内在价值，用公式表示如下：

$$V = V_{T-} + V_{T+} = \sum_{t=1}^{T}\frac{D_t}{(1+k)^t} + \frac{D_{T+1}}{(k-g)(1-k)^T} \tag{5—2—20}$$

2. 内部收益率

零增长模型和不变增长模型都有一个关于内部收益率的公式，而对于多元增长模型而言，不可能得到如此简捷的表达式。在公式（5—2—20）中，用 P 代表 V，用 k^* 表示 k，可得到：

$$P = \sum_{t=1}^{T}\frac{D_t}{(1+k^*)^t} + \frac{D_{T+1}}{(k^*-g)(1-k^*)^T} \tag{5—2—21}$$

虽然我们不能得到一个简捷的内部收益率的表达式，但是仍可以运用试错法，计算出多元增长模型的内部收益率。即在建立公式（5—2—21）后，代入一个假定的 k^*，如果公式右边的值大于 P，说明假定的 k^* 太大；相反，如果代入一个选定的 k^* 值，公式右边的值小于 P，说明选定的 k^* 太小。继续试选 k^*，最终找到使公式等式成立的 k^*。

3. 与不变增长模型的关系

不变增长模型是多元增长模型的特例。如果假定开始时 $T=0$，即：

$$V_{T-} = \sum_{t=1}^{T}\frac{D_t}{(1+k)^t} = 0$$

$$V_{T+} = \frac{D_{T+1}}{(k-g)(1-k)^T} = \frac{D_1}{k-g}$$

多元增长模型表述为 $V=V_{T-}+V_{T+}$，可知当 $T=0$ 时，$V=\dfrac{D_1}{k-g}$，这个公式实际上就是不变增长模型。

4. 二元模型和三元模型

有时投资者会使用二元模型和三元模型。二元模型假定在 T 时间以前存在一个不变增长速度 g_1；在时间 T 以后，假定有另一个不变增长速度 g_2。三元模型假定在 T 时间前，不变增长速度为 g_1；在 T_1 和 T_2 时间之间，不变增长速度为 g_2；在时间 T_2 以后，不变增长速度为 g_3。设 V_{T+} 表示在最后一个增长速度开始后的所有股利的现值，V_{T-} 表示这以前所有股利的现值，可知这些模型实际上是多元增长模型的特例。

（五）有限持有股票条件下股票内在价值的决定

无论是零增长模型、不变增长模型还是多元增长模型，都是对所有未来的股利进行贴现，预期投资者接受未来的所有股利流。如果投资者只计划在一定期限内持有该种股票，该股票的内在价值该如何变化呢？如果投资者计划在一年后出售这种股票，他所接受的现金流等于从现在起的一年内预期的股利（假定普通股每年支付一次股利）再加上预期的出售股票价格。因此，该股票的内在价值的决定是用必要收益率对这两种现金流进行贴现，其表达式为：

$$V=\frac{D_1+P_1}{1+k}=\frac{D_1}{1+k}+\frac{P_1}{1+k} \tag{5—2—22}$$

其中，D_1 为在 $t=1$ 时的预期股利；P_1 为在 $t=1$ 时的股票出售价格。在 $t=1$ 时，股票出售价格取决于出售以后预期支付的股利，即：

$$\begin{aligned}P_1&=\frac{D_2}{(1+k)^1}+\frac{D_3}{(1+k)^2}+\frac{D_4}{(1+k)^3}+\cdots+\frac{D_n}{(1+k)^{n-1}}\\&=\sum_{t=2}^{\infty}\frac{D_t}{(1+k)^{t-1}}\end{aligned} \tag{5—2—23}$$

把公式（5—2—23）代入公式（5—2—22），得到：

$$\begin{aligned}V&=\frac{D_1}{1+k}+\left[\frac{D_2}{(1+k)^1}+\frac{D_3}{(1+k)^2}+\cdots+\frac{D_n}{(1+k)^{n-1}}\right]\times\frac{1}{1+k}\\&=\frac{D_1}{(1+k)^1}+\frac{D_2}{(1+k)^2}+\frac{D_3}{(1+k)^3}+\cdots\frac{D_n}{(1+k)^n}\\&=\sum_{t=1}^{\infty}\frac{D_t}{(1+k)^t}\end{aligned} \tag{5—2—24}$$

公式（5—2—24）与公式（5—2—2）完全相同，说明对未来某一时刻的股利和这一时刻原股票出售价格进行贴现所得到的普通股票的价值等于对所有未来预期股利贴现后所得的股票价值，这是因为股票的预期出售价格本身也是基于出售之后的股利的贴现。因此，在有限持有股票的条件下，股票内在价值的决定等同于无限期持有股票条件下的股票的内在价值的决定，或者说，贴现现金流模型可以在不考虑投资者计划持有股票时间长短的条件下来决定普通股股票的内在价值。

四、股票市场价格计算方法——市盈率估价法

市盈率，又称价格收益比率，它是每股价格与每股收益之间的比率，其计算公式为：

市盈率＝每股价格/每股收益

可知：

每股价格＝市盈率×每股收益

如果我们能分别估计出股票的市盈率和每股收益，那么我们就能间接地由此公式估计出股票价格。这种评价股票价格的方法，就是“市盈率估价方法”。

举例来说，假定证券市场上某只股票的市盈率长期稳定在20倍，其每股收益为1元时，则该股票价格为20（20×1＝20）元/股。若其每股收益大幅度降低至0.5元，则在该股票市盈率不变的情况下，股票价格将下降到10（20×0.5＝10）元/股。

五、股票价格的修正

股票若发生送股、分红、配股等情况，要进行除权处理，除权日的参考报价就得重新计算。

（一）除息报价的计算

除息是指股价中除去领取的红利的权利。为股票进行分配，投资者领取红利后，这种分配权就不能再使用了。

为保证股票交易的连续性和股价的公正性，必须对股价进行技术处理，在股价中去除派息数额，持股的投资者可以从派息中得到补偿，若除息后股价上升，投资者就获得了派息带来的实际好处。若股价恢复到除息前的价格，则称填息，投资者就完全享受了派息。若无法填息或反而下跌，则称贴息，投资者实际上受到了损失。除息（称 XD）报价计算公式为：

$$P_{XD}=\text{除息日前一天收盘价}-\text{现金股息}$$

例如：某股票在除权登记日收盘价为 12.68 元/股，每股派息 0.34 元，则次日除息报价为：

$$P_{XD}=12.68-0.34=12.34\ \text{元/股}$$

这一价格为除息参考价，市场并不一定就认可这个报价。若除息开盘价格高于 12.34 元/股，则说明有填息可能，若除息开盘价格低于 12.34 元/股，则明显是贴息了。

（二）除权报价的计算

企业若送红股或配股，在方案实施中同样要进行价格修正，称为除权。除权后，若股价上升至除权前的价位，称为填权；否则称贴权，投资者因此受损。送股除权（称 XR）报价的计算公式如下：

$$P_{XR}=\frac{\text{除息日前一天收盘价}}{1+\text{送股比率}}$$

［例 5—1］ 某股票的分配方案为 10∶5 送红股，除权日前一日收盘价为 18 元/股，则除权报价为：

$$P_{XR}=\frac{18}{1+0.5}=12\ \text{元/股}$$

若企业进行配股，因股东还要拿出一笔资金，其除权报价要复杂一些，具体计算公式如下：

$$P_{XR}=\frac{\text{除息日前一天收盘价}+\text{配股价}\times\text{配股比率}}{1+\text{配股率}}$$

［例 5—2］ 某股票拟 10∶3 配股，价格 4.6 元/股，除权日前一日收盘价 15 元/股，则除权报价为：

$$P_{XR}=\frac{15+4.6\times 0.3}{1+0.3}=12.6\ \text{元/股}$$

（三）除权除息结合的报价计算

有的企业分配方案可能为几种形式的结合，则其除权除息（称 DR）报价要复杂得多了，具体形式可表示为：

$$P_{DR}=\frac{\text{前一天收盘价}+\text{配股价}\times\text{配股比率}-\text{每股红利}}{1+\text{送股率}+\text{配股率}}$$

［**例 5—3**］ 某股票的分配方案为每 10 股送红股 5 股、配 3 股，价格为 4 元/股，同时每 10 股派息 6 元，除权日前一日收盘价为 12 元/股，其除权除息报价为：

$$P_{DR}=\frac{12+4\times0.3-0.6}{1+0.5+0.3}=7\text{ 元/股}$$

六、股票价格指数

（一）股票价格指数的含义

股票价格指数，简称股价指数，指的是金融服务机构编制的，通过对股票市场上一些有代表性的公司发行的股票价格，进行平均计算和动态对比后得出的数值。股票价格指数，是对股市动态的综合反映。

编制股票价格指数的作用在于，综合考察股票市场的动态变化过程，反映股票市场的价格水平，为社会公众提供股票投资和合法股票增值活动的参考依据。购买股票是一种投资行为，收益和风险并存。为了帮助投资者实现投资目的，建立正常的、规范的投资环境，客观上需要一种能够综合反映股票市场发展变化和股市水平的指标作为决策依据。股票价格指数就是这样一种具有决策依据功能的指标。

（二）股票价格平均数

在编制股票价格指数之前，必须计算平均股价。平均股价也称股价平均数，指的是股票市场全部股票或采样股票的平均价格，主要用来反映股票市场的价格水平。

平均股价的计算方法通常有以下几种：

1. 简单算术平均法

即把采样股票某一时点的价格加总，然后以简单算术平均，其所得的平均值即为平均股价。其计算公式为：

$$\bar{P}=\frac{1}{n}\sum_{i=1}^{n}P_i$$

其中，$\bar{P}$ 为平均股价；P_i 为某一时点第 i 种采样股票的价格；n 为股票样本数。

用简单算术平均法计算出的平均股价，虽然有利于判断股票投资的获利情况，进而知道平均股价在利率体系中是偏高还是偏低，但是它的缺陷也是很明显的，由于它没有考虑股票分割权数不同等因素的影响，所以，不能反映股价一般的、长期的和动态的变化，也容易受发行量和交易较少的股票价格的涨落所左右，难以真实反映股市动态。这种方法通常只在证券交易所开办之初尚未有除权因素时使用。

2. 加权平均法

即考虑采样股票的发行量或交易量权数影响的一种计算方法。以发行量为权数的加权

平均股价，等于采样股票的时价总额除以采样股票发行量；以交易量为权数的加权平均股价，等于采样股票的成效总额除以采样股票交易量。两者的计算公式为：

$$\bar{P}=\frac{\sum_{i=1}^{n}P_iQ_i}{\sum_{i=1}^{n}Q_i}$$

其中，Q_i 为第 i 种采样股票的交易量（成交量）或发行量。

3. 修正平均法

修正平均法与简单算术平均法的一个重要区别就在于除数的变化，因此这一方法也称为新除数法或弹性除数法。

修正平均法基本原理是：

（1）将更换或分割的股票每股市场价格加上其他没有变换或分割的股票每股市场价格，得到一个新的股票价格合计数。

（2）用这个新的股票价格合计数除以变换或分割前的各种股票价格平均数，得到一个常数，这个常数就是新除数或弹性除数。

（3）再用新的股票合计数除以这个新除数，即得到与变换或分割前相同的股份平均数。其计算公式为：

$$\bar{P}=\frac{\sum_{h=1}^{m}P_h+\sum_{k=1}^{n}P_k}{\beta}$$

$$\beta=\frac{\sum_{h=1}^{m}P_h+\sum_{k=1}^{n}P_k}{\overline{P}_S}$$

其中，$\bar{P}$ 为修正法股价平均数；$\overline{P}_S$ 为变换或分割前的股价平均数；P_h 为未变换或未分割的股票市场价格；P_k 为已变换或已分割的股票市场价格；β 为新除数或弹性除数。

运用修正平均法计算平均股价，目的在于消除股票分割、股票分红、增资发行新股票等因素的影响，弥补由此带来的平均股价数列的断裂现象，保持数列的连续性和股市变动指标的真实性。

应当指出，用修正平均法计算的股价平均数，已经与原来意义上的平均股价分离，其计算单位不再是货币单位，而是以“点”来表示。

道琼斯股价指数是最早运用修正平均法计算的股价指数。

（三）股票价格指数的编制方法

平均股价虽然计算方便、简单明了，能够反映股票市场的价格水平，但由于它不能反映股价涨落的变动程度，有关金融服务机构和证券交易所在逐期发布平均股价的基础上，还编制并及时公布股价指数，以弥补平均股价的不足。

股票价格指数，是报告期的股价与某一基期相比较的相对变化指数。它的编制首先假定某一时点为基期，基期值为 100（或为 10，或为 1 000），然后用报告期股价与基期股价相比较而得出。其计算方法主要有以下几种：

1. 简单算术平均法

简单算术平均法即在计算出采样股票个别价格指数的基础上，加总求其算术平均数。其计算公式为：

$$P^I = \frac{1}{n}\sum_{i=1}^{n}\frac{P_{1i}}{P_{0i}}$$

其中，P^I 为股价指数；P_{0i} 为基期第 i 种股票价格；P_{1i} 为报告期第 i 种股票价格；n 为股票样本数。

2. 综合平均法

综合平均法即分别用基期和报告期的股价加总后，用报告期股价总额与基期股价总额相比较。其计算公式为：

$$P^I = \frac{\sum_{i=1}^{n} P_{1i}}{\sum_{i=1}^{n} P_{0i}}$$

3. 几何平均法

几何平均法即分别把基期和报告期的股价相乘后开 n 次方，再用报告期与基期相比。其计算公式为：

$$P^I = \frac{\sqrt[n]{P_{11}\cdot P_{12}\cdot\cdots\cdot P_{1n}}}{\sqrt{P_{01}\cdot P_{02}\cdot\cdots\cdot P_{0n}}}$$

4. 加权综合法

无论是简单算术平均法，还是综合平均法或几何平均法，在计算股价指数时，都没有考虑到各采样股票权数对股票总额的影响，因而，难以全面真实地反映股市价格变动情况，需要用加权综合法来弥补其不足。

计算股价指数的加权综合法公式有以下几种：

（1）以基期交易量（Q_{0i}）为权数的公式，即：

$$P^I = \frac{\sum_{i=1}^{n} P_{1i}Q_{0i}}{\sum_{i=1}^{n} P_{0i}Q_{0i}}$$

（2）以报告期交易量（Q_{1i}）为权数的公式，即：

$$P^I = \frac{\sum_{i=1}^{n} P_{1i}Q_{1i}}{\sum_{i=1}^{n} P_{0i}Q_{1i}}$$

（3）以报告期发行量（W_{1i}）为权数的公式，即：

$$P^I = \frac{\sum_{i=1}^{n} P_{1i} W_{1i}}{\sum_{i=1}^{n} P_{0i} W_{1i}}$$

5. 加权几何平均法

在股价指数计算中，人们为了调和交易量在基期和报告期的不同影响，提出了加权平均法公式，即：

$$P^I = \sqrt{\frac{\sum_{i=1}^{n} P_{1i} Q_{0i}}{\sum_{i=1}^{n} P_{0i} Q_{0i}}} \cdot \sqrt{\frac{\sum_{i=1}^{n} P_{1i} Q_{1i}}{\sum_{i=1}^{n} P_{0i} Q_{1i}}}$$

上式是对前面公式的进一步修正。其原理是英国经济学家费雪 1922 年在其《指数编制法》一书中提出的。人们通常把这一公式称为理想公式。

（四）我国主要股票价格指数

1. 上证综合指数

上证综合指数的全称是上海证券交易所股票价格综合指数。该指数的前身为上海的静安指数，是由中国工商银行上海市分行信托投资公司静安证券业务部于 1987 年 11 月 2 日开始编制的。上证综合指数是上海证券交易所于 1991 年 7 月 15 日开始编制和公布的，以 1990 年 12 月 19 为基期，基期值为 100，以全部的上市股票为样本，以股票发行量为权数进行编制。其计算公式为：

本日股价指数＝本日股票市价总值÷基期股票市价总值×100

具体计算办法是以基期和计算日的股票收盘价（如当日无成交，延用一日收盘价）分别乘以发行股数，相加后求得基期和计算日市价总值，再相除后即得股价指数。遇上市股票增资扩容或新增（删除）时，则须相应进行修正，其计算公式调整为：

本日股价指数＝本日股票市价总值÷新基准股票市价总值×100

式中：

$$\text{新基准股票市价总值} = \text{修正前基准股票市价总值} \times \left(\text{修正前股票市价总值} + \text{股票市价总值} \right) \div \text{修正前股票市价总值}$$

随着上市品种的逐步丰富，上海证券交易所在这一综合指数的基础上，从 1992 年 2 月起分别公布 A 股指数和 B 股指数，1993 年 5 月 3 日起正式公布工业、商业、地产业、公用事业和综合五大类股价指数。

2. 深圳综合指数

该指数全称为深圳证券交易所股票价格综合指数，是由深圳证券交易所于 1991 年 4 月 4 日开始编制发布的。它以 1991 年 4 月 3 日为基期，基期值为 100，采用基期的总股本为权数计算编制。该指数以所有上市股票为采样股，当有新股上市时，在期上市后第二天纳入采样股计算；若采样股的股本结构有所变动，则改用变动之日为新基日，并以新基数计算；同时，用连锁的方法将计算得到的指数溯源至原有基日，以维持指数的连续性。其计算公式为：

即日指数＝即日成分股可流通总市值÷基日成分股可流通总市值×1 000

今日即时指数＝上一营业日收市指数×今日现时总市值÷上一营业日收市总市值

其中：

今日现时总市值＝各采样股的市值×其已发行股数

其中，上一营业日收市总市值为据上一营业日采样股的股本变动而作调整的总市值。

3. 深圳成分股指数

深圳证券交易所从 1995 年 1 月 3 日开始编制深圳成分股指数，并于同年 2 月 20 日实行对外发布。

成分股指数的编制方法：（1）成分股指数是通过对所有上市公司进行考察，按一定标准选出一定数量有代表性的公司编制成分股指数，采用成分股的可流通股作为权数，实施综合法进行编制。（2）成分股指数为派氏加权价格指数，即以计算日成分股实际可流通 A 股数和可流通 B 股数作为权数进行加权计算。（3）B 股用上周外汇到调剂平均汇率将港币换算为人民币，用于计算综合指数。B 股指数仍采用港币计算。（4）每一交易日集中竞价结束后，用集中竞价产生的开盘价（无成交者取昨日收市价）计算开盘指数，然后用连锁方法定时计算即时指数，直至收市。

计算公式为：

$$\begin{matrix}\text{成分股可流通}\\\text{总市值}\end{matrix}=\begin{matrix}\text{成分股可流通}\\\text{A 股总市值}\end{matrix}+\begin{matrix}\text{成分股可流通}\\\text{B 股总市值}\end{matrix}$$

$$\begin{matrix}\text{成分股可流通}\\\text{A 股总市值}\end{matrix}=\sum\left(\begin{matrix}\text{成分股}\\\text{A 股股价}\end{matrix}+\begin{matrix}\text{成分股可流通}\\\text{A 股数}\end{matrix}\right)$$

$$\begin{matrix}\text{成分股可流通}\\\text{B 股总市值}\end{matrix}=\sum\left(\begin{matrix}\text{成分股}\\\text{B 股股价}\end{matrix}+\begin{matrix}\text{成分股可流通}\\\text{B 股数}\end{matrix}\right)\times\begin{matrix}\text{上周外汇调剂}\\\text{平均汇率}\end{matrix}$$

成分股指数按照股票种类分 A 股指数和 B 股指数。A 股指数按其所属行业分，包括工业分类指数、商业分类指数、金融分类指数、地产分类指数、公用事业分类指数、综合企业分类指数。每个分类指数至少用 3 家成分编制。

4. 上证 30 指数

“上证 30 指数”是由上海证券交易所编制，以在上海证券交易所上市的所有 A 股股票中选取最具市场代表性的 30 种样本股票为计算对象，并以流通股数为权数的加权综合股价指数，取 1996 年 1 月—1996 年 3 月的平均流通市值为指数的基期，基期指数定为 1 000 点。“上证 30 指数”以“点”为单位。这 30 家样本股的选定是根据既定的样本股选择原则，同时按照定性分析与定量分析相结合、总量分析与结构分析相结合的方法，在对各种资料的翔实分析后进行综合考虑，由专家委员会采用讨论的方式选出。

“上证 30 指数”样本股名单

工　业	青岛海尔	春兰股份	四川长虹	上海石化	仪征化纤	湖北兴化
	上柴股份	福建豪盛	远洋渔业	中国嘉陵	华北制药	通化东宝

	青岛啤酒	新疆众和	广钢股份	伊利股份
商　　业	中百一店	王 府 井	杭州解百	兰生股份
房地产业	陆 家 嘴	广州珠江		
公用事业	申能股份	原水股份	国脉通信	大众出租
综　　合	爱建股份	东方集团	梅雁股份	吉发股份

5. 上证成分指数

上证成分指数（SSE Constituent Index，简称上证180指数）是对原上证30指数进行调整和更名后产生的指数。上证成分指数的编制方案是结合中国证券市场的发展现状，借鉴国际经验，在原上证30指数编制方案的基础上作进一步完善后形成的，目的在于通过科学客观的方法挑选出最具代表性的样本股票，建立一个反映上海证券市场概貌和运行状况，能够作为投资评价尺度及金融衍生产品基础的基准指数。

上证成分指数采用派许加权综合价格指数公式计算，以样本股的调整股本数为权数。计算公式为：

报告期指数＝报告期成分股的调整市值/基日成分股的调整市值×1 000

其中：

$$调整市值 = \sum(市价 \times 调整股本数)$$

基日成分股的调整市值亦称为除数，调整股本数采用分级靠档的方法对成分股股本进行调整。

（五）境外主要股票价格指数

1. 道琼斯股票价格平均指数

道琼斯股票价格平均指数是国际上历史最悠久、最有影响、最为公众所熟悉的股价指数。道琼斯股价指数是以1928年10月1日为基期，基期指数为100，以后各期股票价格同基期相比算出的百分数，就成为各期的股价指数，以“点”来表示。

目前，道琼斯指数由4种股价平均指数组成：30种工业股票价格平均指数；20种运输业股票价格平均指数；15种公用事业股票价格平均指数；综合前三组65种股票价格平均指数而得出的综合指数。其中，第一组30种工业股票价格平均指数是纽约股票市场最有影响、最有代表性的股价指数，报刊上经常引用的道琼斯指数一般指的就是该组指数。

道琼斯指数虽然在世界上久负盛名，为世界各股票交易所和股票投资者所重视，但其存在的弱点遭到一些经济学家的批评。道琼斯指数的弱点主要表现在：采样股票数目较少，且多是热门股，缺乏广泛的代表性；没有考虑权数影响，致使少数几种流通性较小的股票价格的大幅度涨落对平均数产生很大影响。

2. 标准普尔股票价格指数

标准普尔股票价格指数也称斯坦达德—普尔股票价格指数，其英语名称是 Standard & Poors Stock Price Indexes。这是美国最大的证券研究机构标准普尔公司编制发表的，用以反映美国股票市场行情变化的股价指数。

标准普尔指数1923年开始编制。最初的采样股票共233种。1957年采样股票扩大到500种，其中工业股票425种、铁路股票15种、公用事业股票60种。1976年7月1日又做了改动，采样股票仍为500种，但其构成变为工业股票400种、运输业股票20种、公用事业股票40种、金融业股票40种。标准普尔公司采用高速电子计算机，每小时计算并公布一次，美国《商业周刊》每期都刊载该指数。

标准普尔指数的计算方法是加权平均法，以1941—1943年的平均市价总额为基期值，以“10”作为基期的指数值，以上市股票数为权数进行计算。

3. 纽约证券交易所股票价格指数

纽约证券交易所股票价格指数是由纽约证券交易所编制的，在美国颇有影响的股价指数之一。该指数包括在纽约证券交易所上市的1 570家公司的所有股票（1 570种）。它除了有综合股价指数之外，还包括由1 093种股票组成的工业股票价格指数，223种金融、投资、保险、不动产业等股票组成的金融业股票价格指数，189种股票组成的公用事业股票价格指数，65种股票组成的运输业股票价格指数。该指数的计算方法和调整方法与标准普尔指数相同，所不同的只是基准的确定时间和基期值。该指数的基期为1965年12月31日，基期指数值为“50”。1996年开始计算公布，每半小时公布一次。

4.《金融时报》股票价格指数

《金融时报》股票价格指数是由英国伦敦《金融时报》编制发表的，反映伦敦证券交易所工业和其他行业的股票价格变动的指数。该指数的采样股票分为三组：第一组在伦敦证券交易所上市的英国工业有代表性的30家大公司的30种股票；第二组和第三组分别由100种股票和500种股票组成，其范围包括各行各业。该指数以1935年7月1日为基期，基期值为100。它以能及时反映伦敦股票市场动态而闻名于世。

5. 日经股票价格指数

日经股票价格指数是一种股票价格平价均数，是由日本经济新闻社编制并公布的，反映日本股票市场价格变动的股票价格平均数。其计算方法采用的是美国道琼斯指数所用的修正法，基期为1950年9月7日。

按计算对象和采样数目不同，该指数分为两种：

（1）日经225种平均股价。其所选样本均为在东京证券交易所第一市场上市的股票，这些采样股票原则上是固定不变的。由于日经225种平均股价是自1950年开始并一直延续下来的，具有可比性和连续性，成为考察分析日本股票市场股价的长期演变及其趋势最常用、最可靠的指标。

（2）日经500种平均股价。从1982年1月4日开始编制。该指数样本不是固定的，每年4月，根据各股份有限公司的经营状况、股票成交量、时价总额等情况更换采样股票。日经500种平均股价所选样本多，具有广泛的代表性，因而能比较全面、真实地反映日本股市行情的变化，还能反映日本产的业结构变动。

6. 东证股票价格指数

东证股票价格指数的全称是东京证券交易所股票价格指数，是由日本东京证券交易所编制和公布的，反映该证券交易所第一市场全部上市股票的价格指数。该指数 1969 年 7 月 1 日始编制，采用加权平均法和基数修正法进行综合计算，以 1968 年 1 月 4 日为基期，基期指数值为 100。除东证股价指数外，东京证券交易所还编制、公布了规模不同的股价指数：上市股数在 2 亿股以上的大型股；上市股数在 6 000 万以上的中型股；上市股数在 6 000 万以下的小型股等股价指数；第二市场的股价指数。由于东证股价指数的计算对象分布面广泛，不仅包括上市条件高的第一市场的全部股票，而且还从第二市场选取了 300 种股票作样本，所以代表性较强；因为在计算方法上既考虑到权数的作用，又采用了基数修正法以及时适应市场变化，所以该指数又能正确、客观地反映日本股票市场交易规模和股价的变动，具有较高的准确性和敏感性。

7. 恒生股票价格指数

恒生股票价格指数是由香港恒生银行编制，反映香港股票价格变动的指数，也是香港股票市场历史最为悠久、影响最大的一种股价指数。它从 1969 年 11 月 24 日开始发布，其基期为 1964 年 7 月 31 日，基期值为 100，计算方法为修正加权综合法。恒生指数的采样股票是从香港上市公司中挑选出来的 33 家有代表性的大公司的股票。这 33 种采样股票分成四大类：金融业股票 4 种；公用事业股票 6 种；房地产业股票 9 种；其他工商业包括航运业、酒店业等股票 14 种。计算过程是：将 33 种股票按每天的收盘价乘以各自的发行股数为报告期的资本市值，再与基期的资本市值相比较，乘以 100 就得出当天股价指数。恒生指数所包含的 33 种股票占香港上市股票总值的 68.8%。恒生指数采样面广、基期选择恰当，能够真正地反映香港股市的变动。

第三节　基金价格

国际上所指基金通常为投资基金。基金价格实际上是指每个基金单位的价格。基金单位类似于股份公司的股份，是将基金总额进行等额划分的最小单位，也称为基金份额，是投资者买卖基金的基本单位。

一、基金价格的形式

基金的价格主要由发行价格和交易价格两种构成。

（一）基金的发行价格

每一份基金单位的发行价格是指投资者购买基金单位的认购价格，主要由三部分构成：基金面值、基金的发起与招募费用、基金销售费。

1. 基金面值

基金面值是指基金单位发行时受益凭证所标明的价值，类似于股票面值。这是将基金总额进行等额划分后的结果。如某投资基金总额为40亿元，划分为40亿份，则每份面值即为1元。基金面值仅表明拥有的基金单位份额以及参与分配的比例关系，并不代表基金的实际价值。

2. 基金的发起与招募费用

基金的发起与招募费用是指成立基金发生的费用，包括基金的组织与招募等支出的办公、鉴证、登记、印刷及人员方面的开支，一般占基金发起总额的2%～5%，一次分摊在基金单位的销售价格内。

3. 基金销售费

基金销售费一般按基金发起总额的1%～4%计提，并在招募费用中列支。

以上第2、3项可以并称基金发行手续费，基金单位的初次发行价格实际上为基金面值加发行手续费。如我国新发行的投资基金金泰、开元、安信、裕阳等都是在面值1元上再加手续费0.01元/份构成，实际发行价格为1.01元/份。如果投资基金规模较大，必须分次销售的，则第二次以后的发行价要按基金的单位净资产计算。

（二）基金的交易价格

基金的交易价格是指基金在二级市场进行流通的价格。

1. 封闭型基金的交易价格

封闭型基金在发行期满后即行封闭，基金总额不再变动，投资者不得任意进出基金，基金公司不办理基金份额的赎回。因此大多数国家和地区都允许封闭型基金上市，满足投资者的变现要求。上市的封闭型基金价格由投资者竞价决定，其升降由市场供求关系决定。

2. 开放型基金的交易价格

开放型基金可以随时申购及赎回，其规模不受约束，也无所谓发行价与交易价之分，实际上开放型基金只有一种价格。开放型基金价格在表示上分“卖出”和“买入”两种。“卖出”价格是投资者认购基金单位的价格，其构成为基金单位净值加认购手续费；“买入”是基金公司赎回基金份额的价格，其构成型为基金单位净值减去赎回手续费。不管“卖出”还是“买入”，开放型基金都是以基金单位的资产净值来计算的。因此，决定开放型基金交易价格的是基金单位资产净值，而认购及赎回手续费都有固定的费率，不会有什么影响。

封闭型和开放型基金在交易价格的表现上是有一定差异的。开放型基金按国际惯例在成立3个月后基金经理公司可自行或委托证券公司设立柜台进行转让交易，因为采用净资产决定价格，故只能采用每天报价制度，即每天只有一个“卖出价”和“买入价”。封闭

型基金的交易如同股票，可以随时竞价，其报价也就多样化了。

二、封闭型基金的价格形成

按照封闭型基金买卖标的具体形式，封闭型基金价格有不同的表现形式，一般来说，封闭型基金价格大致有基金面值、基金净值和市价三种形式。

(一) 基金面值

这种价格主要在基金的发行阶段采用。按照基金单位的份额——面值直接出售，这种形式称为平价发行。平价发行时投资者无须负担有关发行费和销售费，极受投资者欢迎。这个阶段称为基金价格的第一阶段。我国早期的封闭型基金有不少曾采用过平价发行的方式。

(二) 基金净值

在基金发行期满至上市日之前，基金的价格要以基金单位净值来表示。这是基金价格的第二阶段，这一阶段基金并不能在市场流通，这一价格实际上为投资者的参考价格。但是若基金分成几期销售的话，那么从第二期开始出售基金单位就得以基金净值为准了，因为首期募得的基金份额已经投入运行并会取得一定的收益，为了不致摊薄原有基金单位资产净值，新发售的基金单位必须以这一价格发行。

(三) 市价

基金上市进入交易阶段，这是基金价格的第三阶段。基金买卖双方可在证券交易所进行喊价交易，以形成双方都能接受的成交价，交易价格就形成了。市价反映的是基金的现实价格，在基金封闭以后，面值已经成为象征意义，投资者关心的是基金净值，基金上市后，则投资者关心的是市价及其背后的净值。市价以净值为基础，并由供求关系来决定。市价可能比较忠实于资产净值，也可能脱离净值。市价有可能出现折价和溢价的现象。

三、开放型基金的价格形成

对于开放型基金来讲，其市场价格为基金净资产值再加一定的手续费用，由于手续费率是基本不变的，故开放型基金价格就完全由基金净资产值来决定了。尽管封闭型基金的净产值也是决定其价格的一个因素，但还要受市场供求关系影响。因此，开放型基金的价格形成实际就是基金净资产值的形成。作为基金的内在价值，资产净值决定了基金的市场价格。

(一) 基金资产净值的构成

基金的净产额不但决定了基金的交易的价格，同时也是投资者衡量基金品质的主要参考指标。因此，基金经理人每天都要在营业日结束后计算并公布基金资产净值。

基金的资产净值（NAV）总额是基金的资产总额减去基金负债总额后的结果。

1. 基金的资产总额的内容

（1）基金所有的上市股票，以计算日的收盘价格为准。

（2）基金拥有的公债、公债券以及金融债券。已上市流通者，以计算日的收盘价格为准；未上市流通者，以面值加上到计算日止的应得利息为准。

（3）基金所拥有的短期票据，以买进日成本加上自买进日起到计算日止的应收利息为准。

（4）基金所拥有的现金以及相当于现金的资产，包括应收款、存放在其他金融机构的存款。

（5）坏账准备金，指对有可能无法全部收回的资产及负债提留的准备金。

（6）已订立契约但尚未履行的资产，应视同已履行资产，计入资产总额。

2. 基金负债总额的内容

（1）基金借入资金。

（2）依信托契约规定至计算日止对托管公司或经理公司应付未付的报酬。

（3）其他应付款、税金。

（二）基金单位资产净值的计算方法

基金单位净产值有两种常用的计算方法：历史价和期货价计算方法。

1. 历史价计算法

历史价又叫已知价，是指上一个交易日的收盘价。历史价计算就是由基金经理公司根据上一个交易日的收盘价来计算基金所拥有的金融资产，包括股票、债券、期货合同、期权证等总值，加上基金拥有的金融资产，然后除以售出的基金单位数，即可得每个基金单位的资产净值。具体计算公式可表示如下：

$$\overline{NAV}=\frac{\sum_{i=1}^{n}P\cdot Q+C}{M}$$

其中，$\overline{NAV}$为基金单位资产净值；P 为基金拥有金融资产的上一交易日收盘价；Q 为该资产相应的数量；C 为基金拥有的现金；M 为已售出的基金单位总数。

2. 期货价计算法

期货价又称未知价，是指当日证券市场上各种金融资产的收盘价。由于投资者在收盘前进行基金买卖是无法确切知道当日的收盘价的，故称为期货价或未知价，基金经理公司若根据当日收盘价来计算单位基金净值的话，就叫期货价计算法。

实行期货价计算法，投资者要到第二天才能知道基金单位的价格。由于当日收盘后进行计算在时间上也是相当紧张，不可能将所有资产项目计算清楚，故有的基金经理公司采用投资估值法计算。具体方法为将基金估值分为证券投资估值和其他投资估值两类，证券投资估值是每天计算出证券投资盈亏及库存证券余额算出每天证券投资已实现的所得收益

或亏损以及未实现的投资所得或亏损，其他投资估值是按投资资产市场价或原始成本价计价。

证券投资估值公式为：

$$\text{已实现的证券投资所得}=\left[\text{证券卖出数量}\times\text{卖出价}-(\text{手续费}+\text{印花税})\right]-\left(\text{卖出数量}\times\text{上一日证券加权平均价}\right)$$

$$\text{未实现的证券投资所得}=\left(\text{库存证券数量}\times\text{当日收盘价}\right)-\left(\text{库存数量}\times\text{截至当日的证券加权平均成本}\right)$$

其他投资估值公式为：

$$\text{估值日资产净值}=\text{上一估值日资产净值}+\text{已实现投资所得}+\text{未实现投资所得}$$

以上计算若结果为亏损，则用负号表示。

本章小结

本章主要介绍了债券价格、债券各种收益率（本期收益率、到期收益率和持有期收益率）的计算方法；用收益率曲线表示债券利率的期限结构，利用利率期限结构理论分析债券市场中长期债券的利率与短期债券的利率之间的关系；分析债券价格的影响因素（期限、息票利率、提前赎回规定、税收、市场性、违约风险、银行利率、市场利率、汇率、通货膨胀等）；股票价格的模型（贴现现金流模型、零增长模型、不变增长模型、多元增长模型）及这几种模型之间的关系；用市盈率估算股票市场价格；股票价格的修正计算（除息报价与除权报价）；国内外著名的股票价格指数（道琼斯股票价格平均指数、标准普尔股票价格指数、纽约证券交易所股票价格指数、深圳成分股指数、上证成分指数等）的编制方法和它们的意义；封闭型投资基金和开放型投资基金价格的计算方法。

思考题

1. 试叙述利率期限结构理论，分析债券价格的影响因素。
2. 什么是股票价格的贴现现金流模型？在基本评估形式和零增长模型时有何特点？
3. 什么是戈尔顿增长模型？其主要特点是什么？
4. 价格—收益比模型怎样建立？如何运用？
5. 什么叫股票价格的修正？有哪些情况？
6. 试叙述各种不同股票价格指数的意义。
7. 基金价格有几种形式？
8. 开放型基金和封闭型基金的价格怎样构成？具体如何计算？

第六章

证券投资的基本因素分析

本章要点

1. 宏观经济因素分析
2. 行业分析与区域分析
3. 公司基本素质分析与财务分析

第一节　宏观经济因素分析

证券投资的基本因素分析是指对影响证券价格的社会政治、经济因素、行业因素以及对上市公司的经营业绩、财务状况等进行分析。其理论依据是认为证券具有内在价值，证券的价格最终由其内在价值决定。通过分析影响证券价格的基础条件和决定因素，判断和预测今后的中长期发展趋势，从而有助于选择具体的投资对象。基本因素分析主要包括宏观经济分析、行业分析与公司分析三个层次。

一、宏观经济因素分析的概念与主要内容

宏观经济因素分析，主要是分析一国宏观经济因素或变量对证券市场或单个证券的影响。

证券市场是一国经济体系的重要组成部分，证券投资与国民经济整体运行、结构变化

息息相关。一方面，证券投资活动对国民经济的发展起到了推动作用；另一方面，证券市场的运行又受到整个国民经济发展形势的制约。只有正确了解证券投资的环境，对经济发展的主要趋势作出合理的预期，才能做好投资的长期决策。

从整个国民经济看，经济运行通常呈现周期性变化，与其相适应，证券市场也呈现同样的周期性趋势，经济周期和证券市场行情的周期性变化之间存在着相当密切的关系，相互影响，相互促进，互为表里和因果。

在市场经济条件下，国家通过财政或货币政策来调节经济，以此促进经济协调、稳定、健康地发展。这些政策通过直接或间接方式作用于企业，从而影响企业的效益和发展。只有时刻关注政策因素的变化，才有可能抓住市场时机。

二、经济因素分析

（一）国内生产总值与经济增长率

国内生产总值（GDP）① 是指在一国的领土范围内，本国居民和外国居民在一定时期内所生产的、以市场价格表示的产品和劳务的总值。也就是在一国的国民生产总值中减去“国外要素收入净额”后的社会最终产值（或增加值）以及劳务价值的总和，是衡量一国综合经济状况的主要指标。国内生产总值主要由最终消费、资本形成总额、货物和服务净出口等部分构成。

在宏观经济分析中，国内生产总值指标占有非常重要的地位，具有十分广泛的用途。国内生产总值的变动与股票市场之间的变动有着紧密的联系，并且股票市场的变化快于国内生产总值的变化。这是因为，国内生产总值的变动是宏观经济发生变动的最好指标，宏观经济的变动又通过影响公司的经营业绩进而由利润影响到人们对股价的预期。当投资者预期宏观经济将转好时，将会大量购买股票，从而将股价指数推高；同理，当投资者预期宏观经济将有所衰退时，将会大量卖出股票，从而使股价指数下跌。股票市场与国内生产总值之间的这种关系，使得我们通过观察早期国内生产总值的变化来预测股票市场的变化在实际上是可行的。可以说，股票市场是预期实际国内生产总值变化趋势最好的领先指标之一。

经济增长率也称经济增长速度，它是反映一定时期经济发展水平变化程度的动态指标，也是反映一个国家经济是否具有活力的基本指标。对于发达国家来说，其经济发展总水平已达到相当的高度，经济发展速度的提高就比较困难；对经济尚处于较低水平的发展中国家而言，由于发展潜力大，其经济发展速度可能达到高速甚至超高速增长。

总之，投资者可以根据国内生产总值及其构成的变化与经济增长率发展趋势等信息资料，判断国民经济总体的发展状况以及各行业的未来前景，从而确定证券投资的大气候，为投资时机和投资对象的选择奠定基础。

（二）失业率

失业率是指劳动力中失业人数所占的百分比，它的高低可以从一个侧面衡量宏观经济

---

① 与国内生产总值（GDP）相对应的是国民生产总值（GNP），两者既有区别又有联系。与 GDP 不同的是，GNP 有一部分可能来自国外。

的好坏。一般来说，失业率高表明国家经济发展速度缓慢甚至处于停滞期，企业发展也不景气。当失业率高时，由于国民人均收入降低，股市投资者就会减少，从而使股价降低。在此期间，经济的问题还可能影响人们的情绪和家庭生活，进而引发一系列的社会问题。反之，失业率低，经济增长迅速，企业处于扩充和发展阶段，需要大量劳动力，人们收入增加，股市的资金流入也会因此增加，股价也随之上升。

（三）通货膨胀率

通货膨胀是指一般价格水平的持续和显著上涨。通货膨胀的程度通常是用通货膨胀率来衡量。通货膨胀率被定义为从一个时期到另一个时期一般价格水平变动的百分比。这里，一般价格水平是衡量货币购买力或货币所能购买的产品和劳务数量的指标。

通货膨胀有被预期和未被预期之分，从程度上则有温和的、严重的和恶性的三种。温和的通货膨胀是指年通胀率低于10%的通货膨胀，严重的通货膨胀是指通货膨胀率为两位数的通货膨胀，恶性通货膨胀则是指通货膨胀率为三位数以上的通货膨胀。为抑制通货膨胀而采取的货币政策和财政政策通常会导致高失业率和GNP的低增长。

一般来说，当经济未处于充分就业时，温和的通货膨胀能使经济繁荣，就业增加，使居民收入和企业利润得到提高。企业利润提高，可分派的股息随之增加，从而刺激股价上涨；居民收入增加，对股票的需求随之上升，也有利于股价的上涨。此外，股份公司的资产按贬值的货币重新估价，使股票比存款具有保值作用。这样，投资者会把存款从银行提出转换为股票，进一步刺激了股价的上升。

但如果通胀率超出正常范围，经济将被严重扭曲，货币加速贬值，这时人们将会囤积商品、购买房地产以期对资金保值。这可能从两个方面影响证券价格：一方面资金流出证券市场，引起证券价格下跌；另一方面，经济扭曲和失去效率，企业不仅筹集不到必需的生产资金，同时原材料和劳务价格飞涨，使企业经营受到严重影响，盈利水平下降甚至倒闭。而且，严重的通货膨胀将引起收入和财富的再分配，扭曲商品相对价格，降低资源配置效率，导致泡沫经济乃至损害一国的经济基础和政权基础。

（四）利率

利率，或称利息率，是指在借贷期内所形成的利息额与所贷资金额的比率。利率直接反映的是信用关系中债务人使用资金的代价，也是债权人出让资金使用权的报酬。

从宏观经济分析的角度看，利率的波动反映出市场资金供求的变动状况。在经济发展的不同阶段，市场利率有不同的表现。在经济持续繁荣增长时期，资金供不应求，利率上升；当经济萧条、市场疲软时，利率会随着资金需求的减少而下降。除了与整体经济状况密切相关之外，利率影响着人们的储蓄、投资和消费行为，利率结构也影响着居民金融资产的选择，影响着证券的持有结构。随着市场经济的不断发展和政府宏观调控能力的不断加强，利率，特别是基准利率已经成为中央银行一个行之有效的货币政策工具。

一般说来，利率下降时，股票价格就上升；利率上升时，股票价格就下降。究其原因，主要有两个：第一，利率水平的变动直接影响到公司的融资成本和投资者的资金成本，从而影响到股票价格。利率低可以降低公司的利息负担，直接增加公司的盈利，则公司债券和股票价格将会上升；反之，利率高，公司融资成本也高，利息负担重，造成公司

利润下降，债券和股票价格都将下跌。利率水平还代表着投资者的资金成本，当利率降低后，投资者将能够以低利率拆借到资金，从而增大对股票的需求，造成股票价格上升；若利率上升，债券和股票投资机会成本增大，一部分资金将会从证券市场转移到银行存款或其他具有固定利息收入的金融工具上，致使股票价格下降。第二，利率作为一个重要的货币政策工具受政府直接控制，一般而言，降低利率是国家为了刺激经济而出台的政策，因此证券的预期收益会增加，证券价格将上升。反之，政府为了抑制通货膨胀和经济过热而采取提高利率的措施，会放慢经济增长的速度，投资收益将因投资环境的变化而减少，证券价格自然会下降。

（五）汇率

汇率是外汇市场上一国货币与他国货币相互交换的比率。一国的经济越开放，证券市场的国际化程度越高，证券市场受汇率的影响越大。

汇率的变动影响进出口企业的利润并进一步影响证券市场。若企业的产品有相当一部分销往海外市场，当汇率提高时，则产品在海外市场的竞争力受到削弱，企业的盈利状况下降，股票和债券价格下跌；若企业的某些原材料依赖进口，产品主要在国内销售，汇率提高，则会使企业进口原材料的成本降低、盈利上升，从而使该企业的股票和债券价格趋于上涨。

汇率的变动影响国际资本流动，特别是短期投资。本国货币升值，货币相对贬值国的资金将向国内转移，而其中部分资金将进入证券市场，证券市场价格也可能因此而上涨；而本国货币贬值，则会引起证券市场价格下跌。

汇率的变动影响物价水平。汇率上升，本币贬值，本币表示的进口商品价格提高，进而带动国内物价水平上涨，引起通货膨胀，通货膨胀又进一步影响证券市场。①

（六）财政收支

财政收支包括财政收入和财政支出两个方面。财政收入是国家为了保证实现政府职能的需要，通过税收等渠道集中的公共性资金收入；财政支出则是为满足政府执行职能需要而使用的财政资金。

财政收支状况会较为直接地影响证券市场的行情。财政支出增加将使需求扩大，促进经济景气；财政支出减少，则需求相应减少，经济紧缩，可能直接影响工商企业的产品需求，导致企业利润下降。这样，财政收支的状况对市场产品的供需影响使得证券市场价格水平相应变动。

而且，财政收支制度本身具有内在的自动稳定功能，当经济出现波动时，财政制度的内在稳定器就会自动发生作用，减轻甚至消除经济的波动。如果经济繁荣，股价在无任何约束的情况下会被旺盛的需求炒得很高，这时整个社会的就业人数增加，总收入水平较高，因而政府的税收会上升。由于政府对收入一般实行的是累进税制，政府税收的增幅将

① 在现代市场经济中，各国之间的经济联系广泛，投资者对汇率的变动十分敏感。汇率变动将通过人们的预期影响证券市场的买卖行为。所以当汇率变化还没有产生现实的经济运行结果时，由于预期的存在，人们先行地在证券市场上作出反应。在全球金融市场一体化的情况下，人们心理预期的作用尤其明显。

大于收入上升的幅度，有利于抑制通胀，同时减少了人们的实际可支配收入，投资需求在一定程度上受到遏制，使股价上升的势头减缓了。反之，则会得出相反的结论。因此，税收在股市繁荣时累进，在股市萧条时累退，这种自动伸缩性有助于缓和股市的变动。

（七）国际收支

国际收支是一国对其他国家或地区，由于贸易、非贸易及资本往来而引起的国际货币支付，它是一国对外全部经济关系的综合反映。国际收支包括经常项目和资本项目。经常项目主要反映一国的贸易和劳务往来状况；资本项目则集中反映一国同国外资金往来的情况，反映着一国利用外资和偿还本金的执行情况。

一般说来，国际收支的赤字增加时，政府为减少赤字将实行紧缩性的货币政策，如提高再贴现利率等，其结果是国内资金市场利率水平上升，本国货币贬值。虽然这一举措有利于出口企业的经营，但对大多数以国内市场为主的企业而言，其后果是严重的，它将直接导致企业的借贷成本上升、利润下降。所以，当一国国际收支恶化时，一国证券市场的价格水平将下降；反之，证券市场价格水平将可能上涨。

（八）固定资产投资规模

固定资产投资规模是指一定时期在国民经济各部门、各行业固定资产再生产中投入资金的数量。

投资规模是否适度，是影响经济稳定与增长的一个决定因素。投资规模过小，不利于为经济的进一步发展奠定物质技术基础；投资规模过大，超出了一定时期人力、物力和财力的可能，又会造成国民经济比例的失调，导致经济大起大落。

三、经济周期分析

（一）经济周期的概念

国民经济的发展常表现为收缩与扩张的周期性交替。经济周期，又称商业周期，就是指经济活动沿着经济发展的总体趋势所经历的有规律的扩张和收缩的过程。

一个经济周期明显或不明显地表现为衰退、萧条、复苏和繁荣四个阶段。

（二）股价波动与经济周期的关系

在市场经济与金融市场高度发达的国家中，经济周期与证券市场波动之间存在着相当密切的关系。

一方面，经济运行状况在很大程度上通过证券市场运行状况显示出来，即经济周期决定证券市场周期。这是因为，当经济周期处于衰退、萧条阶段时，市场需求萎缩，公司产品订单减少甚至滞销，库存积压，生产萎缩，出现大量破产倒闭，失业率增加，收入下降，企业经营状况恶化，盈利减少甚至亏损，这种情形既使证券市场出现大量抛售，又使投资者不愿或无力购买证券，证券市场价格也就必然下跌。

另一方面，证券价格指数通常是经济周期的先行指标。因为证券价格波动是众多投资者买卖行为的结果，而投资者的买卖行为又是他们对未来经济走势预期的结果。虽然从单

个投资者的行为来看买卖似乎是随机的，但从市场整体来看，证券市场综合了人们对于经济形势的预期，这种预期又必然反映到投资者的投资行为中，从而影响证券的价格。证券价格反映的是对经济形势的预期，因此其表现必定领先于经济的实际表现。当经济持续衰退至萧条阶段时，百业不兴，投资者已远离证券市场，每日成交稀少。此时，一些有眼光且在不停收集和分析有关经济资料的投资者，已经预见到经济形势不会继续恶化，于是趁低吸纳股票。当更多的投资者也预见到这一变化时，股价也就逐渐上升。当各种媒介开始传播萧条已去，经济日渐复苏时，证券价格实际上已经上升至一定水平。而那些有识之士在综合分析经济形势的基础上，认为经济将不会再产生热潮时，便会开始趁高抛出证券，证券价格虽然还在上涨，当供需力量逐渐发生转变。当经济形势被更多的投资者所认识，供求趋于平衡直至供大于求时，证券价格便开始下跌。当经济形势发展按照人们的预期走向衰退时，与上述相反的情况就会发生。

一般认为，股市周期的变动比经济周期的变动约提前半年，当然这并不是绝对的。但如果投资者通过基本分析尽早洞察一切，便可获得丰厚的回报。

四、经济政策分析

经济政策通常是指国家或政府为了增进社会福利而制定的解决经济问题的指导原则和措施，它是政府为了达到充分就业、价格稳定、经济持续均衡增长和国际收支平衡等经济目的而在经济事务中有意识进行的干预。在现代市场经济国家中，政府越来越多地参与到经济活动中来，通过制定财政政策、货币政策或其他政策措施对经济进行调节和干预，从而对经济运行产生了巨大影响。对经济政策进行分析，有利于充分了解经济的总体发展趋势。

(一) 财政政策分析

在经济学中，财政政策一般被定义为：为促进就业水平提高、减轻经济波动、防止通货膨胀、实现稳定增长而对政府支出、税收和借债水平所进行的选择，或是对政府收入和支出水平所作出的决策。

在短期内，财政政策主要通过预算收支平衡或财政赤字、财政补贴和国债政策手段影响社会总需求数量，避免经济过热和经济紧缩，控制通货膨胀或通货紧缩，促进社会总需求和社会总供给趋于平衡。在中长期内，财政政策的目标是通过对供给方面的调控来制约经济结构的形成，为社会总供求的均衡提供条件，得到资源的合理配置。如政府购买支出的方向直接作用于经济结构的调整，财政贴息手段引导社会投资方向，以配合产业政策为经济持续稳定增长创造均衡条件；中长期政策的另一个重要目标是收入的公平分配，运用财政中的税收和转移支付手段来调节各地区和各阶层的收入差距，达到兼顾平等与效率，促进经济社会协调发展的目的。

政府为了实现相应时期的宏观经济政策目标，必须拥有一定的政策工具可供操作。就财政政策而言，这些工具包括：政府购买支出、政府转移支付、税收和国债等。这些政策工具可以单独使用，也可以配合协调使用。

(二) 货币政策分析

货币政策是指政府为了实现一定的宏观经济目标，通过中央银行所制定的关于货币供应和货币流通组织管理的基本方针和基本准则。中央银行通过制定、贯彻货币政策来控制货币的供应量从而达到干预国家经济活动、对宏观经济进行调控的目的。

人们一般将货币政策分为松的货币政策和紧的货币政策两类。在经济衰退时，总需求不足，中央银行采取松的货币政策，增加货币供应量，降低利率，放松信贷控制，增加社会总需求；当经济过热时，总需求过大，中央银行采取紧的货币政策，减少货币供应量，提高利率，加强信贷控制以减少社会总需求，抑制物价上涨。

货币政策对证券市场的影响是直接和巨大的。总体而言，松的货币政策将使得证券市场价格上扬；紧的货币政策将使得证券市场价格下跌。

一方面，货币供给量增加时，居民收入得到提高，人们手中的一部分资金会流入证券市场，增加对证券的需求；反之，货币供给减少时，证券市场上一部分资金将会流失，引起证券价格下挫。而且，银行利率会随货币供应量增加而下降，部分资金从银行转移出来流向证券市场，也将扩大证券市场的需求；同时利率下降还提高了证券价值的评估，二者均使证券价格上升。另一方面，货币供应量增加会刺激经济发展，为企业生产发展提供充足的资金，有利于改善企业经营业绩，提高企业收益水平，引起股票价格的上扬；反之，货币供给减少时，市场利率提高，从而增加公司的财务费用，减少利润，造成股票价格下滑。

但是，货币供应量的过度增加将引发通货膨胀，适度的通货膨胀或在通货膨胀初期，市场表现出繁荣，企业利润上升，资金转向证券市场，使证券价值和对证券的需求均增加，从而股价上升。但是当通货膨胀上升到一定程度，可能影响经济运行的秩序，恶化经济环境，对证券市场起到负面作用。因此，投资者在对货币政策进行分析时，需要密切关注社会商品价格指数的动向，全面系统地作出判断。

五、政治因素分析

在现代社会中，政治与经济息息相关，经济发展固然有利于政局稳定，但政局的变动对经济发展也有不容忽视的影响，而且，政治因素具有范围广泛、突发性强、变化迅速的特点，它会使证券市场发生波动甚至是巨幅波动。因此，除宏观经济因素外，证券投资者还须关心政治法律等方面的变化。

（一）国内政治局势

证券市场的涨跌状况与一国国内的政治稳定息息相关。一国政局稳定有利于证券市场的平稳发展，股票价格免受突发因素的打击。相反，一国政局不稳，如发生内乱，人们就会对该国经济失去信心，大量抛售该国证券，证券市场就会大跌。即使一国没有明显的内乱，其政局稳定程度也会直接影响国内外投资者对该国证券市场的预期。政治局势变动频繁，投资者对该国市场无法产生稳定的收益预期，市场上必然人气涣散，交易稀少，证券市场的功能自然无法正常发挥。

（二）国际政治局势

国际形势缓和，经济发展的大环境好，证券价格会趋于上升，反之则易跌。进一步讲，一国的证券市场受国际政治局势变动的影响，与该国的经济开放程度以及政治军事实

力相关。一国经济开放程度越高，政治军事实力越小，国内证券市场受国际政治局势的影响就越大。而且随着当今世界经济一体化步伐的加快，国与国之间的经济交往越来越密切，任何一国的局势动荡都会给世界其他国家带来相应的负面影响，显现出典型的“多米诺骨牌”效应。可以说几乎不存在一个不受国际政治局势变动影响的国家。1997年爆发的东南亚金融危机导致国际局势的动荡不安，极大地影响了有关国家和地区乃至全球的证券市场，甚至成为巴西金融危机爆发的重要原因。

（三）法律体系的完善程度

包含证券法规的法律体系能对证券市场产生预期的规范作用。一般而言，法律不健全的证券市场多具投机性，价格涨跌无规律可循，人为操纵、不正当交易较多，市场变化有时与经济变动关系不大。而法律及监督机制健全的证券市场一般较稳定。

（四）战争、自然灾害与其他突发事件

战争是政治的集中体现，因此对证券市场的影响最大。战争期间社会生产力被严重破坏，所有经济活动都不得不围绕战争展开。人们在基本生活需要尚不能得到保证的情况下，根本不可能有进行证券投资的热情。因此，发生国际争端或国内战争，都将对证券市场产生不可逆转的影响。

自然灾害或其他突发事件的影响有短期影响和长期影响。短期影响是使人们在短期内无法正确判断形势，为回避风险会抛售证券造成证券价格下跌。长期影响则取决于突发事件对政治经济的实际影响及人们对这种影响的评价，具有很大的主观性和反复性。

第二节　行业分析

宏观经济分析从整体上考察社会经济的发展水平和增长速度，仅仅反映了社会经济各组成部分平均的水平和速度，而缺乏对社会经济各组成部分的具体分析。显而易见的是，社会经济各个组成部分的发展是不平衡的，不同行业的发展速度是不一样的，不同行业受经济周期的影响程度也不一致。因此，证券分析人员和投资者在分析了社会经济的总体现状和发展趋势，了解了证券投资的基本背景后，还要进行中观上的行业分析，分析不同行业的特征和成长趋势，为选择有利的投资方向和具体的投资对象打下基础。

一、行业分类

（一）行业分析的意义

行业，一般是指按生产同类产品或具有相同工艺过程或提供同类劳动服务划分的经济活动类别，如纺织行业、服装行业、汽车制造行业、金融服务行业等。

行业经济活动是介于宏观经济活动和微观经济活动中间的经济层面，是中观经济分析的主要对象之一。从证券投资分析的角度看，宏观经济分析是为了掌握证券投资的宏观背景，把握好证券市场的发展大势，但是，不同行业与宏观经济的发展水平是不完全同步

的，不同行业为公司投资价值的增长提供的空间也是不一致的，因此行业分析有助于确定所投资的行业在整个经济中的发育程度的地位，为投资者指出投资的具体领域，确定明确的投资热点。

行业分析有利于确定产业政策对投资的影响，避免经济周期对投资的影响。行业研究是对上市公司进行分析的前提，也是连接宏观经济分析和上市公司分析的桥梁，是基本分析的重要环节。

（二）行业分类的方法

1. 道琼斯分类法

道琼斯分类法是在19世纪末为选取在纽约证券交易所上市的有代表性的股票而对各公司进行的分类，它是证券指数统计中最常用的分类法之一。

道琼斯分类法将大多数股票分为三类：工业、运输业和公用事业，然后选取有代表性的股票。虽然入选的股票并不包括这类产业中的全部股票，但所选择的这些股票足以表明行业的一种趋势。工业类股票取自工业部门的30家公司，例如包括了采掘业、制造业和商业；运输业包括了航空、铁路、汽车运输和航运业；公用事业类主要包括电话公司、煤气公司和电力公司等。

2. 标准行业分类法

为了便于汇总各国的统计资料进行比对，联合国经济和社会事务部曾制定了一个《所有经济活动的国际标准行业分类》（简称《国际标准行业分类》），建议各国采用。它把国民经济划分为以下门类：门类A：农业、林业及渔业；门类B：采矿和采石；门类C：制造业；门类D：电、煤气、蒸气和空调的供应；门类E：供水，污水处理、废物管理和补救活动；门类F：建筑业；门类G：批发和零售业，汽车和摩托车的修理；门类H：运输和储存；门类I：食宿服务活动；门类J：信息和通信；门类K：金融和保险活动；门类L：房地产活动；门类M：专业、科学和技术活动；门类N：行政和辅助活动；门类O：公共管理与国防，强制性社会保障；门类P：教育；门类Q：人体健康和社会工作活动；门类R：艺术、娱乐和文娱活动；门类S：其他服务活动；门类T：家庭作为雇主的活动，家庭自用、未加区分的物品生产和服务活动；门类U：国际组织和机构的活动。

3. 我国国民经济行业的分类

国家标准《国民经济行业分类与代码（GB/T 4754—2011）》中对我国国民经济行业分类进行了详细的划分，为国家宏观管理、各级政府部门和行业协会的经济管理以及进行科研、教学、新闻宣传、信息咨询服务等提供了统一的行业分类和编码。

大的门类分为从A到T共20类：

A. 农、林、牧、渔业

B. 采矿业

C. 制造业

D. 电力、热力、燃气及水生产和供应业

E. 建筑业
F. 批发和零售业
G. 交通运输、仓储和邮政业
H. 住宿和餐饮业
I. 信息传输、软件和信息技术服务业
J. 金融业
K. 房地产业
L. 租赁和商务服务业
M. 科学研究和技术服务业
N. 水利、环境和公共设施管理业
O. 居民服务、修理和其他服务业
P. 教育
Q. 卫生和社会工作
R. 文化、体育和娱乐业
S. 公共管理、社会保障和社会组织
T. 国际组织

4. 中国证监会《上市公司行业分类指引》

为规范上市公司行业分类方法，中国证监会于2000年颁布了《上市公司行业分类指引》，对中国上市公司行业分类提出了指导性的意见，规定了上市公司行业分类的原则、编码方法、框架及运行与维护制度。《上市公司行业分类指引》为非强制性标准，适用于证券行业内的各有关单位、部门对上市公司分类信息进行统计、分析及其他相关工作。①

《上市公司行业分类指引》将上市公司分为从A至M共13个门类：

A. 农、林、牧、渔业
B. 采掘业
C. 制造业
D. 电力、煤气及水的生产和供应业
E. 建筑业
F. 交通运输、仓储业
G. 信息技术业
H. 批发和零售贸易
I. 金融、保险业
J. 房地产业
K. 社会服务业
L. 传播与文化产业

① 在我国证券市场建立之初，对上市公司没有统一的分类方法，上海、深圳证券交易所根据各自工作的需要，分别对上市公司进行了简单划分：上海证券交易所将上市公司分为工业、商业、房地产业、公用事业和综合类五类；深圳证券交易所则分为工业、商业、地产业、公用事业、金融业和综合类六类。

M. 综合类

行业划分的方法多种多样，除上述的划分方法外，还有其他划分方法。例如，美国标准普尔股价指数将样本股票分为工商业、运输业、公用事业和金融业四类；香港恒生指数将样本股票划分为金融业、公用事业、地产业和其他工商业四类。也可以按资源禀赋的密集程度，把行业分成资本密集型行业、劳动密集型行业和技术密集型行业等。

二、行业的经济结构分析

根据国民经济中各行业的厂商数量、产品性质、厂商的价格控制能力和其他一些因素，可以把各行业划分为完全竞争、垄断竞争、寡头垄断和完全垄断四种经济结构（见表6—1）。

表6—1　　　　行业经济结构的基本特征

	完全竞争	垄断竞争	寡头垄断	完全垄断
厂商数量	很多	较多	很少	一个
产品差异程度	同质无差异	部分差异	同质，或略有差异	无替代的唯一产品
价格控制能力	没有	较小	较大	很大，但常受政府管制
生产要素的流动性	自由流动	流动性较大	较小	没有
现实中接近的行业	农业	零售业	汽车制造业	公用事业

（一）完全竞争

完全竞争是一种纯粹的不受任何阻碍和干扰的市场结构。完全竞争的市场结构具有如下特征：（1）市场上有众多的生产者和消费者，他们个体的销售量或购买量都仅占市场很小的比重，因此，任何个体都无法通过自己个人的买卖行为来影响市场价格，每个人都是既定价格的接受者，而不是价格的制定者；（2）不存在产品差别，即生产者提供的产品是同质无差异的；（3）各种生产要素可以完全自由流动；（4）市场信息畅通，生产者和消费都可以得到完备的信息，并可自由进入或退出该市场。从上述特征可以看出，完全竞争是一种理想化的市场结构，其根本特点在于所有的生产者都无法控制市场价格和使产品差异化。在现实经济中，完全竞争的市场类型是很少见的，初级产品的市场结构与此相类似。

（二）垄断竞争

垄断竞争是一种既有垄断又有竞争，既不是完全垄断又不是完全竞争的市场结构。垄断竞争的市场结构具有以下特点：（1）产品之间存在着差异。① 但是，各种产品在一定程度上又具有相互替代性，因此，各种产品之间又形成了竞争。（2）市场上生产者众多，生产要素也可以自由流动。（3）由于产品差异性的存在，厂商为其产品的价格具有一定的控制能力，这是垄断竞争与完全竞争的主要区别。在现实经济中，服装、鞋帽等轻工业部门是典型的垄断竞争行业。

（三）寡头垄断

寡头垄断指相对少量的生产者在某种产品的生产中占据了很大市场份额的市场结构。

① 这种差异不是指不同产品之间的差异，而是指同种产品在质量、包装、型号或销售条件方面的差异。

在这种市场上，少数几个生产者供给该行业的大部分产品，其对于市场价格和交易量具有一定的垄断能力。同时，由于只有少数几个生产者生产同种产品，所以每个生产者的价格政策和经营方式及变化等都会对其他生产者产生影响。在这种市场上通常存在着一个起领导作用的企业，其他企业则随该企业的定价与经营方式的变化而相应地进行调整。起领导作用的企业不是固定不变的，它由各企业的生产和竞争实力而定。在现实经济中，资本密集型、技术密集型行业，如钢铁、汽车行业等，以及少数储量集中的矿产品行业，如石油行业等的市场结构接近于寡头垄断。

（四）完全垄断

完全垄断指整个行业处于一个生产者控制的市场结构。完全垄断可分为政府垄断和私人垄断两种。大多数国家的铁路、邮政、电力等部门属于政府垄断；私人垄断产生于根据政府授予的特许专营权，或者根据专利权产生的独家经营，以及由于资本雄厚、技术先进而建立起的排他性私人垄断经营。在这种市场上，由于市场被独家企业所控制，产品又缺少合适的替代品，所以垄断者能根据市场的供需情况制定理想的价格和产量，在高价少销和低价多销之间作出选择，以获得最大利润。这类行业收益稳定，风险较小，投资者的利益有保证。

从完全竞争、垄断竞争、寡头垄断到完全垄断，各种经济结构的竞争程度递减，垄断程度递增。在垄断市场，企业可以依靠其垄断地位，制定价格，确定产量，以获得超额利润。但是，各国在不同时期，都会根据市场的竞争和垄断情况，制定和实施反垄断法，垄断企业一旦招致法律干预，常常会陷入困境。在竞争市场，厂商进入行业的成本低，价格受供求关系影响大，因此企业竞争失败破产的可能性相对变大，则投资的风险也变大。因此，投资者持有不同经济结构的股票和债券，获得的投资收益和承担的投资风险就会有差异

三、经济周期与行业分析

经济周期的变化不可避免地会对行业的发展产生影响，但这一影响对不同的行业作用是不一样的。根据经济周期与行业发展的相互关系，可将行业划分为：

（一）增长性行业

增长性行业的运动状态与经济活动总水平的周期及振幅无关。这些行业收入增长的速率相对于经济周期的变动来说并未受到同步影响，或者是这些行业受到经济周期的影响，但其行业的增幅足以抵消经济波动的衰退幅度。因为它们主要依靠技术的进步、新产品推出以及更优质的服务。增长性行业能创造大量的社会需求，这种社会需求可能在几年甚至几十年中不断存在并增长。①

（二）周期性行业

周期性行业的运动状态直接与经济周期相关系。当经济处于上升时期，这些行业会紧随其扩张；当经济衰退时，这些行业相应衰落。

---

① 投资者对于这些高成长性的行业往往十分关注，因为它既有套期保值的功能，又能实现某些投利的目的。但对投资者而言，提前预测出这些行业有一定困难，很难把握正确的投资时机，需要准确分析和前瞻性判断。

产生这种现象的原因是，这些行业的产品需求的收入弹性较大，经济的波动通过收入水平的变动必然反映到产品的需求上来，进而对行业产生影响。例如珠宝行业、耐用品制造业以及其他依赖需求的收入弹性的行业，就属于典型的周期性行业。

（三）防御性行业

防御性行业是指那些在经济波动中需求起伏不大的行业，这些行业的产品需求始终比较稳定，基本不受经济周期影响，所以行业是处于稳定状态的。投资者对于这些行业的投资基本上是一种保守的收入型投资，而非投机的差价投资，这种投资在经济衰退时收入并不会有所降低，而在经济高涨时收入也不会随着高涨，收入的稳定、价格的稳定使得投资这些股票难以获得价差的收益。这些行业的存在，其原因在于这些行业提供的产品，其社会需求对它的收入弹性很小，社会需求稳定使得行业内部公司收入相对稳定，同时市场的投机者对其兴趣相对较小。最终使得这些行业的股票成为较好的防御性投资对象。这类行业一般有食品业、公共事业等。

四、行业演变及行业集中趋势分析

（一）行业生命周期分析

由于技术进步、产品更新、社会习惯改变等原因，每个行业都要经历一个由成长到衰退的发展演变过程，这个过程便成为行业的生命周期。一般说来，行业的生命周期可分为初创期、成长期、稳定期和衰退期四个阶段，在不同的发展阶段，各行业呈现出不同的特点。

1. 初创期

初创期又称幼稚期、开拓期。新技术的出现、消费者偏好的转变等原因常常创造出新的行业。在初创期里，由于新行业刚刚诞生不久，所以只有为数不多的创业公司投资于这个新兴行业。在新行业创立之前，创业者投入大量资金研制、开发新产品，购置厂房、生产设备等；在新产品生产出来以后，由于消费者对新产品缺乏了解，创业者还需要投入大量资金，作为必要的宣传、介绍和推广等。因此，在初创期，企业的投资大于销售额，不仅没有盈利，反而会存在亏损。较高的生产成本和较低的市场需求量，常常会使创业者面临着较高的投资风险。因此，这类企业更适合投机者而非投资者。

2. 成长期

成长期以竞争加剧、价格下降、利润上升为主要特点，在这一时期里，新产品逐渐赢得广大消费者的欢迎和信赖，市场需求上升，新行业也随之繁荣起来。成长期与初创期相比，新行业发生了以下三方面的变化：第一，由于需求量增加，价格稳步上升，产品销售量扩大，该行业的平均利润率高于其他行业，吸引各种生产要素向该行业流动，进入新行业的企业数增加，投资规模也不断扩大。第二，适应市场需求的变化，原有企业在扩大生产规模的同时，增加花色品种，改进产品质量；新进入该行业的企业也尾随其后，推陈出新，开发新产品。这样，新行业的产品逐步从单一、低质、高价向多样、优质、低价方向发展。第三，随着生产厂家的不断增加，各企业在产品价格、生产成本、质量和花色品种

等方面展开激烈竞争。一些财力较弱、技术水平落后、经营管理不善的企业被兼并或淘汰，只有那些具有较强竞争力的企业得以在新行业中继续生存。在成长期，虽然行业仍在增长，但这时的增长具有可测性。由于受不确定因素的影响较少，行业的波动也较小。此时，投资者蒙受经营失败而导致投资损失的可能性大大降低，因此，他们分享行业增长带来的收益的可能性大大提高。

3. 稳定期

行业的稳定期是一个相对较长的时期。经历了成长期以后，新行业里的生产厂家的数目稳定下来，由于市场需求趋于饱和，产品销售量的增长势头减缓，该行业的平均利润与其他行业相差无几，整个行业步入稳定期。与成长期相比，进入稳定期的行业又呈现出以下特点：第一，经过成长期的激烈竞争以后，在竞争中生存下来的少数大企业垄断了整个行业的市场，每个企业都占有一定比例的市场份额，各企业由于彼此势均力敌，市场份额发生变化的程度较小。第二，企业之间的竞争手段发生了变化。在成长期，各企业之间的竞争以价格竞争为主，通过降低产品的生产成本，从而降低产品的销售价格，以期在市场竞争中获得胜利。进入稳定期以后，进一步降低生产成本和销售价格的潜力不大，而且大企业之间展开价格竞争也要冒很大的风险，因此，各企业之间的竞争以非价格手段为主，如改进产品质量、提高产品性能、加强售后服务等。第三，新企业加入该行业的可能性不大。一方面，在市场需求和价格稳定以后，该行业只能获得与社会平均利润率相当的利润，新企业加入该行业的动机减弱；另一方面，原有企业经过长期发展，积聚大量人力、物力、财力，实力雄厚，新企业难以与之竞争，同时，该行业的市场已被几家大企业分割，要想立足于该行业，必须承担较大的投资风险。即使有些企业盲目进入，往往也会由于大量创业投资无法很快得到补偿，或因产品销售不畅、资金周转不灵，而倒闭或转产。这种状态持续一段时间以后，该行业从稳定期进入衰退期。

4. 衰退期

衰退期又称停滞期。经过较长时间的稳定发展以后，社会上又会有新的技术和新的行业出现，消费者偏好逐渐转移，原行业的市场需求量逐渐减少，产品的销售量也因替代品的出现而减少，价格下降，利润额也会低于其他行业平均水平。此时，一些企业开始向其他更有利可图的行业转移资金，原行业出现了企业数目减少、利润下降的萧条景象。至此，整个行业进入了生命周期的最后阶段。在衰退期里，厂商数目逐渐减少，市场不断萎缩，利润额下降。当正常利润无法维持时，或者当现有投资折旧回收之后，整个行业便逐渐解体。

表 6—2 概括了行业各生命周期的主要特点。

表 6—2　　行业生命周期的特点

	初创期	成长期	稳定期	衰退期
厂商数量	很少	增多	减少	很少
价格水平	很低	上升	稳定	下降
竞争手段	没有	价格手段	非价格手段	没有
市场需求	很小	增加	稳定	下降
利润额	亏损	增加	较高	减少
投资风险	较高	较高	减少	较低

从行业各生命周期的特点可以看出，在初创期、成长期、稳定期和衰退期发行的股票和债券，在投资收益和投资风险上都具有较大的差异。投资者要对各行业的前景作出合理判断，同时根据自己对收益的偏好和对风险的厌恶程度选择合适的投资对象。

(二) 行业集中趋势分析

行业集中包括两个方面的含义：一个方面是指骨干企业规模的扩大，即行业的绝对集中；另一个方面是指骨干企业在整个行业规模中的比重增大，即行业的相对集中。与此相对应，衡量行业集中度的指标也可以分为以下两类：

1. 行业绝对集中的衡量指标

行业绝对集中的衡量指标既要考虑行业内企业个数的多少，又要考虑行业内企业的大小分布。设某行业有 n 个企业，各企业产量为 X_i，行业总产量为 $\sum X_i$，第 i 个企业的市场占有份额为 S_i，即 $X_i/\sum X_i$，则有以下主要的绝对集中衡量指标：

(1) 企业数的倒数，即用 $1/n$ 来衡量集中水平。显然，这一指标考虑了企业数的多少，而没有考虑企业的相对大小。

(2) 集中比，是指某行业最大的 r 个企业所占市场份额，即：

$$C_r = \frac{\sum_{i=1}^{r} X_i}{\sum_{i=1}^{n} X_i} = \sum_{i=1}^{r} S_i$$

其中，r 根据经验确定，通常取 3～5。

这一指标具有经济含义明确、资料容易取得、计算简便等优点。但当行业内 $(n-r)$ 个企业间发生兼并，尽管整个行业的集中水平提高了，C_r 却反映不出来。

2. 行业相对集中的衡量指标

行业相对集中的衡量指标既可表明行业内全部企业的规模分布情况，还可用来表明大企业的规模在整个行业规模中比重增大状况。洛伦茨曲线（见图 6—1）可用来表明行业的相对集中程度。

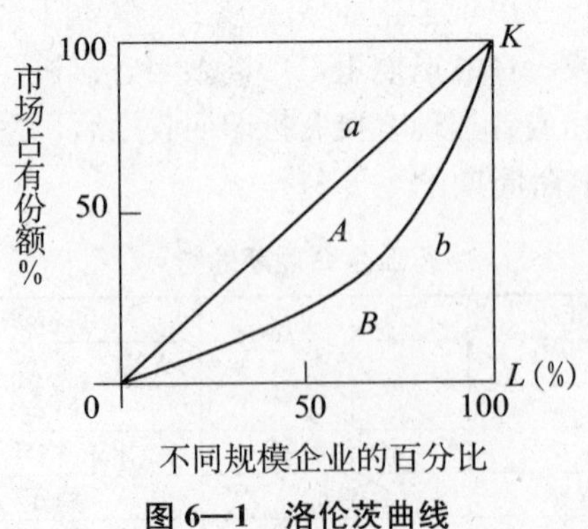

图 6—1　洛伦茨曲线

图 6—1 的内涵包括：(1) 连接两对角线的直线（45°线）是市场占有份额的绝对平均

线 a；(2) OLK 是分布的绝对不平等曲线；(3) 介于上述两者之间的实际分布曲线 b 表示占有企业总数一定百分比的企业拥有的市场占有份额。显然，实际分布曲线 b 越远离 45°线，说明用户集中程度越高。

由洛伦茨曲线可引出基尼系数，其计算公式为：

$$基尼系数=\frac{45^\circ 线与洛伦茨曲线围成的图形面积}{下直角三角形面积}=\frac{A}{A+B}$$

基尼系数介于 0～1 之间，数值越接近 1，表明企业集中度越高。

通过上述衡量行业集中化的指标，投资者可以分析研究各行业的竞争程度，以利于进行投资对象选择的决策。

如果一个零散的行业变成一个集聚的行业，那么必然会产生一家或几家在行业中占据绝对优势的企业，这就蕴涵着巨大的投资机会。

造成行业零散的原因主要有：(1) 进入壁垒低；(2) 不存在规模经济或经验曲线。如果使多样的市场需求标准化，提高进入壁垒等，那么该行业就可能从零散型转变成集中型行业。

五、区域分析与区域板块效应

(一) 区域分析

区域，或者说经济区域，是指地理范畴上的经济增长极或经济增长点及其辐射范围。区域是资本、技术和其他经济要素高度积聚的地区，也是经济快速发展的地区。我们通常所说的美国的硅谷高新技术产业区等就是经济区域的例子。经济区域兴起与发展将极大地带动其周边地区的经济增长。上市公司的投资价值与区域经济的发展密切相关，处在经济区域内的上市公司一般具有较高的投资价值。因此对上市公司进行区域分析，就是将上市公司的投资价值与区域经济的发展联系起来，通过分析上市公司所在区域的自然条件、资源状况、产业政策、政府扶持力度等方面来考察上市公司发展的优势和后劲，确定上市公司未来发展的前景，以鉴定上市公司的投资价值。具体来讲，可以通过以下几个方面进行上市公司的区域分析：

1. 区域内的自然和基础条件

自然和基础条件包括矿产资源、水资源、能源、交通、通行设施等，它们在区域经济发展中起着重要作用，也对区域内的上市公司的发展起着重要的限制和促进作用。分析区域内的自然条件和基础条件，有利于分析本区域内上市公司的发展前景。如果上市公司所从事的行业与当地的自然和基础条件不符，公司的发展就可能受到很大的制约。如在水资源稀缺的内陆地区从事大量耗水的工业项目，其项目的前景就难以乐观。

2. 区域内政府的产业政策和其他相关的经济支持

为了进一步促进区域经济的发展，当地政府一般都相应的制定了经济发展的战略规划，提出相应的产业政策，确定了区域优先发展和扶持的产业，并给予相应的财政、信贷及税收等诸多方面的优惠措施。这些措施有利于引导和推动相应产业的发展，相关产业内的公司将因此受益。如果区域内的上市公司的主营业务符合当地政府的产业政策，一般会获得诸多政策支持，对上市公司本身的进一步发展有利。

3. 区域内的比较优势和特色

所谓特色，是区域间比较的结果，指本区域经济与区域外经济的联系和互补性、龙头作用及发展活力与潜力的比较优势。它包括区域的经济发展环境、条件与水平、经济发展现状等方面有别于其他区域的特色。特色在某种意义上意味着优势，利用自己的优势发展本区域的经济，无疑在经济发展中找到了很好的切入点。比如某区域在电脑软件或硬件方面，或在汽车工业方面已经形成了优势和特色，那么该区域内的相关上市公司，在同等条件下，比其他区域主营业务相同的上市公司具有更大的竞争优势和发展空间，因为该区域的配套服务齐全、相关人才集聚、信息流和物流都更为顺畅便捷。

（二）区域板块效应

在我国证券市场上，股票市场的板块效应是一种客观存在的特殊现象。所谓的股票板块，是指一些股票组成的小集团，这些股票因为有某一共同的特征而被人为地分类在一起，而这一特征常常被市场上的投资者作为市场炒作的题材。这些特征可能是地理上的，也可能是业绩上的，还可能是行业分类上的。

区域板块效应，则是指同一地区内的上市公司，由于所处的政策与区域环境具有同一性，市场普遍预期这个地区的相关上市公司可能共同受益于特定的政策与环境变化，从而导致其股票价格在二级市场上产生联动变化。一般来说，这种同一性越高，受益上市公司越多，则相关上市公司的整体联动作用就越明显，区域板块效应也就越突出。我国证券市场上多次出现的上海本地股与深圳本地股行情，就是区域板块效应的典型。另外，像北京申奥板块概念、上海浦江开发板块概念、西部开发板块概念等，也是区域板块效应的一种表现。①

第三节　公司分析

公司分析是证券投资基本因素分析的核心。前一部分所说的行业分析，是投资者在大的宏观经济环境中对众多的行业进行甄别。但是，每一个行业内的不同企业，在经营规模、市场实力、经营能力、盈利状况等诸多方面存在巨大差异。因此，还需要将前述的宏观分析和行业分析落实到对具体企业的分析上。对拟投资对象的背景资料、业务资料、财务资料进行分析，从整体上、多角度了解企业，从而选择最合适的投资对象，以期获得最优的投资收益。

---

① 在我国的股票市场上，区域板块效应多是从市场炒作的角度出发而被推向市场的。很明显，各区域上市公司的数目存在着较大差异，上市公司业绩的平均水平也参差不齐，市场的表现自然不可能整齐划一，市场投机者的意图很大程度上是为了引起市场跟风者的注意和非理性吹捧，然后人为炒作拉升股价获取暴利。当然，不可否认，这对于股票按某种特征进行分类分析具有一定的实际意义，其中，按地理概念分类的区域板块效应分析确实具有一定的现实价值，这就需要投资者认真考虑、整体分析、理性决策。

一、公司竞争地位分析

美国学者波特认为，一家企业在行业内的竞争地位取决于五种力量的相互作用。这五种竞争力量包括行业内现有竞争者、潜在竞争者、替代品制造商、顾客和供应商（见图6—2）。

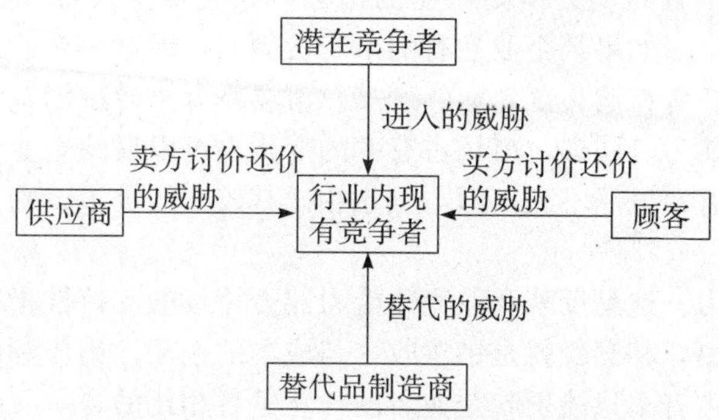

图6—2 影响企业竞争地位的力量

（一）行业内现有竞争者

企业面对的市场通常是一个竞争性市场，即从事某种产品制造和销售活动的企业通常不止一家。在多家企业同时生产相同或相似产品的情况下，相互间必然会因为争夺顾客而形成激烈的市场竞争。对行业内现有竞争者的研究主要包括以下内容：

1. 行业内竞争的基本情况

竞争者的数量有多少？分布在什么地方？它们在哪些市场上活动？各自的规模、资金、技术力量如何？基本情况研究的目的是要在众多的同种产品的生产厂家中找出主要的竞争对象和投资对象。

2. 主要竞争者的实力

找出了行业内现有的主要竞争者后，还要研究主要竞争者实力主要来源于哪些方面，什么因素使其对拟投资对象构成了威胁。

对一个企业的竞争实力强弱，可以从以下三个指标加以衡量：

（1）相对于行业平均水平的销售增长率。销售增长率是指企业当年销售额与上年相比的增长幅度。在企业销售政策和顾客购买行为等因素基本上没有太大变化的情况下，销售增长率为正值时，说明企业的用户数在增加。至于这种增加是否意味着企业竞争实力在增强，还要看整个行业甚至整个国民经济的增长情况。如果企业当年销售额比上年有所增加，但增加的幅度小于行业或国民经济的发展速度，这种情况表明：在有利的经济背景下企业所处行业的市场总容量在不断扩大，但扩大的部分被这家企业占领的比重在相对减少，大部分的新市场是被其他企业占领了，因此，企业的竞争能力实际是下降了，而不是提高了。销售增长率指标往往只有与行业发展速度和国民经济的发展速度进行对比分析才有意义，才能反映企业的竞争能力是在提高还是在减退。这样，由发展速度来衡量企业的竞争实力，必须考察企业相对于行业平均水平的销售增长率。

（2）市场占有率。市场占有率亦称市场份额，指市场总容量中企业所占有的份额。市场占有率是一个用百分比来表示的相对指标，其数值等于在某一特定产品市场上一个企业所销出产品的数量与该类产品的总销售量的比值。考察市场占有率，就是分析在已被满足的市场总需求中有多大的比例被该企业占有，多大的比例被其他各企业所占有。市场占有率是一个针对现有竞争者间实力横向对比的指标，它直接反映着一个企业的竞争实力状况。在特定产品市场上，如果某企业占有的市场份额大，即这一企业的市场占有率高，就说明有相对更多的消费者在购买该企业的产品。市场占有率通过消费者的购买选择反映了一个企业的综合竞争能力。同样，市场占有率的变化也可以反映企业竞争实力的变动。如果一家企业的市场占有率虽然不高，但与上年相比有较大的进步，则表明该企业的竞争实力在增强。

（3）产品获利能力。这是反映企业竞争能力能否持续的支持性指标，可用利润额和销售利润率来表示。这里，利润额就是销售收入与成本的差额，销售利润率等于利润额与销售收入的比值。市场占有率只能反映企业目前与竞争者相比的竞争实力，并未告诉我们这种实力能否持续下去，因为它只表明了企业在市场上销售产品的数量是相对较多还是相对较少，而没有反映销售这些数量的产品是否给企业带来了足够的利润。如果市场占有率高，销售利润率也高，这种情况表明企业在扩大销售规模中挣得了更多的利润，这样将来就有强大的财力去维持和改善生产条件，以争取和保持良好的竞争力。相反，如果市场占有率很高，而销售利润率低，那就表明企业卖出去的产品数量虽然很多，但是得到的收益很少，较高的市场占有率是以较少的利润为代价换取的，长此以往，企业就会将积累的盈余消耗殆尽，这样，企业的市场竞争能力就难以维持。

3. 竞争者的发展方向

分析企业所处行业的竞争环境，除了分析该行业内的竞争状况，还必须对整个行业的竞争格局变化和主要竞争者的战略动向做出分析与判断。竞争者的发展方向包括产品开发动向与市场拓展或转移动向等。要分析竞争者可能开发哪些新产品、新市场以及是否退出现有的经营领域或地域。

通常说来，在研究竞争者的发展动向时需要分析所在行业退出的难易程度，即退出壁垒高低。下列因素可能妨碍企业退出某种产品的生产经营：

（1）资产的专用性。如果厂房、机器设备等资产具有较强的专用性，则其清算价值很低，企业既难用现有资产转向其他产品生产，也难以通过资产转让回收资产。

（2）退出成本的高低。某种产品停止生产意味着原来生产线工人的重新安置。这种重新安置需要付出一定的费用。此外，企业即使停止了某种产品的生产，但对在此之前已经销售的产品在相当长的时间内仍负有维修的义务。职工安置、售后维修服务的维持等费用如果较高，则势必会影响企业的转产、停产决定。

（3）心理因素的影响。特定产品可能是由企业的某位现任领导人组织开发成功的，曾在历史上对该领导人的升迁产生过重要影响，因此该领导人可能对其怀有深厚的感情，即使已无市场前景，可能也难以割舍。那些曾经作为企业成功标志的产品要终止生产，对全体员工可能带来更大的心理影响，因此人们在决定让其退出市场时可能会犹豫不决。

（4）政府和社会的限制。某种产品的生产终止、某种经营业务不再进行，不仅对企业有直接影响，可能还会引起失业增多，影响所在地区的社会安定和经济发展，因而可能遭到来自社区政府或群众团体的反对或限制。

（二）潜在竞争者

任何一种产品的生产经营，只要有利可图，就可能招来新的进入者。这些新的企业既可能给行业经营注入新的活力，促进市场的竞争和发展，也势必给现有企业造成压力，威胁它们的市场地位。新厂家进入特定行业的可能性太小取决于两个方面：

1. 现有企业可能做出的反应

原有企业对新进入者可能采取的具有力度的反击措施，会迫使那些欲加入某产品生产行列的企业对其决策做出更慎重的考虑，从而减少行业潜在竞争者的数量。

2. 由行业特点决定的进入难易程度

规模经济因素带来的低成本优势，产品内在差别化特性的难以模仿或由知名商标或广告宣传等塑造的产品在消费者心目中的牢固地位，现有企业相对于新进入者所具有的先入者优势（亦称“在位”优势，如对产品专利的拥有，对特殊技能劳动力或者特殊原材料供应以及销售渠道的控制等），这些都可能构筑起进入壁垒，阻碍新企业加入到该行业的经营中。可以说，一个行业的进入壁垒越高，潜在的进入者就越需要付出高昂的代价才有可能进入这一行业。因此，进入壁垒从客观方面限制了该行业潜在竞争者的进入。

（三）替代品制造商

市场上的顾客之所以购买一个企业生产的产品或服务，主要是因为它能满足人们某种需要的使用价值或功能。也就是说，企业向市场提供的实际不是某种具体的产品或服务，而是一种抽象的使用价值，即这些产品或服务所具有的功能。不同的产品，其外观形状、物理特性可能不同，但完全可能具备相同的功能。具有相同功能或使用价值的不同种类的产品，因为它们能够满足消费者的同种需要，所以被称作“替代品”。生产替代品的企业在市场上就可能形成竞争。

对替代品制造商的分析主要包括两方面内容：一是确定哪些产品可以替代本企业提供的产品。这实际上是确认具有同类功能产品的过程。二是判断哪些类型的替代品可能对本行业和本企业的经营造成威胁。为此，如果两种相互可以替代的产品，其功能可以带来大致相当的满足程度，但价格却相差悬殊，则低价产品可能对高价产品的生产和销售造成很大威胁。相反，如果这两类产品的功能与价格比大致相当，则相互不会造成实际的威胁。

由此可见，替代产品实际上是通过规定某个行业内企业可能获利的最高限价来限制该行业的经营行为和潜在收益。由于替代品的存在，即使行业内只存在少数产品，它们表面上几乎垄断了行业市场，但也不能随心所欲地制定价格，侵害消费者的利益。

（四）顾客

这里是从购买该行业产品或服务的顾客方面来研究行业环境。作为市场上的买方，顾客在两个方面影响着行业内企业的经营：其一，顾客对产品或服务的总需求决定着行业的市场潜力，从而影响行业内所有企业的发展边界；其二，不同顾客的讨价还价能力会影响到提供这种产品或服务的企业的获利情况。前者是属于市场需求潜力研究的内容，后者则是有关顾客讨价还价能力的研究。

1. 市场需求潜力的研究

包括以下三方面内容：

（1）总需求研究。主要分析市场容量有多大；总需求中有支付能力的需要有多大；暂时没有支付能力的潜在需求又有多少。

（2）需求结构研究。主要考虑需求的类别和构成情况如何；顾客属于何种类型，是机关团体还是个人；主要分布在哪些地区；各地区比重如何。

（3）顾客购买力研究。主要分析顾客的购买力水平如何；购买力是怎样变化的；有哪些因素影响购买力的变化；这些因素本身可能发生什么变化。通过分析相关影响因素的变化，可以预测顾客购买力的变化，从而预测市场需求的变化。

2. 顾客讨价还价能力的研究

考察顾客是否具有与产品生产企业进行价格谈判即讨价还价的能力。顾客讨价还价能力的高低主要取决于下列因素：

（1）顾客购买量的大小。一般来说，顾客的购买量越大，其价格谈判能力就越强。特别是当该顾客的购买量占企业总销售量的比重较大，而且该顾客也意识到自己是企业的主要客户时，它就可能拥有较强的价格谈判能力。尤其是如果该顾客从企业所购买的产品在顾客总采购量和总采购成本中占有较大的比重时，那么基于自身利益的考虑，顾客就更有动力去积极利用其拥有的价格谈判能力来争取更优惠的采购价格。

（2）企业产品的性质。如果企业提供的是一种无差异的标准化产品，顾客会相信自己可以很方便地找到其他供货的渠道，这样在购买中就会要求优惠的采购价格。

（3）企业产品在顾客产品形成中的重要性。如果企业所提供的产品是顾客所加工制造产品的主要构成部分，或对顾客产品质量或功能的形成有重大影响，那么顾客对价格的敏感性会相对降低，因为这时顾客更关注的不是购买产品的价格，而是其质量及可靠性。反之，如果企业所提供的产品在顾客产品形成中没有重要影响，则顾客在采购时就会努力寻求价格优惠。

（4）顾客后向一体化的可能性。如果顾客对企业提供的产品具备潜在的“自制”能力，那么，顾客就可能利用自己可能向“后向一体化”发展的压力来迫使供应者降低售价。所谓“后向一体化”，指的是沿产业链上游的纵向一体化，也就是指制造业企业将其经营范围扩展到原材料、半成品或零部件的生产，或者商业企业进入产品制造的领域。

（五）供应商

企业生产经营所需的生产要素通常需要从外部获取，这样，提供这些生产要素的经济组织就对企业具有两方面的影响：其一，这些经济组织能否根据企业要求按时、按量、按质地提供企业生产经营所需要的生产要素，这影响着企业生产经营规模的维持和扩大；其

二，这些经济组织提供货物时所要求的价格在相当程度上决定着企业生产成本的高低，从而影响着企业的获利水平。因而，有关生产要素供应者的研究也就包括两个方面内容：供应商的供应能力或者企业寻找其他供货渠道的可能性；供应商的讨价能力。这两个方面是相互联系的。综合起来看，需要分析以下因素：

1. 供应商所处行业的集中程度

如果该原材料是由一家或少数几家集中控制，即行业集中度比较高。与此对应，如果购买此种原材料的客户数量众多且力量分散，那么，该原材料供应商就拥有较强的价格谈判甚至单方面定价的能力。

2. 企业是否有其他的供货渠道

企业如果长期仅从单一渠道进货，则其生产和发展必然在较高程度上受制于该供应商（不过，后面我们即会分析到，企业与供应商之间的战略联盟是另外的情形）。如果货源广泛，则受到的影响减弱。为此，需要分析企业与其他供应商建立关系的可能性，以便分散进货，或者在必要时启用后备进货渠道，从而遏制供应商的提价倾向。

3. 寻找替代品的可能性

如果原材料行业集中程度比较高，分散进货的可能性也较小，企业则应考虑寻找替代原料。但如果替代品不易找到，则供应商会拥有强大的价格谈判能力。

4. 企业后向一体化或供应商前向一体化的可能性

如果供应商垄断控制了供货渠道，替代品又不存在，而企业对这种货物的需求量很大，这时应考虑内部自制，即“后向一体化”的可能性。如果企业不具有后向一体化的能力，那么，供应商就对其经营和获利构成一种竞争和威胁。同样，如果重要原材料的供应商具有向产业链下游发展的可能性，即供应商有前向一体化的意向和能力，那么它的讨价能力和威慑力就会增强，企业就处于相对不利的地位。

二、公司业务分析

（一）产品及市场

分析公司的业务首先应该从公司出售的产品或提供的服务开始。投资者需要分析公司每种产品系列的销售数量和金额及其在各自细分市场中的地位，每种产品的利润率，公司是否会推出新产品及新产品的市场潜力等内容。对产品及市场的分析常常采用经营业务组合分析法。①

该方法认为，在确定各经营业务发展方向的时候，企业应综合考虑到该项经营业务的市场增长情况以及企业在该市场上的相对竞争地位。相对竞争地位是通过企业在该项业务

---

① 经营业务组合分析法是由美国波士顿咨询公司为大企业确定和平衡其各项经营业务发展方向和资源分配而提出的战略决策方法，同时也是投资者对企业业务进行考察的一种有力工具。

经营中所拥有的市场占有率与该市场上最大的竞争对手的市场占有率的比值（即相对市场份额）来表示的，它决定了企业在该项业务经营中获得现金回笼的能力及速度，较高的市场占有率可以带来较大的销售量和销售利润额，从而能使企业得到较多的现金流量。而该项业务的市场增长情况则反映该项业务所属市场的吸引力，它主要用该市场领域最近两年平均的销售增长率来表示，并且将平均市场销售增长率在10%以上的划定为高增长业务，10%以下的则为低增长业务。

根据市场增长率和相对竞争地位这两项标准，可以把企业所有的经营业务区分为以下四种类型（见图6—3）：

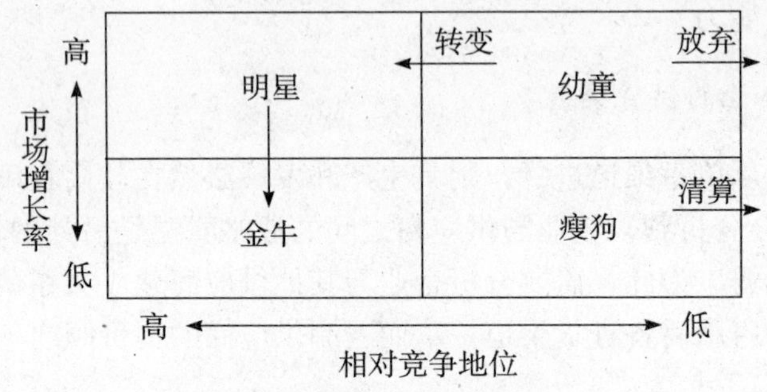

图6—3　经营业务组合分析图

1．“金牛”业务

该类经营业务的特点是：企业拥有较高的市场占有率，相对竞争地位强，能从经营中获得高额利润和高额现金回笼，但该项业务的市场增长率低，前景并不好，因而不宜投入很多资金盲目追求发展，而应该将其当前市场份额的维护和增加作为经营的主要方向。其目的是使“金牛”业务成为企业发展其他业务的重要资金来源。

2．“明星”业务

这类经营业务的市场增长率和企业相对竞争地位都较高，能给企业带来较高的利润，但同时也需企业增加投资，以便跟上总体市场的增长速度，巩固和提高其市场占有率。因而，“明星”业务的基本特点是，无论其所回笼的现金还是所需要的现金投入数量都非常大，两者相抵后的现金流可能出现零或者负值状态。

3．“幼童”业务

“幼童”业务又称问题业务。这类经营业务的市场增长率较高，但企业目前拥有的市场占有率相对较低，其原因很可能是企业刚进入该项相当有前途的经营领域。由于高增长速度要求大量的资金投入，但是较低的市场占有率又只能带来很少量的现金回笼。因此，企业需要将由其他渠道获得的大量现金投入该项“幼童”业务中，使其尽快扩大生产经营规模，提高市场份额。采取这种策略的目的，就是使“幼童”业务尽快转变成“明星”业务。但是如果决策者认为某些刚开发的业务并不可能转成为“明星”，则应及时采取放弃策略，因为这类业务如果勉强维持下去，企业可能要投入相当的资金，其投资量甚至还会超过它们提供的现金量，这样，企业就很容易出现现金的短缺。

4. “瘦狗”业务

这是指市场销售增长率比较低，而企业在该市场上也不拥有相对有利的竞争地位的经营业务。由于销售前景和市场份额都比较小，经营这类业务只能给企业带来极微小甚至负值的利润。对这种不景气的“瘦狗”类经营业务，企业应采取缩小规模或者清算、放弃的策略。对投资者而言，投资于该类企业往往是没有保障的。

企业比较理想的经营业务组合情况应该是：企业有较多的“明星”类和“金牛”类业务，同时有一定数量的“幼童”类业务和极少量的“瘦狗”类业务，这样企业在当前和未来都可以取得比较好的现金流量平衡。否则，如果产生现金的业务少，而需要投资的业务过多，企业发展就易陷入现金不足的陷阱中；或者相反，企业目前并不拥有需要重点投入资金予以发展的前景业务，则企业就面临发展潜力不足的战略性问题。

(二) 管理

公司的经营业绩与公司的管理水平息息相关，公司经营管理能力的强弱直接关系到公司的生存与发展。对公司经营管理能力的分析，主要从公司管理人员的素质和技能、公司业务人员素质及创新能力和公司经营效率等方面入手。

1. 公司管理人员的素质和技能

在现代企业里，管理人员不仅担负着对企业生产经营活动进行计划、组织、领导、控制等管理职能，而且从不同角度和方面负责或参与对各类非管理人员的选择、使用与培训工作。因此，管理人员的素质是决定企业能否取得成功的一个重要因素，这在客观上要求企业管理人员具有相应的良好素质。换言之，良好的管理人员的素质是提高企业管理水平的不可或缺的重要条件。管理人员的素质要求是指从事企业管理工作的人员应当具备的基本品质、素养和能力，它是选拔管理人员担任相应职务的依据和标准，也是决定管理者工作效能的先决条件，对管理人员的素质分析是公司分析的重要组成部分。

一般而言，企业的管理人员应该具备如下的素质：(1) 从事管理工作的强烈愿望；(2) 技术技能；(3) 人际技能；(4) 概念技能。不同层次的管理人员所需要的能力构成也有所不同。一般说来，基层管理人员主要需要技术技能和人际技能；中层管理人员同样需要技术技能、人际技能和概念技能；对于高层管理人员，概念技能最为重要，因为高层管理者承担企业重大战略决策、协调内外环境平衡的职能，专业问题可以委托职能部门的参谋人员去解决，但是最终的决策必须由自己承担，管理者所处的层次越高，面临的问题就越复杂，也越无先例可循，这样就越需要具备概念技能。

2. 公司业务人员素质及创新能力

作为公司的员工，公司业务人员应该具有如下素质：熟悉自己从事的业务、必要的专业技术能力、对企业的忠诚度、对本职工作的责任感、具有团队合作精神等。具有以上这些基本素质的公司业务人员，才有可能做好自己的本职工作，才有可能贯彻落实公司的各项管理措施以及完成公司的各项经营业务，才有可能把自身的发展和企业的发展紧密联系在一起。

公司业务人员素质中更重要的是创新能力。因为企业在市场中生存，必须不断创新，开拓新的市场和业务领域，这一任务有赖于具有创新能力的公司业务人员的协助和参与，如技术创新、新产品的开发必须要由技术开发人员来完成，而市场创新的信息获得和创新方式则不可缺少市场营销人员的努力。因此，对公司业务人员的素质进行分析可以大致判断该公司发展的持久力和创新能力。

3. 公司经营效率

公司的经营是一个系统工程，它需要企业的各部门通力协作。采购部门必须按时、按量、廉价采购回生产所需的原材料，销售部门需要把企业生产的产品及时销售出去，打开国内外的市场，争取最大的消费群体和市场份额，得到尽可能高的利润，这些需要经营人员及时进行产品宣传，利用各种信息媒介，分析市场行情，了解消费者的需求和消费心理，把综合得来的信息以最快的速度、最敏捷的方式反馈到决策层，使企业适时地调整生产适销对路的产品，创造经营活动的最佳业绩。

公司经营效率的高低，直接影响到公司的盈利能力。我们可以依据各种指标来对其进行估量，资产周转率、销售利润率和净资产利润率等都是反映公司经营效率和盈利能力高低的主要财务指标，这些财务指标将会在之后的部分进行详细讨论。除了相关的财务指标，生产能力利用率、每元设备投资的销售和盈利、人均销售和盈利以及盈亏平衡点等指标也可以从不同侧面衡量公司经营效率。

（1）生产能力利用率是生产的实际成果与设备额定的生产能力的比值。这个比值越高，企业的经营效率越高。

（2）每元设备投资的销售和盈利是销售额或收入与全部设备投资的比例，反映从花在新设备的费用中所获得的收益。

（3）人均销售和盈利表示销售额或收入与员工人数之比。这个数值越大，表明公司的经营效率越高。

（4）盈亏平衡点表示收入与成本相等时的产品生产或销售的数量。当产品销售数量超过该数值时，公司盈利；反之则亏损。

三、公司财务报表分析

（一）财务报表分析概述

财务报表分析就是指以财务报表和其他资料为依据和起点，采用专门的方法，系统地分析和评价企业过去和现在的经营成果、财务状况及其变动，将大量的报表数据转换成对特定决策有用的信息，以减少决策的不确定性。

1. 财务报表分析的内容

财务报表分析的起点是财务报表。财务报表是根据财务会计制度和其他相关制度的规定编制的，用来反映企业的财务状况、经营成果和现金流量等财务信息的报表。一般而言，财务报表主要包括资产负债表、利润及利润分配表和现金流量表。

（1）资产负债表是反映企业在某一特定日期财务状况的会计报表，是关于一个企业资

产结构与资本结构的记录。① 表 6—3 就是资产负债表的基本形式。

表 6—3　　A 公司 201×年 12 月 31 日资产负债表（右方）　　（单位：万元）

负债及股东权益	期末数	期初数
流动负债：		
短期借款	120	90
应付票据	10	8
应付账款	200	218
预收账款	20	8
其他应付款	14	24
应付工资	4	2
应付福利费	24	32
应交税金	10	8
应付利润	56	20
其他应交款	14	2
预提费用	18	10
一年内到期的长期负债	100	0
其他流动负债	10	18
流动负债合计	600	440
长期负债：		
长期借款	900	490
应付债券	480	520
长期应付款	100	120
其他长期负债	40	30
长期负债合计	1 520	1 160
负债合计	2 120	1 600
股东权益：		
股本	200	200
资本公积	32	20
盈余公积	148	80
未分配利润	1 500	1 460
股东权益合计	1 880	1 760
负债及股东权益总计	4 000	3 360

（2）利润及利润分配表也叫损益表，是反映企业一定期间的经营过程、经营成果及利润分配情况的会计报表。表 6—4 就是损益表的基本形式。

表 6—4　　A 公司 201×年度的利润表　　（单位：万元）

项目	本年度	上年度
主营业务收入	6 000	5 700
减：主营业务成本	5 288	5 006
主营业务税金及附加	56	56

① 资产负债表是一张静态的财务报表，根据“资产＝负债＋所有者权益”的会计恒等式编制而成。

续前表

项目	本年度	上年度
主营业务利润	656	638
加：其他业务利润	40	72
减：营业费用	44	40
管理费用	92	80
财务费用	220	192
营业利润	340	398
加：投资收益	80	48
营业外收入	20	34
减：营业外支出	40	10
利润总额	400	470
减：所得税	128	150
净利润	272	320

表 6—5 是利润分配表的基本形式。

表 6—5　　A 公司 201×年度的利润分配表　　（单位：万元）

项目	本年度	上年度
净利润	272	320
加：年初未分配利润	1 460	1 400
其他转入	−108	−80
可供分配的利润	1 624	1 640
减：提取盈余公积	68	80
可供股东分配的利润	1 556	1 560
减：应付普通股股利	56	100
未分配利润	1 500	1 460

（3）现金流量表是以现金为基础编制的财务状况变动表，反映企业一定期间内现金的流入和流出，表明企业获得现金和现金等价物的能力。① 通过分析现金流量表，将有助于投资者估计企业今后支付股利的能力、企业的偿债能力和企业的增长潜力。表 6—6 是现金流量表的基本形式。

表 6—6　　B 公司 201×年度现金流量表　　（单位：万元）

	上年度	本年度
一、经营活动产生的现金流量：		
销售商品、提供劳务收到的现金	4 500	4 600
收到的税费返还	8	0
现金流入小计	4 508	4 600
购买商品、接受劳务支付的现金	2 079	1 817
支付给职工以及为职工支付的现金	140	180

① 由于传统会计报表不能供有关现金流量信息，而人们在投资和财务活动中认识到现金为王的理财原则，1987 年美国率先规定现金流量表为必须编制的报表。我国则从 1998 年开始要求上市公司向投资者公开披露年度现金流量表。

续前表

	上年度	本年度
支付的各项税费	320	400
支付的其他与经营活动有关的现金	130	200
现金流出小计	2 669	2 597
经营活动产生的现金流量净额	1 839	2 003
二、投资活动产生的现金流量：		
取得投资收益所收到的现金	7	1
处置固定资产而收到的现金净额	26	19
收到的其他与投资活动有关的现金	5	2
现金流入小计	38	22
购建固定资产和其他长期资产所支付的现金	811	382
现金流出小计	811	382
投资活动产生的现金流量净额	(773)	(360)
三、筹资活动产生的现金流量		
借款所收到的现金	480	155
收到的其他与筹资活动有关的现金	0	10
现金流入小计	480	165
偿还债务所支付的现金	1 042	1 466
分配股利、利润和偿付利息所支付的现金	120	180
现金流出小计	1 162	1 646
筹资活动产生的现金流量净额	(682)	(1 481)
四、汇率变动对现金的影响	16	3
五、现金及现金等价物净增加/（减少）额	384	162

2. 财务报表分析的目的

对投资人而言，财务报表分析的主要目的有：决定是否投资，需要分析企业的资产和盈利能力；决定是否转让股份，需要分析企业的盈利状况、股价的变动和公司发展前景；考查经营者的业绩，需要分析资产的盈利水平、破产风险和企业的竞争能力；决定股利分配政策，需要分析筹资状况。

3. 财务报表分析的方法

财务报表分析的方法，主要有比较分析法和因素分析法两种。

（1）比较分析法。

指对两个或几个有关的可比数据进行对比，揭示差异和矛盾。比较是分析的最基本的方法，没有比较，分析就无法开始。比较分析的具体方法种类繁多，可以按不同的标准进行分类。

1）按比较对象分类。a. 与本企业历史比，即不同时期（2～10 年）的指标互相比，也称“趋势分析”。对公司不同时期的财务报表进行比较分析，可以对公司的持续经营能力、财务状况变动趋势、盈利能力做出分析，从一个较长的时期来动态地分析公司的财务状况。b. 与同类企业比，即与行业平均数或竞争对手比较，也称“横向比较”。与同行业其他公司进行比较分析，可以了解公司各指标的优劣，在群体中判断个体，通过比较得出公司在行业中的地位，认识优势与不足，正确确定公司的价值。c. 与计划预算比，即把实际执行结果与计划指标相比较，也称为"差异分析"。

2）按比较内容分类。a. 比较会计要素的总量。总量是指报表项目的总金额，如总资产、净资产、净利润等。总量比较主要用于时间序列分析，如研究利润的逐年变化趋势，看其增长潜力。有时也用于同行业对比，以考察企业的相对规模和竞争地位。b. 比较财务比率。财务比率是各会计要素的相互关系，反映其内在联系。比率的比较是最重要的财务分析。由于它们是相对数，排除了规模的影响，可以使不同比较对象建立起可比性。财务比率的计算是比较简单的，但对它加以说明和解释是比较复杂和困难的。c. 比较结构百分比。把损益表、资产负债表、现金流量表转换成结构百分比报表。例如以收入为分母，可以计算损益表各项目的比重。结构百分比报表用于发现有显著问题的项目，揭示进一步分析的方向。

（2）因素分析法。

是依据分析指标和影响因素的关系，从数量上确定各因素对指标的影响程度。由于企业的活动是一个有机的整体，而每个指标的高低，都受若干因素的影响，因而从数量上测定出各因素的影响程度，将可以帮助投资分析人员更有把握地评估企业证券的内在价值。

因素分析的方法具体又分为：

1）差额分析法：例如固定资产净值变化的原因分析，可分解为原值变化和折旧变化两部分。

2）指标分解法：例如资产利润率，可分解为资产周转率和销售利润率的乘积。

3）连环替代法：即依次用分析值替代标准值，测定各因素对财务指标的影响，例如影响成本降低的因素分析。

4）定基替代法：即分别用分析值替代标准值，测定各因素对财务指标的影响。①

（二）财务比率分析

财务比率分析是财务分析的主要方法。一般来说，财务比率可以分为以下三类：偿债能力比率、营运能力比率和盈利能力比率。下面，我们将逐一考察企业的偿债能力、营运能力和盈利能力。之后，我们还将介绍如何分析上市公司财务比率和如何进行现金流量分析。

1. 偿债能力分析

偿债能力是企业以其资产偿还其债务的能力，它包括偿还短期债务和偿还长期债务两个方面。偿还短期债务能力的比率有流动比率和速动比率等，偿还长期债务能力的比率有资产负债率和利息已获倍数等。

（1）短期偿债能力分析。

1）流动比率。

流动比率是流动资产除以流动负债的比值，其计算公式为：

流动比率＝流动资产÷流动负债

---

① 在实际的分析中，不同的分析方法各有其优劣，投资者和证券分析人员需要综合掌握各种方法，结合使用。

[例 6—1] A 公司 201×年年末的流动资产是 1 400 万元，流动负债是 600 万元，依上式计算流动比率为：

流动比率＝1 400÷600＝2.33

流动比率可以反映短期偿债能力。企业的短期偿债能力一方面取决于企业在近期内可以转变为现金的流动资产有多少，另一方面取决于流动资产转变为现金的难易程度。流动资产越多，短期债务越少，则短期偿债能力越强。如果用流动资产偿还全部流动负债，企业剩余的是营运资金（流动资产－流动负债＝营运资金），营运资金越多，说明不能偿还短期债务的风险越小。因此，营运资金的多少可以反映偿还短期债务的能力。但是，营运资金是流动资产与流动负债之差，是个绝对数，如果企业之间规模相差很大，绝对数相比的意义很有限。而流动比率是流动资产和流动负债的比值，是个相对数，排除了企业规模不同的影响，更适合企业之间以及本企业不同历史时期的比较。

2）速动比率。

速动比率，是从流动资产中扣除存货部分，再除以流动负债的比值，其计算公式为：

速动比率＝(流动资产－存货)÷流动负债

[例 6—2] A 公司 201×年年末的存货为 238 万元，则其速动比率为：

速动比率＝(1 400－238)÷600＝1.94

在计算速动比率时要把存货从流动资产中剔除的主要原因是：在流动资产中存货的变现速度最慢；由于某种原因，部分存货可能已损失报废还没做处理；部分存货已抵押给某债权人；存货估价还存在着成本与合理市价相差悬殊的问题。综合上述原因，在不希望企业用变卖存货的办法还债，以及排除使人产生种种误解因素的情况下，把存货从流动资产总额中减去而计算出的速动比率反映的短期偿债能力更加令人可信。①

（2）长期偿债能力分析。

1）资产负债率。

资产负债率是负债总额除以资产总额的比值，也就是负债总额与资产总额的比例关系。资产负债率表明在总资产中有多大比例是通过借债来筹资的，它反映企业偿付到期长期债务的能力，也可以衡量企业在清算时保护债权人利益的程度。资产负债率的计算公式如下：

资产负债率＝负债总额÷资产总额

公式中的负债总额不仅包括长期负债，还包括短期负债。这是因为，短期负债作为一个整体，企业总是长期占用着，可以视同长期性资本来源的一部分。

[例 6—3] A 公司 201×年度负债总额为 2 120 万元，资产总额为 4 000 万元。依上式计算资产负债率为：

资产负债率＝2 120÷4 000＝0.53

这个指标可以反映债权人所提供的资本占全部资本的比例，也被称为举债经营比率。它有以下几个方面的含义：a. 从债权人的立场看，他们最关心的是贷给企业的款项的安全程度。如果股东提供的资本与企业资本总额相比，只占较小的比例，则企业的风险将主要

① 影响速动比率可信性的重要因素是应收账款的变现能力。账面上的应收账款不一定都能变成现金，实际坏账可能比计提的准备要多；季节性的变化可能使报表的应收账款数额不能反映平均水平。

由债权人负担，这对债权人来讲是不利的。因此，他们希望债务比例越低越好，企业偿债有保证，贷款不会有太大的风险。b. 从股东的角度看，由于企业通过举债筹措的资金与股东提供的资金在经营中发挥同样的作用，所以，股东所关心的是全部资本利润率是否超过借入款项的利率，即借入资本的代价。在企业所得的全部资本利润率超过因借款而支付的利息率时，股东所得到的利润就会加大。如果相反，运用全部资本所得的利润率低于借款利息率，则对股东不利，因为借入资本的多余的利息要用股东所得的利润份额来弥补。所以从股东的立场看，在全部资本利润率高于借款利息率时，负债比例越大越好，否则反之。

2）已获利息倍数。

已获利息倍数指标是指企业息税前利润与利息费用的比率，用以衡量企业偿付借款利息的能力，也叫利息保障倍数。其计算公式如下：

已获利息倍数＝息税前利润÷利息费用

［例 6—4］ A 公司 201×年度税后净收益为 272 万元，利息费用为 160 万元，所得税为 128 万元，则 A 公司已获利息倍数为：

已获利息倍数＝(272＋160＋128)÷160＝3.5

利息保障倍数的重点是衡量企业支付利息的能力，没有足够大的息税前利润，利息的支付就会发生困难。

已获利息倍数指标反映企业息税前利润为所需支付的债务利息的多少倍。只要已获利息倍数足够大，企业就有充足的能力偿付利息，否则相反。

2. 营运能力分析

营运能力比率是用来衡量公司在资产管理方面的效率的财务比率，又称资产管理比率，其包括：存货周转率、应收账款周转率、流动资产周转率、固定资产周转率和总资产周转率。

(1) 存货周转率。

在流动资产中，存货所占的比重较大。存货的流动性将直接影响企业的流动比率，因此，必须特别重视对存货的分析。存货的流动性一般用存货的周转速度指标来反映，即存货周转率或存货周转天数。

存货周转率是衡量和评价企业购入存货、投入生产、销售收回等各环节管理状况的综合性指标。它是销售成本被平均存货所除而得到的比率，或叫存货的周转次数。用时间表示的存货周转率就是存货周转天数。计算公式为：

存货周转率＝销售成本÷平均存货

存货周转天数＝360÷存货周转率＝(平均存货×360)÷销售成本

公式中的销售成本数据来自利润表，平均存货来自资产负债表中的“期初存货”与“期末存货”的平均数。

［例 6—5］ A 公司 201×年度产品销售成本为 5 288 万元，期初存货为 652 万元，期末存货为 238 万元。该公司存货周转率为：

存货周转率＝5 288÷[(652＋238)÷2]＝11.88（次）

存货周转天数＝360÷11.88≈30（天）

一般来讲，存货周转速度越快，存货的占用水平越低，流动性越强，存货转换为现金、应收账款等的速度越快。提高存货周转率可以提高企业的变现能力，而存货周转速度越慢则变现能力越差。存货周转率（存货周转天数）指标的好坏反映存货管理水平，它不仅影响企业的短期偿债能力，也是整个企业管理的重要内容。

（2）应收账款周转率。

应收账款和存货一样，在流动资产中有着举足轻重的地位。及时收回应收账款，不仅可以增强企业的短期偿债能力，也反映出企业管理应收账款方面的效率。

反映应收账款周转速度的指标是应收账款周转率，也就是年度内应收账款转为现金的平均次数，它说明应收账款流动的速度。用时间表示的应收账款周转速度是应收账款周转天数，也叫平均应收账款回收期或平均收现期，它表示企业从取得应收账款的权利到收回款项、转换为现金所需要的时间。其计算公式为：

应收账款周转率＝销售收入÷平均应收账款

应收账款周转天数＝360÷应收账款周转率＝（平均应收账款×360）÷销售收入

[例 6—6]　A 公司 201×年度销售收入为 6 000 万元，年初应收账款余额为 400 万元，年末应收账款余额为 800 万元。依上式计算应收账款周转率为：

应收账款周转率＝6 000÷[(400＋800)÷2]＝10（次）

应收账款周转天数＝360÷10＝36（天）

一般来说，应收账款周转率越高，平均收现期越短，说明应收账款的收回越快。否则，企业的营运资金会过多地呆滞在应收账款上，影响资金的正常周转。

（3）流动资产周转率。

流动资产周转率是销售收入与全部流动资产的平均余额的比值。其计算公式为：

流动资产周转率＝销售收入÷平均流动资产

其中：

平均流动资产＝(年初流动资产＋年末流动资产)÷2

[例 6—7]　A 公司 201×年年初流动资产为 1 220 万元，年末流动资产为 1 400 万元。依上计算流动资产周转率为：

流动资产周转率＝6 000÷[(1 220＋1 400)÷2] ＝4.58（次）

流动资产周转率反映流动资产的周转速度。周转速度快，会相对节约流动资产，等于相对扩大资产投入，增强企业盈利能力；而延缓周转速度，需要补充流动资产参加周转，会形成资金浪费，降低企业盈利能力。

（4）固定资产周转率。

固定资产周转率是销售收入与全部固定资产的平均余额的比值。其计算公式为：

固定资产周转率＝销售收入÷平均固定资产

其中：

平均固定资产＝(年初固定资产＋年末固定资产)÷2

[例 6—8]　A 公司 201×年年初固定资产为 2 004 万元，年末固定资产为 2 512 万元。依上式计算固定资产周转率为：

固定资产周转率＝6 000÷[(2 004＋2 512)÷2]＝2.66（次）

固定资产周转率反映企业运用固定资产的效率。周转率越高，表明固定资产运用的效率越高，利用固定资产效果越好。

（5）总资产周转率。

总资产周转率是销售收入与平均资产总额的比值。其计算公式为：

总资产周转率＝销售收入÷平均资产总额

其中：

平均资产总额＝(年初资产总额＋年末资产总额)÷2

［例 6—9］ A 公司 201×年初总资产为 6 000 万元，年末总资产为 4 000 万元，年初总资产为 3 360 万元，依上式计算总资产周转率为：

总资产周转率＝6 000÷[(3 360＋4 000)÷2]＝1.63（次）

该项指标反映资产总额的周转速度。周转越快，反映销售能力越强。企业可以通过薄利多销的办法，加速资产的周转，带来利润绝对额的增加。

3. 盈利能力分析

盈利能力就是企业赚取利润的能力。不论是投资人、还是债权人，都日益重视和关心企业的盈利能力。①

（1）销售毛利率。

销售毛利率是毛利占销售收入的百分比，其中毛利是销售收入与销售成本（包括销售税金及附加）的差。其计算公式如下：

销售毛利率＝[(销售收入－销售成本)÷销售收入]×100％

［例 6—10］ A 公司 201×年度的销售收入是 6 000 万元，销售成本为 5 288 万元，销售税金及附加为 56 万元，那么 201×年度的销售毛利率为：

销售毛利率＝[(6 000－5 288－56)÷6 000]×100％＝10.93％

销售毛利率表示每一元销售收入扣除销售成本后，有多少钱可以用于各项期间费用和形成盈利。销售毛利率是企业销售净利率的最初基础，没有足够大的毛利率便不能盈利。

（2）销售净利率。

销售净利率是指净利润与销售收入的百分比，其计算公式为：

销售净利率＝(净利润÷销售收入)×100％

［例 6—11］ A 公司 201×年度的净利润是 272 万元，销售收入是 6 000 万元，那么该年度的销售净利率为：

销售净利率＝(272÷6 000)×100％＝4.53％

销售净利率反映每一元销售收入带来的净利润的多少，表示销售收入的收益水平。企业在增加销售收入额的同时，必须相应地获得更多的净利润，才能使销售净利率保持不变或有所提高。通过分析销售净利率的升降变动，可以促使企业在扩大销售的同时，注意改进经营管理，提高盈利水平。

（3）资产净利率。

资产净利率是企业净利润与平均资产总额的百分比，也叫资产收益率或资产报酬率。

① 一般说来，企业的盈利能力只涉及正常的营业状况，非正常的营业状况也会给企业带来收益或损失，但只是特殊状况下的个别结果，不能说明企业的能力。

资产净利率计算公式为：

资产净利率＝(净利润÷平均资产总额)×100％

其中：

平均资产总额＝(年初资产总额＋年末资产总额)÷2

[例 6—12]　A 公司 201×年度年初总资产为 3 360 万元，年末总资产为 4 000 万元，净利润为 272 万元，那么 A 公司该年度资产净利率为：

资产净利率＝272÷[(3 360＋4 000)÷2]×100％＝7.39％

把企业一定期间的净利润与企业的资产相比较，可反映企业资产利用的综合效果。指标越高，表明资产的利用效率越高，说明企业在增加收入和节约资金使用等方面取得了良好的效果，否则相反。资产净利率是一个综合指标，为了正确评价企业经济效益的高低，可以用该项指标与本企业前期、本行业平均水平和本行业内先进企业进行对比，分析形成差异的原因。

(4) 净资产收益率。

净资产收益率是净利润与平均净资产的百分比，也叫净值报酬率或权益报酬率。其计算公式为：

净资产收益率＝(净利润÷平均净资产)×100％

其中：

平均净资产＝(年初净资产＋年末净资产)÷2

[例 6—13]　A 公司 201×年度年初净资产为 1 760 万元，年末净资产为 1 880 万元，净利润为 272 万元，那么 A 公司该年度净资产收益率为：

资产净利率＝272÷[(1 760＋1 880)÷2]×100％＝14.95％

该公式的分母是“平均净资产”，也可以使用“年末净资产”。净资产收益率反映公司所有者权益的投资报酬率，具有很强的综合性。

4. 上市公司财务比率分析

上市公司公开披露的财务信息很多，投资人要想通过众多的信息正确把握企业的财务现状和未来，就必须正确地使用财务比率。

对于上市公司来说，最重要的财务指标是每股收益、每股净资产和净资产收益率。证券信息机构定期公布按照这三项指标高低排序的上市公司排行榜，可见其重要性。净资产收益率前面已经讨论过，下面主要介绍每股收益和每股净资产的计算与分析。

(1) 每股收益分析。

1) 每股收益。

每股收益是指本年净利润与年末普通股份总数的比值。其计算公式为：

每股收益＝净利润÷年末普通股份总数

[例 6—14]　A 公司 201×年度净利润为 272 万元，年末发行在外的普通股为 2 000 万股，那么，A 公司 201×年度每股收益为：

每股收益＝272÷2 000＝0.14 (元/股)

每股收益，是衡量上市公司盈利能力最重要的财务指标。它反映普通股的获利水平。在分析时，可以进行公司间的比较，以评价该公司的相对盈利能力；可以进行不同时期的比较，了解该公司盈利能力的变化趋势；可以进行经营实绩和盈利预测的比较，掌握该公司的管理能力。但是，使用每股收益分析盈利性要注意：a. 每股收益不反映股票所含有的风险。例如，假设某公司原来经营日用品的产销，最近转向房地产投资，公司的经营风险增大了许多，但每股收益可能不变或提高，并没有反映风险增加的不利变化。b. 股票是一个“份额”概念，不同股票的每一股在经济上不等量，它们所含有的净资产和市价不同即换取每股收益的投入量不相同，限制了每股收益的公司间比较。c. 每股收益多，不一定意味着多分红，还要看公司股利分配政策。

2）每股股利。

每股股利是指股利总额与期末普通股股份总数之比。其计算公式为：

每股股利＝股利总额÷年末普通股股份总数

公式中的股利总额是指用于分配普通股现金股利的总额。

［例 6—15］ A 公司 201×年度分配现金 56 万元，那么每股股利为：

每股股利＝56÷2 000＝0.03（元/股）

3）股利支付率。

股利支付率是指普通股净收益中股利所占的比重，它反映公司的股利分配政策和支付股利的能力。其计算公式为：

股利支付率＝(普通股每股股利÷普通股每股收益)×100％

［例 6—16］ A 公司 201×年度每股股利为 0.03 元，每股收益为 0.14 元，那么股利支付率为：

股利支付率＝(0.03÷0.14)×100％＝21.43％

4）股票获利率。

股票获利率，是指每股股利与股票市价的比率，亦称市价股利比率。其计算公式为：

股票获利率＝普通股每股股利÷普通股每股市价×100％

［例 6—17］ A 公司 201×年度每股股利为 0.1 元，每股市价为 4 元，那么股票获利率为：

股票获利率＝0.1÷4×100％＝2.5％

股票获利率反映股利和股价的比例关系。股票持有人取得收益的来源有两个：一是取得股利；二是取得股价上涨的收益。只有股票持有人认为股价将上升，才会接受较低的股票获利率。如果预期股价不能上升，股票获利率就成了衡量股票投资价值的主要依据。

5）市盈率。

市盈率是指普通股每股市价为每股收益的倍数。其计算公式为：

市盈率(倍数)＝普通股每股市价÷普通股每股收益

［例 6—18］ 续前例，A 公司的普通股每股收益为 0.14 元，每股市价为 2 元，依上式计算：

A 公司市盈率＝2÷0.14＝14.29（倍）

市盈率反映投资人对每元净利润所愿支付的价格，可以用来估计股票的投资报酬和风险。它是市场对公司的共同期望指标，市盈率越高，表明市场对公司未来越看好。在市价确定的情况下，每股收益越高，市盈率越低，投资风险越小；反之亦然。在每股收益确定的情况下，市价越高，市盈率越高，风险越大；反之亦然。仅从市盈率高低的横向比较

看，高市盈率说明公司能够获得社会信赖，具有良好的前景；反之亦然。

使用市盈率指标时应注意以下问题：a. 该指标不能用于不同行业公司的比较，充满扩展机会的新兴行业市盈率普遍较高，而成熟工业的市盈率普遍较低，这并不说明后者的股票没有投资价值。b. 在每股收益很小或亏损时，市价不会降至零，很高的市盈率往往不说明任何问题。c. 市盈率高低受净利润的影响，而净利润受可选择的会计政策的影响，从而使得公司间比较受到限制。d. 市盈率高低受市价的影响，市价变动的影响因素很多，包括投机炒作等，因此观察市盈率的长期趋势很重要。①

(2) 每股净资产与市净率。

1) 每股净资产。

每股净资产，是期末净资产（即股东权益）与年度末普通股份总数的比值，也称为每股账面价值或每股权益。其计算公式为：

每股净资产＝年度末股东权益÷年度末普通股数

[例 6—19]　A 公司 201×年末净资产为 1 880 万元，那么每股净资产为：

每股净资产＝1 880÷2 000＝0.94（元/股）

该指标反映发行在外的每股普通股所代表的净资产成本即账面权益。在投资分析时，只能有限地使用这个指标，因其是用历史成本计量的，既不反映净资产的变现价值，也不反映净资产的产出能力。

每股净资产，在理论上提供了股票的最低价值。如果公司的股票价格低于净资产的成本，成本又接近变现价值，说明公司已无存在价值，清算是股东最好的选择。

2) 市净率。

将每股净资产与每股市价联系起来，就得到了市净率，用来说明市场对公司资产质量的评价。市净率，也称为市场价值/账面价值比率，是每股市价和每股净资产的比率。其计算公式为：

市净率＝每股市价÷每股净资产

[例 6—20]　假设 A 公司股票的每股市价为 4 元，则市净率为：

市净率＝4÷0.94＝4.26

市净率可用于投资分析。每股净资产是股票的账面价值，它是用成本计量的；每股市价是这些资产的现在价值，它是证券市场上交易的结果。投资者认为，市价高于账面价值时企业资产的质量好，有发展潜力；反之则资产质量差，没有发展前景。优质股票的市价都超出每股净资产许多，一般说来市净率达到 3 可以树立较好的公司形象。市价低于每股净资产的股票，就像售价低于成本的商品一样，属于“处理品”。当然，“处理品”也不是没有购买价值，问题在于该公司今后是否有转机，或者购入后经过资产重组能否提高获利能力。

5. 现金流量分析

(1) 结构分析。

现金流量的结构分析包括流入结构、流出结构和流入流出比分析。

---

① 由于一般的期望报酬率为 5%～20%，所以正常的市盈率为 5～20。通常投资者要结合其他有关信息，才能运用市盈率指标判断股票的价值。

1）流入结构分析。

流入结构分析分为总流入结构和三项活动（经营、投资和筹资）流入的内部结构分析。

例如，B公司的现金流量数据见表6—4，201×年度公司的总现金流入为4 777万元，其中经营流入为4 600万元，占96.29%，是其主要来源；投资流入为22万元，占0.47%，筹资流入为155万元，占3.24%。经营活动流入中销售收入（含税）为4 600万元占100%，比较正常；投资活动的流入中，投资收益为1万元，占4.55%，处置固定资产流入为19万元，占86.36%，其他与投资有关的流入为5万元，占9.09%；筹资活动的流入中借款流入为155万元，占93.94%。

2）流出结构分析。

流出结构分析分为总流出结构和三项活动流出的内部结构分析。

例如，B公司201×年度的总现金流出为4 625万元，其中经营活动流出为2 597万元，占56.15%；投资流出为382万元，占8.26%；筹资流出为1 646万元，占35.59%，说明公司现金流出中偿还债务占很大比重并使负债大量减少。经营活动流出中，购买商品和劳务为1 817万元，占69.97%，比较正常；投资活动流出全部是购置固定资产；筹资流出中偿还债务本金为1 466万元，占89.06%，占了绝大部分。

3）流入流出比分析。

例如，B公司201×年度经营活动流入流出比为1.77，表明企业1元的流出可换回元现金1.77元。此比值越大越好；投资活动流入流出比为0.06，表明公司处在扩张时期，发展时期此比值小，而衰退或缺少投资机会时此比值大；筹资活动流入流出比为0.09，表明还款明显大于借款。

对于一个健康的正在成长的公司来说，经营活动现金流量应是正数，投资活动的现金流量是负数，筹资活动的现金流量是正负相间的。

（2）流动性分析。

所谓流动性，是指将资产迅速转变为现金的能力。根据资产负债表确定的流动比率虽然也能反映流动性，但有很大局限性。这主要是因为作为流动资产主要成分的存货并不能很快转变为可偿债的现金；存货用成本计价不能反映变现净值；流动资产中的待摊费用也不能转变为现金。许多企业有大量的流动资产，但现金支付能力却很差，甚至无力偿债而破产清算。

真正能用于偿还债务的是现金流量。现金流量和债务的比较可以更好地反映企业偿还债务的能力。

1）现金到期债务比。计算公式为：

现金到期债务比＝经营现金净流入÷本期到期的债务

本期到期的债务，是指本期到期的长期债务和本期应付票据。通常这两种债务是不能展期的，必须如数偿还。

［例6—21］ 假设B公司201×年末的本期到期长期债务是410万元，应付票据为420万元，那么现金到期债务比为：

现金到期债务比＝2 003÷(410＋420)＝2.41

若同业平均现金到期债务比为2，说明A公司偿还到期债务的能力是较好的。

2）现金债务总额比。计算公式为：

现金债务总额比＝经营现金净流入÷债务总额

［例 6—22］　假设B公司201×年末的债务总额为3 000万元，那么B公司的现金债务总额比为：

现金债务总额比＝2 003÷3 000＝0.67

这个比率越高，企业承担债务的能力越强。该公司最大的付息能力是利息高达67%时企业仍能按时付息。只要能按时付息，就能借新债还旧债，维持债务规模。如果市场利率是10%，那么该公司最大的负债能力是2 003÷10%＝20 030万元。仅从付息能力看，企业还可借债20 030－3 000＝17 030万元。

（3）获取现金能力分析。

获取现金的能力可通过经营现金净流入和投入资源的比值来反映。投入资源可以是销售收入、总资产、净营运资金、净资产或普通股股数等。

1）销售现金比率。其计算公式如下：

销售现金比率＝经营现金净流入÷销售额

［例 6—23］　假设B公司201×年度销售额为3 300万元，那么销售现金比率为：

销售现金比率＝2 003÷3 300＝0.61

该比率反映每元销售得到的净现金，其数值越大越好。

2）每股营业现金净流量。其计算公式如下：

每股营业现金净流量＝经营现金净流入÷普通股股数

［例 6—24］　假设B公司201×年度有普通股2 000万股，则：

每股营业现金净流量＝2 003÷2 000≈1（元/股）

该指标反映企业最大的分派股利能力，超过此限度，就要借款分红。

3）全部资产现金回收率。即经营现金净流量与全部资产的比值，说明企业资产产生现金的能力。其计算公式如下：

全部资产现金回收率＝经营现金净流入÷全部资产×100%

［例 6—25］　假设B公司201×年末的全部资产为6 200万元，那么全部资产现金回收率为：

全部资产现金回收率＝2 003÷6 200×100%＝32.31%

若同业平均全部资产现金回收率为15%，说明该公司资产产生现金的能力很强。

（4）收益质量分析。

收益质量是指报告收益与公司业绩之间的相关性。如果收益能如实反映公司的业绩，则认为收益的质量好；如果收益不能很好地反映公司的业绩，则认为收益的质量不好。

1）净收益营运指数。

净收益营运指数，是指经营净收益与全部净收益的比值。其计算公式如下：

净收益营运指数＝经营净收益÷净收益＝(净收益－非经营收益)÷净收益

通过净收益指数的历史比较和行业比较，可以评价一个公司的收益质量。一般说来，非经营收益越多，收益质量越差。因为与经营收益相比，非经营收益的可持续性低。非经营收益的来源主要是资产处置和证券交易。资产处置不是公司的主要业务，不反映公司的核心能力。许多公司正是利用“资产置换”达到操纵利润的目的。因此，非经营收益虽然也是“收益”，但不能代表企业的收益“能力”。

2）现金营运指数。

现金营运指数是指经营现金净流量与经营应得现金的比率。经营现金是经营活动净收益与非付现费用之和。计算公式如下：

经营应得现金＝经营活动净收益＋非付现费用

现金营运指数＝经营现金净流量÷经营应得现金

如果现金营运指数小于1，说明公司收益质量不够好。这是因为：首先，现金营运指数小于1，说明一部分收益尚没有取得现金，停留在实物或债权形态，而实物或债权资产的风险大于现金，应收账款能否足额变现是不确定的，存货也有贬值的风险，所以未收现的收益质量低于已收现的收益。其次，现金营运指数小于1，说明营运资金增加了，反映企业为取得同样的收益占用了更多的营运资金，取得收益的代价增加了，同样的收益代表较差的业绩。

（三）综合财务分析方法——杜邦财务分析方法体系

杜邦财务分析方法是由美国杜邦创造的，又称为杜邦系统。杜邦财务分析方法实质上是一种将财务指标进行分解的方法。这种财务分析方法从评价企业绩效最具代表性的财务指标——净资产收益率出发，层层分解至企业最基本生产要素的使用、成本与费用的构成和企业风险，从而满足经营者通过财务分析进行绩效评价需要，在经营目标发生异动时能及时查明原因并加以修正。计算公式如下：

净资产收益率＝净利润÷年末净资产

＝(净利润÷年末总资产)×(年末总资产÷年末净资产)

＝资产净利率×权益乘数

＝(净利润÷销售收入)×(销售收入÷年末总资产)

×(年末总资产÷年末净资产)

＝ 销售净利润×总资产周转率×权益乘数

净资产收益率反映公司所有者权益的投资报酬率，具有很强的综合性。由公式可以看出：决定权益净利率高低的因素有三个方面：权益乘数、销售净利率和总资产周转率。这三个比率分别反映了企业的负债比率、盈利能力比率和资产管理比率。这样分解之后，可以把权益净利率这样一项综合性指标发生升降的原因具体化，定量地说明企业经营管理中存在的问题，比一项指标能提供更明确的、更有价值的信息。

权益乘数是总资产与股东权益的比值，也叫杠杆比率，它主要受资产负债率的影响。负债比例大，权益乘数就高，说明企业有较高的负债程度，能给企业带来较大的杠杆利益，同时也给企业带来较大的风险。

销售净利率高低的因素分析，需要我们从销售额和销售成本两个方面进行。这方面的分析可以参见有关盈利能力指标的分析。

资产周转率是反映运用资产以产生销售收入能力的指标。对资产周转率的分析，需对影响资产周转的各因素进行分析。除了对资产的各构成部分从占用量上是否合理进行分析外，还可以通过对流动资产周转率、存货周转率、应收账款周转率等有关各资产组成部分

使用效率的分析，判明影响资产周转的主要问题出在哪里。

杜邦财务分析方法的作用主要是解释指标变动的原因和变动趋势。

［例 6—26］　C 公司 2011 年度的权益净利率，有关数据如下：

权益净利率＝资产净利率×权益乘数

2010 年：3.42％×2.40＝8.21％

2011 年：5.98％×2.43＝14.53％

通过分解可以看出，权益净利率的上升不在于资本结构（权益乘数基本没有变化），而是资产利用的效果得到了提高，使资产净利率上升。

进一步，可以对资产净利率进行分解：

资产净利率＝销售净利率×资产周转率

2010 年：5.70％×0.60＝3.42％

2011 年：9.20％×0.65＝5.98％

通过分解可以看出，资产的使用效率提高了，并且带来的收益大幅提高。至于销售净利率上升的原因则需进一步通过分解指标来揭示。此外，通过与本行业平均指标或同类企业对比，杜邦财务分析体系有助于解释变动的趋势。

［例 6—27］　假设 C 公司与 D 公司是同一类企业，有关比较数据如下：

资产净利率＝销售净利率×资产周转率

C 公司：

2010 年：5.70％×0.60＝3.42％

2011 年：9.20％×0.65＝5.98％

D 公司：

2010 年：5.70％×0.60＝3.42％

2011 年：10.31％×0.58＝5.98％

从上例可以看出，虽然两个公司利润水平的变动趋势是一致的，但通过分解可以看出原因不同。D 公司虽然资产使用效率下降了，但由于销售利润大幅度提高，所以利润水平还是有大幅提高。

应当指出，杜邦财务分析方法是一种分解财务比率的方法，而不是另外建立新的财务指标，它可以用于各种财务比率的分解。前面的举例，是通过资产净利率的分解来说明问题的，我们也可以通过分解利润总额和全部资产的比率来分析问题。为了显示正常的盈利能力，我们还可以采用非经常项目前的净利和总资产的比率的分解来说明问题，或者采用营业利润和营业资产的比率的分解来说明问题。

杜邦分析法有助于企业管理层更加清晰地看到权益资本收益率的决定因素，以及销售净利润率与总资产周转率、权益乘数之间的相互关系，给管理层提供了一张明晰的考察公司资产管理效率和股东投资回报是否最大化的路线图。

从企业绩效评价的角度来看，杜邦分析法只包括财务方面的信息，不能全面反映企业的实力，因此它有很大的局限性，主要表现在：(1) 对短期财务结果过分重视，有可能助长公司管理层的短期行为，忽略企业长期的价值创造。(2) 财务指标反映的是企业过去的经营业绩，衡量工业时代的企业能够满足要求，但在目前的信息时代，顾客、供应商、雇员、技术创新等因素对企业经营业绩的影响越来越大，而杜邦分析法在这些方面是无能为力的。(3) 在目前的市场环境中，企业的无形知识资产对提高企业长期竞争力至关重要，杜邦分析法却不能解决无形资产的估值问题。在实际运用杜邦财务分析方法时需要结合企业的其他信息加以分析，以便能够全面地考察企业的财务状况。

本章小结

证券投资的基本因素分析是指对影响证券价格的社会政治、经济因素以及对上市公司的经营业绩、财务状况等进行分析。

分析国内生产总值与经济增长率、失业率、通货膨胀率、利率、汇率、财政收支、国际收支、固定资产投资规模等宏观经济指标，分析股价波动与经济周期的关系，分析国家的宏观经济政策，分析政治与法律因素，有利于充分了解经济的总体发展趋势，掌握证券投资的宏观背景条件。

行业分析属于中观经济分析。它一般需要分析行业的经济结构、影响行业兴衰的主要因素、行业生命周期及行业集中趋势。行业分析有助于确定所投资的行业在整个经济中的地位，为投资者指出投资的具体领域，确定投资热点。

公司分析是证券投资基本因素分析的核心，它直接关系到最合适投资对象的选择。公司分析包括公司竞争地位分析、公司业务分析和财务报表分析。尤其是财务报表分析，可以全面分析资产的盈利水平、企业的风险和竞争能力，为证券投资决策提供参考。

思考题

1. 国民经济中对证券市场产生影响的相关因素有哪些？
2. 试述财政政策和货币政策的种类、经济效应及对证券市场的影响。
3. 什么是行业的经济结构？不同经济结构的特征是什么？
4. 财务报表分析的目的是什么？有哪些可供选择的方法？
5. 财务比率分析有哪几个大类？各有哪些财务比率？这些比率的作用各是什么？

第七章

证券投资的技术分析

本章要点

1. 技术分析和基本分析的联系与区别
2. 技术分析的三个假设前提以及四大要素
3. 道氏理论和移动平均线的关系
4. 波浪理论、K线理论、切线理论、形态理论、循环周期理论的主要原理及应用
5. 各个技术指标的含义、计算方法和应用法则
6. 选择证券投资的进出场的时机
7. 不同时期的市场特点及相应的技术分析指标体系

第一节　技术分析概述

技术分析是证券投资分析的重要方法，作为证券市场最古老的分析方法，其理论是众多证券投资者在进行证券投资的实践中总结出来的，是经过了无数次验证的。它对于提高证券投资者的判断能力有很大的帮助，可以帮助投资者预测市场未来发展变化趋势，避免明显的错误。对技术分析的掌握和运用程度，有时会直接影响到证券市场投资者的切身利益。

一、技术分析的理论基础

（一）技术分析的含义和功用

技术分析是以市场价格、交易量这些历史信息为基础，根据市场本身的变动情况，利用统计学的原理，对市场未来的价格变化趋势进行预测的研究活动。它凭借图表和各种指标来解释、预测市场的未来走势，强调心理因素对证券价格走势的影响。利用技术分析做买卖决策的时候，投资者不需要花费时间、精力去作谨慎周密的宏观分析和行业、公司研究，甚至无须知道公司的名称。投资者只要坐在电脑前面，研究该证券的价格走势和价格所表现的各种指标与图表，就能够从中把握买卖的时机。

投资者投资股票市场的目的是使投资增值。证券市场给人们提供了两种增值的方法：一种是基本收益，这是投资者进入股票市场的最根本的出发点，他们一般侧重于对股票的基本分析，关心上市公司的红利；另一种是资本收益，投机者低价买入高价卖出，从而获得差价，他们则侧重于技术分析。

技术分析受到证券、期货市场的投资者的青睐，其功用如下：(1) 技术分析所采用的原始数据，如价格、成交量等可以反映市场变动的内在原因，不论是基本的供求关系、政治因素还是市场心理因素，最终都会反映在市场价格和成交量的变动上；(2) 技术分析可以从市场行为的历史中推演出市场趋势的未来发展轨迹，从而使投资者能顺势投资；(3) 投资者能充分利用技术分析提供的精确的买卖时机信号，若使用得当，可以使投资者获益不少。

（二）技术分析的假设前提

技术分析和基本分析所用的方法完全不同，基本分析所用的那些基本资料都已经反映在股票价格和交易量的变化中了，而技术分析则是预测价格未来走向的研究行为，依赖的是过去和现在的市场行为。技术分析于19世纪末产生，纯粹是人们的一种经验总结。虽然它也运用了统计学和心理学的一些成果，但依旧带有浓厚的经验主义色彩，缺乏一定的理论基础。随着技术分析的不断普及和研究的不断深入，方法不断得到充实、完善和发展，并逐步形成了一套颇为复杂的体系，人们对其理解也不再肤浅和直观。其实，技术分析有它赖以生存的理论基础，概括起来，主要包括以下三个假设前提：

1. 市场行为包括一切信息

这个假设是技术分析的基础，它认为影响股票价格的所有因素，包括经济的、政治的、心理的或其他信息，都反映在价格中。价格的变化必定会反映供求关系，供大于求时，价格下跌；供不应求时，价格上涨。因此，技术分析理论认为没有必要对影响股票价格因素的具体内容过度关注，只需要研究价格的变化就够了。如果不承认这一点，技术分析所作出的任何结论都是无效的。技术分析是从市场行为预测未来，假若市场行为没有包括所有影响股票价格的因素，换句话说，就是影响股票价格的因素只是局部而非全部的，这样的结论当然没有说服力。所以，这个假设有一定的合理性。任何一个因素对股票市场的影响最终会体现在股票的价格变化上，不能反映价格变动的信息就不是影响因素。技术

分析者使用的图表等工具实际上已经描述了市场参与者的行为，分析者只是通过研究价格图表及大量辅助指标，让市场反映它自己最可能的走势，从而把握市场的未来趋势，而并不是他们自己的主观臆测。

2. 价格沿一定的趋势变化

这个假设是进行技术分析最根本、最核心的因素。这个假设借用了牛顿力学第一定律，即运动中的物体在没有受到外力作用的情况下，将保持原来的运动方向。股票价格也有保持原有方向的惯性，即股票价格会以某种走势存在，并按照一定的方向前进，直到受到外界影响。在市场的力量没有产生根本性、质变逆转的时候，不要轻言趋势已经结束、盲目断言市场的顶部和底部，从而反向逆势操作。这也是技术派投资专家最为看重的投资原则：顺势而为的科学理论依据。“趋势”一词是技术分析的基石，技术分析者认为股票价格的变动是按照一定规律进行的，市场有趋势可循，并且这种趋势具有惯性。否认了这一点，即认为股票价格在没有受到外部因素影响的情况下也会改变原来的变动方向，技术分析就没有了立根之本。只有承认这一规律，才能正确运用技术分析这个工具，研究价格图表从而识别趋势发展的形态，以便顺应趋势进行投资。

3. 历史会重演

这个假设是从人们的心理因素方面考虑的，反映了市场参与者的心理反应。市场的研究实际上就是对人的研究，因为市场中进行交易的是人，由人决定最后的操作行为。人不是机器，必定受到心理上的影响。由于人类心理行为模式具有遗传性特征，所以在市场具备相似情况和波动态势时，投资者倾向于采取相同的心理和行为进行应对，从而使市场的各种现象表现出与历史现象具有相类似的重演特征，而且市场运动具有的客观周期性也会历史重演。这里的历史重演不是指历史现象的简单重演，而是指历史规律和历史本质的不断反复作用。技术分析者认为市场与人类心理学密切相关。证券价格虽然是由供求因素决定的，但是左右供求的力量来自于投资者的心理、行为和投资环境。当人们对某种证券充满乐观的预期，其价格必定上涨；反之，价格必定下跌。技术分析者在分析过去的趋势时，总是会在图表上找到某些类似的地方，反映出人们共同的看涨或看跌的心理。在实际操作中，技术分析者把人们的心理、行为和投资环境特征与历史上类似的情况和市场走势联系起来，进行分析和比较，从中找出规律，以预测市场以后的价格趋势。

在三个假设前提下，技术分析有了自己的理论基础，第一个假设肯定了研究市场行为就是全面考虑股票市场，第二和第三个假设使我们能够找到规律并应用于实践当中。但是，这三个假设前提也有其不合理的地方。第一个假设认为市场行为包括了全部信息，市场行为反映的信息只体现在价格的变动中，但原始信息是有差异的，损失信息是必然的，因此，在进行技术分析时，还应该适当地进行一些基本分析，以弥补技术分析的不足。第二个假设认为股票价格循趋势变化，实际上证券市场中的价格变动常常被认为是最没有规律可循的，股票价格沿某个方向波动时间过长，就会增加反方向的力量，从而使本假设受到冲击。此外，价格变动受到许多因素的影响，有些是根本料想不到的，这也使价格的波动表现出无规律现象。在使用第三个假设时，应该注意到股票市场变化无常，不可能有完全相同的情况出现，过去的已知的结果只能作为预测未来的参考。尽管如此，也不能完全否定这三个假设前提存在的合理性。我们必须承认它们的存在，并注意到它们的不足。

（三）技术分析的专用术语

在技术分析过程中，常常会碰到一些专用的术语，现将常见的专用术语列出如表 7—1 所示。

表 7—1 技术分析的专用术语

专用术语	含义
牛市	价格不断大幅上升的股市
熊市	价格大幅下降的股市
庄家	资金雄厚、股票买卖量大、能左右行情的投资者
散户	资金实力小、股票买卖量小、偶尔买卖股票的无组织的投资者
多头	投资者预测股票价格会上涨，于是大量买进，等涨到一定价位再卖出，从中获益，这种先买后卖的行为称为"做多"，这类投资者叫做"多头"
空头	投资者预测股票价格会下跌，于是大量卖出，等跌到一定价位再买进，从中获益，这种先卖后买的行为称为"做空"，这类投资者叫做"空头"
买空	投资者账户上的资金不足以支付所买股票的价值总额，但借款买进
卖空	投资者卖掉其账户上并不存在的股票
利多	市场出现有利于多头的情形。一般是社会资金充足、经济繁荣，这将刺激股票价格上涨，出现利多局面
利空	市场出现有利于空头的情形。一般是社会资金不充足、周转紧张、经济衰退，这将使股票价格下跌，出现利空局面
套牢	投资者所购买的股票价格急剧下跌，导致其无法卖出
上市	亦称挂牌，是指股份有限公司发行的股票经批准在证券交易所进行交易
停牌	股票因某些原因，在正常交易日暂停交易

二、技术分析的四维空间

证券市场中，价格、成交量、时间和空间，即价、量、时、空是进行技术分析的四要素，弄清它们的具体含义和相互关系是正确进行技术分析的基础。

（一）价格和成交量是市场行为最基本的表现

成交价格和成交量是市场行为最基本的表现。过去和现在的成交价格、成交量反映了过去和现在的市场行为。技术分析就是利用过去和现在的成交价格、成交量的资料，以图形和指标等分析工具来解释和预测市场未来的走势。可见，成交价格和成交量在技术分析中必不可少。在某一时点上的价和量反映的是买卖双方在这一时点上共同的市场行为，是双方暂时的均衡点。随着时间的变化，均衡会不断发生变化，这就是价量关系的变化。一般来说，买卖双方对价格的认同程度通过成交量的大小得到确认。认同程度大，成交量大；认同程度小，成交量小。双方这种市场行为反映在价和量上就呈现出这样的一种规律：价增量增，价跌量减。当价格上升时，成交量却不增加，意味着价格得不到买方确认，价格上升的趋势就会减弱；反之，价格下降时，成交量萎缩到一定程度就不再萎缩，

意味着卖方不再认同价格继续下降，价格下降的趋势将可能发生变化。价与量的这种关系是技术分析的合理性所在。因此，成交价格和成交量是技术分析的基本要素，一切技术分析方法都是以价和量的关系为研究对象的。

（二）价格和成交量趋势的关系

价格随着成交量的上涨而上升，这是正常的市场特征，这种量增价涨的关系表示价格将继续上升。当价格上涨突破了前一波的高峰，创下了股价新高，而成交量在此波段中却没有创出新高，则此波段是股价潜在的反转信号。股价随着成交量的递减而回升，股价上涨而成交量却萎缩，这种情况也是股价潜在的反转信号。当价格随着成交量的缓慢递增而上升，其走势由平稳突然成为直线上升的“井喷”，成交量剧增，股价暴涨。之后，成交量大幅萎缩，股价急速下跌，这表明上升已经到了末期，会出现趋势反转。其反转程度由前一波价格上涨幅度和成交量扩增程度决定。

有时价格长期下跌，并形成波谷，之后开始回升，而成交量却没有因为价格的上涨而递增，价格上涨乏力，再度跌回至前谷底附近。如果此时的谷底成交量低于前一个谷底，就是价格上涨的信号。价格下跌并跌破价格形态趋势线或移动平均线，如果成交量增大，就是价格下跌的信号，并预示趋势反转形成空头市场。价格下跌相当长的一段时间后，出现了恐慌性卖出，随着成交量的增大，价格大幅下跌，恐慌性卖出之后就预示价格可能上涨，空头市场结束。市场出现持续上涨行情，成交量急剧增加，而价格上涨乏力，无法大幅上涨，说明卖压沉重，从而导致价格下跌。价格连续下跌以后，在低价区出现较大的成交量，此时的价格停止继续下跌，仅小幅度变动，就是买入信号。

成交量是价格的先行指标。一般来说，量是价的先行者。当成交量增加时，价格迟早会上涨；当价格上涨而成交量不增时，价格迟早会跌回去。因此，价格是虚的，成交量是实的。

（三）时间和空间是市场潜在能量的表现

时间是指完成某个过程所经过的时间长短，一般是指一个波段或一个升降周期所经过的时间。时间在进行行情判断时有着很重要的作用。时间要素主要体现在，人们在完成任何一种行为时都必须有一定的时间才行。一个已经形成的趋势在短时间内不会发生根本性改变，中途出现反方向波动对原来的趋势不会产生太大的影响。一个形成了的趋势又不可能永远不变，经过了一定时间又会有新的趋势出现。每个事物都有自己的循环周期，该循环周期不断制约着事物的变化和发展，这就是循环周期理论。在股市中，时间更多地与循环周期理论相联系，反映市场起伏的内在规律和事物发展的周而复始的特征，体现了市场潜在的上升或下降的能量的大小。上升或下降幅度越大，潜在能量越大；反之，能量越小。目前，时间这一要素还没有被广大投资者所普遍认识，其功效的发挥有待研究。

（四）时间、空间和价格趋势的关系

在市场中，对于时间长的周期，今后的价格将要经过的变化过程也应该长，价格变动的空间也会大；对于时间短的周期，今后的价格变化过程和变化幅度会小。通常情况下，时间长、波动空间大的过程，对今后价格趋势的影响和预测作用较大；时间短、波动空间

小的过程，对今后价格趋势的影响和预测作用较小。

三、技术分析与基本分析的关系

（一）技术分析和基本分析的联系与区别

1. 二者的联系

二者的实践基础相同，都是人们在长期投资实践中逐步总结归纳并提炼的科学方法，既相互独立又相互联系。其目的都是分析证券的投资价值，在实际运用中相辅相成，都对投资者具有指导意义。基本分析可以帮助投资者选择上市公司，选择有增值潜力的证券，而技术分析可以帮助投资者决定最佳的买卖时机。两者相互结合，投资者就可以选准投资对象并把握时机，在证券投资中获得收益。

2. 二者的区别

这两种方法的目的和实践基础虽然相同，但它们进行分析的依据、分析的方法、投资策略和所起的作用不同，其主要区别如下：

（1）二者分析的依据不同。基本分析是在搜集各种客观资料的基础上，依据分析家的经济金融知识和经验得出的判断，具有一定的主观性。技术分析是依据市场价格变化规律，采用过去及现在的资料数据，得出将来的行情，简而言之，其依据是“历史会重演”。通过市场连续完整的经验数据，采用统计分析归纳出典型的模式，更为客观和直观。

（2）二者分析的方法不同。基本分析认为市场外部因素影响着证券的价格，着重研究这些外部因素与价格的内在联系和逻辑，如国家宏观、微观经济、方针政策和其他政治方面的因素。技术分析直接从证券市场入手，根据证券的供求、市场价格和交易量等市场因素的分析，使用证券的价量资料用统计方法得出某种结论。

（3）二者的投资策略不同。基本分析侧重于证券的内在投资价值，研究价格的长期走势，忽略短期的价格波动。人们通过基本分析选择品质优良、具有发展潜力的证券品种，避开那些连续亏损的企业的证券品种。技术分析侧重于对市场的趋势预测，投资者无须知道投资证券品种的公司情况，只需要根据分析指标在合适的时点上买入，并在合适的价位卖出，从中获利，具有可操作性。

（4）二者所起的作用不同。基本分析通过对经济形势、行业形势和公司经营情况的分析，有助于证券市场的长期稳定，引导投资者关注国家大事，帮助投资者了解证券市场的发展状况和各种证券的投资价值，投资者通过基本分析可以正确地选择投资对象。技术分析是对证券市场价格的波动图形、成交量的变化和投资者心理状况等市场因素的分析，有助于证券投资者选择适当的投资方式和投资机会。它无须投资者掌握专门的金融证券知识和齐全的情报数据，对实际的投资者进行投资活动具有积极的指导意义。

（二）技术分析的局限性

技术分析在长期的证券投资实践中，给投资者带来过相当可观的收益，但是，它和大多数事物一样具有两面性，有其局限性。技术分析所采用的信息都是已经发生的，它相对

于行情滞后发展，预测现实走势存在一定的时间差距，由此分析得到买入卖出信号存在超前或滞后的可能，因此技术分析无法指导投资者进行长期投资。

有时候，技术分析会失灵，其数据图形得出的结论与实际情况不相符合，投资者如果照此操作，就会步入陷阱。这种现象的产生有两方面的原因：一方面可能是大户机构有意的行为，利用人们对技术分析的信任，炮制出某种明显买入或者卖出的图形走势和指标值，从而达到自己轻松获利、使他人上当受损失的目的；另一方面可能是市场各因素的相互作用而出现的异常现象，如机械地套用公式就会得出错误的结论。同时，技术分析无法揭示每次行情波动的具体时间，也无法指出行情波动的幅度。它虽然能够判断市场未来的走势是上升还是下降，但无法明确指出什么时点买入、什么时点卖出，只能靠投资者长期的经验积累。因此，每次运用技术分析时候，应该努力做到考虑周到，最大限度地降低出现偏差的机会，通常采用以下方法：(1) 与基本分析结合使用。我国的证券市场处于发展不成熟的阶段，市场突发信息比较频繁，人为操纵的因素比较大，所以仅仅依靠过去和现在的图形数据来预测未来是不够的，还必须结合基本分析。(2) 使用多个技术分析方法或指标共同判断。任何一个技术分析方法或指标都是不完美的，都有其不足之处。单独使用一种方法或指标进行判断，具有一定的片面性，缺乏可靠性。应该全面考虑各种分析方法或指标对未来进行预测，最终得出一个合理的判断结论。(3) 对技术分析不要寄予过高的期望值。应该充分认识技术分析的优点和局限性，不可一味依靠技术分析进行投资活动。(4) 对每个结论进行不断的修正。技术分析的结论是在某一特定的情况下得到的，随着市场环境的不断变化，这些成功的结论在运用的时候也许会失灵，必须进行修正。

第二节 技术分析的理论

一、道氏理论

道氏理论是证券技术分析典型的理论，产生于19世纪末20世纪初的美国证券市场。其创始人是美国人查尔斯·道（Charles Dow），他为了反映市场的总体趋势创立了著名的道琼斯平均指数。目前，世界各国广泛报道的道琼斯股指是指以1882年10月1日的30种工业股均价为基点100点的指数。它采用简单算术平均数的方式求出均价，以不同时间的均价来反映股价涨跌的程度，其单位为“元”，世界各国现在普遍以“点”表示股市力量的强弱。

道氏理论利用股价平均指数，即多种具有代表性的股票价格平均数作为报告期数据，然后再确定以前的某一交易日平均股价为基数固定不变，报告期数据比上基期数据就可以得到股票价格指数，用来分析变化莫测的证券市场，从中找出某种周期性的变化规律，来识别股价过去变动特征，据以预测其未来的走势。该理论认为，市场不会永远朝一个方向运动，价格总是变化多端、难以预测的。但是无论怎样变化，都摆脱不了一定的轨道，其运行过程中留下了形似波峰和波谷的轨迹，顺着这些高低点，就表现出上升或下降的方向。随着交易时间的延续，若干个依次延伸的波峰和波谷就构成了市场的趋势。

趋势简单地说就是股票价格的波动方向，或者是股票市场运动的方向。通常有三种不同的方向：一是由一系列依次上升的峰和谷形成的上升趋势，这时买方占上风；二是由一系列依次下降的峰和谷形成的下降趋势，这时卖方力量居于主导地位；三是一系列的峰和谷连在一起，并呈现出横向延伸的整理格局，即所谓的横向趋势。针对市场趋势的复杂性，道氏理论提出了主要趋势、次要趋势和短暂趋势三个概念，这也是道氏理论的核心内容。

（一）主要趋势

主要趋势（Primary Trend）是指股价出现长期上涨趋势或者长期下跌趋势，这种单边走势一般持续相当长的一段时间，通常为1～4年，其涨跌幅度至少超过20%。道氏理论把主要趋势分为牛市和熊市两类。股票市场呈现长期涨势时就是牛市，也称为多头市场。在牛市中，股票市场价格平均数的新波峰比前一个波峰高。股票市场呈现长期跌势时就是熊市，也称为空头市场。在熊市里，股票市场价格平均数的新波谷比前一个波谷低。汉密尔顿曾在美国证券市场做过调查研究，发现在1900年6月—1921年8月期间，美国股市共有6个多头市场和6个空头市场。多头市场平均持续时间为25个月，最长的达到3年4个月，最短的也有15个月；空头市场平均持续时间大约为17个月，最长的达到2年，最短的约11个月。可见，长期上升趋势比长期下跌趋势持续的时间要长。按照道氏理论，主要趋势的上升或下降通常分为三个阶段。

1. 股市的长期上升趋势

它主要包括以下三个阶段：第一阶段是建仓（或积累）阶段。在此阶段，股票价格水平比较低，公众对股票投资缺少信心，但是有远见的投资者意识到股市将要复苏，开始买进悲观者卖出的股票或者减少持有股票的卖出，随着这类投资者的增多，股票价格水平徐徐回升，绩优股往往回升得较早较快一些。此外，在这一阶段，公司所公布的财务报表显示该公司经营状况尚属一般，投资者对买卖股票存有戒心，因此股票交易并不活跃，但是交易量开始增大。第二阶段是稳定上涨阶段。在这一阶段，公司财务报告逐渐好转，股市已经恢复景气，经济前景乐观，股票价格稳定上升，交易量持续增加。第三阶段是市场高峰阶段。在这一阶段，股市一片沸腾，所有的经济和金融消息使投资者振奋，资金大量涌入股市，交易量大幅度增加，股价暴涨；企业趁此机会大量发行新股；投机者趁机哄抬，许多无投资价值的股票价格大幅上涨，其价格远高于其内在价值。当股票市场投机活动开始泛滥，无投资价值的股票价格大幅上涨而有投资价值的股票（绩优股）价格反而稳定下来时，多头市场即将转向空头市场。

2. 股市的长期下跌趋势

它主要包括：第一阶段是出仓或分散阶段。在这一阶段，股市上升的趋势已经结束，有远见的投资者预见到股市快要变盘，于是开始抛售持有的股票，促使股价下跌；股价开始的下跌幅度不大，成交量却逐渐减少。第二阶段是恐慌阶段。在这一阶段，股市前景明显趋向不利，大多数的投资者都意识到熊市的来临，于是加速抛售持有的股票，卖方增多而买方减少，股票价格急剧暴跌，交易量大幅减少，市场处于一片恐慌之中。第三阶段是市场低迷阶段。在这一阶段，股市一片悲观，到处都是坏消息，股票价格继续下跌，交易量大幅减少。但是，股价已经停止暴跌，绩优股的下跌幅度较小，投机股的下跌幅度较

大，其股价远低于其内在价值。当这些坏消息消失时，空头市场才会结束，即将转入多头市场。

（二）次要趋势

次要趋势（Secondary Trend）是指在股价上升趋势中发生的急剧下降或者在股价下降趋势中出现的迅速上升，它是在发生主要趋势过程中进行的调整。在主要趋势中，经常有些中期性波动对主要趋势发生干扰，称为"中期性调整"。在牛市中，可能出现较大幅度的回落现象，导致市场的短期性低点低于上次的低点，但是改变不了股市长期上升的趋势。这次下跌的幅度通常在上次升幅的1/3～2/3之间，在调整后，股市仍然回复到原来的上升趋势。在熊市里，市场可能出现大幅度的回升，其短期性高点高于上次的高点，但是其长期下跌的趋势没有遭到破坏。这次回升的幅度通常是上次跌幅的1/3～2/3，反弹之后，股市将继续下跌。一般来说，一个多头市场或者空头市场会出现多个次要趋势，持续时间为3周以上、1年以内。次要趋势属于一种正常的市场自我调整，是对以往市场行为的一种修正，常常出现在过度卖出和买入之后。

（三）短暂趋势

短暂趋势（Near Term Trend）是指时间持续几个小时到几天，波动幅度大小不确定的变动趋势，这种变动一般是由消息的好坏以及其他技术因素的影响所致，如公司盈利的增加或减少、政治影响等。短暂趋势本身并没有意义，只不过许多个短暂趋势就构成了股市的次要趋势。它的随机性很大，无法预测其变动幅度。

道氏理论中的这三种变动趋势是相互联系的。3个或3个以上的短暂趋势就构成了次要趋势；次要趋势的变动幅度约为主要趋势变动幅度的1/3；当次要趋势上升时，如果波峰比上次波峰低，则主要趋势下降；当次要趋势下跌时，如果谷底比上次谷底高，则主要趋势上升。投资者可以根据自己的投资目的作相应的分析。做长线的投资者常常关心主要趋势，从中顺势而为，不违背大方向。中线投资者则重视次要趋势，他们希望从市场战略战术的转移变化中获利。以短、平、快手法赚取蝇头小利的投机者特别关注短暂趋势，这种行情很不稳定，几乎是没有趋势可言，盈和亏就在一瞬间。道氏理论把这三种趋势形象地比作潮流、波浪和涟漪，为证券市场的图示分析以及其他技术分析提供了理论依据。

从道氏理论的基本原理和方法可以了解到，其作为一种股市行情理论，主要目的在于预测股票市场变化的转折点，指出新的牛市或熊市是否已经出现，主要趋势是否还会持续，从而使投资者在一种趋势结束以前采取相应的措施，以保护自己的投资利益。但是在实际运用当中，道氏理论还存在着许多不足之处。首先，它预测股价具有迟钝性。道氏理论主要用于预测股市行情的趋势，但它说明的只是牛市或熊市是否已经出现，或者正在继续，常常在股市趋势变化之后才指出股市已经转向，在时间上落后于股价趋势变动的时间。其次，它不可能明确反映每种趋势的时间跨度，前面讲述的三种趋势只是一种大概的划分，在实际操作中，由于市场理念、操作风格的不同，投资者对这三种趋势的时间跨度的认识会有所偏差。对于长期战略投资者来说，可能会将10年、20年或者更长周期的市场走势作为一种基本趋势加以预测；而对那些超短线投机者来说，他们把3个月左右的市场走势看成一种基本趋势，短期趋势则可以是某一天的某一时刻。此外，投资者对每次次要趋势延续时间的认定也非常关键。由于次要趋势包含与基本趋势方向相反的行情，有时候只持续几天，而有时候则延续几周甚至几个月，在这种情形下，道氏理论就不可能给出明确的买卖指令了，全靠投资者自己的经验判断。再次，道氏理论对每次次要趋势的价格空间难以把握。每一次大行情中总是存在着若干的次级调整，但每次调整的幅度的大小是该理论无法确定的。虽然，我们前面提到过1/3、2/3，但它们只是人们在长期证券投资活动中的一种经验总结。在现实中，股市行情是变化多端、难以预测的。最后，道氏理论在判断长期趋势时，对主要趋势的认定有一定的准确性，但是缺乏中期趋势的变动分析，对短暂趋势几乎没有分析，因此它对中短期投资者没有太大的帮助。

二、波浪理论

波浪理论是技术分析中又一个经典的理论，是运用较多且最难掌握的一种技术分析工具，其全称是艾略特波浪理论（Elliott Wave Theory）。最初是由美国人艾略特于1938年发现并应用于证券市场的，但是当时还没有得到社会的广泛承认，其后又有许多研究人员为波浪理论的建立做出了巨大贡献。直到20世纪70年代，柯林斯在其专著《波浪理论》中，系统地总结了艾略特和后人的研究成果，并在此基础上，逐步完善和发展了波浪理论。自此以后，波浪理论正式以一种技术分析方法的身份登上了证券市场的技术分析舞台。

（一）波浪理论的基本思想

受到股票价格上涨下跌现象不断重复的启发，艾略特认为股市受制于制约人类一切活动的自然法则，并按照一定的规律波动，像大自然的潮汐一样，一浪接一浪，周而复始。如社会经济的大环境有一个经济周期的问题，股价的上涨和下跌也应该遵循这些周期发展的规律，只是股价波动的周期规律较经济发展的循环周期要复杂得多。投资者可以根据这些复杂的规律性波动来预测市场走势，并作为投资决策的依据。

最初的波浪理论是以周期为基础的，艾略特把周期分成时间长短不同的各种周期，大周期可以分成若干小周期，而小周期又可以再细分成更小的周期。每个周期无论时间的长短，都是以 种模式进行。这种模式由8个波段，即由上升（下降）的5个波段和下降（上升）的3个波段组成。当这8个波段结束以后，这个周期才算结束，进入下一个周期。新的周期仍然遵循上述模式进行。上述是艾略特作为奠基人所做出的最大的贡献，也是波浪理论的核心内容。

道氏理论和费波纳奇数列也是与波浪理论密切相关的。波浪理论继承了道氏理论中关于股票价格起落如同潮涨潮落的观点，并进一步完善和发展了道氏理论。波浪理论指出了趋势变化点的时间和位置，可以明确知道目前处在上升或者下降的尽头或是途中，能够更明确地指导操作。波浪理论中所用的数据全部来自费波纳奇数列。

（二）波浪理论的内容

1. 波浪理论强调的三要素

波浪理论是道氏理论的发展，它强调了趋势的三个重要方面：形态、比例和时间。形

态是指波浪的形态和构造，把趋势进一步细分为一个个具体的波浪；比例是指通过计算波浪理论中各个浪开始和结束的位置，弄清它们之间的相互关系，从而确定股票价格的回撤点和未来价格；时间是指各波浪在时间上是相互联系的，投资者可以利用它们之间的这种联系来验证和预测波浪的形态和比例。在这三个方面中，形态是最重要的，它是波浪理论赖以生存的基础。有些投资者在使用波浪理论进行技术分析时，只注重形态和比例而不考虑时间，因为他们觉得时间关系在进行市场预测时是不可靠的。

2. 波浪理论的形态结构

在前面波浪理论的基本思想中提到，波浪理论认为一个完整的涨跌周期由 8 个波段组成，先是 5 个上升（下降）的波段，后是 3 个下降（上升）的波段。现以上升为例说明这 8 个波段，如图 7—1 所示。

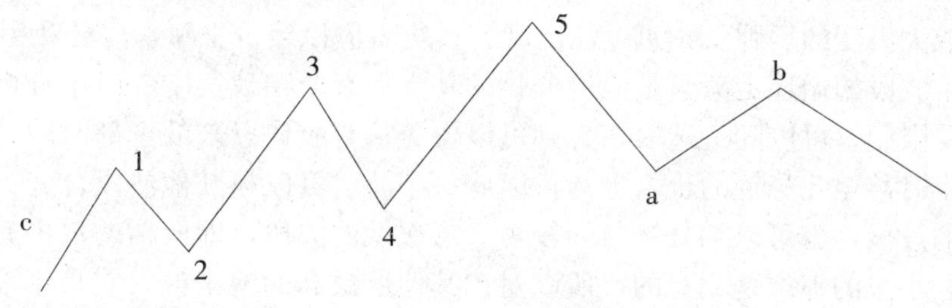

图 7—1　波浪理论的基本形态

第 1、3、5 浪称为上升主浪，是主要趋势，而第 2 浪和第 4 浪的方向与主浪相反，是对第 1 浪和第 3 浪的调整，称为调整浪。这 5 浪完成以后，行情转为下降趋势，a 浪和 c 浪成为主浪，b 浪则成为次要浪。实际上，a、b、c 浪是对 1～5 浪上升趋势的一种调整，调整完成后将开始新一轮的循环。在现实中，市场行情的变化并没有图中描绘的那么简单，波段是有很多变数的。由于趋势是有层次的，每个层次又有不同取法，这样可能会导致我们在使用波浪理论的时候发生混乱。但是，无论我们所研究的趋势是主要趋势还是短暂趋势，8 个波段的基本结构形态是不变的。下面，我们对图 7—1 中的 8 个波段进行描述。

第 1 浪类似趋势理论中的价格蛰伏期和回升期，它基本处于市场构筑的过程当中，股价有所回升，但是升幅很小，持续的时间也不长，这一浪是上升 5 浪中最短的一浪。第 2 浪属于调整浪，调整的空间通常覆盖第 1 浪上升空间的大部分或者全部，在图形中出现第二个或第三个底部特征，形成人们常说的头肩底、双重底或三重底等技术形态，它最明显的特征就是价格不再创新低，价格下跌以后很快就会回升，而且其跌幅相当于第 1 浪涨幅的 0.5～0.809。第 3 浪是上升趋势中最值得注意的，也是具有行情提示作用的浪。这一浪常常是上涨空间最大、最猛烈的浪，类似于趋势理论中的高涨阶段，其交易量连续保持较高的水平，股价跳空频繁出现，市场参与者的热情空前高涨。这一浪的涨幅一般相当于第 1 浪涨幅的 2 倍以上，如 2.382、2.5、2.618 倍等。对于投资者来说，认清趋势、顺势而为是最佳策略。第 4 浪也属于调整浪，调整低点一般不会低于第 1 浪价格的最高点，也就是说，下降趋势在第 3 浪高点附近获得支撑，随后行情又转而向上。有时，第 4 浪的调整力度很大，行情甚至跌破了第 3 浪的高点，这种情形发生的时候，第 1 浪的顶部就成了绝对支撑，如果股价进一步跌破第 1 浪的顶部，波浪理论就认为不会存在第 5 浪了，也就是牛市行情结束。一般情况下，这一浪的跌幅是第 3 浪的 0.382 倍，这是投资者进入市场的最后时机。第 5 浪是上升趋势中的最后一浪，其涨幅一般与第 1 浪相当，是第 3 浪涨幅的 0.5、0.618 倍，不会出现爆发式的行情，并且这一波段中的股价上涨受到阻力，不断面临着抛盘的压力，多头力量逐步减弱。a 浪是对 1～5 浪的调整，行情一旦经过 5 浪的上涨以后，a 浪的回撤就应该引起警惕。这一浪实际上是一轮下跌的开始，常常伴随着较大成交量和股价向下寻求支撑，其跌幅一般不会超过前 5 浪总涨幅的 0.5 倍。b 浪是一级反弹浪，一般伴随着较小的交易量。在反弹时，有时会几次冲击第 5 浪的高点，然后又迅速回调，在图形上形成双重顶、三重顶等技术形态。因此 b 浪又可以称为逃命浪。c 浪的出现宣告了上升趋势已经结束。在此波段，行情会发展为一味地下跌，跌破 a 浪的底部，但是一般不会超过前 5 浪总升幅的 0.667 倍。这时，所有的技术工具都发出卖出信号，并且，跌势中再难有较大力度的反弹。一旦 c 浪出现，投资者应该当机立断，离场观望。

上述的 8 个波段的循环走势只是股价变化的基本形态。在现实中，由于分析价格变化的时间跨度不受限制，可以随意选取，大到可以覆盖从有股票以来的全部时间跨度，小到可以只涉及几小时甚至几分钟的价格走势，因此每个波段可以与其他波段合并为一个时间较长、层次高的波段，也可以细分为时间较短、层次低的波段，即所谓的浪中有浪。层次的高低和大浪、小浪的地位是相对的，所以对比其他层次高的浪来说，它是小浪，而对层次比它低的浪来说，它又是大浪。图 7—2 可以说明波浪的这种合并和细分。

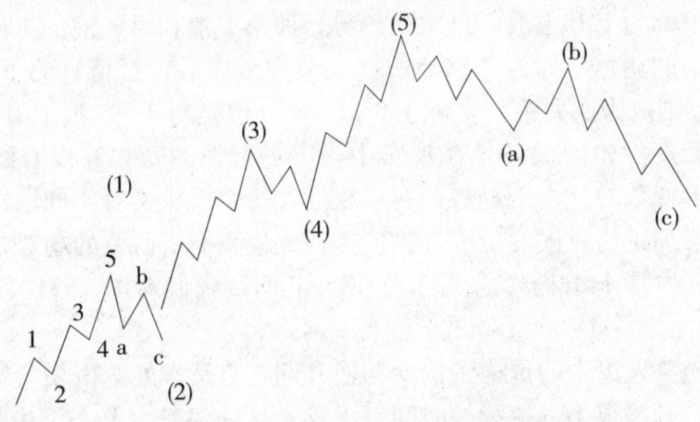

图 7—2　细分的波浪理论形态图

图 7—2 中显示，从起点到顶点是第一大浪，从顶点到终点是第二大浪，它是的一大浪的调整浪。第一大浪可以分成（1）、（2）、（3）、（4）、（5）浪，而第二大浪可以细分成（a）、（b）、（c）浪。第二层次的大浪又可以细分成第三层次的小浪，这就是图中的 1、2、3、4、5 和 a、b、c 浪。如果某一浪的上升和下降方向与它上一层次的浪的上升和下降方向相同，则细分成 5 浪，反之不相同就细分成 3 浪。按照这一原则投资者就可以将任何一个浪进行细分。

在图 7—3 中，ST 春都从 1999 年 5 月到 2000 年 10 月走出了 5 波上升浪，如果细分，

还可以数出 34 个小浪来，第 5 浪的上升力度最大。

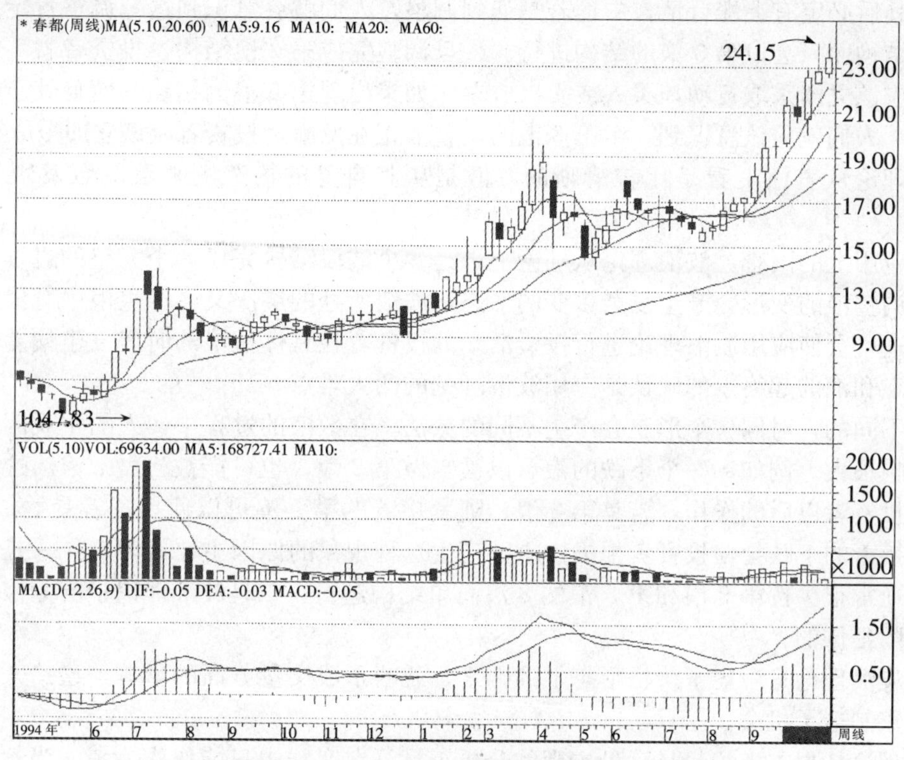

图 7—3　ST 春都 1999—2000 年的 5 波上升浪

费波纳奇数列在进行波浪理论的浪的数目的数法当中起了重要作用。第一大浪是由 5 浪组成，同时又由更小的 21 浪组成；而第二大浪由 3 浪组成；同时又由更小的 13 浪组成。第一大浪和第二大浪为 2 浪，由 8 个较大的浪组成，同时又由 34 个更小的浪组成。这里的数字 1，1，2，3，5，8，13，21，34…都是费波纳奇数列中的数字。费波纳奇数列是波浪理论的数学基础。

这个数学序列并不只是数字之间存在不变的关系，它有许多有趣的性质：(1) 任意两个相邻的数字之和等于下一个更大的数字。如 3 加 5 等于 8，5 加 8 等于 13，以此类推。(2) 在最初的四个数字之后，任意一个数字与下一个更大的数字之比趋向于 0.618。如1/2 等于 0.5，2/3 等于 0.67，3/5 等于 0.6，5/8 等于 0.625，8/13 等于 0.615 等。这些最初的比率以逐渐收敛的幅度在 0.618 上下波动。(3) 任意一个数字与前一个数字的比值约等于 1.618，即 0.618 的倒数。如 13/8 等于 1.625，21/13 等于 1.615，34/21 等于 1.619 等。(4) 隔一个数字相邻的两个数字的比值趋向于 2.618，或其倒数 0.382。如 34/13 等于 2.615，13/34 等于 0.382。

(三) 波浪理论的应用及局限性

波段的延伸使人们对市场行情的判断变得扑朔迷离。我们在应用波浪理论的时候，一定要明确当前所处的位置，然后按照波浪理论所指明的各种浪的数目进行下一步的预测。一般来说，第 3 浪和第 5 浪出现延伸浪的机会最大，要明确目前所处的位置，就要准确识别这两个浪的结构。一组趋势向上（或向下）的5浪结构，通常可能是更高层次的波浪的第一浪，其后必定有上涨行情，中途若是遇到调整，人们就会意识到这一调整肯定不会以第5浪的结构而只会以第3浪的结构进行。一旦调整完成第3浪结构，投资者就不能再继续等待，应该立即采取行动，买入或卖出股票。如果出现第5浪的结构，而且处于这个波段的尾部，人们就应该意识到一个第3浪的调整浪正在酝酿，投资者应该立即采取行动。

波浪理论从表面上看是比较清晰的，但是从其自身的构造上来看就会发现它的局限性：

（1）应用上的困难。波浪理论从理论上讲是8个波段结构完成一个完整的过程。主浪的变形和调整浪的变形会产生复杂多变的形态，波浪所处的层次又会产生浪中有浪的多层次形态，这些会使应用波浪理论进行投资活动的投资者在具体数浪的时候发生偏差。浪的层次的确定和浪的起终点的确认是应用波浪理论的两大难点。

（2）不同的人对同一个形态会产生不同的数法。在数浪的过程中，人的主观因素对判断结果影响很大。例如，一个下跌的浪可以被当做第2浪，也可能被当做a浪。这两种判断影响着投资者以后的操作，若是第2浪，则紧接着的第3浪可以使投资者受益；若是a浪，则紧接着的下跌会使投资者损失惨重。产生这种现象的原因主要有两个：一是价格曲线的形态通常很少按第5浪和第3浪的8浪简单结构进行；二是波浪理论中的大浪、小浪是可以无限延伸的。

（3）波浪理论只考虑了价格形态上的因素，忽略了成交量方面的影响，这给人为制造形状的庄家制造了机会。

波浪理论从根本上说只是一种主观的分析工具，在实践中只能作为参考。当然，老练的投资者通过不断的实践和应用，也能够正确地数浪，运用波浪理论获利。

三、K线理论

技术分析是根据市场行为来预测市场未来趋势，其精髓就是总结经验寻找规律，然后再使用这些规律。为了从大量的市场行为中找到有规律的东西，人们必须记录市场行为的信息。这时，K线就应运而生了。K线理论起源于200年前的日本。最初是日本米商用来表示米价的涨跌状况的工具，因其绘制方法简单易懂，实用有效，逐渐为世界各国证券市场引进和借鉴。经过上百年的股票市场的实践，其应用效果良好，受到广大投资者的青睐。目前，K线已经成为人们进行技术分析过程中必不可少的图表。

（一）K线的绘制

K线又称日本线，在欧美称为蜡烛线，是一条柱状的线条，由一个长方形和影线组成。竖立的长方形表示交易的实体部分，影线在实体上方的部分叫上影线，下方的部分叫下影线。实体分为阴线和阳线两种，如图7—4所示。

一根K线能够记录某一只股票一天的开盘价、收盘价、最高价和最低价等升跌情况。将每天的K线按时间顺序排列在一起，就组成这只股票上市以来每天的价格变动情况，叫做日K线图。根据时间选取的不同，还可以得到其他种类的K线，如周K线、月K线等。开盘价是指每个交易日第一笔成交的价格，即传统的开盘价的定义。由于存在庄家利用自身的优势，故意人为地造出不合理的开盘价的弊端，目前我国的证券市场采用集合竞

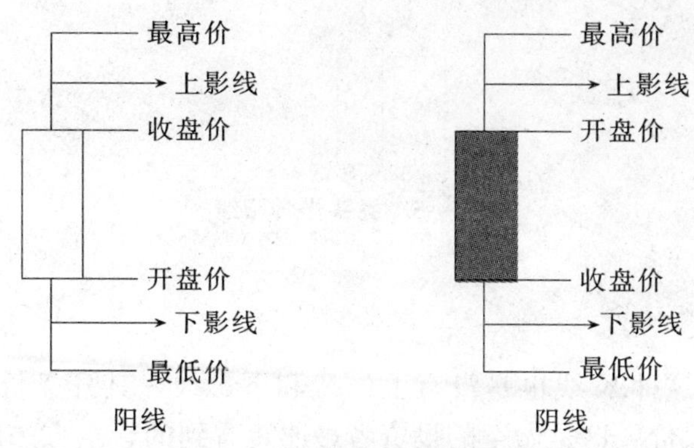

图 7—4　K 线的基本形状

价的方式产生开盘价，避免了传统意义上开盘价的缺陷。收盘价是指每个交易日最后一笔成交的价格，是多空双方经过一天的争斗最终达成的共识，是供需双方最后的暂时平衡点，具有指明目前价格的重要作用。最高价和最低价是每个交易日中成交的股票中，成交价格最高和最低的那个价格，反映了当日股票价格上下波动的幅度的大小。两者如果相差较大，说明当日股票市场交易活跃，买卖双方争执激烈。但是，和传统的开盘价一样，最高价和最低价也容易被庄家操纵。在这四个价格当中，收盘价是最重要的，人们常常说的股票的价格就是指收盘价。

由于市场行情千变万化，反映在 K 线图上就长短不一，因此人们可以绘制出一幅幅形态万千的 K 线图，但是所有的图形都是基于图 7—4 中的两种标准的 K 线图加以变化的。如果交易低开高走，收盘价高于开盘价，实体为阳线；如果交易高开低走，收盘价低于开盘价，实体为阴线。每一根 K 线都反映出在这段交易时间内买卖双方实力较量的最终结果。阳线表示卖方实力薄弱，不足以抵抗买方的压力，并且实体越长，表明买方实力越强。阴线表明买方实力不足，无法与卖方抗衡，并且实体越长表示卖方在交易中的力量越强。上影线表示交易价格受到阻力，下影线表示交易价格得到买方的有力支持，阻止价格下跌。

（二）K 线的基本形状及其含义

由于四个价格的取值不同，K 线的基本形状还包括以下 11 种，看懂这些单根的 K 线是运用 K 线理论的基本功。

1. 秃头光脚阳线

如图 7—5 所示，这种 K 线既没有上影线也没有下影线，也就是说该证券当日交易的开盘价就是当日的最低价，而收盘价也与当日的最高价相等。这是买方最愿意看到的，它说明整个交易日买盘强劲，在开盘的时候股价就被推高了，使得做空力量毫无还手之力。实体部分长，则说明多方实力不可阻挡；实体部分短，则说明多方虽然控制了局面，但是相对于空方力量的优势在缩小，若这个小阳线处在高价位，买方就应该加强警惕，提防空方的反扑。

图 7—5　秃头光脚阳线

2. 秃头光脚阴线

如图 7—6 所示，这种 K 线也是没有上影线和下影线，其开盘价就是当日的最高价，收盘价就是当日的最低价。这是做空的投资者最愿意看到的，空方一路打压，而多方节节败退。原来的做多者纷纷倒戈，顺势抛售，甚至“割肉”卖掉，这种做法完全符合顺势而为的道理。多方步步后退，向下寻找新的低价位的支撑线。这种高台跳水式的猛跌若是处在较低的价位，就意味着空方力量彻底耗尽，投资者这时应该保持镇静，持股观望，等待时机，以免损失惨重。

图 7—6　秃头光脚阴线

3. 秃头阳线

如图 7—7 所示，这种 K 线的收盘价就是最高价，K 线图没有上影线。它属于先抑后扬，开盘后股价一度下滑，但是不久就被买盘拉起，股价调头向上，说明买卖双方力量的转换最终以多方获得胜利而告终。下影线的长度表示空方曾经打压的力度，结合阳线实体部分分析，可以大略判断出买方力量明显强于卖方还是稍稍强于卖方，再根据所处价位，预测下一个交易日的走势。

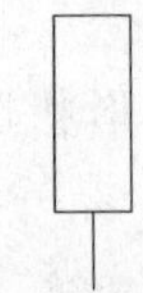

图 7—7　秃头阳线

4. 秃头阴线

如图 7—8 所示，这种 K 线的开盘价等于最高价，K 线图也没有上影线。它是典型的下跌抵抗型，空方完全占据主动。股价不断下跌，但是在下跌过程中，多方顽强抵抗，等待时机在低价位建仓或补仓，并成功地把全天收盘价定在高位。K 线图反映了多方反击的过程，虽然反击失败，但是其形势并不是很差。如果下影线的长度大于阴线实体的长度，则表明多方反击卓有成效。

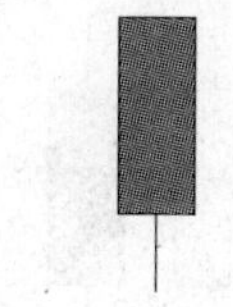

图 7—8 秃头阴线

5. 光脚阳线

如图 7—9 所示，这种 K 线的开盘价即为最低价，K 线图没有下影线。它是在多方完全控制局面的情况下出现的一些波折，表示在多方和空方搏杀的过程中，多方上升势头明显受到阻力，空方顽强抵抗，多方难以轻而易举地长驱直入。上影线的长度说明了空方阻击的力度，上影线越长，空方力量越强，投资者在这种情况下应该谨慎，不可盲目乐观，应结合阳线的实体部分进行分析，如果上影线长于实体部分，说明空方力量进一步加强，多方根基动摇；如果上影线短于实体部分，说明空方力量还不能动摇多方根基，多方仍然掌握大局。

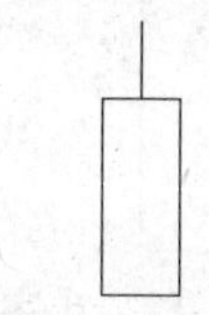

图 7—9 光脚阳线

6. 光脚阴线

如图 7—10 所示，这种 K 线的收盘价正好等于最低价。它属于先扬后抑，开盘后股价继续上涨，但很快感到乏力，后劲不足，缺乏买盘的支撑，投资者纷纷抛售，股价下跌。当跌到开盘价时，下跌趋势未能阻止，空方就趁热打铁，将股价打压到最低价收盘。这时，空方已经完全掌握局势。

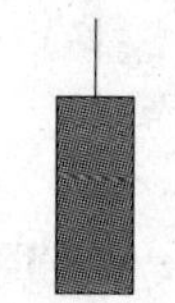

图 7—10 光脚阴线

7. 纺轴线

如图 7—11 所示，这种 K 线既有上影线也有下影线，是最常见、最普遍的图形。它表明了多空双方在整个交易日的搏击痕迹，如果多方占优，就会形成有上下影线的阳线；如果空方胜出，就会形成有上下影线的阴线。在长度方面，影线比实体长得多，表示多空双方的不可靠性。

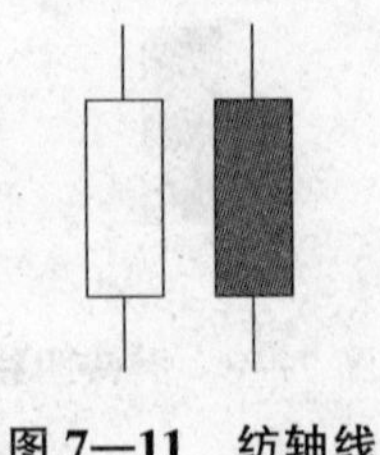

图 7—11　纺轴线

8. 十字形

如图 7—12 所示，这是一种不容易出现的 K 线图，这种 K 线有上下影线但没有实体，开盘价与收盘价相同。它是多空双方力量均衡的象征，其出现往往暗示着市场行情即将出现反转。在影线长度方面，如果上影线的长度大于下影线的长度，表明空方力量较强；如果上影线短于下影线，表明多方实力较强。十字形的收盘价高于上一个交易日的收盘价，就称为红十字形；反之，就称为黑十字形。

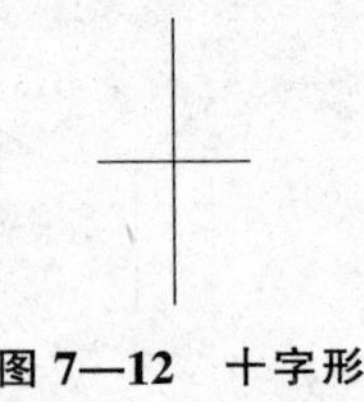

图 7—12　十字形

9. T 字形

如图 7—13 所示，这种 K 线只有下影线，开盘价、收盘价和最高价三价合一，形成 T 字形，表示成交量萎缩，双方实力相当，相持不下。下影线表示多方略占优势，下影线越长，多方所占优势越大。

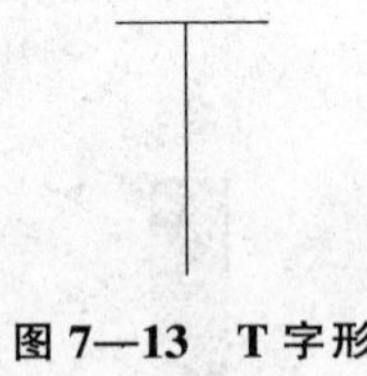

图 7—13　T 字形

10. 倒 T 形

如图 7—14 所示，这种 K 线只有上影线，开盘价、收盘价和最高价也是三价合一，形成倒 T 形，表示整个交易日的交易惨淡，多空双方无心作战，上影线表明空方略占优势，上影线越长，优势越大。这种 K 线常常出现在市场的转折点。

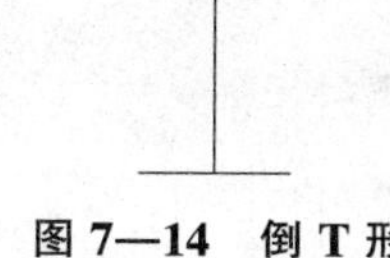

图 7—14 倒 T 形

11. 一字形

如图 7—15 所示，这是一种非常特别的形状，其开盘价、收盘价、最高价和最低价四个价格都一样。它表示市场行情极度萎缩，股市如一潭死水，几乎没有成交量。这种情况在证券市场中几乎见不到，只是在理论上存在。

图 7—15 一字形

（三）K 线组合的应用和分析

买方和卖方在股票市场中永远是对立的，其不断较量的结果就形成了股票价格，而 K 线图实际上就是将买卖双方这段时间以来实际较量的结果用图表示出来。通过分析连续若干天的 K 线图，可以看出买卖双方力量的强弱、均衡态势以及涨、跌、盘整三种基本行情变化的信号。这种组合分析是十分有效的，下面介绍几种常用的 K 线组合。

1. 阳包阴或阴包阳

图 7—16 为阳阴组合，俗称阳包阴或者阴包阳。左图为阳包阴，一根阴线被一根阳线吞没了，显示多方已经取得决定性的胜利，空方将节节败退，寻找新的抵抗区域。阳线的下影线越长，则多方所占的优势越大。右图是阴包阳，与左图正好相反，空方掌握整个局面，取得了主动权，而多方已经瓦解。

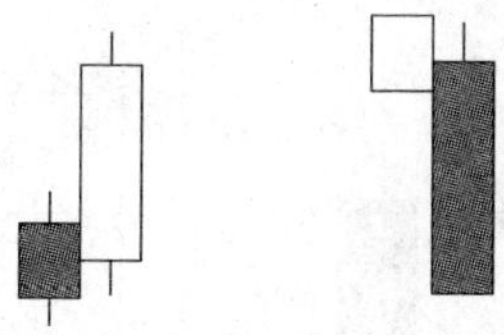

图 7—16 阳包阴或阴包阳

2. 三根阳线组合

图 7—17 是典型的步步高图形，三天走势一浪高过一浪，多方占有绝对的优势，投资者可以放心地入市，但也并不是完全没有风险，应该看其所处的价位，若是处于低价位区域，则可以大胆购入；若是处于高价位区域，则要谨慎从事，警惕庄家获利回吐的压出。如果这两天的 K 线都带有长短不一的上下影线，则表明在高价位有人抛盘，在低价位有人

接盘。这种K线图如果出现在久跌之后，上升之初，市场人气旺盛，后市看好，投资者可以大胆建仓买进或者持筹待涨；如果出现在上涨很久之后，就应该视之为卖出信号。

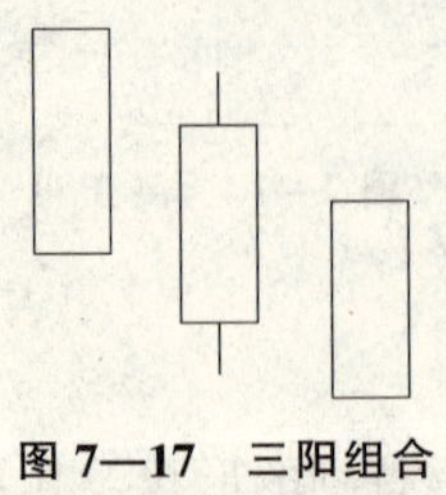

图 7—17　三阳组合

3. 三根阴线组合

图7—18为三根阴线组合，俗称“三只黑乌鸦”，三天走势一浪低过一浪，空方占绝对优势。如果这种图出现在下跌过程中，表明市场一致看空，多头一败涂地，导致股价不断下跌，投资者应该离场观望。

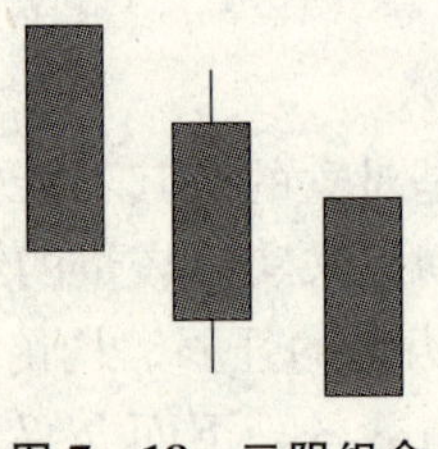

图 7—18　三阴组合

4. 早晨之星

图7—19是一种由下跌转为上升的K线组合，俗称“早晨之星”。它预示着下跌的市场行情可能结束，后市应该看好。其组合形态具有如下特征：在持续下跌的过程中出现一根长阴线；紧接着的第二个交易日日跳空下跌，但开盘价和收盘价相差不大，形成了星的主体部分；第三个交易日出现一根阳线回升到第　根阴线的范围之内。

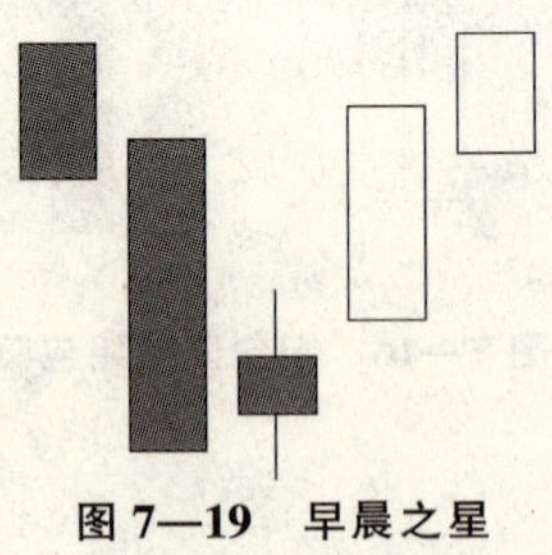

图 7—19　早晨之星

5. 黄昏之星

图7—20是一种由上升转为下跌的组合形态，俗称“黄昏之星”。它预示着市场行情已经见顶并开始回落，很可能是跌势的开始，投资者应该谨慎从事。其形态特征如下：股

价继续上涨，出现一根大阳线，紧接着第二个交易日跳空上涨，但涨幅明显减小，形成了星的主体部分；第三个交易日出现一根阴线，下跌到第一根阳线的范围之内。

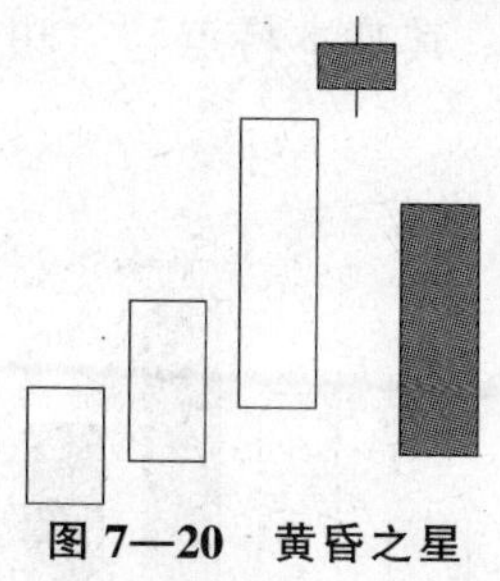

图 7—20　黄昏之星

6. 射击之星

图 7—21 中的长上影阳线单独出现在上升行情的峰顶上，俗称“射击之星”。这是一种见顶回落的下跌形态。其形态具有如下特征：此星的实体部分细小，但上影线较长，往往是实体部分的两倍以上，一般出现在持续上升的行情中，它出现之后的第二个交易日会出现阴线，使下跌势态得到确认。

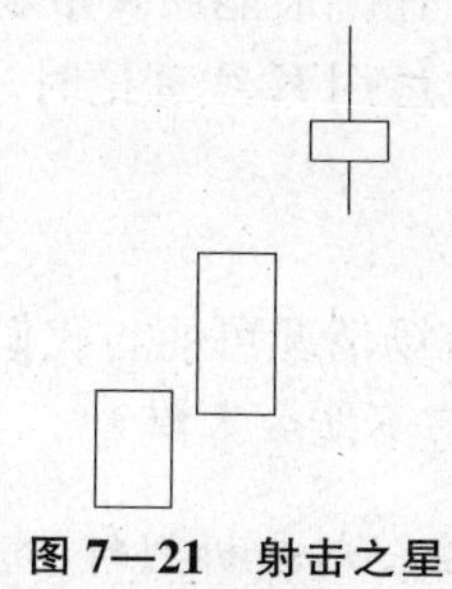

图 7—21　射击之星

7. 曙光初现

图 7—22 是一种常见的 K 线形态，俗称“曙光初现”。这种组合形态一般出现在下跌行情中，其基本特征如下：在下跌的趋势中出现一根较长的阴线，紧接着的第二个交易日跳低开盘，但以阳线收盘，并且这一根阳线伸入到第一个交易日柱体的一半以上，此阳线越长，市场行情转向力度越大。

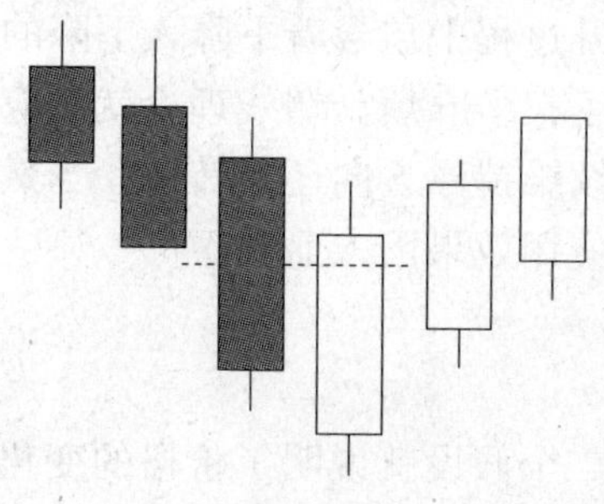

图 7—22　曙光初现

8. 乌云盖顶

图 7—23 是与“曙光初现”恰好相反的一种常见的 K 线形态，俗称“乌云盖顶”。这种组合形态一般出现在上升趋势中，其基本特点与“曙光初现”相反，也是一种判别行情转向的图形。

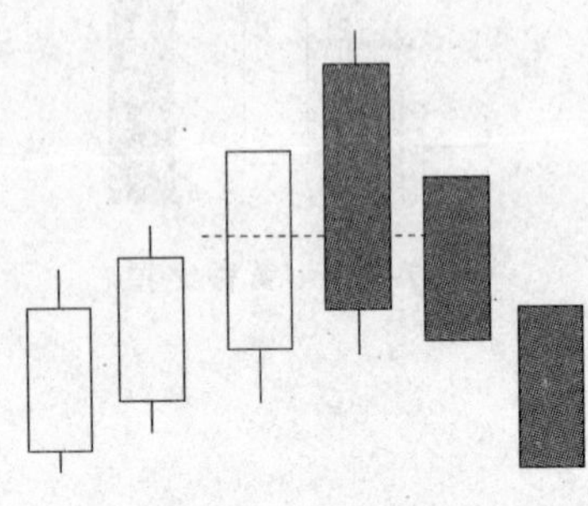

图 7—23　乌云盖顶

（四）应用 K 线理论应注意的问题

K 线是对多空双方争斗的一个描述，最能反映市场行为。由它们的组合分析得出的结论都是相对的，不是绝对的，因此在运用 K 线理论时，应该注意以下几个方面：

1. K 线分析的错误率比较高

市场的变动是复杂的，而实际市场情况可能与我们的判断有差距。经验的统计结果表明，运用 K 线理论分析判断的成功率不能令人满意。

2. 应作为战术手段结合其他方法一起分析判断

K 线分析不能作为战略手段单独使用。投资者可以根据其他方法，如参考技术指标发出的买卖信号，作出买卖的决定以后，再运用 K 线理论选择具体买卖的时间和买卖的价格，这种效果要好一些。

四、切线理论

在证券市场中，“顺势而为”是众多投资者广泛认同的投资原则。市场行情的发展动向不是简单地上升和下降，上升过程中包含着下降，下降的趋势中包含有上升。这些给投资者在预测行情走势方面带来了很多麻烦。切线理论就是应用了切线法的一些手法，能够帮助投资者识别市场趋势是继续维持原方向还是转向。当然，切线理论只是提供给投资者一种技术分析的方法，具体的应用效果因人而异。

（一）切线理论的基本内容

技术分析三大假设中的第二个假设就说明了价格的变化是有趋势的，趋势的类型我们已经在道氏理论中重点阐述过了，不再详细解释。这里主要介绍切线理论中支撑线、压力

线、趋势线、轨道线、黄金分割线和百分比线。

1. 支撑线和压力线

(1) 支撑线和压力线的概念及作用。

支撑线和压力线(见图7—24)是技术分析中两个重要的概念。当股价下跌到某个价位附近的时候,就会停止下跌,甚至有可能回升,这是多方在此价位不断买进的结果。这个起着阻止价格继续下跌或者暂时阻止股价继续下跌的价位就是支撑线所在的位置。当价格上涨到某个价位附近的时候,价格会停止上涨,甚至回落,这是空方在此不断抛售股票的结果。这个起着阻止或者暂时阻止价格继续上涨的价位就是压力线所在的位置。

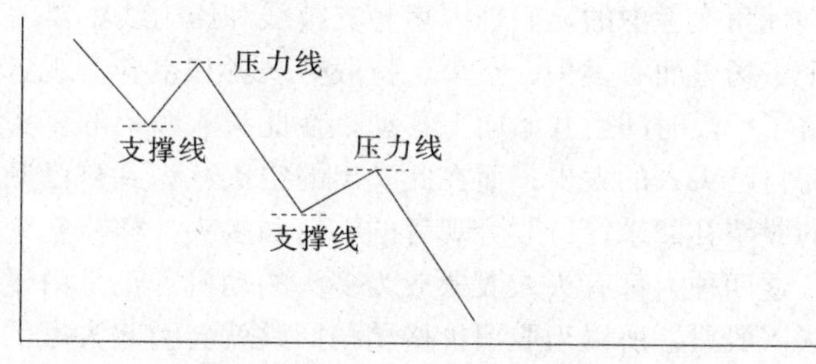

图7—24 支撑线和压力线

支撑线起着阻止股价继续下跌的作用,而压力线起着阻止股价继续上涨的作用。不同的支撑线和压力线就构成了股价波动过程中的一道道防线和关卡,价格的复杂变化形态就是在这些层层支撑线和压力线附近按照自身的发展规律变化而来的。无论在上升行情中还是在下跌行情中,市场都存在支撑线和压力线,并不是只有在下跌行情中才能有支撑线和只有在上升行情中才有压力线。

支撑线和压力线都不是价格波动中不可逾越的屏障。股价的变化是有趋势的,要保持这种趋势,维持原来的运动方向,就必须冲破阻止其继续向前的障碍。例如,要维持上升行情,就必须突破上升压力线的阻碍,创出股价的新高点;要维持下跌行情,就必须突破支撑线的阻力,创出股价的新低点。由此可见,支撑线和压力线只是暂时的阻止,而不能长久地阻止股价保持原来的运动方向,它们迟早是会被突破的。支撑线和压力线只在一定时间范围内起作用,新高和新低就是确定支撑线和压力线的标准。

投资者只要在一定时间段内从价格趋势图中正确找到支撑线和压力线的位置,就能成功地在下跌的支撑点买入,在上升的阻力点卖出。但是,支撑线和压力线有时候又有彻底阻止股价按原方向变动的可能。一个趋势结束了,就不可能创出股价的新高和新低,这样的支撑线和压力线就非常重要,投资者必须加以关注,乘机"逃顶"和"抄底"。

在上升趋势中,如果下一次没有创出股价的新高,也就是说没有突破压力线,表明这个上升趋势已经处在关键位置了。如果以后的价格下跌并且突破了上升趋势的支撑线,就发出了一个趋势有变的提示,一般意味着这一轮上升趋势已经结束,后市将是下降趋势。同理,在下降趋势中,如果下一次没有创出股价的新低,即没有突破支撑线,也表明这个下降趋势已经处于关键位置了。如果以后的价格上涨并突破了下降趋势中的压力线,就产生了趋势有变的提示,预示着下一波将是上升趋势(见图7—25)。

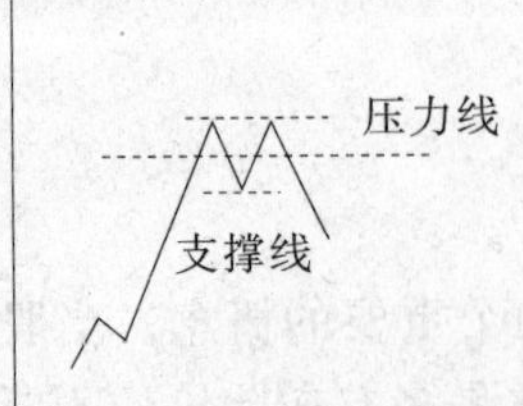

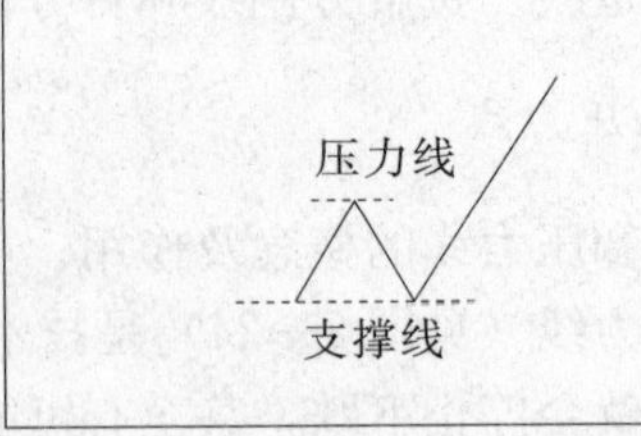

图 7—25　支撑线和压力线的突破图

（2）支撑线和压力线的相互转化及其理论依据。

支撑线和压力线能够起到支撑和压力的作用，主要是由于人们心理方面的因素，两者的转化也是从人们心理角度考虑的。心理因素是支撑线和压力线主要的理论依据。

一般来说，一个市场里面有多头、空头、持股旁观者和空仓旁观者四种人。如果股价在一个支撑区域停留了一段时间后开始向上移动，在此买入股票的多头会很肯定地认为自己判断正确，并后悔自己买入的太少；而在此卖出的空头意识到自己判断失误，并且希望股价回跌，将卖出的股票补回来；持股旁观者的心情和多头一样；空仓旁观者心情则与空头一样。由此可见，这四种人都有买入股票成为多头的动机。正是由于这四种人都准备在下一个回调的时机买入股票，所以当股票价格稍稍回跌就会引起大家的关心。他们或早或晚地买入股票，造成股价还没有跌到原来的支撑位，就被这四种人抬高了。在这个支撑区域发生的交易越多，就说明越多的投资者在这个支撑区域有切身利益。如果股价在一个支撑区域停留了一段时间后开始向下移动，多头会认为自己判断失误，空头则认为自己抛售股票的判断正确。大家这时候都有抛出股票的念头，一旦价格有所回升，还没有达到原来的支撑位，人们就会纷纷抛售持有的股票，从而使股价被压低。同理，压力线的分析过程也是如此，结论与支撑线的正好相反。

从上述分析中，可以看出支撑线和压力线的相互转化过程（见图 7—26）。一条支撑线如果被突破，那么这条支撑线将变成压力线；一条压力线如果被突破，它将变成支撑线。这些表明支撑线和压力线的位置不是一成不变的，而是可以变化的，其变化前提就是它能够被有效的足够强大的股价变动突破。

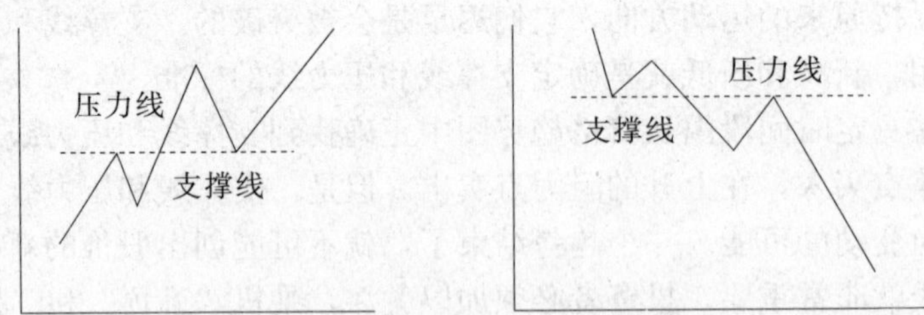

图 7—26　支撑线和压力线的相互转化

支撑线和压力线相互转化的重要依据是被突破。证券价格波动的新形态是伴随着突破重要的支撑线和压力线一起出现的。这种突破表明：支撑线和压力线过去所形成的力量平衡已经被打破，市场将寻找新的平衡点。支撑线和压力线本身具有较强的支撑和阻力的作用，所以突破往往需要一定的能量，如果能量不足，会导致突破夭折。因此，正确判断支

撑线和压力线是否被真正地被突破是非常重要的。判断突破通常有以下的标准：一是突破必须是收盘价的突破；二是突破必须超过突破价位一定幅度以上，通常有 3%、5%和 10%三种幅度，3%偏重于短线的支撑和压力区域，10%偏重于长线的支撑和压力区域，5%则介于两者之间；三是突破行情的维持时间至少 3 天以上；四是向上突破必须配合较大的成交量。掌握以上判断标准，投资者不仅可以避免错误地判断行情发展的方向，还可以避免因错误判断而招致损失。一般来说，向上突破是买入的最好时机，向下突破则应该立即卖出。

(3) 支撑线和压力线的确认和修正。

支撑线和压力线的确认都是由人来判断的，具有一定的主观性，并且因人而异。一般来说，一条支撑线和压力线对当前影响的重要性应该考虑以下三个方面：一是股价在这个区域停留时间的长短；二是股价在这个区域伴随的成交量的大小；三是这个支撑或压力区域发生的时间距离当前这个时期的远近。很显然，停留的时间越长，伴随的成交量越大；离现在越近，这个支撑线或压力线对当前的影响就越大。这三个方面是确认一条支撑线和压力线的重要识别手段。若是股价的变动使原来确认的支撑线和压力线不能真正地具有支撑和压力的作用，就有必要对支撑线和压力线进行调整，即对支撑线和压力线进行修正。

(4) 常见的支撑线和压力线的位置。

正确判断支撑线和压力线的位置，不仅可以使投资者在一段时期内选择合适的买卖时机，还可以帮助投资者把握价格变动的方向。常见的支撑线和压力线位有成交密集区、缺口、颈线、历史最高点与最低点等。

1) 成交密集区，是指过去成交量大、交易比较活跃的价格区域，这里堆积了大量的资金筹码。如果价格波动在成交密集区之上，则成交密集区将成为日后价格下跌时较强的支撑区域；如果价格波动在其下，则成交密集区会成为以后价格上升时较强的压力区域。

2) 缺口，是指价格向某个方向急速运动却没有成交量的一段真空区域，其具体内容在缺口理论中有详细说明。不同类型的缺口对价格波动表现出来的支撑和压力效果不同，突破缺口和持续缺口表现较强，而普通缺口和衰竭缺口表现较弱。

3) 颈线。这是形态理论中的重要概念。颈线在价格波段中具有较强的支撑和压力作用。

4) 历史最高点和最低点。历史最高点和最低点反映了长期以来价格波动趋势中的波峰和波谷，所以它们是价格波动中最具有影响力的价位，对投资者有较强的心理影响力。当价格接近最高点，人们就会抛售股票，当接近最低点，人们会积极买入股票。因此，历史最高点和最低点处常常会出现具有极强支撑和压力效果的支撑线和压力线。

2. 趋势线

(1) 趋势线的确认。

在一定时间范围内，证券市场的价格变动总是沿着某个特定的方向发展变化的，并呈现出一定的趋势。描述价格变动趋势的直线就叫做趋势线。反映价格向上波动的趋势线称为上升趋势线，起着支撑的作用，是支撑线的一种。反映价格向下波动的趋势线称为下降趋势线，起着压力的作用，是压力线的一种（见图 7—27）。

从图 7—27 中可以看出，我们很容易就可以画出这条趋势线，但是这并不意味着这条画出来的趋势线就是有效的。这条趋势线是否有效需要经过多方面的验证，包括以下几个方面：一是必须确实存在趋势，也就是说，在上升趋势中，必须确认出两个依次上升的低点；在下降趋势中，必须确认出两个依次下降的高点，这样才能确认存在趋势，两个点连接起来的直线就是趋势线。二是直线画出以后，还应该得到第三个点的验证，这条趋势线才有效。三是画出的直线被触及的次数越多，趋势线越有效。四是趋势线延续的时间越长，越具有有效性。五是趋势线过平或过陡，其支撑或压力作用都不明显，30°～60°之间的趋势线最具有技术意义。

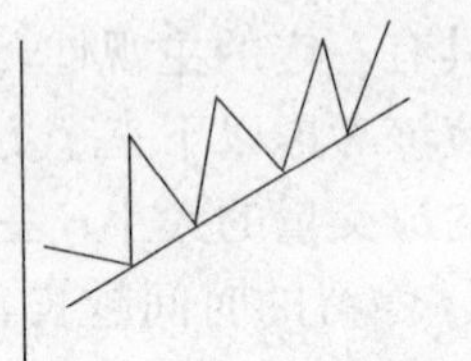 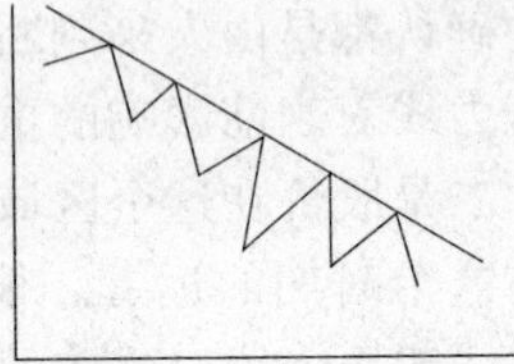

图 7—27　趋势线

（2）趋势线的修正。

在股价波动的任何一个方向上都可以画出一条趋势线，这是由于股价波动有时候会超出原有趋势线的范围，使原有的趋势线失去作用，这时必须根据股价的实际波动情况重新画趋势线，这就是趋势线的修正。下面举例说明一下，如图 7—28 所示，*AB* 是原有的趋势线，由于股价下跌并跌破了 *AB* 线，原有的趋势线不能正确反映股价波动的情况了，所以需要对它进行修正，*C* 点是股价出现的新低点，则连接 *A*、*C* 就形成了新的上升趋势线。

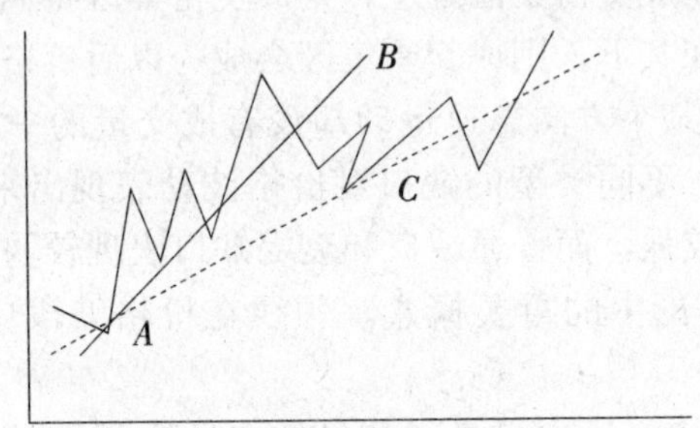

图 7—28　趋势线的修正

（3）趋势线的作用。

趋势线一经确认后，主要有两个作用：一是对股价今后的变动起约束作用，使股价总保持在这条趋势线的上方（上升趋势线）或下方（下降趋势线），实际上就是起着支撑和压力的作用；二是趋势线被突破以后，股价的走势将是反方向的。越重要和越有效的趋势线被突破，其走势转向的信号越强烈。被突破的原来是支撑线的，现在将转换角色，起压力作用；原来是压力线的，现在将转换角色，起支撑作用。

3. 轨道线

轨道线又称管道线或通道线，是基于趋势线发展起来的。在得到趋势线以后，通过第一个峰或谷可以作出这条趋势线的平行线，这条平行线就是轨道线（见图 7—29）。

两条平行线组成一个轨道，就是常说的上升和下降轨道。其作用就是限制股价的变动范围，让它不要变动得过分离谱。一旦一个轨道被确认以后，股价就会在这个轨道里面波动。如果股价波动突破了这两条平行线，就意味着股价将会发生一个较大的变化，原来的趋势将改变。轨道线还可以提出趋势转向的警报。假如股价在一次波动中没有触及轨道线，离得很远就开始调头，这往往是趋势将要改变的信号，说明市场已经没有力量继续维持原有的上升或下降趋势了。

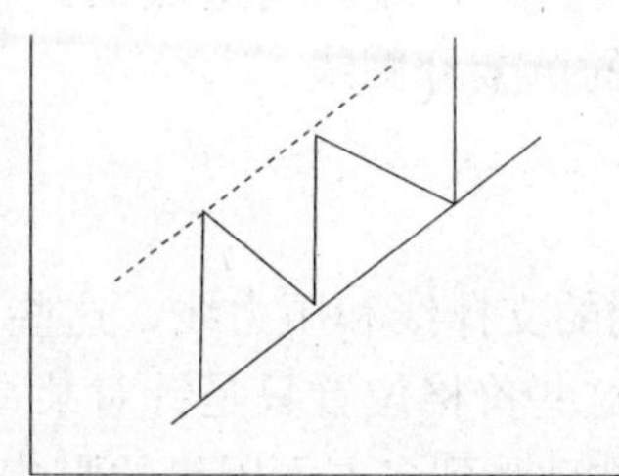
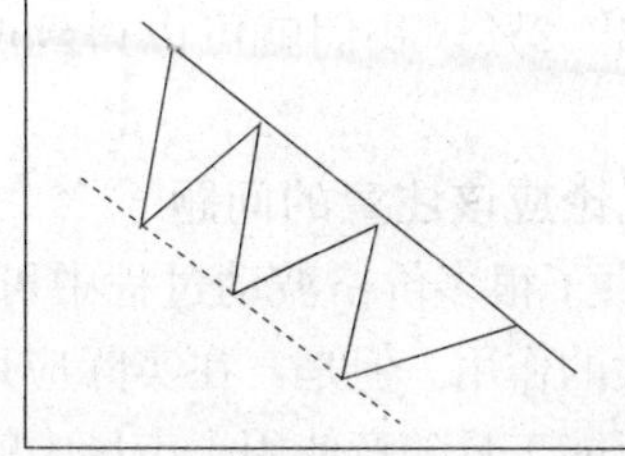

图 7—29　轨道线

轨道线的突破与趋势线的突破不同，它不是趋势的反向而是趋势加速的开始，也就是说，原来趋势线的斜率会增加，变得更陡。轨道线是在趋势线存在的前提下才存在的，也就是说，趋势线可以独立存在，而轨道线不能。

4. 黄金分割线

黄金分割是一个古老的数学方法，应用非常广泛，现在已经成功地运用于证券市场。在技术分析中，有两种黄金分割线：一种是单点的黄金分割线；另一种是两个点的黄金分割线。

单点的黄金分割线的计算方法如下：

第一步是记住 0.382、0.618、1.618、2.618、4.236 这几个黄金分割数，价格很容易在由这 5 个数字产生的黄金分割线处获得支撑和压力。此外，还有 0.191、0.809、1.191、1.382、1.809、2.000、2.191、2.382、6.854。

第二步是找点。这个点是上升行情结束调头向下的最高点，或者是下降行情结束调头向上的最低点。我们这里所说的最高点和最低点是在一定范围内的。只要我们能够认准一个趋势已经结束或者暂时结束，则这个趋势的转折点就可以作为进行黄金分割的点。

第三步是用找到的点处的股价乘以上述黄金数字，就可以得到不同的直线。在上升行情转向时，投资者关心的是股价在什么价位能够得到支撑。通常，黄金分割所提供的价位是这次行情的顶点价分别乘以特殊数字中比 1 小的数字。假设顶点价位是 10 元，则 8.09、6.18、3.82 和 1.91 将成为支撑价位，其中常见的是 6.18 和 3.82。在下降行情转向时，投资者关心的是股价在什么价位会遇到压力。这时，黄金分割提供的价位是最低点的价位乘以特殊数字中大于 1 的数字，假设最低点的价位是 10 元，则 11.91、13.82、16.18、18.09、20.00、21.91、23.82、26.18、42.36、68.54 成为压力价位，其中 13.82、16.18、42.36 的可能性比较大。

两个点的黄金分割线是选择最高点和最低点作为区间，再以这个区间作为全长做黄金分割线，计算反弹高度和回落深度，计算方法类似于百分比线。

5. 百分比线

百分比线是以人们的心理因素和一些整数分界点为出发点的，通常提供的百分比数有1/8、1/4、3/8、1/2、5/8、3/4、7/8、1、1/3、2/3。价格上涨到一定价位就会遇到压力，之后会回落，投资者尤其关注这个回落的位置。以这次上涨开始的最低点和开始回落的最高点两者之间的差，乘以上述百分比数，就可以得到以后可能出现的支撑价位。其中，1/2、1/3、2/3 这三条线最为重要，通常是人们的心理倾向造成的。将百分数字换成6.18%、50%、38.2%，我们就可以得到两个点的黄金分割线。

（二）应用切线理论应该注意的问题

切线理论提供了很多价格波动过程中可能遇到的支撑线和压力线，这些直线在判断股市行情中起到了很大的作用。但是，在实际应用中，这些价格位置只是针对某一特定情况适用，不能把它们当做万能工具随意使用。市场中的股价波动受到多方面因素的影响，支撑线和压力线只是影响因素中的一种，在实际运用中，应该结合其他方面共同考虑，提高成功率。

五、形态理论

K 线理论已经告诉我们一些判断股价今后走势的方法，但是其预测结果仅适用于短期投资。为了弥补 K 线理论的不足，可以将 K 线图所包含的 K 线数量扩大到更多，就会得到一些曲线。这些曲线就是股价在这段时间移动的轨迹，更有利于投资者判断市场行情。形态分析就是通过研究股价波动的痕迹来研究股价曲线的各种形态，分析和挖掘出曲线所告诉我们的一些信息，发现股价的运动方向的一种分析方法。股价波动形成的形态主要有反转形态和持续整理形态两种类型。反转形态是反映股价运动趋势即将发生重要转变的一种形态；持续整理形态是股价经过一段时间的持续上涨或下跌以后所出现的价格在一定区域内上下窄幅波动而形成的横向延伸的运动轨迹，它只是市场当前趋势的暂时休整，其后的运动趋势一般将维持原有的趋势。下面介绍的 M 头和 W 底形态、V 形态、头肩形、三重顶底形态和圆弧形态都属于反转形态；三角形、矩形、旗形和楔形则属于持续整理形态。

（一）M 头和 W 底形态

1. M 头

M 头又叫双重顶，是当股价上升到某一水平时，出现较大的成交量，股价随之下跌，成交量又开始减小，此后股价又回升到和前一价位大致相同的顶点，但是一般不会超过前一个价位，然后出现再次下跌。在图形上形成两个顶部，这种形态以行情向下突破颈线位为标志，一旦突破，行情可能继续向下（见图 7—30 左边）。

2. W 底

W 底又叫双重底，是行情由下跌或盘整转为上升的一种反转形态，W 底形态的第二个底部一般不能低于第一个底部，在上升过程中成交量增大，在下降过程中成交量减小。在图形上形成两个底部，这种形态也是以突破颈线压力位为标志，一旦突破，行情可能继

续上升（见图 7—30 右边）。

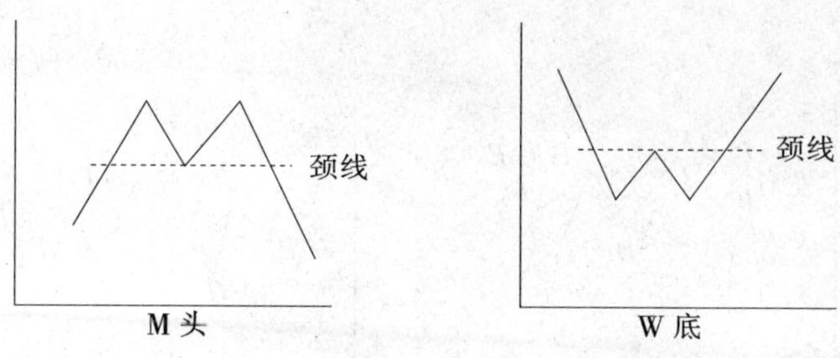

图 7—30　反转形态

（二）V 形态

V 形态也是一种反转形态，它出现在剧烈的市场动荡之中，只有一个顶部或底部，根本没有试探顶底的过程，它一般迅速到达顶部或底部之后马上就反转调头，在图形上形成 V 形。V 形底形态是股价一旦跌到某一区域，就开始逆转直上，而且成交量放大，行情力度较大；V 形顶是 V 形底的倒置，是股价涨到某一区域，突然出现跌势，并且连续下跌（见图 7—31）。

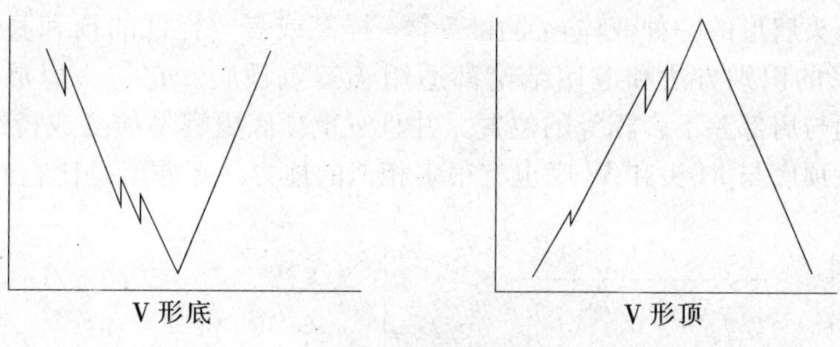

图 7—31　V 形态

V 形反转一般事先没有任何征兆，只能根据别的技术分析方法得到一些 V 形反转的信号，如支撑线和压力线，或者其他的技术分析指标。这种无征兆转向的情况大多数是由市场之外消息的突然公布引起的，是人们无法控制的。

（三）头肩形

头肩形有头肩顶和头肩底两种形态，是实际股价形态中出现比较多的反转突破形态（见图 7—32）。这种形态有三个顶（底），也就是出现了三个局部的高点（低点）。中间的高点（低点）称为头，左右两个相对较低（较高）的高点（低点）称为左肩和右肩。

在头肩顶形态中，股价上涨创下第一个高点（左肩）之后，开始短暂下跌，随后又开始上涨创出又一个新高（头部），回调股价在左肩低点获得支撑，股价继续上涨，但是已经有了势头受阻的信号，股价难以回到前一个高点，形成了右肩。图中的 L_1 和 L_2 是两条明显的支撑线，L_2 又称为颈线。股价从头部 C 点开始下跌，跌破 L_1 线，就说明上升势头受到阻力，当股价从右肩 E 点开始下跌，跌破颈线 L_2 之后，才能说头肩顶的反转形态已经形成，并且股价下一步的大方向就是下跌，下跌的深度从突破点算起，与头到颈线的直线距离相等。

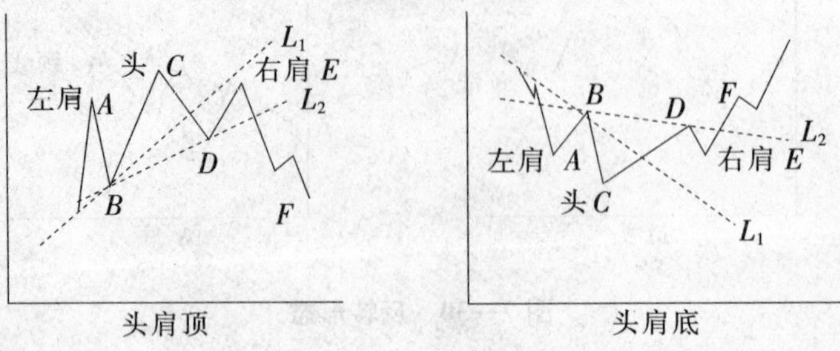

图 7—32　头肩形

对于头肩底形态，除了在成交量方面与头肩顶有所区别之外，其他的分析都是一样的，只是方向相反，上升变成了下降，高点变成了低点，支撑变成了压力。在头肩顶的各高点中，右肩的成交量一定是最少的，但是在头肩底中，要突破颈线向上，必须有较大的成交量配合。

（四）三重顶底形态

这种形态是头肩形的一种变体，是由三个一样高或者一样低的顶和底组成，如图 7—33 所示。头肩形的识别方法和应用结论都适用于三重顶底。它与头肩形的区别就在于：头的价位回缩到与肩部差不多相等的位置，并且三重顶底更容易演变成持续形态，而不是反转形态。三重顶底与 M 头和 W 底也有很多相似的地方，无非就是比它们多反复一次。

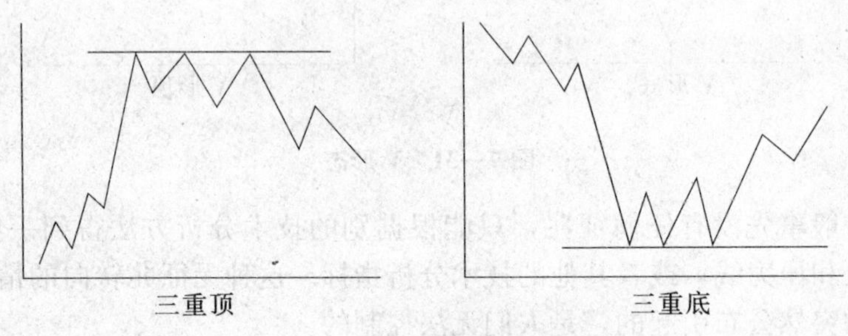

图 7—33　三重顶底形态

（五）圆弧形态

考虑股价在一段时间内的每一个局部的高点，把它们用折线连起来，有时可能得到一条类似于圆弧的弧线，盖在股价之上，形成圆弧顶；将每一个局部的低点用折线连起来也可能得到一条弧线，托在股价之下，形成圆弧底（见图 7—34）。

圆弧顶的形成是空方一点儿一点儿地往外抛压形成多个来回拉锯的结果。空方手里有足够的股票，若一下抛出太多，股价下落得太快，会影响其手中股票的抛出；为了获得比较稳定的收益，能够在大致相等的价位抛出股票，空方会在手中股票接近抛完的时候，大

幅度打压，使股价下跌到很深的位置。

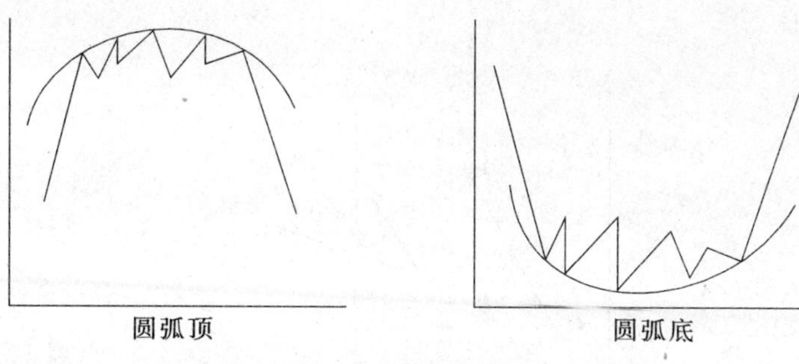

图 7—34 圆弧形态

圆弧底一般被认为是庄家逐步建仓的过程。这些机构大户手中持有足够的资金，如果一下买得太多，股价会上升很快，不利于他们低成本地吸收筹码，因此一点一点地吸纳，导致股价走势来回拉锯。直到机构大户吸收到足够的筹码以后，他们就会用少量资金一举将股价提拉到一个很高的价位。因为这时的股票大部分在大户手中，别人无法打压。

成交量在识别圆弧形态中是非常重要的。在圆弧顶和圆弧底的形成过程中，成交量的过程都是两头多而中间少。越靠近顶或底，成交量越少，到达顶或底时成交量最少。圆弧一旦被突破，就会有较大的成交量，而且其上升或下降的空间是无法估量的。

圆弧形态在实际中出现的机会较少，但是一旦出现就是绝好的机会，其反转程度是前面几种形态无法比拟的，但是其形成所花的时间较长，一般来说，时间越长其今后反转力度越大。

（六）三角形

三角形是属于持续整理形态的一类形态，有对称三角形、上升三角形和下降三角形三种。

1. 对称三角形

对称三角形（见图 7—35）大多发生在一个大趋势进行的途中，其变动浮动逐渐缩小，即每次变动的最高价低于前次的水平，而最低价高于前次的水平，其上线为向下倾斜的斜线，下线为向上倾斜的斜线，表示原有的趋势暂时处于休整阶段，之后随着原来的方向继续移动，一般持续的时间不应太长。若持续时间太长，保持原有趋势的能力就会下降。通常，突破上下两条直线的包围继续沿原有方向运动的时间要尽量早些，越靠近三角形的顶点，三角形的各种功能就越不明显，对投资者的买卖操作的指导意义就越弱。经验显示，突破位置一般在三角形的横向宽度的 1/2～3/4 的某个点。向上突破需要成交量的配合，向下突破则没有必要。

对称三角形被突破以后，就有测算功能，其测算价位的方法有两种，以趋势上升为例。如图 7—35 所示，第一种，过 A 点作平行于下边直线的平行线，图中的斜虚线就是股价今后至少要达到的位置；第二种，图中 AB 连线的长度称为三角形的形态高度，从 C 点向上的带箭头的直线的高度就是未来股价至少要走的高度，箭头直线长度与三角形的形态

高度 AB 相等。一般来说，对称三角形向上突破是一次很好的买入时机，而向下突破是一次很好的卖出时机。

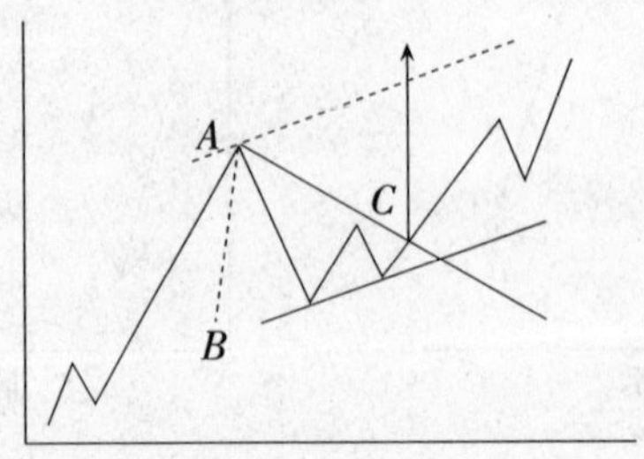

图 7—35　对称三角形

2. 上升三角形

如图 7—36 所示，上升三角形是对称三角形的变形体。对称三角形有上下两条直线，将上面的那条倾斜的直线逐渐变成水平方向就得到上升三角形。上升三角形上边那条直线起压力作用，而下边那条直线起支撑作用。在对称三角形中，支撑和压力都是逐步加强的，一方越压越低，另一方越撑越高，根本看不出谁强谁弱。但是在上升三角形中，压力是水平的，始终都是一样，没有什么变化，而支撑却是越撑越高。由此看出，上升三角形比对称三角形的上升意识更强烈，多方比空方更积极，一般以三角形的向上突破作为这个持续过程的结束。

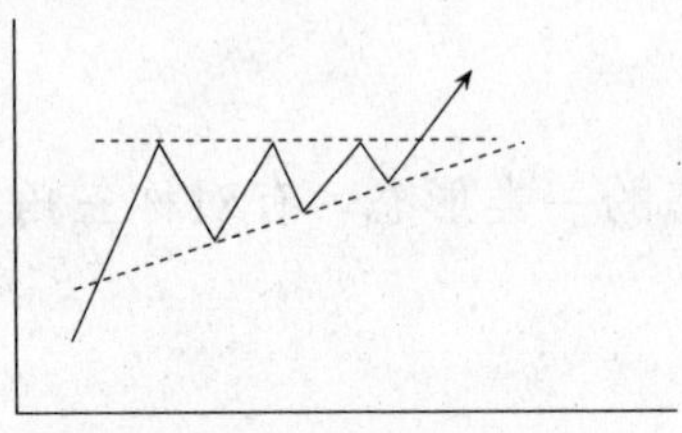

图 7—36　上升三角形

如果股价原有的趋势是向上的，遇到上升三角形之后，今后很有可能会出现向上突破，因为一方面股价要保持原有的趋势，另一方面形态本身就有向上的愿望，所以，股价不可能逆势而为。如果股价原有的趋势是向下的，遇到上升三角形以后，则判断股价今后的走势就有些困难。因为一方要上涨，另一方要下降，保持原有的趋势，双方必然会发生争执，结果谁胜谁负，从图形上很难判断。如果上升三角形在下降趋势的末期出现，则以行情看涨为主，上升三角形就成了反转形态的底部。

上升三角形被突破以后，也具有测算功能，其方法与对称三角形类似。

3. 下降三角形

如图 7—37 所示，下降三角形也是对称三角形的变形，是对称三角形下边的直线变成了一条水平线。它与上升三角形正好相反，基本情况与上升三角形类似，只是方向相反。

股价一旦突破三角形，则下降趋势得到确认。

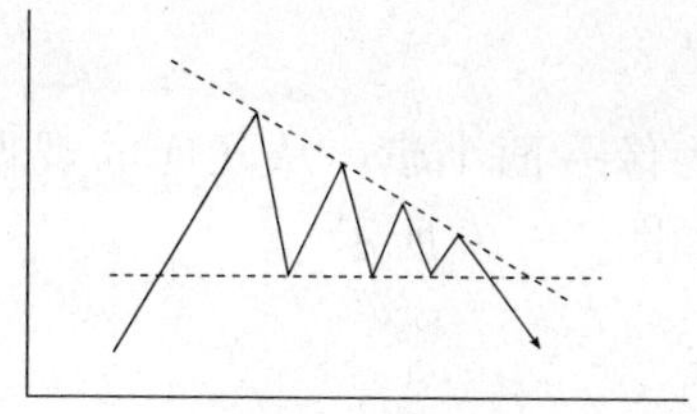

图 7—37　下降三角形

（七）矩形

矩形又称为箱形，也是一种典型的持续整理形态，它是指股价经过一段时间的上升或者下跌之后，开始进入一个整理区域，在支撑位和压力位之间反复振荡，上面形成一条水平的压力线，下面形成一条水平的支撑线，在图形上看似矩形。股价如果向上突破矩形，趋势可能演变成为上升趋势，就是上升矩形，如图 7—38 所示；股价如果向下突破矩形，趋势可能演变成下降趋势，就是下降矩形，如图 7—39 所示。

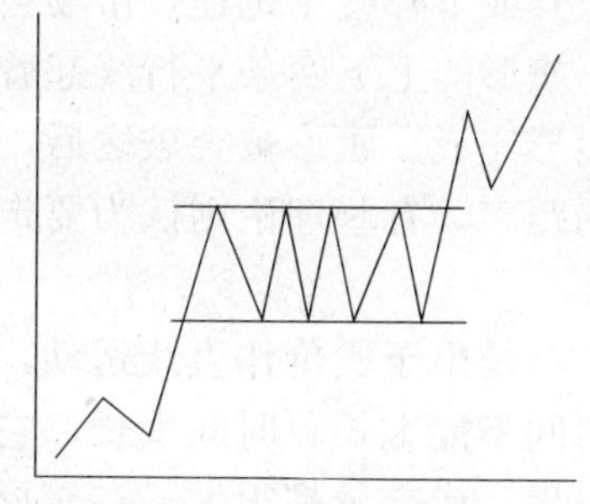

图 7—38　上升矩形

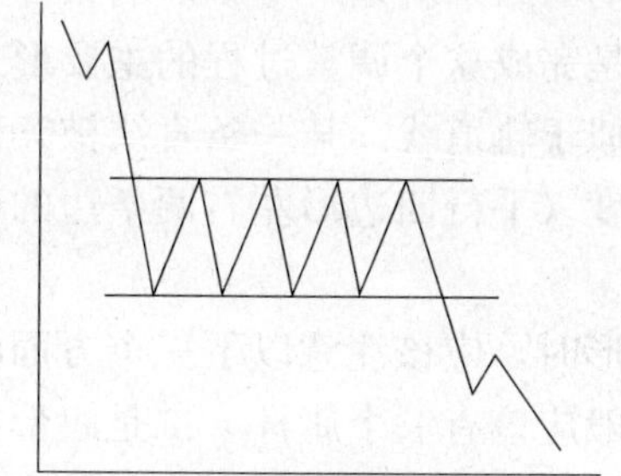

图 7—39　下降矩形

在矩形形成之初，多空双方的争斗是比较激烈的。空方在股价涨到某个价位的时候就开始抛压，多方在股价下跌到某个价位就开始买入，时间长了就形成了两条明显的上下界线。随着时间的推移，多空双方的战斗热情逐步减弱，成交量逐步减少，市场趋于平淡。如果原来是上升趋势，则经过一段时间的矩形调整后，多方会占优势并采取主动，使股价向上突破矩形的上界；如果原来是下降趋势，则经过一段时间的矩形整理之后，空方会占优势并采取主动，使股价突破矩形的下界。一般来说，向上突破必须有成交量的配合，而向下突破则不需要，突破的幅度至少是矩形的宽度。值得我们注意的是，矩形形成过程中很有可能变成三重顶底形态。在进行矩形和三重顶底形态的判断时，一定要等到突破之后才能采取行动。因为两者今后的发展方向完全相反，矩形是持续整理形态，要维持原来的趋势，而三重顶底是反转突破形态，要改变原来的趋势。

（八）旗形和楔形

旗形和楔形是最著名的两个持续整理形态，它们在股票价格的趋势图上出现的频率最高，一段上升或者下降过程中可能会出现好几次，是一个趋势的调整过程，调整之后，还要保持原来的趋势方向。

1. 旗形

旗形的形状在图形中表现为像一面小旗，从几何的观点来看，它应该叫平行四边形，有上升旗形和下降旗形两种，如图 7—40 所示。

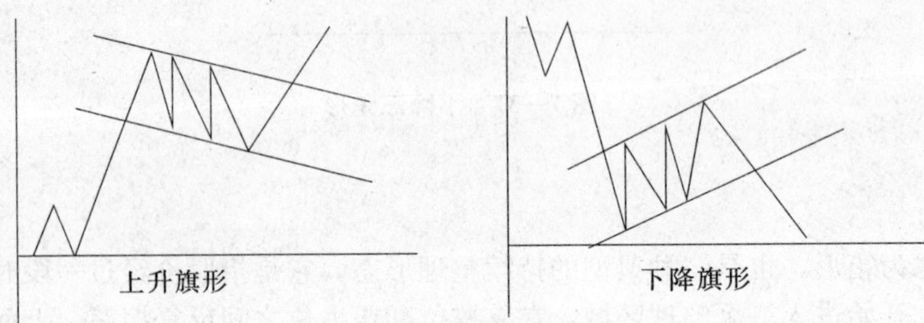

图 7—40　旗形

旗形大多发生在市场极度活跃，股价的运动剧烈，接近于直线上升或下降的情况下。这种剧烈波动的结果就是产生旗形的条件。股价上升或下降过于迅速，市场会进行适当调整，旗形就是完成这个调整过程的主要形式之一。旗形的上下两条平行线起着支撑和压力的作用，类似于轨道线。某一条直线被突破，则旗形完成。旗形被突破之后，股价至少要走到形态高度（平行四边形左右两条边的长度）的距离，有些理论则认为要走到旗杆高度的距离。

应用旗形时，应该注意以下三个方面的内容：一是由于股价作直线运动，所以旗形出现之前，一般应该有一个旗杆。二是旗形持续的时间不能太长，时间太长，它保持原来趋势的能力就会下降。三是旗形形成之前和被突破以后，成交量都很大，在旗形的形成过程中，成交量从左到右逐步减少。

2. 楔形

楔形是另一种形式的旗形，将旗形中上倾或者下倾的平行四边形变成上倾或者下倾的三角形，就形成了楔形。它也有上升楔形和下降楔形两种，如图 7—41 所示。

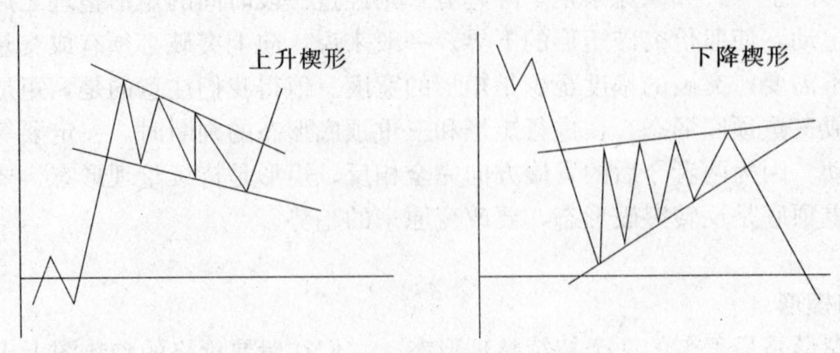

图 7—41　楔形

楔形没有旗形那么多的严格要求，在实际市场中出现得较多。它与三角形态不同是，楔形的两条边线同时上倾或下倾。此外，不同于旗形和三角形的是，楔形偶尔可能出现在顶部或底部而作为反转形态。这种情况一定是发生在一个大趋势接近尾声的时候，趋势是否接近尾声，可以通过其他技术方法判断。通常情况下，人们还是将楔形作为中途调整形态来看。

（九）应用形态理论须注意的问题

尽管形态理论是较早出现的方法，发展比较成熟，但是在实际应用过程中，应注意以下几个问题：（1）面对同一个形态，若考虑的区间范围不同，就可能得到不同的形态划分，从而影响对市场行情的判断，对同一形态的解释也会不同；（2）在进行实际操作过程中，要等到形态已经完全明朗以后才采取行动，若得到的利益不充分，就有可能失去良好的时机；（3）现实市场中出现的形态各种各样，很难将它们完全归类，实际上，能够被归类的是少数情况。

六、循环周期理论

任何事物的发展都有一个从小到大、由盛到衰的过程，这种循环规律存在于股票市场。循环周期理论认为：无论何种程度和规模的价格波动，都不会朝一个方向永远下去，价格波动过程必然产生局部的高点和低点。这些高低点的出现在时间上有一定的规律，投资者可以选择低点出现的时候进入市场，选择高点出现的时候离开市场。

时间因素是进行技术分析所要重点考虑的因素之一。循环周期理论所考虑的重点就是价格波动的时间因素，为投资者进行具体的买卖提供了时间上的帮助。在使用的时候，由于确定周期的方法很多，所以周期的时间跨度也有长有短，如等时间跨度、特殊数字跨度等。美国人在这一理论中发现了许多适合其证券市场的周期，这些周期在时间上来看都是非常长的。由于我国的证券市场起步较晚，存在的时间不长，所以这些长周期对于我国证券市场都是不适用的。

薛斯通道是循环周期理论的具体应用，属于短线指标，所有价位都包含在通道之内，通道的垂直距离即通道的宽度是等宽的。薛斯通道分为大通道（长时间周期，一般为 100 天）与小通道（短时间周期，一般为 10 天），在谷底当股价触及大通道下轨时买进，在峰顶当股价触及大通道上轨时卖出。但在实际操作中，小通道下轨触及大通道下轨也是买进时机，小通道上轨触及大通道上轨也是卖出时机。股价触及大通道下轨，此时股价往往正处在谷底位置；股价触及大通道上轨，此时股价往往处在峰顶位置，因而用薛斯通道操作，也可称为峰谷操作法。在实际应用中，用薛斯通道抄底，往往能够找到最佳买点，而在逃顶方面则稍逊一筹，经常出现股价尚未触及大通道上轨便开始回落的情况。

由此可见，在薛斯通道中，股价实际上是被短期小通道包容着在长期大通道中上下运行，基本买卖策略是当短期小通道接近长期大通道时，预示着趋势的近期反转。在上沿接近时趋势向下反转，可捕捉短期卖点。在下沿接近时趋势向上反转，可捕捉短期买点。

七、缺口理论

缺口理论是技术分析的又一重要方法。缺口是指证券价格在快速大幅度波动中没有任何交易，从而形成的价格真空区域。有四种类型的缺口：普通缺口、突破缺口、持续性缺口和衰竭缺口。普通缺口是指没有特殊形态或特殊功能的缺口，通常发生在交易量很小的市场情况下，或是在横向整理区域。突破缺口是指股票价格向某个方向急速运动，远离原有形态所形成的缺口，它通常发生在重要的价格运动结束之后，或者新的趋势发生之初。持续性缺口是在市场向某个方面有效突破以后，由于运动急速而在途中出现的一个缺口或一系列缺口，也称为中继缺口。持续性缺口表明市场价格的变化将沿着既定的方向发展变化，且这种变动距离大致与突破缺口到持续性缺口之间的距离相等。衰竭缺口一般发生在行情趋势的末端，若一轮行情中已出现突破缺口和持续性缺口，那么随之出现的缺口就很可能就是衰竭缺口。衰竭缺口一般产生于市场的疯狂或恐慌之中。

在实际中，还有一种叫做暂留性缺口，它介于普通缺口和突破缺口形态之间。缺口的出现常常伴随着价格向某个方向运动的一种较强的动力。缺口的宽度实际上就是表示这种运动的强弱。缺口越宽，运动的动力就越大；反之，就越小。不论向何种方向运动所形成的缺口，都将是日后较强的支撑或者阻力区域，只是这种支撑或者阻力的效力的大小根据不同形态的缺口而定。突破缺口、持续性缺口和暂留性缺口的支撑和阻力效力较强，而普通缺口和衰竭缺口的支撑和阻力效力较弱。

每种形态的缺口都各具特点，投资者可以根据不同的缺口形态、缺口跨度和缺口位置预测市场行情走势的变化方向和变化力度。现在，缺口理论已经成为目前技术分析的非常重要的分析工具。

第三节　主要技术指标的分析及应用

技术指标是按一定的数学方法对行情数据进行处理，处理之后所得到的结果就是技术指标的数值。它反映了市场某一方面深层的内涵，这是从原始数据中看不出来的。技术分析指标是技术分析中非常重要的一部分，可以提高具体操作精确度。由于采用的数学处理方法不同，会产生不同的技术指标。本节将介绍几种常用的技术分析指标。

一、移动平均线

（一）移动平均线的概念及计算方法

移动平均线（Move Averagely Line）简称均线（MA），是把若干时刻（最常见的是以一天为时间单位）股票的收盘价进行算术平均，由此来对已经形成的价格波动进行平滑处理，从而得到一个比较平滑的、能够反映股价运动趋势的平均线。严格地说，MA 是一个反映股价运行趋势的指标，由于它是股票收盘价的算术平均值，过滤掉了一些在股价运行过程中由于异常波动所产生的杂质信号，所以它所反映的股价运行趋势更接近于真实。此外，移动平均线指标所在的点位往往是非常重要的支撑位和压力位，这就给投资者提供了买入、卖出的有利时机。

这一指标的计算方法十分简单，所涉及的数据就一个，即股票的收盘价。移动平均

线的参数只有一个，那就是天数（或其他时间单位，如小时、周等）。以 10 为参数而设置的移动平均线，称为 10 天均线或 10 周均线等。在现实生活中，最常用的均线系统是日均线系统。如果参数选择为 10，要计算今天的 MA，就把包括今天在内的最近 10 天的收盘价相加，然后除以 10 ，就得到今天的 10 天均线值。目前，市场中采用技术分析指标的投资者常常采用 5 日均线、10 日均线、30 日均线作为其日均线系统的组成部分。

（二）移动平均线的特性

MA 是收盘价进行平滑之后的产物，消除了一些偶然因素，具有以下几个特性：

1. *趋势追踪*

移动平均线的构造原理决定了它具有反映价格运动趋势的特性，它不受小的反向波动的影响，追随股价的趋势方向，这是原始数据所得到的价格图表不可能具备的特性。

2. *稳定性和滞后性*

由于移动平均线是对股票收盘价进行算术平均以后产生的新的价格点连线，MA 的变动不是一天的变动，而是几天的变动，所以移动平均线相对于价格的变化来说是稳定的。这是因为移动平均线具有稳定性和对趋势具有追踪特性，所以相对于价格趋势的变化来说，移动平均线又具有一定的滞后性。当价格趋势已经出现变化的时候，MA 会按照惯性再继续维持原有的趋势方向运行一段时间，而不是立即改变运行方向。这就是移动平均线的不足之处，它无法对价格趋势的转向立即作出反应。

3. *助涨助跌性*

当股价突破了 MA 时，无论是向上突破还是向下突破，股价都有继续向突破方向再走一段时间的愿望，这就是 MA 的助涨助跌性。当均线呈现多头发散或者空头发散时，移动平均线所产生的助涨助跌性更为强烈。所谓多头发散是指价格处于所有均线上方运行，短期均线处于长期均线上方运行。所谓空头发散是指价格处于所有均线下方运行，短期均线处于长期均线下方运行。一般来说，当均线呈现多头发散时应当买进或持股，当均线呈现空头发散时应当卖出，离场观望。

（三）移动平均线的应用法则

1. *葛兰威尔法则*

葛兰威尔法则主要有以下两种情况：（1）移动平均线从下降开始走平，股价从下向上穿越均线；股价连续上升并远离均线后，突然下跌，但在均线附近再度上升；股价跌破均线，并连续暴跌，远离均线。这三种情形都属于买入信号。（2）均线从上升开始走平，价格从上向下穿越均线；股价连续下跌并远离均线之后，突然上升，但在平均线附近再度下降；股价上穿均线，并连续暴涨，远离均线。这三种情形属于卖出信号。

2. 参数设置原则

在分析短期趋势时，参数应该定得小一些；在分析长期趋势时，参数应该定得大一些。均线系统一般由短期、中期、长期三条均线组成。

3. 交叉原则

当股价从下向上穿越均线时，这种交叉就是黄金交叉，往往是一个值得注意的买入信号；当价格从上向下穿越均线时，这种交叉就是死亡交叉，一般来说是一个应该加以关注的卖出信号。但是，当股价处于盘整阶段或趋势形成后的中途休整阶段或局部反弹和回档时，价格走势与均线系统的交叉现象会变得十分频繁，这时候就不能简单地判断出这些交叉是黄金交叉还是死亡交叉，也就不能作出买卖的操作，应该借助其他技术分析方法，这是在使用移动平均线应该注意的地方。

二、平滑异同移动平均线

（一）平滑异同移动平均线的概念及计算方法

平滑异同移动平均线（Moving Average Convergence and Divergence，MACD）是基于移动平均线的构造原理，对股票的收盘价进行平滑处理，求出算术平均值以后再进行计算的一种趋向类指标。

MACD 的计算方法比较复杂，它由正负差（*DIF*）和异同平均数（*DEA*）两部分组成。其中，*DIF* 是核心，*DEA* 是辅助。*DIF* 是快速平滑移动平均线（EMA_1）和慢速平滑移动平均线（EMA_2）之差。区分快速平滑移动平均线和慢速平滑移动平均线的关键在于进行平滑时所采用的参数大小不同。快速采用的参数小，慢速采用的参数大。

指数平滑线 *EMA* 的计算采用递推的方法，其计算公式如下：

$$\text{即刻}\ EMA = a \times \text{即刻收盘价} + (1-a) \times \text{上一时刻的}\ EMA$$

其中，a 为计算平滑线的参数，选择不同的 a 值就会得到不同速度的 *EMA*。在 *MACD* 指标中，现在一般常用的快速平滑移动平均线的参数为 12，慢速平滑移动平均数的参数为 26。

取 $a=\frac{2}{12+1}$，即刻快速平滑移动平均线 $EMA(12)=\frac{2}{12+1}\times$即刻收盘价$+\frac{11}{12+1}\times$上一时刻 $EMA(12)$。

取 $a=\frac{2}{26+1}$，即刻慢速平滑移动平均数 $EMA(26)=\frac{2}{26+1}\times$即刻收盘价$+\frac{25}{26+1}\times$上一时刻 $EMA(26)$。

DIF 是两条指数平滑线之差，其计算公式为：

$$DIF = EMA(12) - EMA(26)$$

单独使用 *DIF* 也可以对行情进行预测，但是为了使信号更可靠，往往对 *DIF* 值进行再一次的移动平均，即把连续若干个 *DIF* 值进行算术平均，这样就得到 *DEA* 的值。*DEA* 实际上就是对 *DIF* 的移动平均值，它消除了某些因素的影响，使结论更可靠。

（二）平滑异同移动平均线的应用法则

1. 从 *DIF* 和 *DEA* 的取值及它们的相对取值进行行情预测

当 *DIF* 和 *DEA* 都是正值时，属于多头市场。*DIF* 线从下向上穿越 *DEA* 线，是买入信号；*DIF* 线从上向下穿越 *DEA* 线，只能视为一次短暂的回落，而不能确定趋势转折，这时是否卖出要结合其他指标的综合判断。当 *DIF* 和 *DEA* 都是负值时，属于空头市场。*DIF* 线从上向下穿越 *DEA* 线，是卖出信号；*DIF* 线从下向上穿越 *DEA* 线，只能视为一次短暂的反弹，而不能确定趋势已经发生转折，此时是否买卖必须结合其他指标来综合判断。

2. 利用 *DIF* 和 *DEA* 曲线形态和背离情况对行情进行预测

利用 *DIF* 和 *DEA* 曲线形态和背离情况对行情进行预测，即技术分析中常常使用的指标背离原则。当 *MACD* 指标的 *DIF* 线与 *MACD* 线在形态上形成高位看跌形态时，如头肩顶、M 头等，就应该保持警惕。当在形态上 *DIF* 线与 *MACD* 线形成低位看涨的形态，就应该考虑买入。在判断形态上，以 *DIF* 线为主，*MACD* 线为辅。当价格持续上涨，而 *MACD* 指标走出一波比一波低的走势时，就意味着顶背离的出现，预示着价格可能在不久之后出现转头下行，应该卖出股票。当价格持续降低，而 *MACD* 走出一波高于一波的走势时，就意味着底背离的出现，预示着价格将很快结束下跌而转头上行，应该买入股票。

3. 牛皮市道中指标可能失真

所谓牛皮市道是指价格不是向上或向下运行，而是保持水平方向的移动。此时指标 *DIF* 线和 *MACD* 线交叉十分频繁，*MACD* 指标处于失真状态，使用价值相应降低，投资者应该静观其变。

三、威廉指标

威廉指标（WMS%）是拉里·威廉斯（Larry Williams）于 1973 年提出的，最初用于期货市场。它从研究价位波幅出发，通过分析一段时间内高、低价位与收市价之间的关系，反映市场的强弱和买卖气势，并由此来分析市场的超买或超卖状态。

（一）威廉指标的计算

WMS%的计算公式如下：

$$\text{WMS\%}=\frac{C_n-L_n}{H_n-L_n}\times 100\%$$

其中，C_n 为当天的收盘价；H_n 和 L_n 为最近几日出现的最高价和最低价，n 的取值一般为 10 或 20。

WMS%表示当天的收盘价在过去的一段日子的全部价格范围内所处的相对位置。如果 WMS%的值较大，则当天的价格处在相对较高的位置，要提防回落；如果 WMS%的值较小，则当天的价格处于相对较低的位置，要提防反弹；如果 WMS%居中，在 50%左右，则当天价格可能向上或向下运行。

（二）威廉指标的应用法则

（1）当 WMS%高于 80%，即处于超买状态，行情即将见顶；当指标由超买区向上爬升，表示行情可能反转，应当考虑卖出。

（2）当 WMS%低于 20%，即处于超卖状态，行情即将见底；当指标由超卖区继续下降，表示行情可能反转，应当考虑买入。

（3）市场有时超买后还可能超买，超卖之后依旧超卖。因此，当威廉指标进入超买区或超卖区时，行情并不一定转向，只有指标明显转向突破买入线或跌破卖出线的时候，才能确定买卖时机。

四、随机指标

随机指标（KD）是乔治·莱恩（George Lane）博士在 20 世纪 80 年代初期发明的，是在百分比的基础上发展起来的，开始用于期货市场，后来被引入股票市场。

（一）随机指标的计算

KD 是通过对一定时期内最高价和最低价之间的差以及当天收盘价之间的关系，计算出未成熟随机值 *RSV*，将 *RSV* 进行平滑移动，得出 *K* 值，再将 *K* 值平移得到 *D* 值。计算公式为：

$$n\text{ 日的 }RSV=\frac{C_n-L_n}{H_n-L_n}\times 100\%$$

其中，C_n 为当天的收盘价；H_n 和 L_n 为最近几日出现的最高价和最低价。

对 *RSV* 进行平滑移动，就得到 *K* 值：

今日的 *K* 值＝23×昨日 *K* 值＋13×今日的 *RSV*

对 *K* 值进行指数平移，就得到 *D* 值：

今日的 *D* 值＝23×昨日 *D* 值＋13×今日的 *K* 值

一般来说，在反映市场价格变化的时候，WMS%最快，*K* 次之，*D* 最慢。*K* 指标反应敏捷，但是容易出错；*D* 指标反应稍慢，但是稳重可靠。

（二）随机指标的应用法则

1. 从 *KD* 的取值考虑

KD 的取值范围是 0～100%。一般来说，*KD* 值在 50%以上为强势，80%以上为超买区，股价随时会回落，应当考虑卖出；*KD* 值在 50%以下为弱势，20%以下为超卖区，股价随时可能反弹，应当考虑买进。这种操作简单，但是容易出错。

2. 从曲线形态考虑

当 *KD* 在较高或在较低的位置形成了头肩形和多重顶底时，就是采取买卖行动的信

号。值得注意的是，这些形态一定要在较高位置或较低位置出现，位置越高或越低，得到的结论越准确。

3. 从 *KD* 交叉方面考虑

当 *K* 值由小变大且大于 *D* 值时，在图形上表现为 *K* 线自下而上穿越 *D* 线，说明目标趋势是向上的，此处的交叉为黄金交叉，是买入信号。但要注意，只有当 *K*、*D* 线在 20%以下交叉向上时，此时的信号才较准确。当 *K* 值由大变小且小于 *D* 值时，在图形中表现为 *K* 线自上而下穿越 *D* 线，说明目标趋势是下降的，此处的交叉为死亡交叉，是卖出信号。需要注意的是，只有当 *K*、*D* 线在 80%以上的超买区时，此时的信号才较为准确。

4. 从 *KD* 指标与股价背离方面考虑

当 *KD* 处于高位，且形成两个一次向下的峰，而此时股价上涨并创出新高，*KD* 线与股价背离，称为顶背离，是卖出信号；当 *KD* 处在低位，并形成一底比一底高，而股价继续下跌，构成底背离，是买入信号。

五、相对强弱指标

相对强弱指标（Relative Strength Index，RSI）是美国人小韦尔斯·怀尔德（Welles Wilder JR.）提出的。该指标是通过一段时间内的平均收盘涨数和平均收盘跌数来分析衡量市场中买卖双方力量对比的数值指标。它可以反映证券供求双方力量的变化，从而预测市场的趋势。从性质上来说，*RSI* 是一个典型的强弱指标。

（一）*RSI* 的计算方法

RSI 的计算公式如下：

$$RSI=\frac{N\text{日内收盘价涨幅均值}}{N\text{日内收盘价涨幅均值}+N\text{日内收盘价跌幅均值}}\times 100$$

从上面的公式可以看出 *RSI* 实际上就是反映了在某一阶段价格上涨所产生的波动占总数波动的百分比率，百分比率越大，强势越明显；百分比率越小，弱势越明显。*RSI* 指标一般有两条线，即短期天数参数组成的 *RSI* 线和长期天数参数组成的 *RSI* 线。在 *RSI* 指标中，其参数常常是天数。

（二）*RSI* 的应用法则

1. *RSI* 值的分区

RSI 值在 0～100 之间波动，一般分为四个区域：80～100 是极强区域，50～80 是强势区域，20～50 是弱势区域，0～20 是极弱区域。与随机指标的超买超卖一样，*RSI* 指标处在 80 以上的极强区域，应当看跌，采取卖出的行动；*RSI* 处于 20 以下的极弱区域，应当看涨，采取买入的操作。但要注意，不同时期不同股票的价格走势存在差异，应当区别对待。此外，*RSI* 指标的参数设得越大，强弱分界线离 50 中轴就越近；反之，参数设得越小，强弱分界线离中轴就越远。

2. RSI 的时间线

时间长的 RSI 线称为长期 RSI 线，时间短的 RSI 线称为短期 RSI 线，当短期 RSI 线处于长期 RSI 线上方运行时，属于多头市场；当短期 RSI 线处于长期 RSI 线下方运行时，属于空头市场。

3. RSI 指标的形态学原理

RSI 指标同样遵循技术分析中的形态学原理。当两根 RSI 线走出看涨的形态时买入股票，其效果要比按照在极弱区域买入的操作原则好得多。但是需要强调的是，指标形态所形成的位置是否靠近 50 中轴区与使用效果有很大的关系。形态形成的位置离中轴越远，效果越好；离中轴越近，效果越不明显。根据背离原则，当价格上升而 RSI 反而下降，出现顶背离，是卖出信号；当价格下降而 RSI 反而上升，出现底背离，是买入信号。

六、乖离率指标

乖离率（BIAS）又叫偏离率，是股价与股价的移动平均线的偏离程度。它是一个基于移动平均原理而衍生出的技术指标，是通过测算股价在运行中与移动平均线出现偏离的程度，从而得出股价在剧烈波动中因偏离移动平均线趋势而造成可能的反弹和回档，以及股价在允许的波动范围内移动而形成继续原有轨迹的程度。该指标是移动平均线非常有益的补充。

（一）BIAS 的计算

乖离率的计算公式与移动平均线的计算公式类似，如下：

$$N\text{日乖离率}=\frac{\text{当日收盘价}-N\text{日内移动平均收盘价}}{N\text{日内移动平均收盘价}}\times 100\%$$

该公式以每日收盘价与均值的差再与均值相比而得。当收盘价小于均值，乖离率就呈现负值；当股价在移动平均线的上方时，乖离率就是正值；当收盘价与均线值一致时，乖离率就为零。

（二）BIAS 的应用法则

（1）乖离率为 5%时，可以认为进入了超买区域，是卖出信号，此时价格将向移动平均线回落靠拢；乖离率为－4.5%时，可以认为进入了超卖区域，应当买入，此时价格将向移动平均线反弹靠拢。

（2）乖离率指标并不能够反映趋势的运行方向，只是移动平均线指标的一个补充，为投资者在反弹行情展开之前买入股票和在回落行情展开之前卖出股票提供参考依据。

（3）当短期 BIAS 在高位下穿长期 BIAS 时，是卖出信号；当短期 BIAS 在低位上穿长期 BIAS 时，是买入信号。

（4）乖离率可以与股价曲线的背离现象结合起来判断。如果股价创新高而乖离率的高点却在下移，这是机构大户获利回吐，是卖出信号；如果股价没有创新高，而乖离率反而升高，也是一个卖出信号；如果股价连创新低，逐步下跌，而乖离率反而在底部抬高，或

者出现股价没有继续下跌，乖离率出现新低的现象，这两种情况都是买入信号。

(5) 在上升趋势中遇到负乖离率，可以等待股价回跌再买进。此时进场的危险性小；在下降趋势中遇到正乖离率，可以等待股价回升再抛售。

七、心理线指标

心理线指标（Psychological Line，PSY）是利用股价的波动发展趋势来决定买进或卖出股票的时机。该指标主要从股票投资者的买卖趋向的心理方面，对多空双方的力量对比进行探索。

（一）*PSY* 的计算方法

PSY 的计算公式很简单，如下：

$$PSY(N)=\frac{A}{N}\times 100\%$$

其中，N 为天数，是 PSY 的参数；A 为在这 N 天中股价上涨的天数。

例如，在 10 天当中，有 3 天上涨，即 $A=3$，$N=10$，则 $PSY=30\%$。通常情况下，确定股价上涨和下跌是以收盘价为标准的。

从上面的表达式可以看出，PSY 实际上是一定时间段里上涨天数所占的比例。一般来说，上涨表示多方力量，下跌表示空方力量，PSY 以 50 为中心，则 50 以上是多方市场，50 以下是空方市场。PSY 的参数是人为设置的，一般为了计算方便，参数设置为 10。参数选得越大，PSY 的取值范围越集中，越平稳；参数选得越小，PSY 的取值范围上下波动越大。

（二）*PSY* 的应用法则

(1) 在横盘整理状态中，PSY 的取值应该在以 50 为中心的附近，上下限一般定为 25 和 75。PSY 取值在 25～75，说明多空双方基本处于平衡状态。如果 PSY 的取值超出了这个范围就是超卖或超买，投资者应该采取行动。例如，如果 $PSY<10$ 或 $PSY>90$，就可以不考虑别的因素，采取买入和卖出的操作。

(2) 当 PSY 的取值第一次进入采取行动的区域，往往应该谨慎从事，要等到第二次出现行动信号时才保险。几乎每次行动都要求 PSY 进入高位或低位两次才是最安全的。

(3) PSY 的曲线如果在高位出现 M 头，就是卖出信号；如果在低位出现 W 底时，就是买入信号。

八、布林线指标

布林线指标（Boll Index）是利用统计学原理，计算收盘价的标准差，求得一个上下限波动的区间，并以此判断股价的未来趋势。该指标利用波带来显示安全高低价位。这个波带就是布林通道。

（一）布林线指标的计算

布林线指标的计算公式为：

中线值 $MA=\frac{1}{N}\sum_{t=1}^{N}C_t$

其中，C_t 是每日收盘价；N 为计算周期，通常取 5～10 天。

$$上限值(UP)=MA+\sqrt{\frac{\sum_{t=1}^{N}(C_t-MA)^2}{N}}\times上倍数$$

$$下限值(DN)=MA-\sqrt{\frac{\sum_{t=1}^{N}(C_t-MA)^2}{N}}\times下倍数$$

其中，上、下倍数一般取 2 或 3。

(二) 布林线指标的应用法则

(1) 布林线指标的上下限范围不受限定，价格在正常情况下是在布林通道内运行的。

(2) 布林通道的上下线是价格安全运行的最高位和最低位，当价格突破 *UP* 线就会受到压力，跌破 *DN* 线就会获得支撑，从而改变当前的运行方向，逐步向 *MB* 线运行。一般而言，布林线由 4 条线组成，即 B_1、B_2、B_3、B_4 线。B_1 线是指数（或股价）阻力线，即 *UP* 线；B_4 线为支撑线，即 *DN* 线；在动态中，布林线的 B_2、B_3 线合为 *MB* 线。当价格处于 *MB* 以上运行，就是强势趋势；当价格处于 *MB* 线以下运行，就是弱势趋势。

(3) 当布林通道逐渐变窄，预示着行情将在今后一段时间内进入盘整期，当通道开口放大时，说明行情即将发生变化，股价可能出现比较剧烈的波动。当价位逼近或上穿上限值时，就是卖出信号；当价位逼近或下穿下限值时，就是买入信号。

(4) 当价格和布林线同时沿水平方向移动时，如果价格处于 *MB* 线之上运行，则后市很可能出现上涨行情；反之，处于 *MB* 线之下运行，则后市很可能出现下跌行情。

本章小结

证券投资的技术分析是相对于基本分析而言的。基本分析是通过经济、金融、统计、财会等方面的理论对国家宏观经济状况、行业景气和上市公司经营状况、财务状况和发展潜力等进行分析，发现价值被低估的证券，进行投资。而技术分析是对证券的价格走势和影响价格的供求状况进行分析。从方便简单而言，技术分析派较基本分析派更优。在洞察市场价格升降时间方面，技术分析更能发挥其功能。它的图表表现信号走在基础分析之前，更走在消息派之前。电脑可以保存并快速处理大量数据，在短时间内为投资者提供大量信息，并且借助于电脑来进行技术分析更能省去手工计算及手工作图的麻烦。因此，开发出适合我国证券与期货市场的技术分析系统，向国内投资者介绍各种技术分析方法及决策方法势在必行。

目前，可以运用的技术分析的理论和方法有很多，本章主要介绍了技术分析的理论基础、要素、基本理论和主要技术指标的分析及应用。首先明确了技术分析的三大假设前提和四大要素，讨论了技术分析与基本分析的联系和区别，以及技术分析的局限性。其次介绍了技术分析的基本理论，包括道氏理论、波浪理论、K 线理论、切线理论、形态理论、

循环周期理论和缺口理论，主要介绍了它们的基本内容和应用。最后讨论了技术分析指标的计算方法和应用法则。如何根据不同的市场环境和市场行情正确应用这些分析指标，成为这一节最重要的内容。

思考题

1. 如何理解技术分析的假设前提？
2. 如何理解技术分析的要素？
3. 如何理解技术分析的在实际运用中的局限性？如何避免？
4. 简述波浪理论和循环周期理论的主要原理。
5. 在使用K线理论进行分析时，我们应该注意哪些问题？
6. 简述形态理论的含义以及常见的反转形态和整理形态。
7. 在缺口理论中，如何理解缺口的各种类型？
8. 简述移动平均线的特性。
9. 如何正确运用RSI指标？

第八章 网上证券交易系统

本章要点

1. 网上证券交易的概念与实现
2. 网上证券交易的途径
3. 网上证券交易的安全性与风险性

第一节　网上证券交易系统概述

一、网上证券交易系统的概念

证券交易途径伴随着证券的诞生而发展至今，已经从原始、传统的交易方式发展到依托互联网（Internet）网络资源，获得证券的实时报价状况、市场行情分析、交易状况等资料，并通过客户委托下单的方式，实现即时交易的目的。在以前，传统的证券交易方式是投资者通过营业部的柜台进行证券的下单，或通过电话等通信工具进行证券下单的委托进行交易的。其主要特点是：客户的交易指令通过面对面或者通过封闭的电话专线等方式传递给营业部营业员，这种方式的优点是信息传递的安全性和可靠性较高。而网上证券交易与以上两种交易方式的最大区别在于：投资者即客户是通过公共网络即互联网发出交易指令到证券营业部的，然后在客户指令的指引下，营业部完成客户下达的信息。传统证券交易与网上证券交易的具体流程见图 8—1、图 8—2。

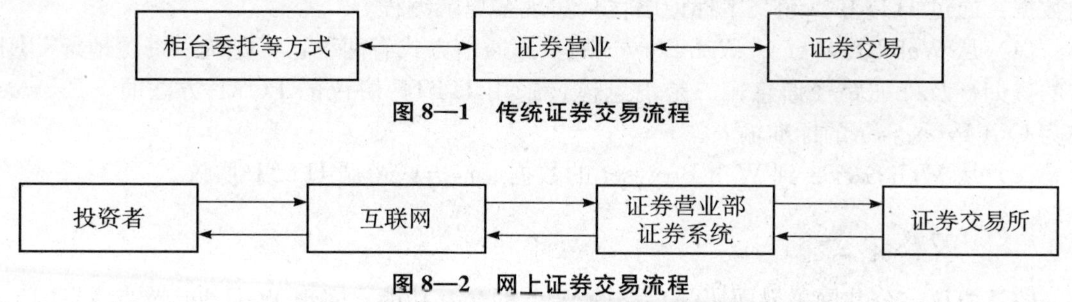

图 8—1　传统证券交易流程

图 8—2　网上证券交易流程

网上证券交易是最近几年才发展起来的一种新的交易方式，对大多数投资者而言比较陌生。任何新生事物的产生都需要人们有一个逐渐认识和适应的过程，例如如今普及率很高的电话委托方式，也曾经历了投资者对其安全性问题、操作是否方便等问题的质疑。随着互联网技术的飞速发展，电子商务和电脑应用的日益普及，网上证券交易也日益显示出广阔的市场前景，随着我国互联网出口带宽日益提高、互联网接入方式多种多样、网络接入商日益增多、上网费用逐步降低，加上电脑操作的日益简单化，开展网上证券交易的时机目前已经成熟，并且在今后将日益得到普及。我国证券交易手段先是人工委托，后来逐步过渡到电话委托、自助委托、远程可视电话委托等。作为证券市场标志的红马甲被无形席位所淘汰，而网上证券交易的出现则预示着证券市场正走向网络时代，今后将出现“网上证券公司”。

二、网上证券交易系统的体系构成及技术原理

（一）网上证券交易系统的体系构成

网上证券交易系统由三大体系构成：

（1）通过多协议路由器与互联网连接；

（2）证券交易系统互联网；

（3）通过多协议路由器与交易所连接。

证券交易系统互联网按照 Web 技术构建，包括：

（1）一个 Web Server，执行交易服务器及信息服务器的功能，可选用 NT Server；

（2）一个 File Server，执行接口服务器及行情服务器的功能，一般可用 Netware Server；

（3）Database Server，存储和管理数据，可以用 NT SQLServer 或者 Sybase Server；

（4）Web Browser，实现客户交互，对于客户机，可用 PC 或最新的 NC，对于浏览器，一般有 Netscape 或 IE。

网络协议有 TCP/IP 协议及 IPX/SPX 协议。

（二）网上证券交易系统的技术原理

网上证券交易系统数据流在流动过程中经过三大协议之间转换。三大协议包括：HT-TP、CGI、ODBC 协议。

1. HTTP 协议

HTTP 协议（超文本传输协议）支持 Web Browser 与 Web Server 间的通信，相互传

输数据。通过 HTML（超文本标记语言）实现客户端编程。

（1）从 Web Browser 到 Web Server 的数据通信方式有两种：一是统一资源地址 URIJ 中的查询行及外加路径信息；二是消息体，采用 HTTP 协议的 POST 方法时，Browser 作为 CGI Processor 的标准输入。

（2）从 Web Server 到 Web Browser 的数据通信方式遵循 HTTP 协议。

2. CGI 协议

CGI 协议（公共网关界面协议）支持 Web 的交互功能，实现 Web Server 与 CGI Processor 间的通信，相互传输数据。CGI Processor 可以使用 C、C＋＋、Fortran 等能够形成可执行程序的语言编写。

（1）从 Web Server 到 CGI Processor 的数据通信方式有三种：1）命令行参数：Web Server 采用命令行的方式调用 CGI Processor；2）标准输入：CGI Processor 将 POST 方法中的消息体作为标准输入，从中读出由 Web Server 传过来的 Web Browser 信息；3）环境变量。

（2）CGI Processor 返回数据的方式有以下两种：1）数据返回 Web Server；2）数据返回 Web Browser。

3. ODBC 协议

ODBC 协议（开放式数据库协议）支持对数据库的控制，比如 FoxPro、Sybase、Oracle、SQL Server 等数据库，都可以通过开放式数据库协议得到访问，这样可以实现不同数据库之间的转换，以满足交易所的接口数据库。

三、施行网上证券交易的优势

网上证券交易是电话委托、可视委托后推出的又一先进的远程委托方式，是证券市场已经发展起来并日益成熟的新业务。

网上证券交易作为一种全新的交易方式能够在短期内迅速发展，一方面是由于近年来互联网技术的飞速发展及其与证券经纪业务的有机结合；另一方面则是由于网上证券交易相对于传统证券交易方式的众多优势。

（1）网上证券交易能够提供给投资者更全面快捷的信息服务。

传统的证券信息服务偏重于行情服务，在基础信息方面信息量不大。交易者往往需要通过报纸或电视补充接收更多的信息，以支持基本面的行情分析。网上证券交易通过互联网，克服了传统市场上信息不充分的缺点，它使投资者可以在网上主动、及时、有效地获取和筛选相关信息，并使客户对信息的获取方式从单向式被动获取向双向主动交互式信息获取转化。网上信息服务注重主动性、动态性，用户登录提供证券信息服务的网站，不仅可以看到行情，也可以动态接受信息，并且可以分类查询，设定关注的信息种类，系统会自动帮助投资者动态检索信息，这是传统的证券信息服务方式不可比拟的，它使网上证券投资者全面获取证券投资信息成为可能。

（2）网上证券交易打破了时间和空间的限制，提高了投资者选择的自由度，增强了证券市场的流动性。

网上证券交易是无形的交易方式，它不需要有形的交易场所，投资者的行为不必受到交易时间与地点的限制，只要有计算机及网络接口的地方都能成为投资者的投资场所。在一般情况下，投资者在数秒之内就能够知道交易是否完成，美国40%的网上证券交易是在股票交易所闭市以后进行的。当未来全球都实行24小时交易时，网上经纪业务可能成为各国证券商的唯一选择。网上证券交易可以促使更多的投资者参与股票交易，并增加交易的频度，从而增强证券市场的流动性，提高证券市场的效率。

(3) 降低交易成本。

对于证券公司而言，网上证券交易可以通过交易环境的虚拟化，改变传统营业部所需的运营要素。网上证券交易不需要装修营业大厅的费用，不需要维持庞大的员工队伍，却可以最大限度地容纳投资者，其成本仅为开户时的网络接入费用、软件购置费用和日常维护费用，经营成本大幅度降低。据测算，在中国，一家有形网点一次性的投资最少为1 000万元人民币，日常运营费用每月为25万～80万元人民币。而在同等条件下网上证券交易的投资只有传统营业部的30%～50%，日常运营费用不到传统营业部的1/4。从投资者角度来看，网上证券交易不仅节省了前往营业部的时间成本，使投资者在任何条件下都能享受到更便利、快捷的服务，而且证券公司经营成本的降低最终可给投资者更多的让利，从而大幅降低投资者的交易成本。

(4) 证券交易安全性能大大提高。

网上证券交易为股民提供了安全的交易手段。专家认为，在线交易的安全系数要高于传统的委托方式（如电话委托）。在传统的交易方式中，客户委托数据在到达证券商交易服务器之前的传输过程中是透明可读的，只要黑客能够截获这些数据，就能够解读并获取客户的密码以及其他的交易数据等信息。而在网上证券交易中，通常采取对称加密和不对称加密组合的方式对数据进行双重加密，以确保交易内容的保密，只有交易服务器才能正确地识别这些数据。同时，证券商和银行的服务器与互联网隔离，足以保障数据库对业务流程的控制，从而保证了证券交易的安全。美国若莎公司1997年初运用7万台电脑破译56位的数字密码，花了95天时间，此次试验结果大大增强了网上投资者在交易安全方面的信心。

正是由于网上证券交易具有传统证券交易方式所不具备的优势，近年来网上证券交易业务在世界各国得到了飞速发展。

第二节　网上证券交易的实现

一、对用户设备配置的要求

对用户设备配置的要求也是网上证券交易的必备条件。

(一) 硬件配置

(1) 一台电脑；

(2) 调制解调器（Modem）或ISDN、ADSL；

(3) 一条电话线。

（二）软件配置

（1）操作系统：Windows 95/98/2000/NT；

（2）浏览器：Internet Explorer 4.0 以上版本；

（3）拨号软件：Windows 95/98 自带的拨号软件（附件中的拨号网络）；

（4）建议显示器分辨率最好设置为 800×600 以上方式。

系统配置应当以所开户证券营业部要求为准；在经济条件许可的情况下，配置尽可能按高要求，尽管前期投入费用较高，但可以使今后的网上证券交易速度更快，节约上网费用，免去不断进行电脑系统配置升级的麻烦。

二、网上证券交易操作流程

由于网上证券交易方式是一种新的交易方式，各证券公司并无统一的规定，但基本开户方式与传统开户方式没有太大区别。如开户应备齐的基本证件，签署委托交易合同，取得交易密码等。只是在开通交易上与传统略有不同。根据已开通网上证券交易的证券公司的规定，网上证券交易基本操作流程大体如下：

（1）办理开户。

1）投资者携带身份证到当地电信局办理上网开户手续。

2）投资者携带身份证、股东账户卡和资金卡到开户证券公司。

营业部办理网上证券交易开户手续，签署网上证券交易合同，领取网上证券交易认证证书和专业版网上交易软件（一张磁盘或光盘）。

（2）安装交易软件。

采取可供选择的两种方式进行网上证券交易：

方法一：安装并运行由证券公司营业部在开户时提供的专业版网上交易软件，利用该软件可以进行股票查询业务，当需要进行交易时，选择网上证券交易标签栏。

方法二：利用常用浏览器（如 Internet Explore 或者 Netscape）访问证券公司网站，选择网上证券交易标签栏进行委托交易，或直接在网上下载行情交易软件，安装并运行该交易软件，利用其进行网上证券交易。

（3）运行交易软件。

1）进行主站设置和证书密码修改操作（此步骤可缺省，证券部已代设置）。

2）输入交易证书密码，连接证券公司交易网站。

（4）连接成功后，选择交易登录方式和交易营业部，输入股东账户/资金密码和交易密码，点击登录按钮（若未成功，重复此步操作）。

（5）成功后，即可以进行资金查询、委托、撤单等操作。

（6）交易完毕，关闭窗口，退出交易。

具体的操作流程见图 8—3。

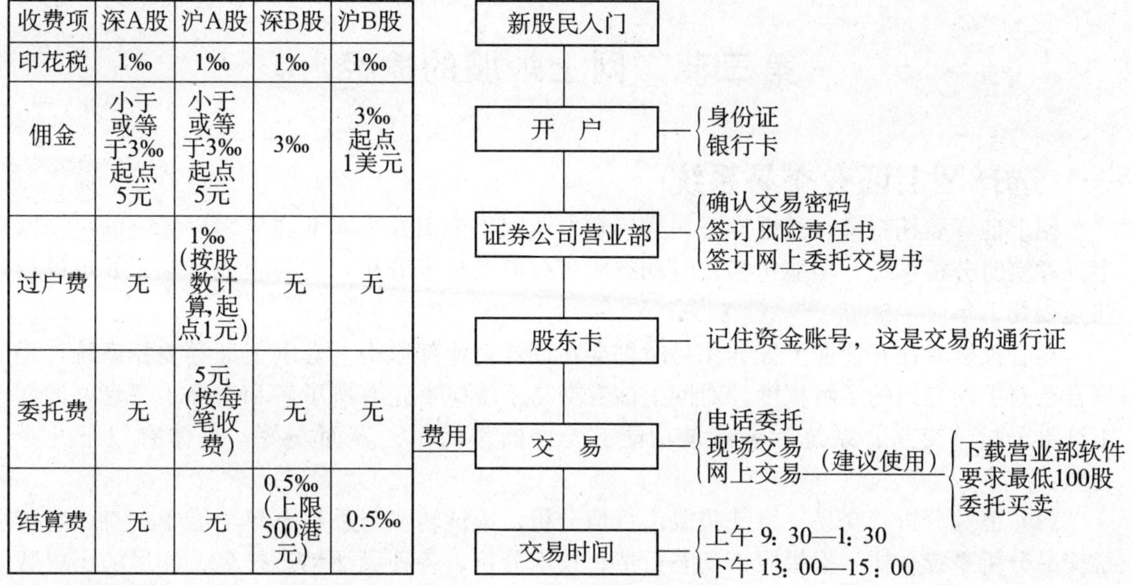

收费项	深A股	沪A股	深B股	沪B股
印花税	1‰	1‰	1‰	1‰
佣金	小于或等于3‰起点5元	小于或等于3‰起点5元	3‰	3‰起点1美元
过户费	无	1‰（按股数计算,起点1元）	无	无
委托费	无	5元（按每笔收费）	无	无
结算费	无	无	0.5‰（上限500港元）	0.5‰

图 8—3　网上证券交易流程

三、网上证券交易操作要点

投资者利用证券公司在互联网上的交易站点，以网上证券交易的形式委托证券营业部代理证券买卖和银行保证金转账业务时，必须注意以下事项：

（1）投资者申请使用证券网上证券交易委托方式进行交易，必须亲自到证券营业部或证券营业部授权的代理处办理互联网证券买卖委托和银行保证金转账开户手续。

（2）证券营业部承诺其用于网上证券交易的电脑系统是安全可靠的，对于因投资者电脑系统故障、感染病毒，以及被非法入侵等原因而给投资者自己造成的损失，证券商不承担任何责任。因此，投资者应注意网上证券交易以外的其他上网活动的安全性，例如，不要误下载带病毒的软件等。

（3）投资者开户以及网上证券交易功能和银行转账服务功能确认后，证券营业部如果提供密钥盘的，投资者注意保护该密钥盘，如密钥盘损坏，投资者必须本人到开户营业部更换新盘。对于投资者因密钥盘丢失引起的一切后果，由投资者自己负责。因此投资者务必注意交易密码和资金密码的保密以及密钥盘的保管，建议定期变更密码，不要使用与个人数据有关的密码。

（4）投资者在网上证券交易结束后关闭交易程序。对于因投资者原因而导致他人冒用其名义进行的一切操作，证券营业部均视为投资者亲自进行操作，证券营业部对此不负任何责任。

（5）网上证券买卖和银行保证金转账均采用电脑无纸化交易。投资者通过上网下达的证券交易委托和银行转账服务，以证券营业部的电脑记录为准。投资者为确保委托交易的安全、可靠，除了通过网上查询委托和清算交割结果以及银行转账对账单，还应定期亲自到证券商处索取书面的交割对账清单。

第三节　网上炒股的途径

一、选择网上证券交易系统

网上证券委托系统，是证券公司或一些专业网络公司专为网上交易客户提供的一套网上证券实时分析系统。功能包括实时动态股市行情及技术分析，实时银证转账，并可进行快速委托下单。

尽管投资者在开通网上证券交易时都会在证券营业部取得一套网上证券委托系统，根据自己对上网知识的了解程度，对网上证券交易系统应事先有所了解和选择。一套好的网上证券分析（交易）系统，应该是功能齐全、操作简单、界面友好，具体有以下几个特点：

（1）证券分析（交易）系统集股市行情分析、银证转账与委托下单功能于一身，与传统交易分析系统一样，提供股市动态行情、技术分析、各种灵活动态排名、详尽的历史数据、即时准确的资讯信息等；提供保证金账户和股票账户管理、资金和成交流水查询、银证资金双向即时划转等功能。

（2）能够提供更为简单方面的操作使用特性。一方面兼顾大多数现有股民，采用大家非常熟悉的仿钱龙界面和热键功能；另一方面又兼顾目前流行的 Windows 电脑用户及新一代网民，提供了易于使用的 Windows 界面，如鼠标支持、菜单和工具栏，真正实现键盘、鼠标全部兼容。

（3）在多种证券选择方法（如证券代码输入、证券列表选择等）的基础上，兼顾大多数较为熟悉拼音的股民，特别支持证券名称拼音简缩输入法，即使忘记了证券代码，也可以方便地指定证券名称。如深圳 A 股的“深发展”，既可以输入证券代码“ 000001”，又可以输入证券名称汉语拼音首字符“SFZA”来指定证券。

（4）支持证券历史数据的离线访问。这种功能适用于不能随时或经常上网的股民，以及不需要在线访问的时候来浏览大盘和证券历史数据，分析走势和查阅各种证券背景资料和资讯等情况。

（5）能够为股民保证所有交易信息的保密性与安全性。委托下单子系统，采用高强度的加密算法和先进的 SSL 加密通讯协议，提供快速的证券委托、资金及证券查询、历史流水数据查询和银证转账。

（6）在设计上充分考虑了系统的灵活性、扩充性、易于维护性和其他一些自动化及方便的特性（如服务器端动态配置），尽量减低股民的手工干预（如主站增加、选择），减少股民升级专用版客户端的概率。例如，主站动态均衡调配，保证股民能够自动连接到负载较小的主站上去；又如，主站扩容、增加服务器时，股民不用任何操作，自动就能享受到更加快捷顺畅的服务。

目前许多证券商及证券专业资讯网站采用的网上证券委托系统基本能够具备上述功能，不同的证券部提供不同的交易分析软件系统，投资者在做出选择前可以通过证券营业部提供的关于网上证券委托系统的操作（使用）说明书去了解情况，或直接到网站上查询有关交易软件使用资料，根据自己熟悉的操作系统按实际情况做出选择。

目前证券营业部（或网上交易商）提供给投资者可选择的交易方式主要有两种，即浏览器（Web）版网上委托交易系统和专业版网上委托交易系统。这两种网上委托方式各有优势，前者界面直观，比较符合投资者传统买卖股票、分析行情的习惯，其行情分析系统功能强大，并可将数据下载到本地来进行离线浏览；后者操作方便，除了查询行情、分析行情和随时下单委托外，还可以获得专业财经信息、即时股评、大盘分析、专家在线等理财服务。选择何种方式视投资者自身情况而定。一般情况下，专职于炒股或大部分时间需要进行行情分析、委托下单比较频繁的投资者建议用专业版网上委托方式；而非专职炒股，经常上班、出差的工薪族可采用浏览器版网上委托方式。当然，二者并非不能兼容，在显示屏上多开几个窗口，使二者都能够同时为你所用，是最佳的选择。

二、浏览器（Web）版网上委托交易系统

选择这种委托方式无须另外安装任何软件，投资者在证券部办理了网上证券交易相关开通手续后，如同平时上网的方式，通过访问证券公司的网址，在证券公司网站提供网上证券交易服务的地方直接下单委托即可。例如，访问国泰君安证券网站，你只要在国泰君安证券下属的证券营业部开户并且开通网上证券交易，就可以在该网站中的“网上证券交易”一栏登录进行网上证券交易。无论你身在世界任何地方，只要有一台与互联网相连的电脑终端，通过访问证券公司网站的网上委托系统，你就可以随意进行股票的买卖委托、查询操作，同时还能够查询大盘、个股行情，获得丰富的专业财经资讯信息及专家的在线咨询等理财服务。值得注意的是，浏览器版网上委托方式安全性较专业版网上委托方式差，因此，建议使用这种方式委托后修改密码。

三、专业版网上委托交易系统

投资者在证券营业部开户时，证券营业部会为开户客户免费提供一套安装在电脑里的用于进行证券委托交易的软件安装盘。客户只要将委托系统软件安装在自己的电脑中，即可接通开户的证券营业部，进行网上的委托交易、行情分析。根据目前证券公司提供的专业版网上委托方式，专业版网上委托方式可分为以下两种：

1. 仅用于进行委托的“独立版”委托系统

这是一个独立的、专用的委托交易软件系统。投资者只要通过该委托系统即可以进行下单委托。在办理了相关开通手续并正确安装了委托软件系统后，投资者依然可以沿用原有的股市分析软件进行行情分析，同时可随时调用委托软件系统进行委托下单、查询操作。该系统比较适合原来在电脑中已经安装了行情接收分析系统的投资者。

2. 集接收行情、股市分析和委托交易于一身的“集成版”网上交易分析系统

“集成版”将行情分析和委托交易结合为一体，可以在接收行情、进行行情分析的同时下单委托。该系统与在证券部投资者利用电脑下单相似，操作简便。大部分证券公司提供这样的网上委托方式。

四、手机炒股

什么是手机炒股呢？简单地说，手机炒股是利用移动通信网的数据传输功能来实现用手机进行股票信息查询和交易的手段。手机炒股目前主要有三种方式：第一种是利用手机的短消息功能实现，只要手机支持中文短消息和智能 STK 即可以进行炒股；第二种是利用手机上网的功能实现的，又称 WAP 炒股，它要求手机必须具有上网功能，而且首先要在移动营业厅申请开通 WAP 或数据业务；第三种是直接用手机进行类似电话委托的操作，手机功能只具有短信息接收功能，但因为这种方式使用的是 SIM 卡而不是 STK 卡，所以不能算真正意义上的“手机炒股”。具有支持短信息功能的手机加上 STK 卡，通过移动通信网与证券系统的实时互联，利用预先设定好的股票交易菜单，通过接收和发送短信息的方式实现股票信息查询、买卖、交易委托、银证转账等功能。这些功能融合了股票机的优点，让一个普通手机成为综合性的股票处理终端。

由于手机炒股的低费用、安全性和操作的便捷性，目前许多证券营业部开通此项功能业务，这项业务开通以来已吸引了越来越多股民用户。在提供资讯和个性化服务方面，手机炒股同样占尽先机，它不仅能够免费获得实时行情、新闻信息、股评资讯、投资论坛、持仓股评、提醒价位；还能进行委托交易、资金划拨、成交回报等完整实现与投资相关的所有工作。

手机炒股功能主要包括：证券交易委托、股票行情查询、股票到价提示、交易信息查询、个人数据修改、账户设置、银证转账、查询历史信息、证券资讯服务等。

五、其他网上证券交易系统

证券网上交易系统正处于发展阶段，当前新生的交易方式有电视炒股等，那么何为电视炒股呢？

我国现有股民约 6 000 万人，随着市场经济的不断发展及证券市场秩序的日益完善，股民的人数仍在以每年 25%的速度递增。而经常使用电脑接收股市行情的只占股民总数的 16%。为了满足不同层次的投资者的需要，“电视炒股”应运而生。“电视炒股”就是利用家中现有的电视机，操作电视遥控器实现与电脑行情接收分析一样功能的操作。而机顶盒（股票接收机）就是实现这一功能的关键。此举可以为广大的中小投资者提供便利的股票投资操作手段，解决那些暂时不具备使用电脑条件的投资者的烦恼。一些电视生产厂商更是直接将这一功能置入生产的电视机当中。

所谓机顶盒（Set Top Box，STB），是用来增强或扩展电视机功能的一种信息设备，由于人们通常将它放在电视机上面，所以称为机顶盒或顶置盒。机顶盒可以分为两大类：一种是用来增强电视的娱乐功能，如数字电视机顶盒可以接收数字电视信号，获得更清晰、更稳定的图像和声音质量；另一种是用来扩展电视机的功能，例如网络机顶盒通过连接互联网，使用电视机作为显示器，从而可以通过电视机来上网。正是机顶盒的上述功能使投资者实现在“电视机上炒股”。

如何开通电视接收行情分析功能服务？

如果当地的有线电视或你开户的证券商提供此项业务，那么你就可以到当地的有线电

视台购买股票接收机（机顶盒），进行简单的安装后，便可以以家中的电视机作为显示器，操作遥控器来完成与电脑界面一样的行情、证券信息接收与分析。

电视炒股业务能接收哪些信息？

与图文电视的电脑接收行情一样，电视能实时接收沪、深股市动态行情 A 股、B 股，运用钱龙等专用投资分析软件，通过遥控器可以进行操作，在电视上看到大盘分析、即时分析、报价分析、技术指标分析、公告信息、走势图等信息，并且不用每日存盘，操作简单，适宜中小散户。

第四节　网上证券交易系统的风险性与安全性

一、网上证券交易过程中的常见风险

网上证券交易的安全性包括网络本身的安全性、交易者的身份认证、交易的确认、信息传输的保密性等。证券商开展网上交易业务一般都会尽可能保证网络的安全性和可靠性，以充分保护投资者利益。例如对待日趋活跃的网上金融犯罪，为防止黑客侵入，证券商都要加强防火墙建设。此外，证券商在建设网上交易系统时，还在保证交易容量上下工夫，防止当市场活跃、行情波动时发生“塞车”现象。尽管安全性是一个极为重要的问题，却不构成制约网上证券交易全面推广的主要障碍，这是因为：

（1）目前各种安全保障手段（口令、加密、备份、防火墙等）已日臻完备，网上交易的各种风险基本能够有效控制。

（2）从技术角度而言，网上证券交易的安全性要远高于电话委托下单，而电话委托交易已获得广泛认同。可见，投资者对网上证券交易安全性的恐惧是出于对网络的无知，通过适当的宣传，投资者是能够接受网上证券交易方式的。

（3）可以通过合理的制度安排保障投资者的合法权益。即在最坏的情形下，因网络安全问题给投资者造成了损失，通过明确双方的权责，给予投资者相应的补偿，彻底解除投资者的后顾之忧。

二、网上证券交易安全防范措施

安全对网上证券交易来说是头等大事，如果没有有效的安全手段来保证交易的顺利进行，网上证券交易将不可能存在，这是由证券市场的自身特点决定的。因为网上证券交易往往涉及巨额资金，一旦受外部攻击造成系统中断，或网络犯罪使交易信息泄露，都将会造成重大损失。网上证券交易首先必须解决安全问题，完整的网上证券交易安全设施应该保证网络安全、通讯安全和应用安全。目前，证券业网上交易一般采取的安全措施有三大类：

（1）以防火墙技术为代表的防卫系统；

（2）建立在数据加密、用户授权确认机制基础上的开放型网络安全保障技术；

（3）防火墙技术和数据加密用户授权机制相结合的综合安全体系。

为了保证证券应用系统的安全性，CA 系统成为保证证券安全交易的有效手段。CA

(Certificate Authority，认证中心）系统为网络应用提供身份认证、信息加密、数字签名、身份控制等多种服务。

除此之外，投资者还可采取以下风险防范措施：安装防病毒软件；尽可能不与他人共用一台电脑；操作上注意密码的保护。

本章小结

网上证券交易系统是一种新的较为便捷的交易方式，并日益得到广泛的应用。它有传统交易方式所不具备的优势，如为使用者提供全面快捷的信息服务、选择的自由度高、打破了时间和空间的限制、增强了证券市场的流动性、降低了交易成本。投资者可以选择使用浏览器版网上交易系统或专业版网上交易系统，还可以利用移动通信网的数据传输功能进行手机炒股。网上证券交易系统有各种安全保障，如口令、加密、备份、防火墙等，其安全性远高于电话委托下单等交易方式。除此以外，投资者还可以通过安装防病毒软件、密码保护等方式来防范网上证券交易风险。

思考题

1. 什么是网上证券交易系统?
2. 网上证券交易的优势有哪些?
3. 网上证券交易系统有哪些?
4. 网上证券交易的风险及其防范措施是什么?

第九章

现代证券投资组合理论

1. 证券投资的收益与风险的关系
2. 最佳证券组合的选择
3. 资本市场线、证券市场线与特征线
4. 套利定价模型与资本资产定价模型的联系

第一节　证券投资的收益与风险

一、投资的收益

投资者为了将来某种不确定的价值而牺牲当前一定的价值进行证券投资，其最直接的动机是为了获得要求的投资收益。投资者持有的证券或证券组合在一定时期内的投资收益率等于证券或证券组合价值的变动加上所获得的所有收入分配再除以期初投资的比率。

在单期的情况下，一项投资的收益率可以表示为：

$$r_p=\frac{P_1-P_0+D}{P_0} \tag{9—1—1}$$

其中，r_p 为投资收益率；P_1 为投资者在期末持有证券或证券组合的价值；P_0 为投资者在期初持有证券或证券组合的价值；D 为投资者在投资期内收到所有收入分配（如果投资者持有的证券是普通股股票、优先股股票或债券，收入可以分别是普通股股息、优先股股息或债券的利息）。

该指标所描述的收益率反映了从投资开始到投资回收期间的收益状况，故常常被称为持有期收益率。

［例 9—1］ 某投资者于 2012 年 1 月 1 日以 25 元/股的价格购入 X 公司普通股股票，年底，X 公司普通股股价上升为 30 元/股，这一年 X 公司支付股息 2 元/股，则该投资者持有 X 公司股票 1 年的投资收益率：

$$r_p=\frac{30-25+2}{25}=28\%$$

但是公式（9—1—1）仍存在不足之处，我们无法依据此公式来比较具有不同投资期间的证券或证券组合的收益率，投资者对证券的持有期可以是 1 天、1 个月、6 个月或 1 年以上，而投资者在进行投资分析时，需要有一个统一的收益率尺度，这就需要将各种不同的持有期收益率转化为年投资收益率。其计算公式为：

$$R_p=\sqrt[n]{r_p+1}-1 \qquad (9—1—2)$$

其中，R_p 为年投资收益率；n 为投资持有时间，以年为单位；r_p 为持有时间为 n 年时的投资收益率。

［例 9—2］ 某投资者于 2010 年 1 月 1 日以 20 元/股的价格购入 X 公司普通股股票，2012 年底，X 公司普通股价格上升为 30 元/股，三年 X 公司共支付股息 5 元/股，问该投资者三年持有期的投资收益率是多少？持有期年投资收益率是多少？

$$r_p=\frac{30-20+5}{20}=75\%$$

$$R_p=\sqrt[n]{r_p+1}-1=\sqrt[3]{0.75+1}-1=20.51\%$$

二、投资风险的构成及衡量

（一）投资的风险

1. 风险的含义及特征

人们进行证券投资决策的目标是使收益最大化，但是，由于投资与收益之间存在时间上的差异，这种差异使得投资者能够收到的未来现金流受到许多不确定性因素的影响。投资者在进行投资决策时只能根据经验和现在所掌握的信息对未来的投资结果进行分析和判断，形成对未来收益的预期，但是，未来收益的实现值可能会与预期的结果产生偏离，进而可能导致投资者面临亏损甚至破产的危险。这种危险就是投资风险。在证券投资分析中，风险不仅包括负面效应的不确定性，即损失发生及程度的不确定性，还包括正面效应的不确定性，即获得超过期望收益的不确定性。所以，风险的精确含义是指预期投资结果的不确定性。

证券投资风险具有以下特征：

（1）不确定性。这也是风险的基本特征。对于投资者而言，当完成一项投资后，未来实际的收益与预期的收益有无差距、差距有多大，都无法确定。如果能肯定未来必定遭受

损失，则这已不是投资的风险，而是现实的损失。风险只是不确定的，能确定的便不是风险。

（2）客观性。在证券投资中，这种不确定性是客观存在的，它的存在是不以投资者的意志为转移的。不论投资者是否意识到、感觉到，它都是存在的，并在一定条件下由可能变为现实。尽管人们从证券投资的实践中学会了通过投资组合或者套期保值等应付风险的有效的策略，然而这些办法只不过实现了不同证券的风险的合成以及风险在投资者之间的分配和转让，投资的风险并没有消失。总之，证券投资风险是不以投资者的意志为转移的客观存在。

（3）部分可测性。证券投资的风险虽然具有客观的不确定性，但是这并不意味着风险完全不可能被投资者所把握。例如，在特定的条件和时机下，证券投资风险具有统计规律性。根据大量的统计资料，投资者可以定量地测定证券投资风险，掌握其规律。概率分析和回归分析是最常使用的方法。从这个意义上讲，证券投资风险并不是变化“莫测”的，而是“可测”的。当然，有些风险是很难甚至根本无法测量的。

（4）相对性。同样的风险，对于不同的投资者，其意义或影响是不一定相同的。相对性就是指不同的投资者对证券风险的反应的差异。表现为：1）不同的投资者对待风险态度有差异，大多数投资者厌恶风险，也有少数投资者为高收益所吸引，甘愿承担较大的风险。2）不同的投资者承受风险的能力有差异。中小个体投资者的资金不足，承受风险的能力较弱；机构投资者的资金雄厚，承受风险的能力较强，因此投资者之间对证券风险的评价标准存在很大的区别。不同的投资者对风险的态度会因时因地而异。投资者在牛市中往往愿意承担较大的风险，在熊市中常常采取比较谨慎的策略。

（5）风险与收益的对称性。这种对称性表现为对于投资者来说，风险与收益是对应地存在于证券投资活动中。风险是收益的代价，而收益是风险的报酬，风险与收益相辅相成。对于这一点，我们将在下面作进一步分析。

2. 系统风险与非系统风险

证券投资中的所有风险可以分成两个部分：系统性风险和非系统性风险。

（1）系统性风险，又称不可分散风险，它是指由于某种原因而对市场上所有的有价证券都会造成收益波动的可能性。系统性风险是由公共因素引起的，如战争、能源危机、严重自然灾害、国民经济严重衰退、严重的通货膨胀、新经济政策的出台等因素，从而引发市场上所有的证券价格的整体波动。这种风险发生的可能性一旦成为事实，任何投资者都无法避免，而且它无法通过投资分散化来加以消除。因为系统性风险是个人、企业或行业所不能控制的，它影响着大多数个人、企业和行业，波及各种证券，只不过不同证券对系统性风险的敏感程度不一样，因此无法通过投资者的分散组合投资来消除。

（2）非系统性风险，又称可分散风险，它是指由于某种原因对某一种证券或某一行业的证券产生收益波动的可能性。例如，由于企业经营管理不善或市场供求关系发生变化引起的某一种或某几种证券价格的下跌，就属于此类。与系统性风险相比，非系统性风险是由特殊因素引起的，只对特定的证券或证券持有者产生影响。它可以通过投资分散化来加以防御。

（二）投资风险的构成

1. 市场风险

市场风险是指由于证券市场变化或经济形势动荡给投资者带来损失的可能性。市场价格波动从时间跨度看分为四类，即长期波动、周期性波动、中间或周期内波动、短期波动。一般来说，较长期的股票，如15～50年股票价格的波动情况均能反映出股票长期价格趋势，也能反映出国民生产总值、国民收入、通货膨胀以及公司盈利状况对经济活动的影响。但是，在股票价格周期性和短期波动异常剧烈的情况下，对多数投资者来说，了解长期价格趋势意义不大，投资者更为关注的是空头和多头的市场行情，以及市场上的各种风险和机遇，某种股票尽管收益不变或相对稳定，但其价格在短期内波动却很大。引起这种现象的原因是多方面的，主要是投资者的态度和期望造成的。这是因为人们对经济周期的看法以及对现阶段经济状况的认识不尽相同。

大多数的市场风险，是由于投资者对有形或无形事件的反应引起的。例如，预期某公司境况不佳，有可能导致利润下降，这会引起该公司的普通股股票价格下跌。投资者根据预期事件，判断出为收益所付出的代价太大，急于脱手该种股票，使其供大于求。与市场心理有关的事件一般是无形的，当市场价格特别高于或低于证券的真实价值时，投资者动机的不稳定性增强，从而导致过度行为。

市场价格波动风险影响面也是相当广泛的，几乎所有的普通股股票的投资者都要受其制约，即使某公司财务状况颇佳，收益增长率很高，也不例外。

2. 利率风险

利率风险是指由于市场利率变化而给投资者带来损失的可能性。证券价格可以表示为：

$$证券价格=\frac{证券收益}{市场利率}$$

可知，证券收益一定时，证券价格与市场利率呈反方向变化，即当市场利率上涨时，证券价格会下跌；反之则会上升。如果投资者出售证券时的市场利率比购买证券时的市场利率高，证券价格就会降低。若此时出售固定利率的证券，价格上就会损失；不出售，则利息上受损失。例如，投资者在市场利率是5%时，以100元价格购进一张收益率为5%的股票，准备若干天之后再出售，但如果市场利率此时上升到10%，投资者售出只能卖50元（5%×100/10%），损失50元；如果不出手，在其利息上又会蒙受损失。因为100元存入银行，按10%的年利率，投资者可获利息10元，而此时100元仅获得年息5元。利率升降对所有证券均有影响，尤其以长期的固定收益证券为甚。此外，优先股和普通股也会遭受利率风险，因为它们的估计价值是其全部未来现金股利的现值。这样，当现行利率水平变动时，这些证券的现值也发生变动。不过，优先股和普通股的价格变动与债券价格变动不同。股票要比债券更易受到财务风险和管理风险的影响，而且普通股比起优先股，其利率风险较小，因为普通股股利更易受公司财务前景的制约。也就是说，对一个公司的利润预测会强烈地影响财务分析者的现金股利预期，而利率影响是较小的。相反，利

率风险对于债券来说是明显的，因为债券的利息支付是协议规定的，是提前知道的。

市场利率是由货币供求关系的变化所决定的，一般来说，在商业与信贷扩张、银根紧缩时期，利率较高（债券价格较低）；在经济萧条或停滞时期，货币贷款需求下降，利率则急剧下降（债券价格上升）。但在特殊情况下也可能出现反常现象，当通货膨胀率极高时，投资者强烈要求提高货币价格以补偿购买力损失，20 世纪 80 年代初在美国就曾经出现过这种反常现象。

3. 购买力风险

购买力风险，又称通货膨胀风险，是指由价格总水平变动而引起的资产的总购买力的变动。投资者应该理智地处理购买力风险，提防通货膨胀把财富的购买力蚀光。

购买力风险不同于市场风险和利率风险，因为投资者可能在其价格持续上升的情况下丧失购买力。许多投资者错误地认为货币越多越富有，这种货币幻觉使他们忽视了通货膨胀的问题。例如，从时期 T_0 到时期 T_1，投资者所拥有的货币数量翻了一番，而从时期 T_0 到时期 T_1 的物价总水平却翻了两番，从表面上看来，投资者所拥有的货币是比原来增加了，但实际上，他们拥有的财富比以前缩水了。

判断投资者是否通过投资真正地增加了财富，必须比较名义收益率和实际收益率。前者是未经过通货膨胀率调整过的投资收益率，即票面上所规定的收益率，而后者则是经通货膨胀调整过的投资收益率，即：

实际收益率＝名义收益率－通货膨胀率

可见，投资者只有把注意力集中于实际收益率而非名义收益率，才能克服“货币幻觉”的问题。而且，只有当实际收益率是正值，即名义收益率大于通货膨胀率时，才说明财富的真正增加。

4. 政策风险

政策风险是指政府对证券市场的过度干预和政策的非连续性，使投资者不能正确地对政策作出预期，而当政府政策引起证券市场价格发生波动时，有可能给投资者带来损失。政策风险多见于新兴发展中国家的证券市场。由于这些国家的市场化程度较低，法律架构不健全，监管也相对不到位，所以容易诱发政策性风险。例如，我国证券市场曾经出现的“三大政策救市”、《人民日报》评论员文章等都导致了证券市场出现大幅度的波动。因此，政策风险是发展中的证券市场所特有的风险，有时甚至会成为投资者面临的主要系统风险。

5. 企业风险

企业风险是指上市企业由于竞争、市场需求、原材料供给、成本费用的变化，以及管理等因素影响企业业绩所造成的风险。企业风险一般有三种情况，即经营风险、财务风险和会计风险。

（1）经营风险，是指由于企业经营不当或失误而给投资者带来的风险。具体又可分为外部和内部两类。外部风险是指由于企业经营所处的经济环境所引起的风险。比如同行业相互竞争的影响，企业在竞争中所处的地位决定着企业风险的大小。再如，政府的影响，各个行业不仅要不同程度地接受政府的管理，而且一些企业的经营范围、增长速度、价格政策以及利润率等也要受到政府的管制。此外，社会倾向对企业的影响也很大，在人类越来越珍惜生存环境、维护生态平衡的趋势中，对环境有污染的一些行业或企业自然会受到冲击。技术发展因素对企业的影响更是与日俱增，当代科学技术飞速发展，新产品替代旧产品的速度大大加快，新兴企业严重威胁原有企业的生存。内部风险主要取决于企业经营效率的高低，而经营效率又取决于管理能力和技术能力的强弱。强有力的管理可以提高效率，雄厚的技术力量可以不断开发出新产品。一个生命力强的企业，老产品还处于成长期时，新产品的研制就已成功；老产品进入成熟期，新产品即开始试生产；待老产品进入衰退期，新产品已进入成长期。这样不断以新产品替代老产品，企业的竞争力就强，风险自然就小些；反之，内部风险就大。企业外部风险较易确定，投资者对企业竞争力的强弱也较易考察，而对企业内部风险的确定往往比较困难，因为其依赖企业的管理能力和技术力量，只有仅针对一定时期，并与其他企业进行比较，才能作出判断。

（2）财务风险，是指与公司进行融资所采取的方法相联系的风险。某企业的财务风险可以通过对该企业的资本结构进行分析而确定。如企业的固定费用（支付利息、本金或租金）对普通股的收益影响很大，减少固定费用亦即减少财务风险。对企业财务风险的考察，主要应侧重于企业应付其负债的能力，能力越强，其风险越小。此外，不同的证券发行所带来的风险程度也不同。例如，优先股和普通股对财务风险的影响就不同：当公司无力清偿债务而破产时，优先股股东具有优先索赔权，他们优先得到票面面额的全额或部分赔偿，而持有普通股的股东只能得到部分赔偿甚至没有赔偿。这说明持有优先股的股东比普通股股东所承担的财务风险小。

（3）会计风险。有时会计报告中会用不实的财务数据来欺骗股东，误导投资者。当财务报告中突然出现大额营业外收入或非常所得，看起来公司获利大为增加时，须特别引起注意，这很可能是一种假象，投资者一定要谨慎对待。

6. 信用风险

信用风险又指违约风险，是企业不能按照证券发行契约或发行承诺支付投资者利息、股息、红利及偿还债券本金而使投资者遭受损失的风险。就违约风险产生的原因来看，它与经营风险存在一定的关联。因为违约风险的情况大致可以分为两种：一是无力履约或兑现承诺；二是虽有履约或兑现能力却不予履行。显然，第一种情况在很大程度上缘于企业的经营风险，这种违约风险并非出自发行企业的本意，属于无意违约风险。第二种情况的违约风险则完全是由于发行企业故意违约而给证券投资者造成的损失，因此属于故意违约风险。故意违约风险的产生，既可以是大股东的人为操纵，也不排除企业信用不佳的因素，但无论属于何种情况，违约都是企业丧失信誉的表现，其结果都会导致证券的抛售与市场价格的跌落。如果仅仅是暂时性违约，在投资者了解到这一情况并恢复信心后，可能会中止抛售，使证券市价反弹。否则，一旦投资者完全丧失信心，证券的抛售风潮与市价的猛跌就难以避免。

一般来说，市场风险、利率风险、购买力风险和政策风险属于系统风险，而企业风险和信用风险属于非系统风险。系统风险仅仅通过证券市场难以回避和消除，而非系统风险则可以通过证券的多样化即制定投资组合而分散或消除。作为一个成功的投资者，首先要正视这些风险，而不能回避或消极退却，只有正确对待风险，把握风险的各种来源，才能运筹帷幄，因势利导，采取有效办法，尽可能地减少或避免风险，以获取最大的收益。

（三）投资的期望收益率

从风险的定义我们可以知道，要衡量风险，首先必须衡量期望收益率，因为它是测度不确定性的一个基准。

在已知未来收益率的概率分布的情况下，期望收益率是未来所有可能获得的收益率的加权平均数，其权数就是每种可能获得的收益率的概率，因此，期望收益率也就是数学中所说的收益的数学期望值。

期望收益率的计算公式如下：

$$E(r)=\sum_{i=1}^{n} r_i p_i \qquad (9—1—3)$$

其中，r_i 为第 i 种可能的投资收益率；p_i 为第 i 种可能收益率的概率。

［**例 9—3**］　一项证券投资有三种可能的投资收益率，分别是 10%、15%和 20%，这些收益水平各自的发生概率分别为 0.3、0.4 和 0.3。期望的投资收益率为：

$$E(r)=10\%\times 0.3+15\%\times 0.4+20\%\times 0.3=15\%$$

将单个证券的情况拓展到任意多个证券组合的情况，设有 m 种证券，投资者将资金分别以 w_1，w_2，…，w_n 的权数投资到上述证券上，设每一种证券的期望收益率为 R_j，则证券组合的期望收益率为：

$$E(R)=\sum_{j=1}^{m} w_i R_j$$

（四）投资风险的衡量

1. 方差与标准差

衡量和比较各种投资风险程度最常用也最有效的指标之一便是标准差。我们先来看一个例子。

［**例 9—4**］　假设有 A、B 两项证券投资，每次投资均只有两种可能的结果，且每种可能的结果出现的概率相等，均为 0.5。在 A 项投资中，可能的结果为 40%的盈利或者 10%的亏损；在 B 项投资中，可能的结果为 60%的盈利或 30%的亏损。

那么这两项投资的期望收益率为：

$$E(R_A)=40\%\times 0.5+(-10\%)\times 0.5=15\%$$

$$E(R_B)=60\%\times 0.5+(-30\%)\times 0.5=15\%$$

它们有着相同的期望收益率，但从直观上看，可以发现 B 项投资风险更大，因为 B 项投资比 A 项投资可能收益的分散性更大。

用数学语言来描述，例 9—4 说明，A 项投资的概率分布更加集中，由于其概率分布更集中，则实际的收益率就更为接近期望收益率。在统计学上，我们通常用标准差来表示随机变量的离散程度。标准差的计算公式为：

$$\sigma=\sqrt{\sum_{i=1}^{n}[r_i-E(r)]^2 p_i}$$

通常，把标准差的平方 σ^2 叫做方差。在例 9—4 中，$\sigma_A=0.25$，$\sigma_B=0.48$，$\sigma_B>\sigma_A$，则在相同的期望收益率的条件下，B 项投资的不确定性更高，风险更大。

标准差可以作为衡量风险大小的尺度。标准差大的证券，风险大；反之，标准差小的证券，风险也小。而且由于有数量的计算，所以不同的证券之间的风险可以对比。

标准差之所以能表示风险的大小，其道理是风险产生于对未来的不确定性，这种不确定性则产生期望收益的变动性，变动性越大，不确定性也越大；变动性越小，就越容易确定其价值。而标准差的作用正是在于衡量一个数列变动性的平均大小。它能反映出实际收益与期望收益的离散程度，从而反映出不同证券风险的大小。标准差越大，期望收益的离散程度越大，投资风险就越大；反之，投资风险就越小。因此，利用证券各年收益率的资料来计算其标准差，即可表示出其各年收益率的变动性的大小，从而衡量投资于该证券的风险程度，以供投资决策参考。在现代证券分析中，标准差已成为衡量投资风险的通用指标。

2. β 系数

（1）β 系数的定义。前面讨论的标准差指标是以某证券自身的收益率的期望值作为基准，然后计算收益率对均值的偏离程度来评价该证券的风险。由于每个证券收益率的均值并不相同，所以不同证券的标准差之间缺乏可比性。为了能比较不同的证券投资风险的大小，需要确定一个标准的风险计量单位。整个证券市场的平均收益率的波动是衡量每种证券风险程度高低的最适合的标准单位。在这里，市场收益率是指整个证券市场中所有证券收益率的加权平均数。

某种证券或证券组合的收益率与市场收益率之间的相关关系一般用 β 系数来表示。根据数理统计的线性回归原理，β 系数可以通过同一时期内证券收益率和市场收益率的历史数据，使用线性回归方程预测出来。β 系数就是该线性回归方程的回归系数，即：

$$\beta=\frac{\mathrm{cov} r_i r_M}{\sigma_M^2}$$

其中，r_i 为证券 i 的收益率；r_M 为市场收益率；$\mathrm{cov} r_i r_M$ 为 r_i 与 r_M 的协方差；σ_M 为市场收益率的标准差。

因此，β 系数表示市场收益率变动 1 个百分点时，证券 i 的收益率变动的百分数。

当 $\beta<1$ 时，表明该证券收益率的变动幅度小于市场收益率的变动幅度，说明该证券的风险比市场的风险低，是一种防御型证券，如公用事业的股票。

当 $\beta=1$ 时，表明该证券收益率的变动幅度等于市场收益率的变动幅度，说明该证券的风险程度与市场相同。

当 $\beta>1$ 时，表明该证券收益率的变动幅度大于市场收益率的变动幅度，说明该证券的风险比市场的风险大，是一种进攻型证券，如新兴行业的股票。

（2）用 β 系数评价证券投资风险时要注意以下几点：1）β 系数不是某一证券的全部风险，它只反映证券的系统风险，说明证券收益率随市场收益率变动的这部分风险。它不包括非系统风险。由于非系统风险可以通过组合来消除，投资者承担的风险主要是系统风险，所以对于投资者来说，β 系数比反映总风险的标准差有更加重要的意义。2）β 系数和标准差都是衡量风险的指标，但它们的性质不同，β 系数是以市场平均风险为基准，衡量

证券或组合的风险的相对指标，因而，同一市场上不同的证券的β系数具有可比性。但是，不同市场上的β系数不能直接比较。标准差是以证券自身的均值为基准，衡量证券或组合收益率的偏差的绝对指标。在比较不同证券的标准差时，由于均值不同，要注意其可比性。3）用历史数据计算的β系数与标准差，只能说明证券过去的情况，而期望收益是预计未来的收益水平，不一定和过去完全一致，因此这两个指标仅为预测未来提供参考依据。

三、风险与收益的关系

证券投资的目的是获得预期收益。然而，投资者面临着预期收益不能兑现的风险。一般情况下，收益率较高的证券，风险比较大；反之，收益率较低的证券，风险比较小。这是因为，为了吸引投资者购买，风险大的证券往往以较低的价格出售，提供较高的收益。这种额外的收益率实际上是对投资者承受风险的补偿。

证券投资的风险与收益同在，收益是风险的补偿，风险是收益的代价。它们之间是正比的互换关系，这种关系可以用下面的公式表示：

期望收益率＝无风险收益率＋风险补偿

这里，无风险收益率是指将资金投资于没有任何风险的投资对象而能获得的收益率。现实生活中不可能存在没有任何风险的理想证券，但是，可以找到某种收益变动十分微小的证券来代替。在证券投资分析中，我们通常把国库券的利率作为无风险利率。

第二节　马柯维茨均值—方差模型

一、马柯维茨均值—方差模型概述

马柯维茨于1952年在美国的《金融》杂志上发表了《资产组合选择》一文，开创了现代证券组合理论及定量资产管理的先河。他运用矩阵代数、概率统计等数学方法，定量分析了在收益、风险的约束条件下，有选择地构造有效的证券组合的方法。该理论因此以他的名字命名为“马柯维茨均值—方差模型”。马柯维茨为组合理论提出了以下假设条件：

假设一：证券市场是有效的。

假设二：投资者以期望收益率来衡量未来实际收益率的总体水平，以收益率的方差（或标准差）来衡量未来不确定收益率的风险，且投资者在投资方案选择中只关心投资的期望收益率和方差。

假设三：投资者是厌恶风险的，即投资者总是希望期望收益率越高越好，而风险即方差越小越好。

马柯维茨提出的理论假设各有其实际意义。假设一说明证券的价格反映了证券的内在价值，每个投资者都掌握充分的信息，了解每种证券的期望收益率和方差。根据假设二，证券或证券组合的特征完全由期望收益率和方差来描述。在图形上，以方差为横坐标、以期望收益率为纵坐标建立一个坐标系，那么每一种证券或证券组合都由平面上的一点来表示。假设三则设定了判断每一个证券组合优劣的标准。由于投资者被假定偏好期望收益率而厌恶风险，所以在给定方差水平的那些组合中，投资者会选择期望收益率最高的组合；而在给定期望收益率水平的组合中，投资者会选择方差最小的组合。

马柯维茨从上述假设出发，经过严格的数学推导，得出了这样的结论：只要是由不是完全相关的证券组成的证券组合，就可以在给定投资收益率的前提下减少投资的风险。这就是马柯维茨均值—方差模型的核心。下面，我们具体讨论这一模型，首先引入无风险证券，分析两种证券的组合，然后推广到多个证券的组合。

二、有效边界

（一）投资的可行集

1. 风险证券和无风险证券的组合

前面已经提到，无风险证券是指实际收益率可以完全确定、没有风险的证券投资对象。在证券市场上有些证券如政府发行的国库券被近似视为无风险证券。我们首先考虑在投资中引入无风险的证券所产生的影响。

如果假定一个证券组合中有两种证券，则投资组合的期望收益率和标准差如下：

$$E(R)=w_1E(r_1)+(1-w_1)E(r_2)$$

$$\sigma_p=\sqrt{w_1^2\sigma_1^2+(1-w_1)^2\sigma_2^2+2w_1(1-w_1)\ \rho_{12}\sigma_1\sigma_2}$$

如果其中有一种是无风险证券，不妨设为第二种，则 $E(r_2)=r_f$（代表无风险收益率），$\sigma_2=0$，故有：

$$E(R)=w_1E(r_1)+(1-w_1)\ r_f$$

$$\sigma_p=w_1\sigma_1$$

从上式可以看出，整个投资组合的风险只与其中风险证券的风险大小 σ_1 及其在投资组合中的比重 w_1 有关，只要缩小 w_1，即可将整个投资组合的风险控制在一定的范围之内。同时，投资者还可以利用风险极高但期望收益也极高的证券。这种高风险证券的 w_1 只要足够小，整个投资组合的风险就不会很大，而高风险证券给投资者提供了高收益的机会。另外，在允许融资投资的情况下，投资者可以按无风险利率借入资本投资于风险证券，这时 w_1 可以大于1。

如前所述，我们可以用以期望收益率和标准差为坐标轴的坐标系中的某一点来表示一种证券或一种证券组合（见图9—1）。

图9—1中风险证券与无风险证券的组合的集合是一条直线。A 点表示 $w_A=1$，即全部投资于无风险证券；B 点表示 $w_A=0$，即全部投资于风险证券；当 w_A 在0和1之间变动时，形成的投资组合将落在线段 AB 上；当 $w_A<0$ 即投资者借入资金投资于风险证券时，投资组合落在 AB 延长线上，显然，在这种情况下，较高的期望收益伴随有较高的风险。

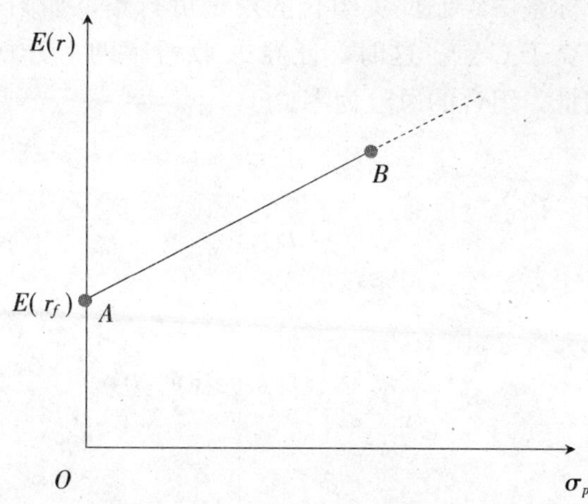

图 9—1　风险证券和无风险证券组合的可行集

2. 两种风险证券的组合

假定一个证券组合由两种证券 A 和 B 组成，它们的期望收益率和标准差分别为 $E(r_A)$、$E(r_B)$ 和 σ_A、σ_B，证券 A 在组合中的比重为 w_A，证券 A 与 B 收益率之间的相关系数为 ρ_{AB}，则组合的期望收益率和方差如下：

$$E(R)=w_A E(r_A)+(1-w_A)E(r_B)$$

$$\sigma_p^2=w_A^2\sigma_A^2+(1-w_A)^2\sigma_B^2+2w_A(1-w_A)\rho_{AB}\sigma_A\sigma_B$$

选择投资组合的权数 w_A，可以得到证券 A 和证券 B 不同的投资组合方式，投资者也可以得到不同的期望收益率和标准差。而且，投资组合策略有无限种。所有可能存在的投资组合策略组成的集合，我们称之为投资的可行集。在可行集中，投资者可以根据各自对风险和收益的偏好，选择自己最满意的投资策略。

从上面的表达式看出，组合不仅与证券 A、B 各自的期望收益率及风险有关，也与它们的投资比重和相关性有关。我们分别就 ρ_{AB} 的不同取值进行分析，为方便起见，下面的分析假定不允许卖空。

(1) $\rho_{AB}=1$，证券 A 与证券 B 完全正相关。

$$E(R)=w_A E(r_A)+(1-w_A)E(r_B)$$

则：

$$\sigma_p=w_A\sigma_A+(1-w_A)\sigma_B$$

可见，投资组合的风险完全取决于两种证券各自的风险以及它们在投资总额中的比重，它们的风险丝毫不能抵消，因而组合并不能降低风险。由于标准差与期望收益率之间是线性关系，则该组合的投资可行集是一条线段，如图 9—2 所示。

(2) $\rho_{AB}=-1$，证券 A 和证券 B 完全负相关，则：

$$\sigma_p=|\,w_A\sigma_A-(1-w_A)\sigma_B\,|$$

显然，投资组合的风险大大降低了，因为它是 A、B 两种证券风险相互抵消的结果。

如果适当地选择组合中证券 A 和证券 B 的比重，就可以完全消除组合的风险，我们在标准差—期望收益率坐标系中绘制此类组合的投资可行集，如图 9—3 所示，它是两条折线，两条折线与纵轴相交于 C 点。这时，证券 A 收益率的上升（下降）正好与证券 B 收益率的下降（上升）相抵，组合的风险为零。

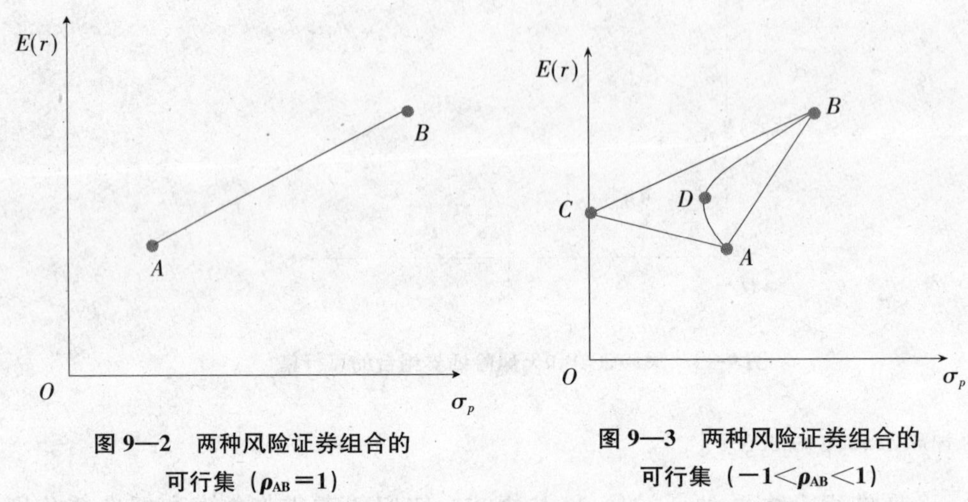

图 9—2　两种风险证券组合的可行集（$\rho_{AB}=1$）

图 9—3　两种风险证券组合的可行集（$-1<\rho_{AB}<1$）

(3) $-1<\rho_{AB}<1$ 时。上面分析了 A、B 两种证券的相关系数分别为 1 和 −1 的情况下各种投资机会的集合，它是三角形 *ABC* 的三条边。在现实中，多数证券之间的相关系数是介于 1 和 −1 之间，相应的投资可行集为一条位于三角形内部的曲线 *ADB*（见图 9—3）。随着相关系数 ρ_{AB} 的变化，曲线 *ADB* 的弯曲程度也不同，它随着 ρ_{AB} 的增大而降低。当 $\rho_{AB}=-1$ 时，弯曲程度最大，呈折线状态；当 $\rho_{AB}=1$ 时，为直线，没有弯曲。

从可行集的形状看，在不允许卖空的条件下，相关系数越小，证券组合的风险就越小。特别是在完全负相关的情况下，可获得无风险的投资组合。而在不完全负相关的情况下，虽然不能得到无风险组合，但可以得到风险小于证券 A 和证券 B 中任何一个单个证券的风险。因此，在不允许卖空的情况下，投资组合所能降低风险的程度是由两个证券间的关联程度所决定的。当构成证券组合的证券数目超过两种时，证券组合的可行集就会是平面上一个区域。如图 9—4 所示，三种证券 A、B、C 在不允许卖空的情况下所有可能的组合布满了三条结合线（每两种证券形成）围成的区域。其原因在于，区域内每一点可以

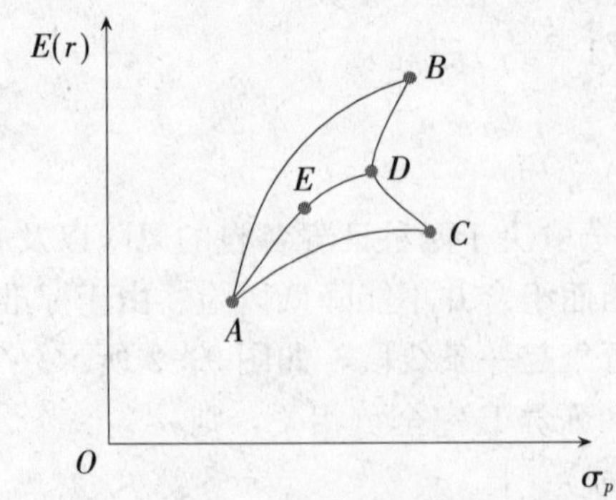

图 9—4　不允许卖空时三种风险证券组合的可行集

通过三种证券的组合来得到。例如，E 点可通过 A 与某个 B 和 C 的组合 D 的再组合得到。

当允许卖空时，A、B、C 三种证券的组合的可行区域便不再是一个有限区域，而是一个包含该有限区域的无限区域。

当存在的证券超过三种时，可行集的特征与三种证券情况时类似的，没有本质区别。

（二）投资的有效边界

从马柯维茨理论的假设我们知道，投资决策的问题就在于投资者要在投资的可行集中选择有效投资组合。有效投资组合是指满足下列两个性质之一的投资组合：

（1）对于任一给定的风险水平，投资组合应具有最大的期望收益；

（2）对于任一给定的期望收益率水平，投资组合应具有最小的风险。

总体上说，可行集可能是有限区域也可能是无限区域，这依赖于对建立组合的限制条件，比如是否允许卖空。但无论如何，可行集的左边界总是向外凸的，不会出现凹陷。

由所有有效的投资组合所构成的集合，我们称为有效集或有效边界。如图 9—5 所示，图中边界上实线部分即为有效边界。根据有效组合的选择原则，投资者不会选择不在有效边界上的点所代表的组合，因为它们都可以由实线上更佳的组合来代替。其中 S 点非常特殊，它是左边界顶部和底部的交界点，这一点代表了所有可行组合中方差最小的组合。

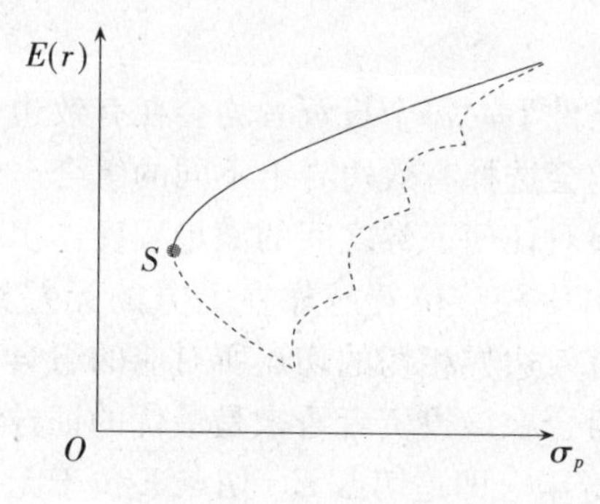

图 9—5 投资的有效边界

三、选择最佳的证券组合

从前面的分析可以知道，投资者总会在有效边界上选择证券组合，但不同的投资者会在有效边界上选择在他看来是最优的但各不相同的证券组合。原因是马柯维茨的假设没有对投资者的偏好作出任何限定，而投资者会根据自己对期望收益率和方差（风险）的偏好态度对有效边界上的组合进行比较，作出自己的最佳选择。

（一）投资者的无差异曲线

由于不同投资者对期望收益率和风险的偏好态度不同，期望收益率是否满足他们个人的风险补偿要求将因人而异。对一个特定的投资者而言，任意给定一个证券组合，根据他对期望收益率和风险的偏好态度，即按照期望收益率对风险补偿的要求，可以得到一系列满意程度相同（无差异）的证券组合。所有这些组合在马柯维茨均值—方差坐标系中形成一条曲线，这条曲线就称为该投资者的一条无差异曲线。

当在马柯维茨均值—方差坐标系中，将某投资者认为满意程度相同的点连成无差异曲线时，我们便得到无穷多条无差异曲线。所有这些无差异曲线的全体便称为该投资者的无差异曲线族。无差异曲线和无差异曲线族具有以下特征：

（1）同一条无差异曲线上的组合满意程度相同，这是由无差异曲线的定义得出的。

（2）无差异曲线位置越高，该曲线上的组合的满意程度越高。

（3）无差异曲线向右上方倾斜。因为根据马柯维茨理论的假设，在选择证券组合时，在给定期望收益率的情况下，投资者总是偏好于风险较小的组合，这就使得无差异曲线有了正的斜率，即向右方倾斜。

（4）无差异曲线随着风险水平增加越来越陡，因为随着风险水平增加，投资者承受风险更大方案时会更为谨慎。投资者要求的边界补偿率越来越大，即收益增加的速度快于风险增加的速度。

（5）无差异曲线之间互不相交，相互平行。

（6）不同的投资者拥有不同的无差异曲线族，它反映了该投资者的偏好态度，即不同投资者的无差异曲线的斜率各不相同。无差异曲线越陡，表明投资者对风险越厌恶，对于相同的风险，要求的风险补偿更高。

（二）最佳证券组合的选择

在马柯维茨理论的假设条件下，每个投资者均会在有效边界上选择一个组合，但由于不同投资者偏好的差异，他们会选择有效边界上不同的组合。投资者个人根据自身的偏好拥有自己的无差异曲线，能够对任何证券之间的满足程度作出比较，特别是也能对有效边界上不同组合的满意程度作出比较。位置越靠左上方的无差异曲线上的组合满意程度越高。如此，无差异曲线族与有效边界相切的切点所对应的组合，令投资者得到的满足程度最高，则该点所代表的证券组合在该投资者看来是最优的证券组合。

在图 9—6 中，最优的证券组合即是切点 E，切点 E 位于无差异曲线 L_2 上。虽然投资者更愿意选择无差异曲线 L_3 上的组合，但是曲线 L_3 上的点所对应的组合都是不可行的。至于无差异曲线 L_1，虽然其上许多点都是可行的，但是其为投资者带来的满足程度小于切点 E。于是，对于此投资者来说，其最优的组合就是其自身的无差异曲线与有效集的切点。

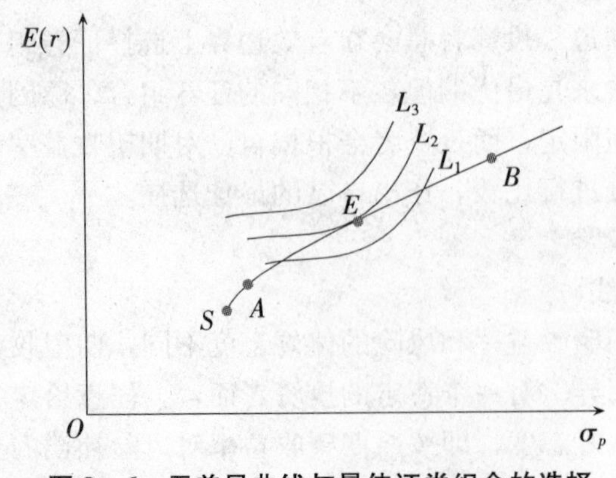

图 9—6　无差异曲线与最佳证券组合的选择

需要指出的是，最优的证券组合是因投资者的不同而不同的。这主要是缘于不同的投资者具有不同的无差异曲线，即对风险和收益的不同偏好程度。对高度厌恶风险的投资者而言，其最优证券组合更接近于组合 A，对不太厌恶风险的投资者而言，其最优的投资组合更接近于组合 B。

四、马柯维茨均值—方差模型的应用

马柯维茨均值　方差模型为投资者选择最佳的证券组合提供了科学的方法，主要包括以下步骤：（1）估计各种可供选择的证券的期望收益率、方差和证券之间的相关系数；（2）计算证券组合的期望收益率和方差，并以此决定投资的有效集；（3）根据偏好作出最佳的证券组合的选择。

但是，该理论在应用过程中存在许多不便之处，例如，投资者在期初作出投资决策时，并不知道期末的期望收益率，在实际分析时，一般使用过去某一时期的平均收益率来代替期望收益率，这样就产生了历史收益率与期望收益率之间的替代适用性问题。对于历史比较长、比较成熟的证券市场而言，通过对历史收益率的调整，可以比较精确地作出估计，但是，对于发展不成熟或是不够稳定的市场，其适用性就要受到怀疑。

马柯维茨均值—方差模型所涉及的参数很多，并且极难估计，要明确地考虑证券间的协方差，参数估计的任务必然会显著增加。当证券数目较多时，生成有效边界所需要的计算工作量也十分巨大，即使使用计算机，也是相当困难的。因此，马柯维茨均值—方差模型主要提供了构建和分析投资组合的理论框架，适用于不同类型资产的分配问题，其运用于资产选择的实际可操作性较差。

第三节　资本资产定价模型

在马柯维茨均值—方差模型的基础上，美国经济学家夏普、林特和莫森等人几乎同时提出了资本资产定价模型（CAPM）。这一模型着重描述了证券组合的期望收益和风险的关系，对证券均衡价格的确立作出了系统性的解释，它是现代金融理论和证券理论的核心内容，对于指导证券投资活动有着重要的意义。

一、资本资产定价模型的假设条件

资本资产定价模型是以马柯维茨均值—方差模型为基础发展而成，因此，关于马柯维茨均值—方差模型的假设对资本资产定价模型同样适用。同时资本资产定价模型的有关假设比马柯维茨均值—方差模型更为严格，其基本假设如下：

（1）投资者都是风险厌恶者，都是在单一期间内投资。

（2）投资者都是采用期望收益及方差或标准差这两个参数来衡量资产的收益和风险。

（3）投资者都是价格接受者，且对呈正态分布的资产报酬都有相同预期，即对证券未来的期望收益、标准差与证券间的相关系数有相同的预测。

（4）在现实经济中存在无风险资产，投资者可以按照无风险利率任意借入或贷出资本。市场是无摩擦的，不存在税收、交易成本、对抛空的限制等投资障碍。信息是公开的、自由流动的。

二、资本市场线

在资本资产定价模型中，投资者不仅投资于风险证券，还进行无风险资产的借贷活动，因此，我们将考察在引入无风险资产后，投资的可行集、有效集如何变化。

（一）无风险借贷

如前所述，无风险资产意味着其收益的确定性，因而无风险资产的标准差为零。假定在一个较短的时期间内未发生通货膨胀与利率变动，即可用相应期间的政府短期国库券代表无风险资产。其中，投资者对无风险资产的投资称为无风险贷款；投资者以固定利率借入资金并将其投入风险资产则称为无风险借款。

当投资者将无风险资产与风险证券组合结合形成新的投资组合，则新投资组合的期望收益率与方差为：

$$E(r_p)=E(r_f)\times P_f+(1-P_f)\times E(r_M) \tag{9—3—1}$$

$$\sigma_p=(1-P_f)\times\sigma_M \tag{9—3—2}$$

其中，$E(r_f)$为无风险资产收益率，即β系数为零时无风险证券的收益率；$E(r_M)$为风险证券组合期望收益率；P_f为投资于无风险资产的比例；σ_M为风险证券组合期望收益率的标准差。

可见，新投资组合的收益取决于无风险资产与风险证券组合的收益及各自的投资比例；而新投资组合的风险则取决于风险证券组合的标准差及投资比例。

（二）市场组合

引入了无风险资产后，投资者有了借入借出资金的可能，其投资的选择机会更多，无风险资产可以与任何一种风险证券或风险证券组合以任何投资比例构成一系列新的投资组合。由于我们假设投资者对未来有相同的预期，那么此时所有投资者会拥有同一个新的投资可行集，新的可行集即从纵轴上无风险资产收益率点（0，$E(r_f)$）引出一条直线$E(r_f)M$与风险证券组合理论的有效边界SB相切于M，此时直线$E(r_f)M$就是纳入无风险资产的最佳资产组合线，M点是所有风险证券有效组合与无风险资产的最佳组合点。而且有效边界SB上除点M外不再有效，比如证券组合C在SB上，可以在直线$E(r_f)M$上找到证券组合D比C更有效。同样有效边界SB上除点M外的任何风险证券组合与无风险资产组成的证券组合总能在直线$E(r_f)M$上找到比其更有效的证券组合。在这个意义上，M点被称为最佳风险组合（见图9—7）。

因此，对于不同风险偏好的投资者来说，只要能以无风险利率自由借贷，他们都会选择M点作为风险证券组合，即在每个投资者的最佳证券组合中，对各种风险证券投资的组合比例均与M点相同，所不同的是每个投资者对无风险资产和风险组合M之间的投资比例不同。由于每个投资者均投资于相同的风险组合，因而在均衡状态，即市场上每一种证券的流通量正好等于该证券需求量的状态，这个组合中所含各种风险证券的比例应该与整个市场上的风险证券的市值比例一致。任何一个与市场中各风险证券市值比例一致的风

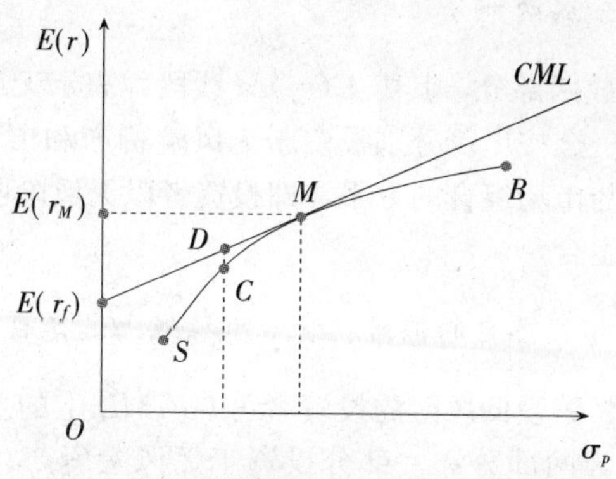

图 9—7　市场组合与资本市场线

险证券组合称为一个市场组合。根据上面的分析，在资本资产定价模型假设下的均衡状态中，最佳风险组合 M 等于市场组合。市场证券组合是一个风险证券组合，通过组合的完全多元化与分散化，各风险资产的非系统风险相互抵消，但系统风险仍将保留。因此，市场证券组合提供了最大限度的资产多元化与投资分散化的效应。

（三）资本市场线

在资本资产定价模型的理论框架下，所有投资者都以市场组合作为自己的风险资产投资组合。这样市场组合 M 与无风险资产构成的全部资产组合的有效集，即图 9—7 中的直线 $E(r_f)$ M 被称为资本市场线（CML）。

很明显，在引入无风险资产后，有效边界的形态发生了变化。证券投资组合理论的弧形有效边界不再有效，资本市场线成为风险资产与无风险资产结合的有效边界。尤为重要的是，资本市场线上的所有证券组合仅包含系统风险，即非系统风险已被有效地分散化了。

由于资本市场线是一条直线，所以它表明了有效组合条件下的期望收益率与风险之间的一种简单的线性关系。

如果投资者准备投资风险资产，必然需要一个风险报酬来补偿增加的风险。风险报酬是一个证券组合的期望收益率与无风险资产收益率之差。并且根据前述的假设前提，投资者都是厌恶风险的，因此，风险越大，期望收益也越大，那么，CML 的斜率就是向上倾斜的。CML 的斜率就是有效证券组合的风险市场价格，表示证券组合每增加一个单位的风险需要增加的风险报酬，其计算公式为：

$$CML\text{ 的斜率}=\frac{E(r_M)-E(r_f)}{\sigma_M}$$

又因为 CML 通过点（0，$E(r_f)$），因此 CML 的表达式为：

$$E(r_p)=E(r_f)+\frac{E(r_M)-E(r_f)}{\sigma_M}\cdot\sigma_p \tag{9—3—3}$$

其中，$E(r_p)$为有效组合的期望收益率；σ_p 为有效组合的标准差；$E(r_M)$为市场组合的期望收益率；σ_M 为市场组合的标准差；$E(r_f)$为无风险收益率。

从资本市场线的表达式我们可以得出以下几点结论：

1. M 点将资本市场线分成两部分

M 点将资本市场线分成两部分，其中 $E(r_f)M$ 线段，表示无风险资产贷款与市场组合结合的方案，即投资者将资金按比例分别投资于无风险资产和市场组合。$E(r_f)M$ 的延长线表示无风险资产的借款与市场组合的方案，即投资者以无风险收益率借得资金与本身持有的资金一起投资于市场组合。

2. 不同的投资者可以根据各自的偏好在资本市场线上选择自己的资产组合

对于风险承受能力弱、偏爱低风险的投资者可在 CML 上的左下方选择自己的资产组合。一般可将全部资金分为两部分：一部分投资于无风险资产；另一部分投资于风险资产。越是追求低风险，在无风险资产上投资越大，所选择的资产组合点越接近于纵轴上的（0，$E(r_f)$）点。对于风险承受能力强、偏爱高风险的投资者，可在 CML 上的右上方选择自己的资产组合。一般将全部资金投资于风险资产组合后，还按无风险利率借入资金投资于无风险资产。风险偏好越强，借入资金越多，所选择的资产组合点越远离于 CML 上的 M 点。

3. 资本市场线反映了有效组合的收益与风险的线性关系

任何一个风险证券对应的点都位于这条资本市场线的下方，因而任何个别的方案都不是有效的投资方案。资本市场线反映的是整个资本市场的特征，并非个别证券的收益与风险的关系。

4. 资本市场线上的有效组合线性正相关

资本市场线是条直线，这表明资本市场线上的有效组合都是线性正相关的。换句话说，有效组合的总风险中只有系统风险，不存在非系统风险，这是因为在市场组合中非系统风险已经完全相互抵消。

5. 资本市场线实际上解释了有效组合的系统风险与收益的关系

资本市场将为承担系统风险的投资方案提供相应的风险收益，而非有效组合承担的非系统风险则不能获得相应的补偿。

三、证券市场线

（一）证券市场线的推导

资本市场线反映了有效资产组合的期望收益与系统风险之间的关系，但未体现出每一证券自身的风险与收益的关系。而证券市场线正是在均衡市场条件下反映每一证券的风险与收益的关系。

我们先构造一个组合，该组合由某一证券 i 与市场组合构成。其中，证券 i 的投资比例为 w_i，市场组合的比例为 $1-w_i$。

这个组合的期望收益率与方差分别为：

$$E(r_p)=w_iE(r_i)+(1-w_i)E(r_M)$$

$$\sigma_p^2=w_i^2\sigma_i^2+(1-w_i)^2\sigma_M^2+2w_i(1-w_i)\ \sigma_{iM}$$

其中，σ_{iM}表示证券 i 与市场组合 M 之间的协方差。

在通常采用的标准差—期望收益率坐标系中，求得该证券与市场组合点之间结合线的斜率：

$$\frac{\partial E(r_p)}{\partial\sigma_p}=\frac{\partial E(r_p)/\partial w_i}{\partial\sigma_p/\partial w_i}$$

$$=\frac{E(r_i)-E(r_M)}{w_i\sigma_i^2-\sigma_M^2+w_i\sigma_M^2-2w_i\sigma_{iM}+\sigma_{iM}}\cdot\sigma_p$$

当 $w_i=0$ 时，这个组合就是市场组合，即 $\sigma_p=\sigma_M$，则：

$$\left.\frac{\partial E(r_p)}{\partial\sigma_p}\right|_{w_i=0}=\frac{E(r_i)-E(r_M)}{\sigma_{iM}-\sigma_M^2}\cdot\sigma_M$$

此时，该组合的斜率应等于 CML 的斜率，则有：

$$\frac{E(r_i)-E(r_M)}{\sigma_{iM}-\sigma_M^2}\cdot\sigma_M=\frac{E(r_M)-E(r_f)}{\sigma_M}$$

如果将证券 i 与市场组合的协方差σ_{iM}和市场组合的方差σ_M^2之比$\sigma_{iM}/\sigma_M^2=\beta_i$ 作为该证券系统风险程度的度量，则可将证券 i 的期望收益与系统风险间的关系表示为：

$$E(r_i)=E(r_f)+\beta_i[E(r_M)-E(r_f)] \tag{9—3—4}$$

公式（9—3—4）表明，单个证券 i 的期望收益率与其对市场组合方差的贡献率 $\beta_i=\sigma_{iM}/\sigma_M^2$ 之间存在着线性关系，而不像有效组合那样与标准差即总风险之间有线性关系。因而单个证券的风险用 β_i 来测定更为合理。人们习惯上将 β_i 称为证券 i 的 β 系数。

对任何一个证券组合 P，假设其投资于各种证券的比例分别为 w_1，w_2，…，w_n，那么显然有：

$$E(r_p)=w_1E(r_1)+w_2E(r_2)+\cdots+w_nE(r_n)$$

$$=E(r_f)+(w_1\beta_1+\cdots+w_n\beta_n)[E(r_M)-E(r_f)]$$

令 $\beta_p=w_1\beta_1+\cdots+w_n\beta_n$，则有：

$$E(r_p)=E(r_f)+\beta_p[E(r_M)-E(r_f)] \tag{9—3—5}$$

可见，无论单个证券还是证券组合，均可将其 β 系数作为风险的合理度量，其期望收益与由 β 系数测定的系统风险之间存在线性关系，这个关系在以 $E(r_p)$ 为纵坐标、β_p 为横坐标的坐标系中代表一条直线，这条直线被称为证券市场线（见图 9—8）。

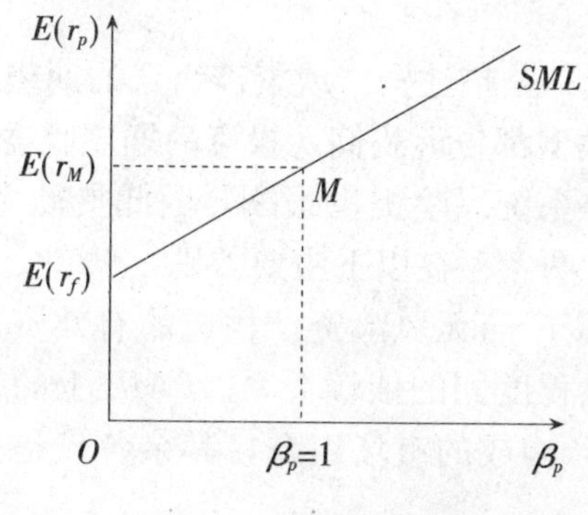

图 9—8　证券市场线

当 p 为市场组合 M 时，β 系数为 1；当 p 为无风险资产时，β 系数为 0。

（二）证券市场线的意义

1. 证券市场线揭示了市场均衡状态下的投资收益分成两部分

第一部分是公式（9—3—4）右边的第一项 $E(r_f)$，即无风险资产的收益率，这部分收益是由于资金被占用、消费被推迟而获得的时间报酬。它的大小等于证券市场线的截距。第二部分是公式（9—3—4）右边的第二项，它是证券市场线的斜率 $\frac{E(r_M)-E(r_f)}{\sigma_M^2}$ 与风险证券的系统风险 σ_{iM} 的乘积。证券的系统风险越大，这部分收益越高。因而，这部分收益是承担系统风险而获得的风险报酬。

2. 证券市场线揭示了在市场均衡状态下证券的期望收益率与风险的关系

如果某种证券的期望收益率对应的点位于证券市场线上方，表示该种证券的期望收益率高于在均衡条件下它的系统风险应得到的风险补偿。换言之，它的价格低于其均衡价格。投资者增加持有该证券的比例，就可以在不增加投资组合的风险的前提下，提高组合的收益。这样会刺激对该证券的需求，对其价格产生向上的推动力。随着价格上升，增加该证券持有比例的收益逐渐下降，直到其对应的点落在证券市场线上，这个过程才告终止。同样的道理，如果证券或组合对应的点落在证券市场线的下方，它的系统风险大于市场组合的风险而期望收益率小于市场组合的收益率，说明它的价格高于其系统风险的均衡价格。换言之，该证券或组合没有提供足够的收益率来吸引投资者。原来持有这种证券或组合的投资者将抛售价格被高估的该证券或者组合。由于需求不足，供给增加，将迫使其价格下降，收益上升，直到其升到证券市场线，供求才达到均衡状态，价格才不再变动。

3. β 系数反映了收益与风险的依赖关系

任何单个证券或证券组合的系统风险均可以以 β 系数作为度量，进而反映收益与风险的依赖关系。$\beta=1$ 表明该证券具有市场上的平均风险；$\beta>1$ 表明该证券的风险程度高于市场平均风险；$\beta<1$ 表明该证券的风险程度低于市场平均风险。这里，β 类似于风险杠杆，当风险收益为［$E(r_M)-E(r_f)$］时，增大风险杠杆系数 β，才能增加总的投资收益。

（三）*SML* 与 *CML* 的比较

证券市场线与资本市场线都是描述资产或资产组合的期望收益与风险之间依赖关系的函数。*CML* 与 *SML* 的数学模型都告诉我们，投资的期望收益率是由系统风险决定的，市场并不对个别资产或组合的非系统风险提供报酬，因此贯彻多元化和分散化的投资策略，抵消非系统风险十分有必要。两者存在以下主要差别：

（1）*CML* 是由所有风险资产与无风险资产构成的有效资产组合的集合，反映的是有效资产组合的期望收益与风险程度间的依赖关系。*CML* 上的每一点都是一个有效资产组合，其中 M 是由全部风险资产构成的市场组合，其余各点是由市场组合与无风险资产构成的有效的资产组合。

SML 反映的则是单项资产或任意资产组合的期望收益与风险程度间的依赖关系。从本质上看，*CML* 是 *SML* 的一个特例。

（2）*CML* 是由市场组合与无风险资产构成的，因此直线上的所有资产组合都只含有系统风险，它所反映的是这些资产组合的期望收益与其全部风险 σ_p 间的依赖关系。

SML 是由任意单项资产或资产组合构成的，但它只反映这些资产或资产组合的期望收益与其所含的系统风险的关系，而不是全部风险的关系。β 系数只是用来衡量资产或资产组合所含的系统风险的大小。

四、资本资产定价模型的应用

资本资产定价模型的最大优点就是简单和明确，它把任何一种风险资产的价格划分为三个因素：无风险因素、风险的价格因素和风险的计量单位，并用简单的线性关系把这三个因素连在一起。在马柯维茨均值—方差模型里，对资产风险的补偿要求完全是一个人的偏好问题，并没有任何确定风险价格的正确或错误的方法。资本资产定价模型为我们提供了资产或资产组合定价的简便方法：首先，它使我们能够用 β 系数来确定单项资产或组合所包含的系统风险量；其次，它通过市场组合的概念求出了风险的单位报酬，即风险的价格；最后，它将某种单项资产的系统风险和风险的市场价格联系在一起，从而得出了在市场组合存在的条件下如何计算单项资产价格的标准化计算公式。

资本资产定价模型的另一个优点是它的实用性，它以简洁的公式形式为投资者提供了一种机制，使投资者可以根据能够直接得到的有关系统风险的指标而不是总体风险来作出投资决策。投资者可以通过权威性的综合指标来确定市场组合的期望收益率，并据此计算出可供投资选择的单项资产的 β 系数，同时用国库券或其他合适的政府债券来确定无风险收益率。当一个投资者得到这些信息之后，资本资产定价模型就可以告诉他，对哪一种单项资产应该要求多高的期望收益率。假如某种资产的期望收益率与投资者所要求的必要报酬率不相等则说明市场价格被误定，利用这一点，投资者就可以获得超额收益。

资本资产定价模型提出后，引起了金融理论界与市场投资者的极大兴趣，后续的研究发现，该模型也存在很大的不现实性，限制了其应用范围。

（一）全市场组合的有效性

CAPM 假定存在全市场投资组合，如果找不出真正的全市场组合，至少要找出全市场投资组合的替代物。市场期望收益率和单项资产的 β 系数是根据这个全市场组合替代物的有关数据来计算的。但是，估计出包括经济生活中所有投资机会的全市场组合的期望收益率和标准差证明其有效性几乎是不可能的。

（二）收益预期一致假定

CAPM 假定所有的金融市场参加者对市场上有效资产未来收益率和标准差的评价都是一致的。它要求每一个投资人都持有一个共同的全市场组合。但实际上，每个人都不可能持有全市场组合，同时，他们对每种单项资产甚至对所谓全市场组合的评价都可能不一致。这是因为，评价一种资产或一个投资组合，需要各方面的信息和加工这些信息的知识技术与经验等，但每一个投资人掌握的信息、获得信息的成本、加工信息的技术和经验都是不同的，因此，每个投资人得出的有效组合的形状是不一样的。

（三）期望收益与历史数据之间的冲突

CAPM模型是建立在投资者对未来的预期基础上的数学模型，而人们在应用该模型时只能以历史数据作为样本。

总之，CAPM模型是理想状态下的资本市场理论，在实际应用中却无法得到验证。但是，它从假设条件出发，经过逻辑推论得到了简单、直观的结论，无疑是现代金融理论的一个里程碑，并为后来的研究开辟了道路、指明了方向，推动了人们对证券价格本质的认识。

第四节　特征线模型

一、α系数与特征线

在处于均衡状态的资产资产定价模型中，每一种资产都位于证券市场线上，即资产期望收益率与它的均衡期望收益率完全一致。而事实上，市场往往并不处于均衡状态，总有一部分资产或资产组合偏离*SML*，这时，资产价格与期望收益率处于不均衡状态，又称为资产的错误定价。资产的错误定价用α系数度量，其计算公式为：

$$\alpha_i = E(r_i) - E(r'_i) \tag{9—4—1}$$

其中，$E(r_i)$为资产i的期望收益率；$E(r'_i)$为资产i的均衡期望收益率。

在处于均衡状态的资本资产定价模型中，位于*SML*上的资产i的期望收益率即为均衡期望收益率，也即：

$$E(r'_i) = E(r_f) + [E(r_M) - E(r_f)] \times \beta_i \tag{9—4—2}$$

则有：

$$\alpha_i = E(r_i) - \{E(r_f) + [E(r_M) - E(r_f)] \times \beta_i\} \tag{9—4—3}$$

如果某资产的α系数为零，则它位于*SML*上，说明定价正确；如果某资产的α系数为正数，则它位于*SML*的上方，市场对证券的收益率的预期高于均衡的期望收益率，说明价格被低估；如果某资产的α系数为负数，则它位于*SML*的下方，市场对证券i的收益率的预期高于均衡的期望收益率，说明价格被高估。在资本资产定价模型中，一种资产的α系数是由它的位置到*SML*的垂直距离来度量的。

根据公式（9—4—1）、（9—4—2）和（9—4—3），则下式成立：

$$E(r_i) - E(r_f) = \alpha_i + [E(r_M) - E(r_f)]\ \beta_i \tag{9—4—4}$$

公式（9—4—4）表明，资产i的期望超额收益率由两部分组成：一是该资产的α系数；二是市场证券组合期望超额收益率与该资产β系数的乘积。

公式（9—4—4）描述的市场状况还是不完全的，这是因为存在随机误差的缘故。当随机误差项不为零时，资产的实际超额收益率应包括α系数、市场组合的实际超额收益率与β系数的乘积以及随机误差三项。

在资产实际超额收益率包括上述三项内容时，公式（9—4—4）应调整为：

$$E(r_i) - E(r_f) = \alpha_i + [E(r_M) - E(r_f)] \times \beta_i + \varepsilon_i \tag{9—4—5}$$

其中，ε_i 为资产 i 的随机误差项。

这是一个统计学中的回归模型。按统计学的基本假定，假设模型中的随机误差项 ε_i 的平均值为 0，即 $E(\varepsilon_i)=0$，而且 ε_i 与 $[E(r_M)-E(r_f)]$ 不相关，这一回归模型通常称为证券的特征线模型。

由于资产组合的 α 系数和 β 系数是构成其各证券 α 系数和 β 系数的加权平均数。因此，资产组合的特征线可表述为：

$$E(r_p)-E(r_f)=[E(r_M)-E(r_f)]\times\beta_p+\alpha_p+\varepsilon_p \tag{9—4—6}$$

二、特征线的意义

(一) 特征线明确了风险与收益的关系并对单个证券的风险进行了具体分解

资本资产定价模型描述的最根本的关系是期望收益率与风险之间的关系。我们在前面的论述中已经指出，有效组合的期望收益率与总风险有关，而单个证券的期望收益率仅与由 β 系数所测定的风险有关，并不与单个证券的总风险发生必然的联系。这一特征实际上暗示着风险内部特征中存在应加以区分的本质。特征线模型说明了证券的风险根据来源的性质可分为两大类：一类是与整体市场相关联的风险；另一类是只与个别证券有关而与整个市场无关的风险。前者称为系统风险，后者称为非系统风险。一个证券的总风险由两类风险共同构成，即总风险可分解为两部分。这种分解可通过特征线模型加以明确的表述。

(二) 特征线揭示了 β 系数在证券投资分析中的意义

将公式 (9—4—5) 改写为：

$$E(r_i)=\alpha_i+(1-\beta_i)E(r_f)+\beta_iE(r_M)+\varepsilon_i$$

令：$\alpha_i'=\alpha_i+(1-\beta_i)E(r_f)$

则有：$E(r_i)=\alpha_i'+\beta_i E(r_M)+_i$

可以看出，证券或组合的 β 值表示市场组合的收益率变动 1%时，该证券或组合的收益率的变化值，即证券或组合的收益率对市场组合收益率变动的敏感程度。

当 $\beta<1$ 时，表示市场呈上升趋势时，该证券或组合的价格上升的幅度小于市场的平均幅度；反之，市场呈下跌趋势时，该证券或组合的下跌也低于市场的平均跌幅。这类证券或组合的价格变动幅度较小，风险较低。特别是在市场下挫时有较强的抗跌性，因而称为防守型证券或组合。

当 $\beta=1$ 时，表示该证券的价格变动幅度与市场平均的变动幅度相等。这类证券或组合的系统风险与市场的平均风险相等，所以被称为指数型证券或组合。

当 $\beta>1$ 时，表示市场上涨时，该证券或组合的价格上升的幅度更大；反之，市场下跌时，该证券或组合的价格下跌的幅度也更大。这类证券或组合的价格变动幅度大，风险较高。由于在市场行情见好时，这类证券或组合有较好的市场表现，所以被称为进取型证券或组合。

(三) 特征线常用来判断证券价格的合理性和升值潜力

特征线揭示了在市场均衡状态下证券的均衡收益率，但是，证券的实际收益率并不正好是其均衡收益率，因而投资者可以根据两者的比较来判断证券现行价格的高低。特征线提供了计算特定的证券的均衡价格、判断证券的投资价值的有用手段。

（四）特征线进一步说明了投资分散化的作用

资产组合可以达到投资分散化、减少组合总风险的目的。这是因为：(1) 组合的β系数是构成其各证券β系数的加权平均数，当投资高度分散时，各种组合中每个证券所占的比重相对较小，组合中证券种类的个别调整不会引起β_p的显著变化，也即投资分散化将导致系统风险的平均化。(2) 组合的α系数是构成其各证券α系数的加权平均数，由于各证券α系数围绕着其SML上下波动，数值可正可负，所以组合中证券种类越多，投资越分散，各证券α系数相互抵消的可能性越大；同样影响收益率的随机误差值也可正可负，存在相互抵消的可能性。因而，投资分散化将导致非系统风险的相互抵消与减少。

第五节　套利定价模型

一、因素模型

1963年夏普提出了单因素模型，该模型为解决马柯维茨均值—方差模型应用于大规模市场时的计算量问题提供了行之有效的途径，后来单因素模型被推广到多因素模型。

根据资本资产定价模型，资产的收益只与市场整体收益水平的波动有关，但在实际经济生活中，影响证券价格的共同因素是多方面的。因素模型就是描述若干相互独立的共同因素与证券收益波动之间关系的模型。

（一）单因素模型

如果市场受到且只受到一种因素的普遍影响，我们便可以分析每种证券对该因素变动的敏感性。当然，影响证券收益率的因素可以是市场组合收益率，也可以是国民生产总值、市场利率或是其他风险因素。因素敏感性通过建立如下方程来描述：

$$r_{it}=a_i+b_iF_t+\varepsilon_{it} \quad (9—5—1)$$

其中，r_{it}为证券i在t期的实际收益率；a_i为当因素F的期望值为零时，证券i的期望收益率；b_i为证券i对因素F的敏感性；F_t为t期的单因素期望值；ε_{it}为证券i在t期的随机误差项，随机误差项代表收益率中不受因素影响的那一部分收益，且$E(\varepsilon_{it})=0$，不同证券的随机误差之间亦不相关。

对证券收益率建立的这样一种模型称为单因素模型。单因素模型说明，证券的收益率绝大部分或是基本上可以用单因素来说明。因此，证券的期望收益率、方差和协方差计算如下：

$$E(r_i)=a_i+b_iE(F)$$

$$\sigma_i^2=b_i^2\sigma_F^2+\sigma^2(\varepsilon_i)$$

$$\sigma_{ij}=b_ib_j\sigma_F^2$$

上述三个关系对任意时期t都适用，因而略去了时间指标t。

假设影响证券收益率的因素F就是市场组合收益率，前面介绍的特征线模型显然可视

为一种特殊的单因素模型。在实践中，难以得到市场组合收益率，常用市场指数来代替，即以市场指数作为单因素，这时的单因素模型称为市场模型。市场模型的方程可表示为：

$$r_i = a_{iI} + \beta_{iI} r_I + \beta_{iI}$$

其中，I 为市场指数；r_I 为市场指数 I 的收益率。

指数模型极大地简化了证券的期望收益率、方差及证券间协方差的计算。在完成这些计算以后，可按照马柯维茨均值—方差模型确定有效边界，继而在给定的无风险利率下，确定最优风险组合。

同讨论特征线模型类似，证券或证券组合的总风险可分解为因素风险和非因素风险。即：

$$\sigma_p^2 = b_p^2 \sigma_F^2 + \sigma^2(\varepsilon_p)$$

可以看出，投资分散化的结果不能降低与因素相关的风险，只能使因素风险平均化，但是，投资分散化有利于减少非因素风险，因为影响证券的非因素风险是相互独立的随机变量，从组合总体的角度，这些负面影响是可以相互抵消的，因而减少了组合的非系统风险。

（二）多因素模型

影响资产收益的因素往往不止一个，构造更为精确的多因素模型是必要的。一般来说，假设证券收益率普遍受到若干个共同因素 F_1，F_2，…，F_N 的影响，可建立下列多因素模型来描述证券收益率对这 N 个因素的敏感性：

$$r_{it} = a_i + b_{i1} F_{1t} + \cdots + b_{iN} F_{Nt} + \varepsilon_{it} \qquad (9\text{—}5\text{—}2)$$

其中，F_{1t}，…，F_{Nt} 为 N 个因素在 t 期的期望值；b_{i1}，…，b_{iN} 为证券 i 对这 N 个因素的敏感系数。

利用多因素模型，证券 i 的期望收益率为：

$$E(r_i) = a_i + b_{i1} E(F_1) + \cdots + b_{iN} E(F_N)$$

当各因素相互独立时，则：

$$\sigma_i^2 = b_{i1}^2 \sigma_{F1}^2 + b_{i2}^2 \sigma_{F2}^2 + \cdots + b_{iN}^2 \sigma_{FN}^2 + \sigma^2(\varepsilon_i)$$

二、套利定价模型

套利定价模型仍然是一个描述为什么不同证券具有不同的期望收益率的均衡模型。但这里并不需要资本资产定价模型中那么多的假设，比如不必假定投资者仅根据期望收益率和标准差或方差来选择证券组合。它所描述的均衡状态是，不存在即使投资者不承担风险又不需要额外资金就能获得收益的机会，即不存在套利机会的均衡状态。这种均衡状态可通过投资者在非均衡状态套利的运用而最终使套利机会消失来实现。

（一）套利定价模型的内容

套利定价模型认为证券的收益率是由前面我们讨论的某一个因素模型所决定的。但是，套利定价模型没有限定因素模型的具体形态，也没有限定这个因素模型中因素的数量和具体内容。这个假定是非常弱的条件，因而给投资者留下了广阔的分析空间。一般来说，不妨假设一共有 N 个因素对证券的收益率产生影响，则因素模型的表达式为：

$$r_{it}=a_i+b_{i1}F_{1t}+\cdots+b_{iN}F_{Nt}+\varepsilon_{it} \tag{9—5—3}$$

套利理论认为，如果证券的价格发生偏差，就会产生套利机会。那么什么是套利呢？套利的精确含义是指投资者利用同一物质资产或证券的不同价格来赚取无风险利润的行为。因素模型表明，具有相同因素敏感性的证券或证券组合的收益率在无因素影响的情况下将以相同的方式运动，因而具有相同敏感性的证券或证券组合应提供相同的期望收益率。所以这里套利行为是指那些具有相同的因素敏感性（即相同的因素风险）而具有不同的期望收益率之间进行的交易行为。通过套利投资可以在不增加因素风险的情况下获得利润。

投资者实现套利机会的手段是建立套利组合。根据套利定义中的特征，一个套利组合应满足下述三个条件：

（1）实施套利组合不需额外资金，即投资于 k 种证券的权数满足：

$$\sum_{j=1}^{k} w_j = 0$$

（2）套利组合不承担因素风险，即对任何因素的敏感性为 0：

$$\sum_{j=1}^{k} X_j b_{ji} = 0 \ (i=1,2,\cdots,N)$$

（3）套利组合应具有正的期望收益率，即：

$$\sum_{j=1}^{k} X_j E\ (r_j) > 0$$

通过建立套利组合，投资者原有的组合转变为一个新的组合。新的组合在没有增加额外资金和因素风险的情况下，增加了期望收益率。套利理论认为当存在这种机会时，投资者会利用这种机会。当投资者都这样做时，会使风险相同、收益率较低证券的供给增加，价格下降，期望收益率上升；反之，则期望收益率下降。这一过程会一直进行下去，直到套利机会消失。套利定价模型认为，无套利风险市场状况就是均衡市场状况。当市场处于均衡时，证券价格应服从一价法则，即相同风险证券的收益率应该是相同的。

（二）套利定价方程

当不存在套利机会，市场达到均衡状态时，证券的期望收益率与因素风险的关系由期望收益率关于因素敏感性的线性函数来反映，即有：

$$E(r_i)=\lambda_0+\lambda_1 b_{i1}+\lambda_2 b_{i2}+\cdots+\lambda_N b_{iN} \tag{9—5—4}$$

这一方程通常称为套利定价方程。这里每一个 λ_j 表示对因素 F_j 具有单位敏感性因素的风险溢价。

进一步，对于无风险证券，其期望收益率为 $E(r_f)$，根据套利定价方程，无风险证券对于所有风险因素没有敏感性，即 $E(r_f)=\lambda_0$。

于是，套利定价方程转换为如下形式：

$$E(r_i)=E(r_f)+\lambda_1 b_{i1}+\lambda_2 b_{i2}+\cdots+\lambda_N b_{iN} \tag{9—5—5}$$

三、套利定价模型的应用

套利定价模型同资本资产定价模型一样，其应用的核心是寻找那些价格被误定的证

券。更具体的表现为寻找套利机会并通过建立套利组合来实现超额收益。为此我们首先应该识别出哪些因素会对市场产生广泛的影响，并估计出每种证券对各个因素的敏感性。在此基础上，我们便可以判别是否存在套利机会并求解出一种可能的套利组合，然后建立这样的套利组合来套利，从而获得超额收益。

与资本资产定价模型相比，套利定价模型具有如下优点：首先，该模型对投资者的风险—收益偏好的限制条件要求不高。在资本资产定价模型中假设投资者在期望收益率和投资者预测的标准差的基础上要求风险和收益保持替代关系，而套利定价模型则不然。其次，套利定价模型并不假定证券收益的分布特征。最后，由于套利定价模型并不依赖于市场指数的可辨性，所以该模型有可能得到实证的检验。

总体来看，套利定价模型比资本资产定价模型的假设条件更为宽泛，模型中容纳的经济变量更多，更加贴近实际，从而具有相对更大的现实意义。

但是，理论界后来的研究也表明，市场套利行为很难像理论描述的那样顺利进行，即存在“套利限制”，证券的一价法则在现实中也很难达到。这无疑对套利定价模型提出了新的挑战。迄今为止，对套利定价模型的实证检验仍然是一个没有解决的难题。

本章小结

证券组合是指个人或机构投资者所持有的债券、股票、货币市场证券工具等各种有价证券的总称。现代证券组合理论证明了证券投资者构建证券组合能有效地降低非系统风险。

人们进行证券投资决策最直接的目标是使收益最大化。但是由于时间性差异的存在，未来收益的实现值可能会与预期的结果产生偏离，风险就是指预期投资结果的不确定性。证券投资中的风险可以分成系统风险和非系统风险两个部分，一般可以用标准差和β系数来衡量。风险与收益是对称性的，风险是收益的代价，收益是风险的报酬。

现代证券投资组合理论开端于马柯维茨建立的均值—方差模型，他分别用期望收益率和收益率的方差来度量投资的期望收益水平和风险，在实现风险一定情况下的收益最大化或收益一定情况下的风险最小化的约束下，投资者根据无差异曲线描述的自身对风险—收益的偏好关系在投资的有效边界上选择最优的资产组合。

在马柯维茨均值—方差模型的基础上，夏普、林特和莫森提出了资本资产定价模型。该模型认为，在引入无风险证券后，不同的投资者可以根据各自的偏好在资本市场线上选择自己的资产组合，资本市场线反映了有效组合的收益与系统风险的线性关系。证券市场线反映了单项资产或任意资产组合的期望收益与系统风险间的依赖关系。β系数可用来衡量资产或资产组合所含的系统风险的大小。当资产价格与期望收益率处于不均衡状态时，α系数和特征线可度量资产的错误定价，并进一步说明投资分散化的作用。

套利定价模型比资本资产定价模型的假设条件更为宽泛，假定在均衡市场中不存在套利机会，建立了证券的期望收益率关于因素敏感性的线性函数，即套利定价方程来描述风险与收益的关系。

思考题

1. 证券投资的风险有哪些？收益与风险的关系如何？
2. 如何选择最佳证券组合？
3. 什么是资本市场线？什么是证券市场线？
4. 比较套利定价模型与资本资产定价模型的区别与联系。

第十章

证券投资理论的革命

本章要点

1. 各种证券市场异象对传统证券投资理论的挑战
2. 行为金融的内涵与发展历程
3. 行为金融学的理论基础
4. 行为金融学对各种证券投资市场异象的解释

第一节 证券投资理论的危机与行为金融学的产生

一、证券投资市场异象的出现

（一）传统证券投资理论与实践的矛盾

1. 有效市场假说和随机走向理论

早在 1900 年法国数学家巴歇列埃（Bachelier）就提出了股价随机走向的观点，后经多位学者加以论证。随机走向的观点认为股票价格连续不断变动是一种偶然发生的行为，在统计上是彼此独立的，前后没有联系，就像醉汉毫无目标的脚步，未来的价格变动趋势是无从预测的。事实上当人们提到股票随机走向理论时，实际指的是有效市场理论，因为随机走向理论家们认为股票市场是一个有效的市场，市场上拥有众多的理性投资者或投机者，为了一个共同的目标——利润最大化而从事股票交易，影响股价变化的各种信息资料在市场上自由传播，公众都能获悉，一有新情况产生，市场立即做出反应，价格随之而动，因此一种股票的市场价格可以真实反映其内在价值。

有效市场理论与实践的矛盾主要体现在以下两方面：一是立论基础的隐含假设过于严格，交易客体的同质性；交易双方均可自由进出市场；不存在操纵市场的行为；所有交易双方具备完全知识和完全信息；交易者完全理性。二是不可检验。根据尤金·法马（Eugene Fama）对市场有效性的检验发现，检验必须借助于有关预期收益的模型，如资本资产定价模型（CAPM）和套利定价（APT）等。若实际收益与模型得出的预期收益不符，则认为市场是无效的。这就陷入一个悖论：预期收益模型的建立以市场有效为假设前提，而检验市场有效性时，又先假设预期收益模型是正确的。哈瓦维尼（Hawawini）等人收集了不同国家不同时期的金融数据，与不同的资产定价模型进行比较，得出的结论却自相矛盾，发现市场有效性无法检验。

2. 预期效用理论与理性经济人假说

在传统的经济、金融学研究中，现实的人被简化为一个简单的理性经济人。“理性经济人”包含以下几层含义：一是人是有理性的，利己是人的本性，人们在从事经济活动中追求的是个人利益，并且个人利益的最大化只有在与他人利益的协调中才能实现；二是投资者在决策时都以效用最大化为目标；三是投资者能够对已知信息做出正确的加工处理，从而对市场做出无偏估计。和理性不可分割的是一定经济环境下的某种评价标准，这里用来评价冷静的理性人的标准是预期效用理论。预期效用理论认为，风险情景下最终结果的效用水平是通过投资者对可能出现的结果加权评价后获得的，人们追求的不是直接的货币收益，而是谋求效用的最大化。预期效用理论所勾勒的投资者行为原则是：第一，他把效用水平和各种可能的收益结果联系起来；第二，当面对各种可供选择的机会时，他将选择效用的期望值最大的那个。具体而言，对于一个风险回避者来说，当收益为零时，投资者的效用水平也为零。当收益率增加时，效用水平也增加，而且是以递减的速度在增加。

预期效用理论是以完全理性为基石，那么其与实践的矛盾也自然不难理解了，它对人的风险决策的描述也值得怀疑了。因为，人并不是纯粹的理性人，人的决策还会受到其复杂的心理和情感的影响。例如，预期效用理论难以解释人们对模糊情势的厌恶等现象，也不能解释偏好的不一致性、非传递性、不可代换性等，实际生活中的决策者对效用函数的估计也违背预期效用理论的效用函数。

（二）各种证券投资市场异象的表现

1. 股票溢价之谜

具有风险的股市投资的回报与没有风险的国家债券投资的回报之间的差距被称为“股票溢价”。拉吉尼什·梅拉（Rajnish Mehra）与爱德华·普雷斯科特（Edward Prescott）于1985年首先提出了“股票溢价之谜”（Equity Premium Puzzle），指出股票投资的历史平均收益相对于债券投资高出很多，并且无法用传统金融理论中的“风险溢价”（Risk

Premium）做出解释。

在过去的一百多年里，美国股票市场年平均实际收益率大约为7.9%，而同期无风险证券的收益率仅为1%，两者之差即股票溢价高达6.9%。股票溢价不仅发生在美国，英国、日本、德国和法国的证券市场均存在显著的股票溢价。而美国以及前述四个国家的普通股价值总额约占世界普通股价值总额的85%，由此可见股票溢价的普遍性。

2. 股票价格的过度波动

股票是风险很高的资产，因此股票价格（或者股票回报）发生波动是正常现象。但是，对股票价格变化（股票回报）的研究显示，股票价格的过度波动性无法以传统金融学理论来解释。例如，1997年10月19日，道琼斯工业指数一天就下跌22.6%，这在一个有效率的市场中是几乎不可能出现的事情。按照金融理论，股票价格的变化是由信息推动的。理论上，如果没有新的信息到来，股票的价格不会出现大的波动。但是，研究者发现，股票价格的波动无法完全以信息来解释，因为股票价格的波动幅度同导致它波动的信息的重要性不对称，或者是在没有新的信息到来的时候，股市无缘无故地出现大幅度的波动。此外，股票价格是由股票的分红决定的，因此，理论上股票价格的波动应该由它的分红的波动性决定，但是，研究者发现股票价格的波动性远远超过它的分红增长的波动性。

3. 金融泡沫

传统金融学认为股票价格的波动是建立在股票内在价值基础上的，股票价格会由于各种非理性原因偏离内在价值，但随着时间的推移这种偏离会得到纠正而回到内在价值，因此，股票价格的未来表现可通过与基础价值的比较而加以判断。但是，在历史上，常常出现资产的市场价格严重背离（高于）其内在价值的现象，经济学家将这种资产的市场价格大幅度高于其内在价值而又没有合理的理由来解释这一现象称为"金融泡沫"（Financial Bubble）。金融市场上比较有名的泡沫有1636年荷兰的"郁金香泡沫"，1720年英国的"南海泡沫"，1929年美国的"股市泡沫"及20世纪后期日本的"房地产、股市泡沫"等。股票价格长期偏离基础价值的市场异象，使得股票价格只随基础价值变化而变化的观点受到挑战。大量事实表明，股票价格除了对影响基础价值的信息做出反应以外，还在一些非基础信息因素下做出显著的波动和调整。而且，许多股票价格的剧烈波动并未随着有意义的信息而出现。

4. 股市横向回报之谜

（1）规模效应。

经济学家研究发现股票收益率与公司大小有关，即存在规模效应。罗尔夫·班兹（Rolf Banz）是第一个发现规模效应的经济学家。他在1981年发现，在美国无论是总收益率还是风险调节后的收益率都与公司大小呈负相关关系，即股票收益率随着公司规模的增大而减少。经济学家们对各主要发达国家的市场进行了广泛检验，其中包括比利时、加拿大、日本、西班牙、法国等。除了加拿大和法国外，其他国家均存在规模效应。

（2）动量效应和反转效应。

动量效应亦称惯性效应，是指在较短时间内表现好的股票将会持续其好的表现，而表现不好的股票也将会持续其不好的表现。反转效应是指在一段较长的时间内，表现差的股票有强烈的趋势在之后的一段时间内经历相当大的好转，而表现好的股票则倾向于之后的时间内出现差的表现。大量的实证研究证明了反转效应的存在。许多市场的股票收益与未来第3～5年该股票的收益存在弱的负相关现象，即连续盈利不佳的股票收益随后会明显超过连续盈利良好的股票。

5. 封闭式基金折扣之谜

在有效市场的前提下，基金的收益满足CAPM的假设，不同基金的收益由于各自风险偏好的不同而有所差异，基金无法获得超额收益。因此，就应该按照每份基金份额的净资产现值（Net Asset Value，NAV），即基金所持有的平均每份资产市场价值，进行转让交易。但是研究发现，封闭式基金单位份额交易的价格不等于其净资产现值，虽然有时候基金份额与资产净值比较是溢价交易，但实证表明，折价10%～20%已经成为一种普遍的现象。这种与有效市场假设相矛盾的价格表现就是封闭式基金之谜（Closed-end Mutual Fund Puzzle）。

封闭式基金之谜包括四个方面的内容：第一，新基金上市时溢价交易，但很快在市场上折扣交易；第二，封闭式基金股票在市场上以大幅度低于它的资产净值的价格进行交易；第三，封闭式基金股票的折扣率（溢价率）波动性很大，不仅随着时间的不同而不同，而且也因基金的不同而不同；第四，当封闭式基金因为各种原因而结束时，基金的价格逐渐上涨，并最终同它的资产净值一致。

6. 日历效应

日历效应（Calendar Effect）是指股票收益率与时间有关，即在不同的时间投资收益率存在系统性的差异。迈克尔·罗泽夫（Michael Rozeff）与威廉·金尼（William Kinney）发现，1904—1974年纽约股票交易所的股价指数1月份的收益率明显高于其他11个月的收益率。这就是“一月效应”。其后其他学者研究发现一月效应主要是小市值规模股票现象；较高的收益率主要集中在12月底的最后1个交易日和1月的头5个交易日；一月效应在全球范围内存在。

其他的日历效应包括：(1) 10月份股市多灾多难，美国历史上两次最严重的股市崩溃都发生在10月份，9月份是回报率最低的月份；(2) 在任何一个月中，前半个月的回报高于后半个月的回报的月内异常；(3) 每周星期五的回报高于同一周内其他日子的回报的周内异常等。按照传统金融学的理论，股票价格的走向是随机的，因此股市是不可能预测的，而日历效应则明显地显示，股市具有某种季节规律性，这给传统的金融学理论造成了巨大的冲击。

7. 羊群行为

金融市场中的“羊群行为”（Herd Behaviors）又称为“羊群效应”（Herd Effect）或“从众行为”，它是指投资者在信息环境不确定的情况下，行为受到其他投资者的影响，模仿他人决策，或者过度依赖舆论而不考虑信息的行为。由于受其他投资者采取某种投资策略的影响而采取相同的投资策略，如果其他投资者不采取这样的策略，那么这个投资者则

有可能不采取这种策略。但是投资者采取相同的投资策略并不一定是羊群行为，羊群行为的关键是其他投资者的行为影响这个人的投资策略，并对他的决策结果造成影响。在消费者购买商品时的决策或者政治选举中的投票决策，人们的决策常常走向一致，即产生羊群行为。金融市场的羊群行为是一种特殊的非理性行为。

二、行为金融学的革命

（一）行为金融学的产生与发展

1. 行为金融学的产生

19世纪古斯塔夫·勒庞（Gustave Le Bon）的《群体》和麦凯（Mackey）的《非凡的公众错觉和群体疯狂》这两本书首次探讨了投资市场中的群体行为，通常被视为最早阐述行为金融思想的著作。现代意义的行为金融理论大约起源于20世纪50年代，一般认为，美国俄勒冈大学布雷尔（Burrel）和鲍曼（Bauman）两位教授是其倡导人。布雷尔教授于1951年发表了题为《投资研究中运用实践方法的可能性》的文章，随后1969年鲍曼教授发表了《科学投资分析：是科学还是幻想?》一文。这两位学者在各自文章中都主张把心理学和金融学研究结合起来，认为将行为方法和定量投资模型相结合具有更大的意义。1969年，心理学教授斯洛维克（Slovic）发表了关于投资过程详细研究的文章，3年后他又发表了该领域第一篇启发性论文《人类判断的心理学研究对投资决策的意义》，呼吁关注投资者非理性的心理，并指出金融学与行为学的结合应是今后金融学发展的方向，这几篇论文可以视为行为金融理论研究的开始，为行为金融学的发展奠定了基础。

2. 行为金融学的发展

20世纪60年代到80年代中期，行为金融学的研究一般集中在应用投资者行为模型的经验研究和求证有效市场假说的有效性上。随着研究的深入，人们逐渐发现了投资者在证券市场上的实际投资决策行为与投资决策模型是不相符合的。这一时期的研究主要以斯坦福大学的阿莫斯·特沃斯基（Amos Tversky）和普林斯顿大学的丹尼尔·卡尼曼（Daniel Kahneman）教授为代表。他们两人在1979年发表的有关“直觉驱动偏差”和“框架依赖”两篇文章对行为金融学的创建和发展影响深远，并共同提出了“展望理论”，给出了解释人们在不确定条件下的决策行为模型，有力地说明了资本市场中的不少异常现象。

20世纪80年代中期以后，行为金融的研究不再局限于狭隘的理论框架，而是将其他社会科学的理论和见识纳入考察范围，重新回归到以“人”的自身规律为出发点的金融学分析，对金融学的理论预设和分析范式进行了重新思考，出现了两条不同的研究思路：一条集中在证券价格上；另一条集中在投资者行为上。研究的内容主要有股票回报率的时间序列、投资者心理会计、股票价格的异常波动、股市中的“羊群效应”、投机价格和流行心态的关系、投资者的“意向效应”以及反应过度和反应不足切换机制等问题。

到21世纪，行为金融学的研究得到进一步扩展，用行为金融学的理论体系和分析范式来分析公司活动和期权等衍生品的定价得到了进一步展开。研究了不同条件下投资者的不同行为对公司价值的影响以及公司和投资者的互动对市场产生的影响等问题。而在未来，行为金融学的发展将从投资者的决策心理与证券价格、市场机制的缺陷、投资者的心理对实体经济的影响、政府如何发挥作用四个方面展开。行为金融学的观点和方法将逐渐深入到金融研究的各个层面。

我国行为金融学的研究始于20世纪90年代末。研究主要集中于行为金融理论与现代金融理论基础的冲突，对一些典型心理特征和决策特征的介绍和分析，以及用行为金融解释股市“异象”。1999年，刘力教授的《行为金融理论对效率市场假说的挑战》一文是我国最早系统介绍行为金融理论与有效市场假说之争的文章。进入21世纪，宋军、孙培源等人对中国股市的“处置效应”、“羊群效应”进行了实证研究。冯玉明在《市场的非理性与组合投资策略》一文中验证了中国股市中不存在“动量效应”，但存在一种“轮涨效应”或“补涨效应”。随着中国证券市场的不断发展和成熟，行为金融理论的研究与应用也将在我国出现新的突破。

（二）行为金融学的内涵

1. 行为金融学的定义

彼得·伯恩斯坦（Peter L. Bernstein）在其《反抗上帝》一文中指出：“当人们面对不确定性时，他们在做出决策和选择时表现出多次重复的非理性、前后不一致性和无能。”行为金融学（Behavioral Finance）就是这样一个领域，它分析人的心理、行为以及情绪对人的投资决策、金融产品的价格以及金融市场发展趋势的影响，是行为理论与金融分析相结合的研究方法与理论体系。

行为金融学和传统金融学的主要区别在于：传统金融学假设人们是理性的，市场是有效的，并告诉大家应该如何使自己的资产最大化。基于这一思想，产生了套利定价理论、投资组合理论、资本资产定价模型和期权定价模型等。事实上人的行为并非一直是理性的，相反，人们常常因为过度自信、贪婪、盲目而做出错误的投资决定。因而行为金融学关注的是人们在金融领域的这些真实心理和行为是如何影响投资决策、公司行为和金融市场的。行为金融学融入了心理学、金融学、行为学等学科，它是一门综合性学科，具有强大的生命力。

2. 行为金融学的研究对象

行为金融学研究的主要对象不是行为过程，而是心理认知偏差和市场不规则现象，但这些偏差和现象要通过投资行为反映在市场的价格走势中。投资者的心理认知偏差是无法观察到的，但市场不规则现象和投资者的行为是可以观察到的。行为金融学是从可观察到的市场现象和投资者行为出发，发掘投资者的心理现象，以期把握市场运动的规律。

行为金融学的理论大致可以分为三个部分：第一部分是投资者认知偏差和行为偏差的心理发现和研究。第二部分是行为金融学运用心理学研究成果对市场不规则现象的解释。行为金融研究投资者普遍存在认知和行为偏差，这些偏差反映在市场上就是市场的不规则运动现象。行为金融学对这些现象给出了自己的解释。第三部分是行为金融学的理论体系。行为金融的理论大致分为三个部分：前景理论、行为资产组合理论和行为资产定价理论。

第二节　行为金融学的理论支柱

一、套利的有限性

（一）套利有限理论的相关概念及内容

1. 套利及套利有限性

套利（Arbitrage）是金融学中一个非常重要的概念。戈登·亚历山大（Gordon Alexander）和威廉·夏普（William Sharpe）于1990年给出的定义为：以对投资者有利的不同价格，在两个不同的市场同时买入和卖出相同的（或基本相似的）资产的行为。在证券市场分析中，套利无论是在使得股价回归基础价值方面，还是在保持市场有效方面，都起着非常关键的作用。

传统金融学方法的核心是假定套利是完全的（无风险、无成本、可以确保利润），换言之，市场机制总是能够通过精明而理性的投资者（套利者）迅速纠正任何错误定价。然而，随着金融市场上存在的一些难以利用传统的金融理论解释的异常现象的发现，人们开始对金融市场的有效性和套利行为约束风险证券价格的能力产生了疑问。一些经验证据表明，在现实的金融市场中套利交易会由于制度约束、信息约束和交易成本等诸多因素而受到极大的限制。现实中的套利交易不仅是有风险和有成本的，而且在一定情况下套利交易会由于市场交易规则的约束而根本无法实施。因此，在现实中尽管存在证券价格与内在价值之间的偏离，即理论上存在套利的可能性，但事实上并不能无成本、无风险地获得套利受益，从而使得证券价格的偏离在较长时间内保持。

2. 套利有限理论的内容

与有效市场理论相悖，行为金融理论的核心论点是，现实中的套利不仅充满风险，而且作用有限。伴随着行为金融学的发展，许多西方学者对现实市场中投资者的有限套利行为进行了深入研究，形成了内容丰富的有限套利理论。

该理论认为，市场不完善、投资者非理性、激励约束机制不健全等因素使套利者的套利行为受到限制，无法完全甚至不能纠正市场价格的偏离。假定不考虑资产替代性问题，按导致套利者套利行为受限制（即有限套利）的性质，这些因素又可划分为两类：时间约束和资金约束。时间约束是指，相对于套利者买卖资产的期限而言，相关资产价格回归其基本价值的期限更长，使得套利者不得不在价格回归到基本价值水平之前出售或购入相关资产。资金约束是指，由于资金规模的限制，当套利者面对套利机会时，即资产价格低于其基本价值时，无法购入合意规模的相关资产。对于一般套利者来说，资金约束可能缘自信贷配给；对于专业套利者来说，资金约束则可能缘自普通投资者的撤资，比如，就开放式基金管理人而言，若过去业绩欠佳，则有可能面临基金投资者的赎回。

（二）套利有限性的成因

造成套利有限性的原因有以下几点：

1. 基本面风险

基本面风险是指不能找到完美的证券替代品所带来的风险。迈伦·斯科尔斯（Myron Scholes）认为，能否为某种既定的证券找到完全相同或近似的替代品，是套利行为能否发挥作用的关键所在。为了回避风险，套利者在卖出或卖空价格高估的证券的同时，必须能买进同样或相似且价格没有高估的替代证券，在能找到近似的替代品的情况下，套利者才能高抛低吸，纠正价格偏差，将市场带回有效状态。但在绝大多数情况下，市场并不能提供这种合适的替代证券，大量的证券没有替代组合，所以即使由于某种原因证券的价格出现偏差，套利者也无法进行无风险的对冲交易。由此可见，由于找不到完全替代的证券组合，套利活动事实上充满了风险。

2. 噪音交易者风险

在噪音交易模型中，投资者被划分为理性套利者和噪音交易者两类，前者掌握较完全的基础信息，后者则根据与基础价值无关的噪音信息进行交易。噪音交易者往往会因为证券价格的上涨而过分乐观，从而进一步推高价格；同样他们会由于证券价格的下跌而过分悲观，从而进一步打压价格。这种由于噪音交易者心态变化导致对正常状态更远偏离形成的风险，我们称之为噪音交易者风险。

即使某只股票拥有完美的替代性证券，噪音交易者风险会使得理性套利者的行为发生变异。他们可能会“理性地”忽视对基础信息的分析，转向预测噪音交易者的行为，使得操作方向与噪音交易者相同，从而使价格的涨跌加速。从这个意义上讲，理性套利者在一定程度上转化为噪音交易者，从而加大了证券价格的波动并削弱市场效率。套利者的这种行为倾向是导致套利有限性的主要原因。当然，如果价格最终收敛于基本价值，那么有长远视野的套利者会对噪声交易者风险置之不理。

3. 执行成本

执行成本是套利者需要考虑的一个重要因素。与套利有关的执行成本包括佣金、买卖差价以及借入卖空证券所需支付的费用。此外，如果买卖缺乏流动性的合约，因较大的买卖价差而支付的相关成本可能会非常大，对套利者的限制也非常明显。有时候执行成本会非常高，即使套利成功了，执行成本也会占套利利润相当大的比重，例如沪铜的跨期套利。市场有效性理论认为一旦噪声交易者对证券价格的影响达到某一程度，就能带来显而易见的获利机会。但安德烈·希勒夫（Andrei Shleifer）、劳伦斯·萨默斯（Lawrence Summers）证明了这一观点是完全错误的。他们研究表明，即使噪声交易者造成了证券价格对其内在价值的严重的、持续的偏离，股票回报的可预测性也会低到可能难以为套利者所觉察的程度。

4. 模型风险

即使一旦价格偏差发生，套利者经常仍然不能确定这是否真的存在。假设套利者在寻

找具有吸引力的投资机会时，要依靠一个计算模型来确定基本价值。然而，套利者却不能确保该公司的股票一定存在价格偏差：有可能用于确定基本价值的模型是错的，而股票事实上正确定价了。这种不确定性来源称为模型风险，它也会限制套利者的行为。

二、理性的有限性

（一）理性有限性相关概念及内容

1. 理性有限性

人的理性是有限的，这是心理学对经济学的重要影响。损失的痛苦大于获得的快乐，人在面临获得的时候，喜欢躲避风险，而在面临损失时，却又倾向于冒险了。提出理性有限性概念半个世纪以来，经济学家对什么叫理性有限性至今没有公认一致的看法。

理性有限性的概念最初是肯尼斯·阿罗（Kenneth Arrow）提出的，他认为理性有限性就是人的行为“是有意识的理性，但这种理性又是有限的”。这包含两方面：一是环境是复杂的，在非个人交换形式中，人们面临的是一个复杂的、不确定的世界，而且交易越多，不确定性就越大，信息也就越不完全；二是人对环境的计算能力和认识能力是有限的，人不可能无所不知。

20世纪40年代，赫伯特·西蒙（Herbert Simon）详尽而深刻地指出了新古典经济学理论的不现实之处，指出传统经济理论假定了一种“经济人”。他们具有“经济”特征，具备所处环境的知识，即使不是绝对完备，至少也相当丰富和透彻；他们还具有一个很有条理的、稳定的偏好体系，并拥有很强的计算能力，借此能计算出在他们的备选行动方案中哪个可以达到最高点。西蒙认为人们在决定过程中寻找的并非是“最大”或“最优”的标准，而只是“满意”的标准。西蒙的理性有限性和满意准则这两个命题纠正了传统的理性选择理论的偏激，拉近了理性选择的预设条件与现实生活的距离。

2. 理性有限理论

理性有限理论的要点在于，它认为理性决策模式所要求的人类的那种“理性”在现实中是不存在的，人的决策行动不仅受到外部因素，如时间、资讯、技术等的限制，同时也受到作为资讯收集者和问题解决者的人的本身条件的限制，因而主张用“满意”来代替“最佳”。

理性有限理论的基本观点具体涉及以下方面：

（1）决策者或活动者的资讯处理能力是有限的。理性决策的前提条件是，决策者必须具备有关约束条件的完备知识，并且有能力进行必需的计算。然而，实际情况是，人脑不可能考虑一项决策的价值、知识及有关行为的所有方面，很多投资决策往往是在约束条件极其复杂、决策者根本无力进行周密计算的情况下做出的。

（2）决策者或活动者往往仅具备有关被选方案的不完全资讯。很多投资决策往往是在存在大量不确定性因素，决策者对备选方案及影响目标达成的情况不甚明了的情况下做出的。

（3）决策者往往倾向于将问题情境尽量加以简化，用一个小得多的问题空间去替代真实的问题空间，使前者在某种意义上近似于实际。这是一个寻求满意式的程式，决策者以有关环境的资讯为依据，按照现实情况调整欲望水准。

（4）决策者都带着一种对问题先入为主的印象行动，过去的知识经验、习惯等往往会影响到主体的选择性感知。在他们试图框架一个问题的客观模式时，主观的考虑常常渗入分析之中。当他们取得资讯时，他们对信息是有选择的，有的得到重视，有的遭到忽略。此外，决策者常偏爱那些表明问题能处于控制之中的资讯，而不喜欢那些表明他控制不了的资讯。再者，条条框框也对决策者产生影响。

（5）资讯搜寻行为的有效性受到所得到的资讯的实质和先后次序的影响。虽然决策者对这些不同的目的有不同的搜寻战略，但搜寻既不是客观的，也不是穷尽的。

（6）当一项决定变得复杂，决策者将山穷水尽时，一些超负荷的资讯会凝固。一旦发现这种情况，决策者将不得不求助于调节机制，而这一机制与理性过程并不相符。通常的情况是，决策者不得不以近似来代替精确。

（7）一些决策可能是凭直觉做出的。情感、人格等因素可能强烈地影响了活动者的注意力以及决策的过程和选择的结果，从而导致主体作出非理性的决定。

（二）理性有限性的成因

1. 决策者生理、心理能力的有限性

决策者生理能力的有限性也就是人在生理方面固有的计算和推理能力不足。米勒（Miller）认为行为人对信息和知识的利用受到来自大脑记忆的天生限制，这也是导致行为人只能不完全理性行动的内部原因。大脑对于所有任务的基本生理约束使思维过程表现为一种串行处理或搜索状态，从而也限制了人们的注意广度以及知识和信息获得的速度与存量。与此相适应，注意广度和知识范围的限制又引起价值偏见和目标认同，而偏见和目标认同反过来又限制人们的注意广度和知识信息的获得。

认知心理学主张，行为人的认知通过其心智模式来决定他的选择是否是理性的。从经济学的意义上来看，心智是一种资源，而且是一种稀缺的资源，正因为如此才使理性也是有限的。主流经济学认为行为人的心智是唾手可得的无限资源，获取心智的成本为零，进而行为人具有完全理性。但是，事实上心智却是一种稀缺的资源，在利用心智时必将有成本发生，因此理性就存在限制。

2. 环境的复杂性

在非个人交换形式中，人们面临的是一个复杂的、不确定的世界，而且交易越多，不确定性就越大，信息也就越不完全。找出所有可供选择的行动方案，了解每一个备选方案在未来的实施后果，是以决策者拥有完全的信息为前提的。然而，决策者所能获得的信息是有限的。事实上，一个人对自己的行动条件的了解，从来都只能是零碎的。投资活动是在一定环境中进行的。外界环境不仅错综复杂，而且是多变的。因此未来投资活动的外界环境将表现出与目前不同的特点。要能准确地预计各种行动方案在未来的经济效果，首先必须能够正确地描述未来的环境状况。为此，决策者不仅应掌握关于环境在历史上各个时期的信息资料，而且应能够根据这些资料正确地推理出环境变化的规律。然而，决策者不

仅知识有限，而且对于掌握的有限知识，其认知、利用能力也是有限的。这种利用能力的限制决定了他们对未来的预测不可能是完全准确的，他们所预测的未来环境与未来发生变化后的环境状况不可能完全相符。对未来预见能力的限制，必会影响决策者对方案的选择和决策，如此则理性就受到限制。

3. 思考成本

大量的心理学实验和经济学实验研究表明，人类在做出任何决策时总是存在着系统的推理误差，而这些误差产生的原因大多来自于如信息成本、思考成本、激动和经验等因素的影响。西蒙认为，人类的推理能力是一种相对稀缺的资源，推理过程中要消耗大量的能量，这就隐含着思考活动也需要花费一定成本。心理学研究表明：人类认知能力有着心理的临界极限，认知作为一种资源是稀缺的，使用它必须支付一定的成本，然而人们在决策时很少把这种成本考虑进去，因而很难做出一个准确的、符合理性预期的决策。

4. 信息超载

信息社会中，个体要做出正确的决策，就必须与外界信息之间保持平衡，所谓信息的平衡，具体地说就是个体从周围环境中获得必要的信息。为了做出符合理性预期的决策，我们不得不吸收大量的知识、接受信息，因为我们相信掌握的信息越多就越有权威，所以就不顾一切地努力争取信息、接受信息。对外界“信息”本身产生“恐慌”心理。但是，随着传送信息技术越来越发达，信息社会有着海量信息，但人们反而不能有效地获得所需信息，这就是“信息超载”现象。“信息超载”具体是指个人或系统所接受的信息超过其处理能力或有效应用的情况。信息超载最终会使人们面临信息匮乏的问题，导致信息吸收率下降。信息超载是信息检索中常出现的问题，检索结果太多并不是一件好事，这常常会导致个体产生资源迷向，难以找到所需信息。同时，人的大脑虽然是一个开放的系统，需要不断与外界进行信息交换，才能保持其运作的正常及较高的效率。但是所谓物极必反，接受信息过度，则又必然导致“消化不良”。因此，信息超载必然导致理性的有限。

第三节　行为金融学对证券投资市场异象的解释

一、对“股票溢价之谜”的解释

行为金融学依据心理学中关于偏好的理论解释股票溢价之谜。在本质上，这些方法都试图解释是什么导致投资者如此畏惧股市，并要求为投资股市而承担的风险获得高额补偿才愿意投资股市。

（一）噪音交易风险

由于资产的价格常常受到噪音交易者的心理情绪的影响，所以，噪音交易者心理情绪的难以预测性会影响资产的价格。布拉德福德·德朗（Bradford De Long）、安德烈·希勒夫、劳伦斯·萨默斯与罗伯特·瓦尔德曼（Robert Waldman）的研究表明，噪音交易者心理情绪的难以预测性在资产的定价中造成了一种风险，而这种风险导致套利者不愿最大限度地利用噪音交易者的非理性。如果噪音交易者心理情绪的难预测性影响到很多的资产价格，那么这种难预测性所导致的风险就成为系统性风险，而系统性风险必然要包括在资产价格之内，承担这种系统性风险的投资者也必然要为此得到补偿。他们认为，同债券相比，股票的价格受到噪音交易者心理情绪影响的程度要大一些，因此，股票的实际回报必然高于它的内在价值所应提供的回报，而股票的平均回报与债券的平均回报之差——风险溢价，必然大于基于其内在价值之上的平均回报差。换句话说，股票的风险溢价也就是股票受到噪音交易者心理情绪难以预测性影响的证明。

（二）短视性厌恶损失

西罗莫·本纳兹（Shlomo Benartzi）和理查德·塞勒（Richard Thaler）在1995年发表的一份报告中表示，用他们称为“短视性厌恶损失”的理论可以解开股权风险溢价之谜，他们的论据来自于以下两个重要概念：

1. 厌恶损失

就是放弃某一物品让人们感觉到自己遭受的效益上的损失大于获得等值的物品让人们感觉到的效益上的增加量。研究表明，等值的损失给我们带来的痛苦是等值的获益给我们带来的愉快的2倍。

2. 短视性

我们越频繁地评估自己的投资组合，越有可能看到损失并由此遭受损失厌恶。与此成反比的是，投资者评估他们的投资组合的次数越少，越有可能看到盈利。

西罗莫·本纳兹和理查德·塞勒研究表明，对于投资者来说，投资期长于13个月时，股市对他更有吸引力。但很多信息是以每年一次的频率向公众提供的，例如，共同基金每年向投资者提供一次投资报告，人们每年向税收部门报税一次，公司的财务年度通常是一年。所以大多数投资者的投资评估期是一年，即如果投资者每隔12个月的时间对自己的投资业绩进行评估，那么即使股市存在高额溢价，投资者仍然愿意投资债券而不是股票。

二、对“股票价格的过度波动性”的解释

行为金融学家建立了一些以信念或者偏好为基础的行为金融学模型，试图以此来解释股票价格的过度波动性。

（一）小数定律

如果投资者根据公布的红利分配对企业的前景作出预期，那么投资者实际的投资活动会夸大红利对投资的导向作用，从而加剧股价的波动。红利对投资的导向作用之所以被夸大，是因为存在“小数定理”，即人们认为“大数定理”同样适用于小样本，人们对红利的变化反应过度。例如，如果一个公司在一段时间内公布的红利政策或盈利增长都十分理想，投资者在“小数定理”作用下会以为这个公司发生了基本因素变化，进而高估该公司的价值，将股票价格推高到与它现有盈利状况不相称的地步；反过来也一样。结果就是股价波动远大于盈利或红利的变化。

（二）过度自信

投资者通过自己的研究获得某些“信息”，对于这类个人信息，投资者容易产生“过度自信”的心理，它会推动价格过度地偏离实际价值。西蒙·格威斯（Simon Gervais）和特伦斯·奥丁（Terrance Odean）引入模型说明了投资者在不断投资的实践过程中所产生并强化其过度自信心理学基础实际是“偏执偏差”。在该模型中，投资者最初并不是过度自信的，在对投资实践的经验总结中，投资者往往只看到自己的成功而不太注意自己的失败，结果就导致了投资者的过度自信，这种过度自信会在投资者经验累积的过程中被强化。过度自信会加强投资者的交易意愿，结果交易量上升，流动性的增加使做市商得以在更大的范围内设置价格，这将增加股票价格的波动性。

（三）赌场资金效应

“赌场资金效应”是指投资者在获得收益之后，倾向于接受他们以前通常不接受的风险活动，而遭受损失之后，他们会拒绝以前通常接受的风险活动。赌场资金效应可能以如下方式影响股票价格的过度波动性：当上市公司公布的关于现金流的消息好于股市预期时，这一消息导致股票价格的上涨。股票价格的这一上涨为投资者带来了财富上的增加，因为投资者对股市的风险表现出更强的心理承受能力，因为投资者感觉日后如果股票价格下跌的话，最多是抵消此前的上涨而已，自己并没有遭受损失。由于股票价格的上涨，投资者对风险的厌恶程度降低，他们对股票的现金流的贴现率也随之降低，这反过来又导致股票价格的进一步上涨。这种循环在推动股票价格上涨的同时，也增加了股票价格的波动性。

三、对“金融泡沫”的解释

（一）套利的有限性

1. 卖空约束

按照套利有限性理论，如果卖空受到约束，那么证券的价格就可能高于其价值，而卖空约束之一就是卖空的成本过高，即回扣利率低甚至为负值。由于卖空成本太高，套利者的套利交易受到限制，因此套利无法迫使股票的价格同其价值一致。

2. 套利同步协调困难

套利同步协调是指当股市出现泡沫时，需要很多套利者同时采取行动（即同时对某一资产卖空），从而迫使其价格同价值一致。对于跟风交易的套利者来说，问题的关键是要在市场崩溃之前退出以避免损失。但是，出入市场的时机选择是一个非常困难的问题，每个套利者对退出市场的最佳时机的选择很可能不一样。套利者对退出市场时机和策略选择的不同看法与决策导致他们很难协调行动，而这种难以协调使泡沫得以持续存在。

（二）信念与偏好

在关于股票价格的过度波动性中，我们简述了赌场资金效应、过度自信等理论，这些理论也同样可以为解释股市泡沫的形成提供理论基础。赌场资金效应导致投资者提高了自己对风险的容忍程度，导致股票价格的进一步上涨，如果出现这种循环，就可能导致股票的价格大幅度高于其价值，即形成股市泡沫。公众的乐观与自信必然导致对股市风险的低估，进而不可避免地推动股票价格的上涨。

（三）经验法则导致的外推

在股市中，经验法则导致的外推的表现之一是投资者相信此前业绩好的股票会继续好下去，而业绩差的会继续差下去。外推的另外一个表现就是如果股市的收益在一定时期内由于某种原因提高，投资者会相信这种提高不是暂时的，而是公司的收益增长率提高了，因此收益的增长是永久性的。这种外推导致投资者相信股票价格将持续上涨。

（四）信息扩散

在市场上存在大量短期投机性投资者的情况下，投资者可能都会将精力集中在某一信息，而不会研究另外的信息。因此投资者可能将精力集中在研究质量很差的信息，甚至是同资产的内在价值根本没有关系的信息上。当最初的一些投资者过高地估计股票的价值后，其他的投资者放弃自己的私有信息而进行跟风交易，从而推动股票价格进一步上涨，形成泡沫。

四、对“横向回报之谜”的解释

（一）BSV 模型

尼古拉斯·巴伯利斯（Nicholas Barberis）、安德烈·希勒夫和罗伯特·维希尼（Robert Vishny）于 1998 年依靠人们认知上的两个偏差建立了 BSV 模型。这两个认知偏差一个是代表性经验法则，即投资者常常根据自身对某一类特定事物的代表性观点来预测某些事件的发生概率；另一个是保守主义情绪，即人们对于新事物和新信息的思维变化是相对缓慢的，人们对于其信念或者主观判断的改变需要一定的时间。

BSV 模型假定投资者是风险中性的，而且资产的回报服从随机走向模型。在这种假设前提下，正是上述两种主观判断导致了投资者对于股票市场近期数据的不同反应。当公司宣布它的实际收益高于市场预期时，由于投资者的保守主义情绪，投资者对这一消息不够重视，相信在下一季度中利好消息将被逆转，即下一季度实际收益会低于预期收益。而真实的收益是随机游走的，那么下一次收益公告常常会给投资者带来惊喜，产生公开事件的预测效应和动量效应。经历一系列的正收益冲击后，投资者不仅会调整自己的保守性特征，而且利用代表性法则推断收益的增长不是偶然的，而是这个公司的收益增长率提高了，提高对未来收益增长的预期，不断推动价格上涨，产生动量效应。既然真实的收益是随机游走的，平均来讲，之后的收益公告可能会给投资者带来“失望”，由此产生长期反转。

（二）DHS 模型

肯特·丹尼尔（Kent Daniel）、大卫·赫舒拉发（David Hirsheifer）和阿万尼达·萨布拉曼尼亚姆（Avanidhar Subramanyam）在 1998 年创建的 DHS 模型通过模拟投资者在处理他们自己所拥有的信息时出现的偏差来解释股市横向回报之谜。DHS 模型假定投资者在进行投资决策时存在两种偏差：其一是过度自信；其二是自我归因偏差。

DHS 模型是这样描述投资者的操作行为的：一方面，当私人信息是正面时，过度自信的投资者会大量买入，股票价格会持续上涨；反之，股票价格会持续下跌。当公开信息最终显示股价过高或过低时，投资者会发现自己最初的良好预期并没有出现，价格调整随即开始。但是由于投资者各自的反应速度和对未来风险和收益的预期不同，所以价格调整阶段通常比之前的过度反应阶段要缓慢得多，这是导致长期价格反转的最主要原因。另一方面，如果随后的公开信息的信号方向与私人信息的信号方向一致，投资者的自信心开始增加；而当相反的情形出现时，投资者的自信心并不会因此而减少，相反他会将自己操作结果正确的信息深深刻在自己的记忆中，同时会将自己错误的判断归因于外界因素的影响。在下一次的操作中，他还会将自己上次的成功经验加以反复应用，这样做的结果是一方面导致了股票价格的短期惯性和长期反转现象，另一方面增强了投资者自身过度自信的认知心理。

（三）HS 模型

哈里森·洪（Harrison Hong）与杰里米·斯坦（Jeremy Stein）1999 年依据有界理性理论建立了正反馈交易模型，即 HS 模型。HS 模型从投资理念或者说操作手法不同的两类投资者入手去分析他们各自的交易会对整个市场产生怎样的影响。该模型假定市场由两种有限理性投资者组成："信息观察者"（News Watchers）和"动量交易者"（Momentum Traders）。两种有限理性投资者具有不同的投资理念，或者说他们处理的信息是完全独立的。信息观察者基于自身观察到的关于未来基本信息的情况进行交易，但是由于基本信息在广大投资者当中的传播需要一定的时间，所以价格在短期内存在反应不足现象。而动量交易者则是根据股票过去价格变化做出自己的交易判断，动量交易者具有迅速推动价格趋势变化能力。两者合力的结果使得市场上只存在短期的反应不足现象，长期范围内由于动量交易必然导致市场的"追涨杀跌"行为，因此过度反应在随后的交易中出现也就不足为奇了。

五、对"封闭式基金折扣之谜"的解释

查尔斯·李（Charles Lee）、安德烈·希勒夫和理查德·塞勒提出了关于封闭式基金困惑的行为金融学解释。他们认为，持有封闭式基金的个人投资者中有一些是噪音交易者，噪音交易者对未来收益的预期很容易受到不可预测的变动的影响，当噪音交易者对收益持乐观态度时，基金的交易价格就会上涨，出现相对于基金资产净值的溢价或较小的折价；当噪音交易者对收益持悲观态度时，基金的交易价格就会下跌，出现相对于基金资产净值的较大的折价。因此，持有封闭式基金就有两部分风险：基金资产价值的波动和噪音交易者情绪的波动。投资者持有封闭式基金比持有基金投资组合的风险更大。如果噪音交

易者风险具有系统性，那么理性投资者就会要求对此进行补偿。封闭式基金的市场价格应低于其投资组合的资产净值，由此产生了封闭式基金的长期折价交易现象。

这个观点还解释了为什么封闭式基金在最初卖出时会获得溢价，基金发行人会选择在市场人气旺盛的时候发行新的基金，因为他们知道此时封闭式基金可以溢价发行。而当封闭式基金清盘的时候，投资者无须担心有噪音交易者情绪的干扰，因为噪音交易者知道在清盘的时候封闭式基金的价格和净资产价值是相同的。因此，投资者就不再要求对噪音交易者风险取得补偿，基金的价格就会朝净资产价值上升。

六、对“日历效应”的解释

对于一月效应的解释最主要的有避税说和报表粉饰说。避税说认为，人们会在年底抛售下跌的股票，抵消当年其他股票的资本增值，以达到少缴税收的目的。而年关过后，人们又重新买回这些股票。这种集体买卖行为导致年终股市的下跌和次年一月股市的上扬。报表粉饰说认为机构投资者希望卖出亏损股票、买入盈利股票以装点年终报表，这种买卖在年底对于盈利股票产生正向价格压力而对于亏损股票产生反向压力，当年终机构投资者的卖出行为停止时，前一年度被打压的亏损股票在一月将产生巨大反弹，导致较大的正收益的产生。行为金融学通过研究发现，人们通常在星期五以及假日之前情绪都比较高，而在星期一情绪比较低落，这在一定程度上解释了周一效应。

七、对“羊群效应”的解释

（一）信息的阶梯式传播

信息的阶梯式传播就是人们观察别人的行动及其后果，并进而模仿。当一个人处在如下状态时，我们说他处在信息的阶梯式传播中：在对他人活动的观察基础之上，他所选择的行动独立于其个人所拥有的信心。信息的阶梯式传播常常同信息堵塞相联系：我们在观察别人的行动后，选择自己的行动的做法可能完全出于个人的目的，而根本没有考虑自己的选择对那些观察我们的人会产生什么样的影响。这种模仿和信息堵塞将导致人们行动的一致性。

（二）社会压力

人们常常受到来自各个方面的压力，不管是法律制度方面的强制压力还是非强制压力，人们都不自觉地服从于这种压力，而这种服从可能导致羊群效应。

（三）对权威的服从

人们常常盲目服从于权威，但没有意识到自己的行为正是服从权威的结果。经验让人们相信权威的可靠性：当权威说某件事是对的时，虽然人们明知道权威的说法与事实不符，但人们仍然常常相信权威说的很可能是对的。一旦社会中形成权威，人们就会服从权威，从而导致人们行动的一致性。

本章小结

由于证券投资市场上各种异象的出现，传统的证券投资理论受到了严峻的挑战。行为金融学否定了传统证券投资理论关于有效市场的假说，提出了套利的有效性和理性的有效性，并在此基础上对证券投资市场上各种异象做出了科学的解释。

思考题

1. 什么是有效市场假说？它与实践有何矛盾之处？
2. 试简要论述证券市场各种异象的表现。
3. 行为金融学的定义和研究对象分别是什么？
4. 简述套利有限理论及理性有限理论的内容。
5. 解释“羊群效应”产生的原因。

参考文献

1. 吴晓求．证券投资学．北京：中国人民大学出版社，2009.
2. 胡昌生等．证券投资学．武汉：武汉大学出版社，2009.
3. 李国平．行为金融学．北京：北京大学出版社，2006.
4. 李敏．证券投资分析．上海：复旦大学出版社，2011.
5. 王玉霞．证券投资学．大连：东北财经大学出版社，2011.
6. ［英］威廉·福布斯．行为金融．北京：机械工业出版社，2011.
7. ［美］约翰·墨菲．金融市场技术分析．北京：地震出版社，2010.
8. 中国证券业协会．证券市场基础知识．北京：中国金融出版社，2012.
9. 中国证券业协会．证券投资分析．北京：中国金融出版社，2012.
10. 法律出版社法规中心．中华人民共和国证券法注释本．北京：法律出版社，2007.
11. 法律出版社法规中心．中华人民共和国公司法注释本．北京：法律出版社，2010.
12. 庄新田．证券投资学．北京：清华大学出版社，2010.

图书在版编目(CIP)数据

证券投资学/黄本笑主编. —3 版. —北京：中国人民大学出版社，2012.9
21 世纪高等继续教育精品教材. 经济管理类通用系列
ISBN 978-7-300-16306-2

Ⅰ.①证… Ⅱ.①黄… Ⅲ.①证券投资-成人高等教育-教材 Ⅳ.①F830.91

中国版本图书馆 CIP 数据核字(2012)第 198869 号

21 世纪高等继续教育精品教材·经济管理类通用系列
证券投资学(第三版)
主编 黄本笑

出版发行 中国人民大学出版社
社　　址 北京中关村大街 31 号　　邮政编码 100080
电　　话 010－62511242(总编室)　　010－62511398(质管部)
　　　　 010－82501766(邮购部)　　010－62514148(门市部)
　　　　 010－62515195(发行公司)　　010－62515275(盗版举报)
网　　址 http://www.crup.com.cn
　　　　 http://www.ttrnet.com(人大教研网)
经　　销 新华书店
印　　刷 北京东君印刷有限公司　　版　　次 2004 年 10 月第 1 版
规　　格 185 mm×260 mm 16 开本　　2012 年 10 月第 3 版
印　　张 18.25　　印　　次 2017 年 11 月第 5 次印刷
字　　数 433 000　　定　　价 35.00 元

教师信息反馈表

为了更好地为您服务，提高教学质量，中国人民大学出版社愿意为您提供全面的教学支持，期望与您建立更广泛的合作关系。请您填好下表后以电子邮件或信件的形式反馈给我们。

您使用过或正在使用的我社教材名称		版次	
您希望获得哪些相关教学资料			
您对本书的建议（可附页）			
您的姓名			
您所在的学校、院系			
您所讲授课程名称			
学生人数			
您的联系地址			
邮政编码		联系电话	
电子邮件（必填）			
您是否为人大社教研网会员	□ 是，会员卡号：________ □ 不是，现在申请		
您在相关专业是否有主编或参编教材意向	□ 是　　□ 否 □ 不一定		
您所希望参编或主编的教材的基本情况（包括内容、框架结构、特色等，可附页）			

我们的联系方式：北京市海淀区中关村大街 31 号
中国人民大学出版社教育分社
邮政编码：100080
电话：010-62515905
网址：http://www.crup.com.cn/jiaoyu/
E-mail：jyfs_2007@126.com